U0955688

国家精品资源共享课教材
保险精算系列教材

# 寿险精算

卓志 编著

SHOUXIAN JINGSUAN

（第三版）

西南财经大学出版社
Southwestern University of Finance & Economics Press
中国·成都

**图书在版编目(CIP)数据**

寿险精算/卓志编著.—3版.—成都:西南财经大学出版社,
2017.7(2019.8重印)
ISBN 978-7-5504-2848-5

Ⅰ.①寿… Ⅱ.①卓… Ⅲ.①人寿保险—保险精算
Ⅳ.①F840.622

中国版本图书馆CIP数据核字(2017)第178281号

**寿险精算(第三版)**

卓志 编著

| | |
|---|---|
| 责任编辑 | 王利 |
| 封面设计 | 张姗姗 |
| 责任印制 | 朱曼丽 |
| 出版发行 | 西南财经大学出版社(四川省成都市光华村街55号) |
| 网　　址 | http://www.bookcj.com |
| 电子邮件 | bookcj@foxmail.com |
| 邮政编码 | 610074 |
| 电　　话 | 028-87353785 |
| 照　　排 | 四川胜翔数码印务设计有限公司 |
| 印　　刷 | 郫县犀浦印刷厂 |
| 成品尺寸 | 185mm×260mm |
| 印　　张 | 16.25 |
| 字　　数 | 370千字 |
| 版　　次 | 2017年7月第3版 |
| 印　　次 | 2019年8月第2次印刷 |
| 印　　数 | 2001—4000册 |
| 书　　号 | ISBN 978-7-5504-2848-5 |
| 定　　价 | 32.00元 |

1. 版权所有,翻印必究。
2. 如有印刷、装订等差错,可向本社营销部调换。
3. 本书封底无本社数码防伪标识,不得销售。

# 第三版前言



改革开放后的1987年,南开大学正式引进现代精算科学教育体系,通过与北美精算协会合作,于1988年开始在南开大学联合培养保险精算硕士,开创了中国现代保险精算教育的先河,当时所有教材都直接使用北美精算协会提供的原版教材。随着中国保险业的不断开放,保险市场对精算人才的需求不断增大,高等院校培养精算人才的任务日益加重。西南财经大学于1991年开设寿险精算课程,是国内高校中较早开设寿险精算课程的大学之一。中国改革开放后,到20世纪90年代中期仍然没有系统介绍和研究寿险精算的读物和教材。出于教学和业界的需要,出于有识之士的需要,更出于保险法律制度建设的需要等,笔者于1993年编著出版了《寿险精算的理论与操作》一书。为此,美国天普大学风险管理与保险教授段开龄博士作序并评价道:"它是西方精算科学引进中国后,卓君对中国保险精算及其教育的重要贡献。"该书出版后得到业界与学界的广泛认可,并获得中国人文社会科学经济类二等奖等多个奖项。随着市场的发展,随着高校对人才培养要求和规格的提高,随着精算越来越受到重视,在该书的基础上,笔者不断修改、补充和完善相关内容,并结合多年教学实践,编著出版了《寿险精算》一书,呈现给广大读者直至今日。这本较为系统地反映寿险精算基础学科和知识体系并受到广大读者使用和评价的《寿险精算》,于2007年成为西南财经大学精品课程,2008年成为四川省精品课程,2009年成为国家精品课程,2013年升级为国家精品资源共享课。

但是,自第二版《寿险精算》出版以来,尽管获得了广大读者与国内很多高校的广泛认可并选作本硕教材,但是也有一些使用本教材的师生提出了宝贵的修改建议,比如有的符号有误,使用的生命表较旧,中国偿付能力二代监管体系颁布后需要增加一些新的内容,尤其是2016年12月我国发布了"中国人身保险业经验生命表",即第三套生命表,等等。我们非常重视这些意见和建议,更把修改修订作为我们编著者的责任。为此,我们对第二版教材做了全面修订,以便更能有效分析现实问题,解释客观现象,推进教学改革,提升教学质量,培养更多精算人才。

在尽量保持教材原貌与风格的前提下,本次修订要点如下:

(1)给出了第三套生命表及其替换函数表,以替换原教材中陈旧的生命表与替换函数表,并使用第三套生命表重新计算涉及用替换函数表计算的例题。

(2)为了便于资产份额与利源分析部分的学习,新增了一章,即多元风险模型。

(3)修正了教材中的一些错误,增删了一些例题与习题,并提供了习题答案。

(4)新增介绍了一些本学科的最新发展趋势和研究成果。

本教材修订由我总负责,张运刚教授协助我做了大量工作。在此次修订过程中,我与张运刚教授确定总的思路和原则,我们和几个保险精算研究生研讨修改内容,制订修改计划,分工落实。参与具体修订事务的人员及其工作如下:冉立负责第一章和第二章;王诗舒、冯力、陈玉滢、苟照雄、黄可心、叶雨昊分别负责第三章到第八章;薛智雯负责第九章与第十章;吴超负责第十一章的增补;孙梓涵修改了第十二章至第十四章。本人对全书进行了统筹协调和综合性修订。在此,对广大参与教材修订的师生表示衷心的感谢。

本教材的修订自始至终得到了西南财经大学出版社编辑王利等同志的大力支持,从而使本教材以较高质量展现在读者面前,特此致谢。

本教材的修订得到了国家精品资源共享课“寿险精算”建设资金的支持,特此致谢。

尽管花了大量时间进行本教材的更新与修正,但是百密难免一疏,恳请广大读者批评指正。



卓　志

2017 年 6 月

# 目　录

# 1 寿险精算概论

## 1.1 寿险精算的内涵



迄今为止,国内外对精算的定义,尚未形成完全统一的解释。结合现行对精算的一般描述,所谓精算,就是运用数学、统计学、金融学、保险学及人口学等学科的知识和原理,定量解决工作尤其是保险经营管理中的实际问题,进而为决策提供科学依据的一门应用型学科。精算与保险的结合形成保险精算,保险精算是精算的重要组成部分。保险精算一般被描述为:运用数学、统计学、金融学、保险学及人口学等学科的知识和原理,去解决商业保险与各种社会保障业务中需要计算的项目,如死亡率的测定、生命表的构造、费率的厘定、准备金的计提以及业务盈余分配等,以此保证保险经营的稳定性和安全性。

显然,精算与保险精算是种概念与子概念的关系。精算的外延比保险精算的外延更宽、更广。精算要解决的商业与社会问题,大致限于涉及生命、健康、财产、意外及退休养老等意外事故(件)的经济方案,亦即保险精算的范畴。然而,自第二次世界大战结束以来,精算的应用范围逐渐扩大,精算可以与投资活动结合,形成投资精算学,除处置负债方面的意外事件外,也渗透到了资产领域的风险界定和分析。精算用于人口问题中的有关计算,有人口精算学之说。当然,保险尤其是人寿保险与养老金等业务所负责任的长期性和伴随的动态性决定了保险精算与精算具有密不可分的关系。

保险精算通常可分为寿险精算和意外险精算两大类。寿险精算主要研究以生存和死亡为两大保险事故而引发的一系列计算问题。通常情况下,与生存有关的问题由生存年金来处理,与死亡有关的问题由寿险(主要指死亡保险)来应对,或者生死事件由生存与死亡保险的结合来解决等。生存和死亡保险事故危及单生命(single - life)时,涉及的主要精算问题是:单生存下的纯保险费计算、准备金提存等问题。生存和死亡保险事故也危及多生命(multi - life),与此对应的精算主要讨论连生年金和连生保险的纯保险费、准备金等的计算。意外险精算与寿险精算在具体的研究对象上各有侧重,有所不同。意外险精算主要研究自然灾害、意外事故的出险频率和损失幅度的分布以及由此而产生的一系列计算问题。意外险精算包含两个重要分支:一是损失分布理论,研究在过去已有统计资料的条件下,未来损失的分布状况以及损失与赔款的相互关系等问题，并以此作为预测的依据与基础，提高经营决策的科学性。二是风险理论，即通过分析出险频率与损失幅度的分布，研究这种出险次数与每次损失大小的复合随机过程，以期洞察保险应具备多大规模的基金，方可不至于发生破产；若有可能发生破产，评估这一破产概率的大小等问题。

由于寿险精算是保险精算的一个构成部分，保险精算又从属于精算科学，而精算与数学、统计学具有密切的内在联系，因此从这种意义上讲，寿险精算具有经济计算和应用数学的学科性质，寿险精算也就必须以应用数学、计算数学作为数理基础。随着现代经济金融的发展和深化，以及精算自身的完善和领域扩展，寿险精算已突破了简单地对生死或然率等风险的分析。寿险精算还会涉及寿险原理及其他多种学科，并形成一门崭新的以数学为基础，结合经济、金融和保险理论的交叉和边缘学科。

## 1.2 寿险精算的起源与发展

寿险精算是从寿险经营的窘境中应运而生的一门新兴学科。寿险的前身是欧洲中世纪的基尔特（Guild）制度。据记载，世界上最早的寿险保单之一，是在16世纪末，由一群海上保险承保人在伦敦对 William Gibbon 签发的一年保险期限、保险金额为382.68英镑的定期保单。

18世纪中期以前，英国早期的寿险组织资格最老的要数于1706年在伦敦特许成立的协和保险社。1721年经特许成立的皇家交易保险公司和伦敦保险公司同年开始经营寿险业务。此外，还有一些捐助团体以及联盟协会也经营寿险业务。这些互助协会、保险公司以及其他团体经营的寿险业务，概括起来，其经营具有如下几个特点：①寿险仅为火险、海险的副产品，尚未大规模独立地经营寿险。②寿险业务所承保的对象限制较多。互助协会承保会员人数有限，主要局限于商人、企业合伙人；特许保险公司经营的寿险，将病人、老年人及天花病人等一概拒于门外。③寿险的保险费采用赋课式，未将年龄大小、死亡率高低等与保险费挂钩。④寿险经营缺乏严密的科学基础，表现在有关计算单一、粗糙，所考虑因素较少。这样的寿险经营导致的是寿险业不景气，保险技术停滞不前。也正是在这种经营思想指导下，协和保险社在1756年以詹姆斯·道森（James Dodson）年龄偏大（那时 Dodson 实际年龄仅46岁）为由，拒绝吸收其为保险社会员，其争议结果成为寿险精算兴起的导火绳。

按照协和保险社的经营之道，承保对象年龄与保险费无关，保险费采用赋课式。倘若吸收了年长者，那么无疑会增大自身的风险。詹姆斯·道森鉴于此事，意识到寿险经营的这种狭隘性，研究了该如何为永久的保险设立保险费和准备金，提出了保险费应与死亡率挂钩，保险费随投保人年龄和预期寿命有所差异等新观点和新方案。这就是现代寿险精算科学的雏形，也就是现代精算科学的雏形。

但是，限于道森当时所处的社会与经济环境，他的建议在其有生之年并未得到协和保险社以及特许保险公司等的重视和赞同，相反却遭到了无情的抗议和否定。1757年道森死后，整个寿险经营已面临严重窘境，道森的赞同者（如 Edward Rowe Mores）纷纷采纳了道森的方案，并于1762年创立了伦敦公平人寿保险社，简称“老公平”。“老公平”于1764年开业。

"老公平"采纳了道森的方案,依英国政府公布的1728—1750年伦敦市死亡统计编制了死亡率表,按照被保险人年龄及保险金额收取保险费,并制作了第一套保险费表。这样,"老公平"就能够签定长期寿险契约,能够接受和调整范围广泛的各类风险,寿险经营从此打开了新的局面,同时寿险业务开始步入科学经营之路。就这样,现代寿险精算科学正式地从"老公平"的寿险经营中诞生了。

寿险精算及寿险精算学的产生,并不是偶然的,相反,它具有自身的理论渊源。第一,在1530年的伦敦,因负责统计瘟疫和其他原因死亡的人数,而使John Graunt于1662年出版了《基于死亡证明书的自然与政治的观察报告》。Graunt的观察包括:"……一些是关于贸易和政府,另一些则是关于大气、国土、季节、收成、健康、疾病、寿命及人类性别、年龄间的比例。"更重要的是,他给出了一张有100个人的死亡表,认定36人将在头6年内死去,并假定了此后每十年死去的人数,直到最后一人死于86岁前。这张表成为现代生命表的先驱,其对死亡规律的研究也是最早的。第二,道森的有关计算方案的思想,直接受其老师、法国数学家Abraham de Moivre(1667—1754)的影响。De Moivre曾对死亡率及其模型做过大量的研究,在1724年提出了一个死亡法则,即将一定年龄对应的生存人数看成这一年龄的函数,用式子可表示为$l_x = k(\omega - x)$。式中,$x$表示年龄,$12 < x < 86$;$\omega$代表终极年龄;$k$为比例常数;$l_x$为活到$x$岁的生存人数。他运用自己的死亡法则,成功地计算和简化了当时颇为棘手的年金问题。第三,英国数学家、天文学家埃德蒙·哈雷(Edmund Halley)(1656—1742),在1693年利用德国Breslau市Neuman Casper所搜集整理的该市1687—1691年五年间按年龄分类的死亡记录,统计出按不同年龄和性别分类的死亡人数和出生人数,编制了一份完整的Breslau市生命表。哈雷在其中对死亡率、生存率以及死亡率随年龄不同而异等概念的研究,为后来精算的产生奠定了科学基础,甚至一些学者将这个生命表的出台视为精算科学的真正开始。第四,无论De Moivre对死亡规律的研究,还是哈雷生命表的编制等,均不同程度受益于17世纪帕斯卡与费尔马之间关于赌博问题的通信而导致的概率论。事实上,18世纪、19世纪的精算先驱正是那些对精算问题感兴趣的十分著名的科学家和数学家。这些科学家和数学家纷纷参与这门学科的建设并做出了重大贡献。

到了19世纪初期,随着工业革命的完成,精算技术也逐渐被人们重视。到了19世纪中叶,随着各国经济的快速发展,各国对保险业的经营也相继采取直接或间接的监督管理办法,使保险业逐渐走向正规化,精算事业正是在这一时期发展成形的。1848年,世界上最早的精算学会——英格兰精算师协会在伦敦成立。随后,精算技术逐渐传到美国、日本、加拿大等国。受伦敦精算学会的影响,许多国家开始设立自己的精算组织。1868年德国成立了精算组织,1889年美国成立了精算学会,该会于1949年与1909年成立的芝加哥精算学会合并并改名为北美精算师协会(SOA)。1895年,由美国、比利时、德国等五国发起的首届国际精算师大会顺利召开,并成立了国际精算师协会。国际精算师协会在推动世界精算教育和精算技术等方面发挥了重要的作用。此后,世界各国陆续成立了精算师职业组织。如1899年日本精算师协会成立、1900年俄罗斯精算师协会成立、1991年匈牙利精算师协会成立,埃及也于1999年成立了精算师职业组织。2007年11月,中国精算师协会成立。

## 1.3 寿险精算的地位与意义

寿险精算学是涉及寿险经营的学科。从历史发展与逻辑视角来看,寿险精算起源于寿险业。随着寿险经营的不断扩大和发展,寿险精算愈发显现出其重要性。寿险的科学运行离不开精算,寿险精算可以确保寿险经营的科学化程度,维持经营的稳定性和安全性。国外保险业界流行着"精算乃保险经营之科学基石"的说法。无疑,学习和研究寿险精算学,对寿险经营具有深远的理论意义和强烈的现实意义。

第一,寿险经营的对象是风险,确切地说,主要是活得太久与死得过早这样两类风险。这些风险总是与损失相联系的。一般来说,它们具有三个基本性质:①风险是客观存在的。对一个人而言,生和死总是只居其一,生与死是不以人的意志为转移的。②风险具有不确定性。就一个人观察,存活多久或者何时死亡、死亡或生存的时间、死亡或生存对应的年龄,事先均不能精确地知晓,从而表现出不确定性。③风险的可预测性。在拥有相似风险的对象大量资料的前提下,可以测定、评估风险的值。具体地说,就是以过去群体观察的人的生与死的可能性大小推断现在、未来相似群体的人的生与死的概率的近似值。但是,为确保寿险经营正常、科学地运行,准确地评估生与死的概率以及派生出的一些概率,便成为寿险经营中极其重要的一项工作。在实际经营中,预期的生与死的概率几乎都难以与实际的生与死的概率吻合。不吻合是绝对的、一般的和普遍的。这表明寿险经营不可避免地存在一定的风险。要减少或缩小这一风险,理想的要件是:①承保人数应尽可能地多,充分发挥大数法则的作用,同时又要避免出现自身难以承受的局面。这样做就可以自动减少相对风险,使出险频率和损失幅度更具稳定性,从而可以正常地经营和发展。②同一年龄组的人,尽可能满足同质性,即生与死的概率在各年龄组间应尽量一致或接近,表现为合理选择各年龄组的投保人。③被保险人之间应当尽量地满足相互独立性,即一个人的生或死,不必然引起别人的生或死。令人遗憾的是,理想的要件在实际中往往得不到满足。表现在:参加保险的人毕竟有限,从而决定着相对风险并不为零,风险是客观存在的。再者,同一年龄组的人,要完全做到同质性,也是苛刻的,一方面受技术的限制,不能办到这一点;另一方面即便办得到,也将使寿险功能受到抑制,否定保险的基本内涵,动摇大数法则的科学性。此外,寿险经营中的风险可能罕见,但不排除几年、几十年甚至上百年期间遭受突发性大灾,如战争、洪水、地震等,造成大面积被保险人死亡的可能性。随着医疗条件的改善,可能使人存活的平均寿命普遍提高。凡此种种,要求在寿险经营中必须考虑到这些风险的存在,除采取积极措施,防范道德风险及逆向选择外,还得用定量方法进行风险加成或安全附加,以防备实际与预期的偏差造成的不良影响和风险。进一步,为应付巨灾和巨损,还应逐步积累总准备金,壮大自身的偿付能力。而无论风险加成,还是总准备金积累,都离不开精算的方法或技术。

第二,寿险经营的成本与一般工商企业的产品成本的差异,表现在一般产品成本发生在过去,且由不变资本和可变资本价值予以决定,而寿险经营的成本却发生在未来,考虑到经营对象的不确定性,为应付未来成本而筹措的保险费,与未来实际发生的现实成本,存在支付的时间差和额度的规模差。显然,要缩小这一差距,科学地测定保险费成本或保险费率,便是保险经营中极为重要的一项工作。在寿险保险费厘定中,需要考虑的主要因素为预定死亡率、预定利息率及预定费用率;有时尚须考虑预定解约率、分红规定等。这样,如果考察从现在年龄到死亡为止对应年龄的那段时间长度以及从出生到死亡为止的那段时间长度,那么寿险的纯保险费就是关于这些时间随机变量函数的数学期望值。

由于寿险资金运用乃寿险保险费中考虑预定利息率的内在要求,寿险保险费中也存在闲置资金,所以寿险经营中存在投资要求。寿险投资既可以弥补预定的利息,又可以增强公司的经济实力。而且,投资额度的匡算、投资风险的分析、投资项目的选择、收益率的计算、投资综合效应的评估等,也与精算有关。此外,随着风险的变化,一定时期内相对稳定的费率终将变化。也就是说,生命表每隔一定时期应做一定的修正,甚至为了适应新业务的发展,有时还需构造新的生命表。

第三,由于参加保险的投保者千差万别,致使投保者在投保时间、投保金额等方面表现各异。就一个会计年度来考察,投保者在该年度内随时随地有投保的可能,而保险期限一般较长且又各不相同,因此寿险责任表现出长期性和连续性。保险年度与会计年度的分离,使保险会计年度核算的成果并非全部为盈余,相反还包括各种各样的准备金,具体表现在寿险中必须计提责任准备金。某个保险年度末的理论责任准备金,等于该年度末未来保险金给付现值与未来纯保险费现值之差额,或该年度末过去已付保险费积存值扣除过去已付保险金积存值之差额。

除上述所分析的栏目需要精算外,寿险经营的复杂性还决定了寿险中涉及精算的项目相当多。如寿险经营中的利润分配和评估,解约价值的决定以及由此产生的保单选择带来的有关计算;最低偿付能力的测定;经济波动、通货膨胀与紧缩对寿险的影响,由此引起的相应调整等。总而言之,寿险经营需要科学运行,客观上就需要精算。毋庸置疑,寿险精算在寿险经营中占据着重要地位。

## 1.4 寿险精算的理论架构

人们通常认为,理论是用系统性观点表述某一探究领域的内部联系、概念、定义及命题,或者是由某一探究领域的通用观点所构成的一套前后一贯的假设性、概念性和实用性的原则。理论的目的在于对现象做出解释和预测。将理论的定义应用于寿险精算,可将寿险精算理论定义为:一套前后一致的假设性、概念性和实用性的原则,是一个旨在探索寿险精算本质的总体性参考框架。简单地说,寿险精算理论体系构建如图 1.1 所示。

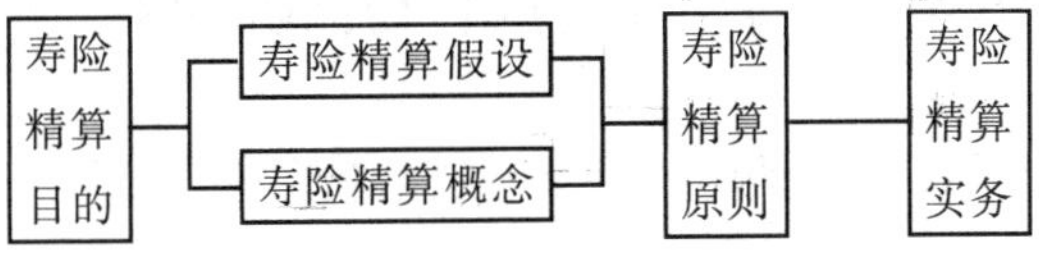


图 1.1

寿险精算目的是寿险精算理论架构的最高层次,是进行理论推导的前提。那么,寿险精算的目的是什么呢?北美精算师学会(SOA)1998 年发表的《未来精算师特别工作组》研究报告中,对精算师的定义为:“精算师是私人和公共财务设计师和潜在的企业管理人员,这是建立在精算职业的智能核心基础上的,其智能核心为经验分析和衡量、估算、转移以及对未来意外事件的现行财务状况进行反映。”因此,笔者认为,寿险精算的目的是对寿险公司未来的财务风险做出评估与预测,使公司的经营管理建立在科学的基础上,以确保公司经营稳健发展。

寿险公司的运作机制是通过收取众多的、零散的保险费汇聚为巨额资金,并通过资金的运作使其价值增值,从而为遭受了保险事故的保单所有人提供大额赔付金。这个“收入在先,支付在后”的运作过程需以一系列假设为前提,这些假设主要有死亡率、利息率、费用率以及解约率等。通常,利息率假设和费用率假设较易确定,而死亡率和解约率的确定则有其特殊性。死亡或解约对单个人来说是随机的,不可测的,但对社会群体来说则是必然的、确定的,这就是概率论的大数法则,因此在寿险公司的运作过程中需要根据大数法则来确定死亡率等重要假设。大数法则是指随机事件在每次独立的观察中呈现出的偶然性将在大量重复的观察中呈现为必然性。它是寿险公司经营的前提条件,也是寿险精算进行逻辑推理的约束因素。不过,在实际经营中,大数法则的理想要件往往不能完全满足,这将导致精算的预期值与实际值存在差异。如果偏差过大,寿险公司可能破产,故引入了偿付能力概念。另外,寿险业务多为长期业务,保险人收取的保险费不会被立即用于支付保险金额,如何管理这一保险基金,使其保值或增值是一个重要考虑因素。因此,准备金是寿险精算理论所涉及的又一重要概念。

寿险精算一个重要且基本的原则是“收支对等原则”或“权责对等原则”,它要求保险人承担风险的开支与保险人收集到的保险费相等。因此,进行人寿保险精算时,首先要求研究被保险人遭受的危险事件的出险率及其变动规律。这个出险率在人寿保险中指死亡率。死亡率与存活率存在互补关系,人寿保险是以生命表方式研究和表述被保险人死亡规律的。从生命表可看出,不同年龄的人死亡概率不同,年龄越大死亡概率越高,相应缴纳的保险费也就越多。但人的劳动能力与其年龄成反比,为了不加重投保人年老时的经济负担,在精算实务中,一般采用“均衡保险费制”。当然,寿险精算实务按精算师的工作范围可具体分为产品定价实务、负债评估实务、偿付能力实务与财务评估实务等。这些实务需要理论来指导,理论随着实务的发展而发展。迄今为止,寿险精算理论已成为一门集数学、数理统计学、人口学、计算机科学、会计学、金融学等学科于一体的综合性边缘学科,其理论体系也日臻完善。



## 1.5　寿险精算的内容与面临的挑战

如前所述,精算可以与投资活动、人口问题及经济预测等结合,形成诸多精算分支。就寿险精算而言,自其产生以来,目前不仅研究单个生命单一偶然因素相关的一系列计量和计算问题,而且还涉及单个生命多个偶然因素的有关计量和计算问题。当多个偶然因素涉及死亡、残废、离退职及退休时,也可派生出一门与生命随机事件、经济金融、人口等相关的分支——社会保障精算。此外,寿险经营也发展到多个生命遭遇单一偶然因素的情形,与此对应的保险费计算、准备金计提等,也可列入广义寿险精算学的内容。本书侧重于生死偶然事件影响单生命和多生命的有关计算问题,其内容主要涉及单生命寿险精算问题,也讨论多生命的概率、年金和保险函数;分析一些特殊保单及保单精算的应用,介绍精算实务的约束。寿险经营环境正在发生着变化,寿险精算面临挑战。

第一,金融市场的波动性不断增强,增大了寿险经营的风险。20 世纪 80 年代的通货膨胀与利息率的剧烈变动,对寿险公司的竞争能力和盈利能力提出了严峻的挑战。传统寿险产品由于利息率固定,在市场利息率上升时,由于投保人分享不到市场升值的好处,其对消费者的吸引力可能下降,寿险市场出现保险脱媒,即投保人纷纷通过退保和保单贷款等手段收回资金转投其他高利息率的金融工具。保单抵押贷款和退保激剧上升,增大了非预期的现金支出,将威胁寿险经营的稳定性。保险脱媒一定程度上反映了消费者对储蓄和保障两个要素分离的要求。而当利息率下降的时候,寿险公司面临的"利差损"问题,也不利于寿险公司持续稳定地发展,因此如何降低经营风险和实现稳健经营,是寿险精算需研究的一个重要课题。

第二,来自同行业和其他金融机构的竞争也日益加剧。伴随着金融的自由化和金融市场的一体化,各金融机构为抢夺市场,纷纷进行金融创新。如来自商业银行的流动性强、回报率高的可转让存单、共同货币市场基金、住房抵押贷款证券化等新型投资工具吸引了大批个人投资者。而传统的寿险产品,尽管享有税收优惠,又具有储蓄性,但传统寿险产品的缴费机制、利息率结构明显缺乏弹性,不如资本市场上许多新兴的金融工具灵活。因此,寿险公司为提高自身产品的竞争力,就需赋予寿险产品类似于金融市场上其他金融产品的特点。但金融产品的价值受市场利息率的影响比较大。如果寿险产品实现了从传统到非传统的转型,则其现金价值将不能像传统产品那样在购买时就已经确定,而是定期由保险费额、投资收益额、死亡率支出、其他营业费用直接决定。另外,寿险公司为增强保单的灵活性,赋予投保人较多的选择权。传统的精算方式所依赖的"稳定性"不能够有效地对这些嵌入选择权进行估计,并且在利息率波动时期,保单嵌入选择权可能增加保险人的付现成本。如何评估各类保单嵌入选择权条款的价值,进而在定价时给予考虑,是寿险精算中亟须解决的问题。

第三,随着金融市场的日益完善和寿险公司产品的转型,寿险公司已成为资本市场上重要的机构投资者,它拥有大量的金融资产与复杂的金融负债。它面临的风险,除了一般投资风险以外,还承担两种与投资有关的特殊风险:预期利息率风险和资产负债匹配风险。预期利息率风险是指寿险投资的实际收益率低于寿险产品定价时采用的预期利息率,从而导致寿险公司不能或者不能完全履行保险给付责任的风险。资产负债匹配风险是指在某一时点寿险公司的资产现金流与负债现金流的不匹配而造成寿险公司损失的可能性。这就要求寿险公司加强投资管理,建立集投资、精算、财务"三位一体"的投资管理体系。同时,为更有力地防范金融风险,对寿险业信息的披露、会计准则的建立等方面提出了更严格的要求,这些均将促进寿险精算理论的发展。

第四,随着保险监管体系的不断强化,国家相关部门机构对保险公司风险管理的要求越来越高,这也使寿险精算工作面临了极大的挑战。2016 年我国开始正式实行第二代偿付能力监管体系,二代制度下的精算规定和更加透明的精算工作流程,对精算师能力提出了更高的要求。精算师必须具备良好的经济学知识背景和扎实的专业知识,不断提高专业技术能力,并将这些技术运用到产品设计、风险管理、偿付能力管理、资本管理等各个领域,增强应对挑战的能力。

## 1.6 精算教育与精算师资格考试

精算师是利用专业技能分析风险并量化其影响,解决精算实务中具体问题的专门职业人员。他们综合运用数学、经济学、统计学、保险学、财务管理等方面的专业知识,在保险、投资及其他领域分析并评估不同的风险对公司未来的影响。随着精算师职业化和全球化的发展,精算师的职业领域不断扩展。精算师不仅在保险公司中发挥着重要的作用,在养老金计划管理以及社会保险制度的设计和运行中也担当了重要的角色。

要成为精算师,需要经过长期的专业知识学习并达到精算师职业组织的专业要求,通过协会认可才能获得精算师的从业资格。世界上的精算资格认可制度主要有两种,一种是考试认可制度,如美国、中国、英国、日本。精算资格考试分为准精算师和精算师两个阶段。在准精算师阶段主要涉及数理基础知识,在高级精算师阶段,不同的国家由于国别差异而实行相应的考试制度。另外一种是学历认可制度,如意大利、德国、法国、澳大利亚。这又分为本科生和研究生两个阶段,完成相关学业即可获得准精算师、精算师资格。

为了培养更多的精算人才,促进精算业的发展,世界各国相继成立了精算师协会,定期举办精算师资格考试。在我国,常见的考试有中国精算师资格考试、北美精算师资格考试、英国精算师资格考试、日本精算师资格考试。目前,英国精算师资格考试和北美精算师资格考试以及日本精算师资格考试,共同构成了保险精算师资格考试的三大支柱,在国际保险界享有极高的声望。

### 1.6.1 北美精算师资格考试

北美精算师协会创立于1949年,主要致力于处理保险业出现的新问题,研究改进精算技术,同时通过年会制度将精算的新成果加以迅速推广,并将新技术与经济发展紧密地结合起来。北美精算师资格考试是国际上最具影响力、认证度最高的精算师资格考试,享有极高的声誉,因此,许多国家的精算教育和考试制度都深受美国精算教育和考试的影响。目前,北美精算师协会拥有正式会员与非正式会员约28 000名。中国于1987年引入北美精算师考试,先后在天津、上海、北京、深圳、长沙等地方设立了考点。2000年,北美精算师协会改变其考试体系,其中准精算师资格考试由15门课程合并为6门课程,精算师的资格考试加入另外两门课程和职业发展课程。北美精算师资格考试每年春季和秋季各进行一次。春季的考试一般安排在5月份,秋季的考试一般安排在11月份。

北美精算师考试分为准精算师(ASA)与正精算师(FSA)两个部分。

关于具体的考试课程,准精算师阶段包括:

(1)基础考试部分:概率论(P)、金融数学(FM)、金融经济模型(MFE)、精算模型构建与评估(C)、寿险精算模型(MLC)。

(2) VEE 认证部分：宏微观经济学（Economics）、公司金融（Corporate Finance）、应用统计方法（Applied Statistical Methods）。

(3) 实践课程 FAP（Fundamentals of Actuarial Practice）：完成所有初级课程及 VEE 认证之后，考生必须通过实践课程 FAP 的 8 个模块的学习和考试。

(4) 准精算师专业课程培训（APC）。完成了以上要求，考生就可以递交一份准精算师的书面申请，通过北美精算师协会管理委员会的审批就可获得北美准精算师（ASA）资格。

正精算师阶段：在获得北美准精算师资格后，需要从公司金融、投资、养老金、个人寿险和年金以及团体和健康保险方向中选择一个专业方向，学习其要求的相关课程并通过考试。另外，所有考生必须完成 DMAC 模块和 FAC 模块。

### 1.6.2 英国精算师资格考试

英国精算师资格考试是由英国精算学会和英国精算公会联合主办的考试，通过该考试后获得的精算师资格被全世界承认。

英国精算师资格考试已有 160 多年的历史，1994 年，中央财经大学首次引入英国精算师资格考试。2000 年以前，英国精算师资格考试分为 A、B、C、D、E 五个系列，2000 年英国精算师资格考试体系改革后分为四个系列：100 系列（包括"金融数学""精算数学"等九门课程考试）、200 系列（"沟通技能"一门课程考试）、300 系列（"投资和资产组合""寿险精算""财产险精算""养老金"四门课程考试）和 400 系列（从人寿保险、财产保险等四种资格考试中选考一门）。考生通过前三个系列考试的所有考试科目，即可获得准精算师资格证书，再通过 400 系列的任意一门科目后，即可获得英国精算师资格证书。英国精算师资格考试分别在每年的 4 月和 9 月。

从 2010 年开始，英国精算协会实行新的教育与考试体系，将教育与考试体系分为基础技能阶段、基础应用阶段、专项技能阶段、专项应用阶段。基础技能阶段包括 9 门 CT 课程：金融数学（CT1）、财务报告分析（CT2）、概率统计（CT3）、模型（CT4）、寿险精算（CT5）、统计模型（CT6）、经济学（CT7）、金融经济学（CT8）、商务必备（CT9）。基础应用阶段包括 3 门 CA 课程：精算风险管理（CA1）、模型设计（CA2）、交流技能（CA3）。专项技能阶段包括 9 门 ST 课程：健康及医疗保险（ST1）、寿险（ST2）、非寿险（ST3）、养老金（ST4）等。专项应用阶段包括 6 门 SA 课程：研究论文（SA1）、健康及医疗保险（SA2）、寿险（SA3）等。完成 CT 和 CA 课程的考试，并有一年的工作经历，参加一天的职业训练课后即可获得准精算师资格。在此之后，完成 ST 和 SA 课程的考试并有三年的工作经验，参加两天的职业训练课后即可获得正精算师资格。

### 1.6.3 日本精算师资格考试

日本精算学会创立于 1899 年，至今已有 100 多年的历史。我国自 1998 年开始引入日本精算师资格考试。日本精算学会入会规定：凡通过前期考试 1 门科目以上者，均可成为该学会的普通会员，按规定缴纳会费并同时享有基本权利。而后期考试合格者，经日本精算学会理事会批准通过，即可成为日本精算学会的正式会员。

日本精算师资格考试由前期考试和后期考试两部分组成。前期考试即基础科目考试,包括:数学、产险数理、寿险数理、年金数理、会计经济投资理论。其目的是判断考生是否具备执业所必需的基础知识。只有全部通过前期考试者才能报考后期专业科目考试。

后期考试分为生保、损保、年金三个方向,考生在三个方向中任选一个,每个方向有两门考试课程。其目的是判断考生是否具备精算师在实际工作中所需要的专业知识及解决实际问题的能力。日本精算师考试一年举办1次,时间均在每年12月中旬,考试成绩合格者可于次年2月得到考试结果通知。

### 1.6.4 中国精算师资格考试

中国精算师考试从1999年开始实施。2000年12月,中国保险监督管理委员会首次面向社会举办了中国精算师资格考试中的六门课程考试,共474人报名参加,大学本科以上学历或同等学力的人都可报名参加。2007年中国精算师协会成立,协会设立了考试教育委员会,专门负责精算师资格考试事宜。中国精算师资格考试自施行以来,认证了一批中国准精算师和中国精算师,积累了一定经验,为我国培养了一批具有专门职业能力的精算师。中国精算师资格考试分为准精算师和精算师两个阶段。准精算师考试旨在考察精算人员是否掌握必需的精算理论和技能,精算师考试要求以精算实务为主,涉及财务会计制度、社会保障制度、保险法规等。

随着国内保险市场的发展,原有的考试体系已不能很好地适应精算技术发展的需要。为此,中国精算师协会于2011年开始实施新的资格考试体系。调整后仍分为准精算师部分和精算师部分。

准精算师部分包括八门必考的专业课程和一门职业道德教育课程。八门考试课程包括:数学(A1)、金融数学(A2)、精算模型(A3)、经济学(A4)、寿险精算(A5)、非寿险精算(A6)、会计与财务(A7)、精算管理(A8)。通过8门课程考试并经过职业道德培训后,可获得中国准精算师资格,成为中国精算师协会准会员。



精算师阶段分为寿险和非寿险两个方向。寿险方向的考试包括七门考试课程和职业道德教育课程。考试课程包括:保险法及相关法规(F1L)、保险公司财务管理(F2L)、健康保险(F10)、投资学(F8)、个人寿险与年金精算实务(F3)、资产负债管理(F9)、员工福利计划(F4)。非寿险方向包括保险法及相关法规(F1G)、保险公司财务管理(F2G)、健康保险(F10)、投资学(F8)、非寿险实务(F5)、非寿险定价(F6)、非寿险责任准备金评估(F7)七门课程考试以及一门职业道德教育课程。有三年以上工作经验的准精算师,通过相关精算师考试课程,并经过职业道德培训后,可获得中国精算师资格。

## 习题1

1-1 简述寿险精算与精算的关系。

1-2 寿险精算在寿险经营中起哪些作用?

1-3 列举寿险公司需要精算的主要项目,说明为什么它们需要精算。

1-4 简述寿险精算产生的历史。

1-5 简述现代寿险精算研究的主要对象。

1-6 简述寿险精算面对的主要挑战。

1-7 简述保险精算的概念及其分类。

1-8 简述推动寿险精算产生与发展的重大事件。

1-9 寿险精算的目标是什么?

1-10 概述中国精算师资格考试体系。

# 2 利息的度量及其基本计算

利息是资本借入者因使用资本而支付给资本借出者的一种报酬。也可以说,利息是资本借入者支付给资本借出者因放弃资本的使用而发生的损失的一种租金。从理论上讲,资本和利息可以是货币,也可以不用货币度量。但是,本章所考虑的资本和利息均限于货币,且内容将重点涉及利息的度量及不同利息度量方式下的有关计算问题。

## 2.1 终值与现值函数

### 2.1.1 终值函数



终值函数是指1个货币单位的本金从投入之日起,经过一定时期后的终值。显然,利息率一定,时期不同,一般地,终值也会有变化。即使时期相同,利息的度量方式不同或利息度量方式相同但利息率不同的情况下,终值也会有差异。可见,在本金和利息度量方式确定的情况下,终值是关于时期长度的函数。本书中,为论述的方便,约定函数 $a(t)$ 表示1个货币单位经过时期 $t$ 后的终值函数。$a(t)$ 具有以下基本性质:

第一,$a(0) = 1$,即投入本金1后的立刻的终值,等于本金的值。

第二,$a(t)$ 是 $t$ 的递增函数。在利息度量中,通常忽略出现随 $t$ 的增加,$a(t)$ 为负数的情形。另外,一定时期内,允许 $t$ 有一定变化,但不影响 $a(t)$ 的值。所以 $a(t)$ 一般是关于 $t$ 的非严格递增函数。

第三,当利息连续产生时,$a(t)$ 是 $t$ 的连续函数。

当 $K$ 个货币单位的本金($K > 0$),从投入之日起,经过一定的时期后的终值,通常可用 $A(t)$ 来表示。$A(t)$ 实质是本金为 $K$ 的终值函数。同样地,为方便起见,以下称函数 $A(t)$ 为数量函数。现实生活中,本金不为1的情形是普遍存在的,亦即研究 $A(t)$ 更接近现实。

不难得到,数量函数与终值函数具有的基本关系是:

$$A(t) = Ka(t) \qquad (K > 0, K \text{ 为常数}) \tag{2.1}$$

根据这一关系,$A(t)$ 具有与 $a(t)$ 相似的性质:

第一,$A(0) = K$;

第二，一般地，$A(t)$ 是关于 $t$ 的递增函数；

第三，当利息连续产生时，$A(t)$ 是 $t$ 的连续函数。

### 2.1.2 现值函数

现值函数是指1个货币单位的终值(或本利和)，在时期长度之初的现值。通常，当终值为1个货币单位，且时期长度为 $t$ 时，现值函数被记作 $a^{-1}(t)$。

进一步，当终值为 $K$ 个货币单位，时期为 $t$ 时，在期初的现值函数记作 $A^{-1}(t)$。除 $a^{-1}(t)$ 和 $A^{-1}(t)$ 一般随 $t$ 递减外，一般地，$a^{-1}(t)$ 和 $A^{-1}(t)$ 具有与 $a(t)$ 和 $A(t)$ 类似关系的性质。

## 2.2 终值与现值的计算

由于 $A(t)$ 和 $a(t)$ 的关系是 $A(t) = K \cdot a(t)$，所以作为理论上的研究，只需讨论 $a(t)$ 的计算即可。由于 $a(t)$ 的表达式受利息具体的度量方式的影响，所以以下将讨论不同利息率或贴现率度量利息方式下 $a(t)$ 的计算。

### 2.2.1 已知利息率，求 $a(t)$

1. 已知单利息率 $i$，求 $a(t)$

单利是投入本金经过一定的时期，按照一定的利息率在本金上计息，但在下期结算利息时上期所结算利息并不随同本金计算，也就是利上无利。

据此，若本金为1，单利息率为 $i$，经过时期 $t$ 后的终值：

$$a(t) = 1 + it \quad (\text{其中的 } t \text{ 为整数年}) \tag{2.2}$$

**例2.1** 某人存入银行1 000万元本金，银行存款按年单利息率5.5%计息，存款期限为3年，计算该人在第3年可获得的利息。

**解**：设该人在第3年利息的理论值为 $I$，则：

$$I = A(3) - A(2) = 1\,000[(1 + 5.5\% \times 3) - (1 + 5.5\% \times 2)]$$
$$= 1\,000 \times 5.5\% = 55(\text{万元})$$

当 $t$ 为非整数年时，令 $t = K + S$，$K$ 为整数年，$S$ 为分数年，$a(t)$ 的计算有下列四种方法：

● 确切计算法：

$$a(t) = 1 + Ki + \frac{S}{365} \cdot i \quad (\text{其中 } S \text{ 按实际天数计算}) \tag{2.3}$$

● 银行家法则：

$$a(t) = 1 + Ki + \frac{S}{360} \cdot i \quad (\text{其中 } S \text{ 按实际天数计算}) \tag{2.4}$$

● 普通计算法：

$$a(t) = 1 + Ki + \frac{S}{360} \cdot i \tag{2.5}$$

上式中 $S$ 计算如下：不足一月的，按实际天数计算；超过一月的，每月按30天计算；其余不足一月的，按实际天数计算。

● 其他不常用的方法：

$$a(t) = 1 + Ki + \frac{S}{365} \cdot i \tag{2.6}$$

上式中 $S$ 计算如下：不足一月的，按实际天数计算；超过一月的，每月按 30 天计算；其余不足一月的，按实际天数计算。

**例 2.2** 某人于 2009 年 1 月 8 日将 800 万元存入银行，银行存款按年单利息率 4% 计息。若该人于 2009 年 3 月 28 日取出银行的存款，问按银行家法则可取得多少本利和？

**解**：按银行家法则计算终值的公式为：

$$a(t) = 1 + Ki + \frac{\text{实际天数}}{360} \cdot i$$

所以，所求值应为：

$$800\left(1 + \frac{79}{360} \times 4\%\right) \approx 807.02(\text{万元})$$

2. 已知复利息率 $i$，求 $a(t)$

复利是投入本金经过一定的时期，按照一定的利息率在本金上计算利息，并将当年结算的利息并入本金，在下期结算利息时随同本金一并计算，也就是利上有利。

如本金为 1，复利息率为 $i$，经过时期 $t$ 后的终值为：

$$a(t) = (1 + i)^t \tag{2.7}$$

上式中，$t$ 既可以是正整数，也可以是正分数。

**例 2.3** 在例 2.2 中，若银行存款按年复利息率 4% 计息，其他条件不变，问那人在 3 月 28 日可以取得多少本金和利息？

**解**：所求本金和利息为：

$$800(1 + 4\%)^{\frac{79}{365}} \approx 806.82(\text{万元})$$

3. 已知实际利息率 $i_n$，求 $a(t)$

实际利息率，即一年计息或结算一次的年利息率，或全年利息额与投入之初本金之比率。第 $n$ 年的实际利息率记作 $i_n$，$i_n$ 可用式子表达为：

$$i_n = \frac{A(n) - A(n-1)}{A(n-1)} = \frac{a(n) - a(n-1)}{a(n-1)} \tag{2.8}$$

当 $a(t)$ 由常数单利息率 $i$ 计算时，

$$i_n = \frac{i}{1 + (n-1)i} \tag{2.9}$$

当 $n \neq 1$ 时，$i_n$ 是 $n$ 的递减函数。一般地，$i_n \neq i$。

当 $a(t)$ 由常数复利息率 $i$ 计算时，$i_n = i$ 且与 $n$ 无关。

从而 1 元本金在实际利息率 $i_n(n = 1, 2, \cdots, t)$ 的条件下，经时期 $t$ 后的终值为：

$$a(t) = (1 + i_1)(1 + i_2)\cdots(1 + i_t) \tag{2.10}$$

特别地，当 $i_1 = i_2 = \cdots = i_t = i$ 时，

$$a(t) = (1 + i)^t$$

**例 2.4** 某人投入本金 100 万元，复利息率是 4%，那么这个人从第六年到第十年的五年间共赚得多少利息？

**解**：设所求利息为 $I$，则：

$$I = 100(1+4\%)^{10} - 100(1+4\%)^{5}$$

$$\approx 100(1.480\ 244 - 1.216\ 653) = 26.36(\text{万元})$$

4. 已知名义利息率 $i^{(m)}$，求 $a(t)$

名义利息，又称虚利息。依利息率计算利息额时，若计息的单位期间不满一年，而按单纯的比例关系将它换算为一年的利息率，则称为名义利息率。

一年内计息 $m$ 次的名义利息率，记作 $i^{(m)}$。一年内的每 $\frac{1}{m}$ 年的利息率为 $\frac{i^{(m)}}{m}$。在名义利息率 $i^{(m)}$ 的作用下，一单位本金在年末的终值为：

$$a(1) = (1 + \frac{i^{(m)}}{m})^{m}$$

经时期 $t$ 后，本金 1 的终值为：

$$a(t) = (1 + \frac{i^{(m)}}{m})^{m \cdot t} \tag{2.11}$$

**例 2.5** 某人存入银行 1 000 万元，按年利息率 5% 计息，存入期限为 10 年，求：① 每年计息一次，到期时的本利和；② 每年计息四次，到期时的本利和。

**解**：(1) 年计息一次，所求本利和为

$$A(10) = 1\ 000a(10) = 1\ 000\ (1+i)^{10}$$

$$= 1\ 000\ (1+5\%)^{10} \approx 1\ 628.89(\text{万元})$$

(2) 年计息四次，所求本利和为

$$A(10) = 1\ 000a(10) = 1\ 000\left(1 + \frac{i^{(4)}}{4}\right)^{4\times10}$$

$$= 1\ 000\left(1 + \frac{5\%}{4}\right)^{4\times10} \approx 1\ 643.62(\text{万元})$$

### 2.2.2 已知利息率，求 $a^{-1}(t)$

前面讨论了本金和利息率均已知的条件下的终值函数 $a(t)$ 的计算公式。与之关联的问题是：已知利息率和终值，那么终值在投入之初的值为多少呢？假定时期 $t$ 之末的终值为 1，若用符号 $a^{-1}(t)$ 表示时期 $t$ 之初的现值函数[以下 $a^{-1}(t)$ 均指终值为 1 个货币单位的现值函数]，则在 $a(t)$ 讨论的基础上，可以获得不同利息率条件下 $a^{-1}(t)$ 的计算公式：

(1) 在单利息率的条件下：

$$a^{-1}(t) = (1+it)^{-1} \tag{2.12}$$

(2) 在复利息率的条件下：

$$a^{-1}(t) = (1+i)^{-t} \tag{2.13}$$

(3) 在实际利息率的条件下：

$$a^{-1}(t) = (1+i_1)^{-1}(1+i_2)^{-1}\cdots(1+i_t)^{-1} \tag{2.14}$$

(4) 在名义利息率的条件下：

$$a^{-1}(t) = \left(1 + \frac{i^{(m)}}{m}\right)^{-mt} \tag{2.15}$$

一年末的1元终值，在年初的现值为$\frac{1}{1+i}$，特别地，通常用符号$v$表示$\frac{1}{1+i}$。$v$被称为贴现因子或折现因子；相应地，$1+i$被称为累积因子或终值因子。

**例2.6** 如果利息率分别为单利息率5%和复利息率6%，要求在第三年年末获得1 000万元。问在此单利和复利条件下，应投入的本金分别为多少？

**解**：在单利条件下，设应投入的本金为$K_1$万元，则：

$$K_1 = 1\,000a^{-1}(3) = 1\,000 \times \frac{1}{1+3\times 5\%}$$

$$= 1\,000(1+3\times 5\%)^{-1} \approx 869.57(\text{万元})$$

在复利条件下，设应投入的本金为$K_2$万元，则：

$$K_2 = 1\,000a^{-1}(3) = 1\,000v^3 = 1\,000 \times \frac{1}{(1+6\%)^3}$$

$$= 1\,000(1+6\%)^{-3} \approx 839.62(\text{万元})$$

### 2.2.3 已知贴现率，求 $a^{-1}(t)$

在这里，仅讨论按贴现率扣除的方法计算贴现。这种方法通常被称为一般贴现法，以区别于按利息率扣除计算贴现的真贴现法。未声明时，均假定时期$t$之末的终值为1元，讨论在不同贴现率下时期$t$之初的现值函数。

1. 已知单贴现率$d$，求$a^{-1}(t)$

在单贴现率条件下，以到期日应付额为基准，算出单位贴现期间的折扣额的方法，就是单贴现法。显然，

$$a^{-1}(t) = 1 - dt \tag{2.16}$$

2. 已知复贴现率$d$，求$a^{-1}(t)$

复贴现就是以最初的单位期间的贴现现值作为下一期的到期应付额，反复贴现的方法。据此有：

$$a^{-1}(t) = (1-d)^t \tag{2.17}$$

3. 已知实际贴现率$d_n$，求$a^{-1}(t)$

所谓实际贴现率，就是一年贴现一次的年贴现率，或者全年贴现额与到期日应付额之比率。用终值函数或数量函数可表达第$n$年的贴现率为：

$$d_n = \frac{A(n) - A(n-1)}{A(n)} = \frac{a(n) - a(n-1)}{a(n)} \tag{2.18}$$

因此，在实际贴现率条件下，

$$a^{-1}(t) = (1-d_1)(1-d_2)\cdots(1-d_t) \tag{2.19}$$

特别地，当$d_1 = d_2 = \cdots\cdots = d_t = d$时，

$$a^{-1}(t) = (1-d)^t$$

4. 已知名义贴现率 $d^{(m)}$,求 $a^{-1}(t)$

一般地,依贴现率计算贴现额时,若贴现的单位期间不满一年,而按单纯的比例关系将它换算为一年的贴现率,称为名义贴现率。用符号 $d^{(m)}$ 表示一年内贴现 $m$ 次的年名义贴现率,那么每$\frac{1}{m}$年的贴现率为$\frac{d^{(m)}}{m}$。

在名义贴现率 $d^{(m)}$ 的条件下,年末的 1 单位货币在年初的现值为:

$$a^{-1}(1) = (1 - \frac{d^{(m)}}{m})^{m} \tag{2.20}$$

连续考察一年以后的$(t-1)$年,那么在 $t$ 年初的现值为:

$$a^{-1}(t) = (1 - \frac{d^{(m)}}{m})^{mt} \tag{2.21}$$

**例 2.7** 王某准备向一公司贷款 10 000 元,贷款期限 2 年,该公司要求第一年按实际年贴现率 6% 计息,第二年按贴息两次的 8% 的名义年贴现率计息。问王某年初实际可贷得多少元款额?

**解:** 设可贷款额为 $x$ 元,则:

$$x = 10\,000(1 - \frac{8\%}{2})^{2\times1}(1 - 6\%) \approx 8\,663.04(\text{元})$$

### 2.2.4 已知贴现率,求 a(t)

现在假定投入本金 1,在贴现率 $d$ 的条件下,经过时期 $t$ 以后的终值用 $a(t)$ 表示,$a(t)$ 相应地具有如下表达式:

(1) 单贴现率 $d$ 对应于:

$$a(t) = (1 - dt)^{-1} \tag{2.22}$$

(2) 复贴现率 $d$ 对应于:

$$a(t) = (1 - d)^{-t} \tag{2.23}$$

(3) 实际贴现率 $d_n$ 对应于$(n = 1,2,\cdots,t)$:

$$a(t) = (1 - d_1)^{-1}(1 - d_2)^{-1}\cdots(1 - d_t)^{-1} \tag{2.24}$$

(4) 名义贴现率$\frac{d^{(m)}}{m}$对应于:

$$a(t) = (1 - \frac{d^{(m)}}{m})^{-mt} \tag{2.25}$$

**例 2.8** 已知实际年利息率为 8%,经过多少年后一笔存款可以翻倍?

**解:** 设期初存入 1 单位本金,经过 $n$ 年后该存款可以翻倍,则有

$$(1 + 8\%)^{n} = 2$$

解之得

$$n = \frac{\ln 2}{\ln 1.08} \approx 9.00(\text{年})$$

### 2.2.5 已知息力，求 $a(t)$ 或 $a^{-1}(t)$

实际利息率和名义利息率分别表示每年结算利息一次的年利息率和每年结算利息数次的年利息率。这就是说，已知实际利息率和名义利息率，便可以分别度量一年和一年以内的分数年的利息。实际利息率和名义利息率在实际中有着广泛的应用，涉及利息的问题通常由它们来度量。但是，在理论上或者实际中的某些时候，需要度量某一时刻或某个微小区间的利息。此时，实际利息率和名义利息率均表现出一定的局限性。

在某个时刻 $t$ 的利息，通常用利息力来度量。利息力简称息力。如果用符号 $\delta_t$ 表示时刻 $t$ 的息力，那么 $\delta_t$ 的定义是：

$$\delta_t = \frac{\frac{\mathrm{d}}{\mathrm{d}t}A(t)}{A(t)} = \frac{\frac{\mathrm{d}}{\mathrm{d}t}a(t)}{a(t)} \tag{2.26}$$

关于 $\delta_t$ 的两点注释：

（1）虽然 $\frac{\mathrm{d}}{\mathrm{d}t}a(t)$ 或 $\frac{\mathrm{d}}{\mathrm{d}t}A(t)$ 表示了 $a(t)$ 或 $A(t)$ 的变化率或利息的变动情况，但是仅用此导数却不能真正度量利息，因虽然本金大小不同，它们却可能产生相等的利息额。对于时刻 $t$ 利息的度量，应当用 $a(t)$ 或 $A(t)$ 分别去除它们各自的导数，以消除本金差异对利息的影响。

（2）从根本上讲，息力 $\delta_t$ 表示在时刻 $t$ 的瞬时利息率，而且 $\delta_t$ 还以年利息率形式来度量时刻 $t$ 的利息，反映了在时刻 $t$ 单位本金每期产生利息的多少。进一步，这种年利息率是以时刻 $t$ 的利息密度为基础的一种名义年利息率。

根据息力的定义，

$$\delta_t = \frac{\frac{\mathrm{d}}{\mathrm{d}t}a(t)}{a(t)} = \frac{\mathrm{d}}{\mathrm{d}t}\ln a(t)$$

两边积分得

$$\int_0^t \delta_s \mathrm{d}s = \int_0^t \mathrm{d}\ln a(s) = \ln a(s)\Big|_0^t = \ln a(t)$$

从而

$$a(t) = \mathrm{e}^{\int_0^t \delta_s \mathrm{d}s} \tag{2.27}$$

这表明：投入 1 个单位货币本金，在息力 $\delta_t$ 已知的条件下，经过时期 $t$ 后的终值 $a(t)$，可按公式 $\mathrm{e}^{\int_0^t \delta_t \mathrm{d}t}$ 求值。

经过时期 $t$ 后的 1 个货币单位，在息力 $\delta_t$ 已知的条件下，在该时期 $t$ 之初的现值为：

$$a^{-1}(t) = \mathrm{e}^{-\int_0^t \delta_s \mathrm{d}s} \tag{2.28}$$

类似于定义 $\delta_t$ 的原理，兹对贴息力给出定义。

在时刻 $t$ 的贴息力记作 $\delta'_t$，$\delta'_t$ 的定义是：

$$\delta'_t = -\frac{\frac{\mathrm{d}}{\mathrm{d}t}A^{-1}(t)}{A^{-1}(t)} = -\frac{\frac{\mathrm{d}}{\mathrm{d}t}a^{-1}(t)}{a^{-1}(t)} \tag{2.29}$$

$\delta'_t$定义中出现负号，是因为$a^{-1}(t)$为$t$的递减函数的缘故。贴息力$\delta'_t$具有与利息力$\delta_t$完全相似的性质。

由于

$$\delta'_t = -\frac{\frac{d}{dt}a^{-1}(t)}{a^{-1}(t)} = \frac{\frac{d}{dt}a(t)}{a^2(t)} \cdot \frac{1}{a^{-1}(t)}$$

$$= \frac{a(t)\delta_t}{a^2(t)a^{-1}(t)} = \delta_t$$

所以，利息力等于贴息力。本书以后将它们统称为息力。

**例 2.9** 已知在利息力 $\delta_t = kt^2$ 的作用下，100 万元在第 10 年年末的值为 500 万元，求 $k$ 的值。

**解：** 根据公式 $A(t) = A(0)e^{\int_0^t \delta_s ds}$，并依题意可得

$$500 = 100e^{\int_0^{10} kt^2 dt}$$

$$k = \frac{3 \times \ln 5}{1\ 000} \approx 0.004\ 828$$

### 2.2.6 利息率、贴现率及息力之间的关系

综合前述有关分析及其原理，并结合它们各自的定义，不难得出实际利息率、名义利息率、实际贴现率、名义贴现率以及息力之间有如下相互关系：

$$d = 1 - v = iv \tag{2.30}$$

$$1 + i = (1 + \frac{i^{(m)}}{m})^m \tag{2.31}$$

$$1 - d = (1 - \frac{d^{(m)}}{m})^m \tag{2.32}$$

$$\delta = \ln(1 + i) \tag{2.33}$$

所有这些关系，可概括为

$$1 + i = (1 + \frac{i^{(m)}}{m})^m = (1 - d)^{-1} = (1 - \frac{d^{(n)}}{n})^{-n} = e^{\delta} \tag{2.34}$$

**例 2.10** 求每半年计息一次的名义利息率，并使之等价于每月贴现一次的名义贴现率。

**解：** 根据名义利息率与名义贴现率之间的关系，与名义贴现率等价的名义利息率 $i^{(2)}$ 由下式决定：

$$(1 + \frac{i^{(2)}}{2})^2 = (1 - \frac{d^{(12)}}{12})^{-12}$$

从而所求的等价的名义利息率为

$$i^{(2)} = 2[(1 - \frac{d^{(12)}}{12})^{-6} - 1]$$

**例 2.11** 试证：① $i = (1 + i)d$；

② $i^{(m)} = (1 + i)^{\frac{1}{m}} d^{(m)}$。

**证明：**① 因为 $d = iv$

所以 $i = (1+i)d$

② 因为

$$\left(1+\frac{i^{(m)}}{m}\right)^{m} = \left(1-\frac{d^{(m)}}{m}\right)^{-m}$$

$$\left[\left(1+\frac{i^{(m)}}{m}\right)\left(1-\frac{d^{(m)}}{m}\right)\right]^{m} = 1$$

展开得

$$1-\frac{d^{(m)}}{m}+\frac{i^{(m)}}{m}-\frac{i^{(m)}}{m}\cdot\frac{d^{(m)}}{m} = 1$$

亦即

$$\frac{i^{(m)}}{m}-\frac{d^{(m)}}{m} = \frac{i^{(m)}}{m}\cdot\frac{d^{(m)}}{m}$$

所以

$$\frac{i^{(m)}}{m} = \frac{d^{(m)}}{m}\left(1+\frac{i^{(m)}}{m}\right)$$

$$= (1+i)^{\frac{1}{m}}\cdot\frac{d^{(m)}}{m}$$

$$i^{(m)} = (1+i)^{\frac{1}{m}}d^{(m)}$$

**例 2.12** 如果名义利息率为 6%，每季结算利息一次，那么实际利息率为多少？

**解：**与名义利息率等价的实际利息率由下列关系决定：

$$1+i = \left(1+\frac{i^{(m)}}{m}\right)^{m}$$

从而

$$i = \left(1+\frac{i^{(m)}}{m}\right)^{m}-1 = \left(1+\frac{6\%}{4}\right)^{4}-1 \approx 6.14\%$$

可见，实际利息率 6.14% 大于名义利息率 6%。这也是每年结算数次的利息率被称为名义利息率的缘由。

**例 2.13** 已知 $i = 6\%$，求 $i^{(2)}$、$i^{(4)}$、$d^{(2)}$、$d^{(4)}$。

**解：**$\because 1+i = \left(1+\frac{i^{(2)}}{2}\right)^{2} = \left(1+\frac{i^{(4)}}{4}\right)^{4} = \left(1-\frac{d^{(2)}}{2}\right)^{-2} = \left(1-\frac{d^{(4)}}{4}\right)^{-4}$

$$\therefore i^{(2)} = 2[(1+i)^{\frac{1}{2}}-1] = 2[(1.06)^{\frac{1}{2}}-1] = 0.059\ 126$$

$$\therefore i^{(4)} = 4[(1+i)^{\frac{1}{4}}-1] = 4[(1.06)^{\frac{1}{4}}-1] = 0.058\ 695$$

$$\therefore d^{(2)} = 2[1-(1+i)^{-\frac{1}{2}}] = 2[1-(1.06)^{-\frac{1}{2}}] = 0.057\ 428$$

$$\therefore d^{(4)} = 4[1-(1+i)^{-\frac{1}{4}}] = 4[1-(1.06)^{-\frac{1}{4}}] = 0.057\ 847$$

## 2.3　等值方程及其求解

考虑与利息有关的问题时，应遵循一个最基本的原则：货币具有时间价值。就是说，在所考察时刻的一定货币的价值，就是这笔货币本身所代表的价值。如现在的 500 元在现在的价值就是 500 元；6 年后的 300 元在 6 年后的价值就是 300 元。但是，现在的 500 元在 6 年后的价值却不再是 500 元。相反，6 年后的价值的决定，既依赖于这笔钱已经历的时间，又得考虑利息的度量方式。同样地，要决定 6 年后的 300 元在 2 年前的价值，也得考虑这笔货币经过的时期和利息度量的方式。因此，同量的货币在不同时点上并不等值。换言之，不同时点上的两笔或两笔以上的货币不能直接进行比较。要说明它们的大小，只有将这些货币累积或折现到一个共同的时点上，才能比较这些货币的价值大小。特别地，像这种为比较货币价值而选择的共同时点，称为可比点或可比日。每笔支付货币累积或折现到可比日所建立的等式，就称为等值方程或者价值等式。

建立和求解等值方程的一般步骤是：

第一步：画时间轴。把收取的货币按时间顺序记在时间轴的一边，把支付的货币按时间顺序记在时间轴的另一边，这样建立的图示有利于建立等值方程。但是这一步并非必需。

第二步：选择可比日。可比日就是使每笔货币在指定利息度量方式下，累积或折现到这一时刻。选择可比日是为了使不同时刻的货币可比。可比日可以有不同的选择，但选择恰当有利于简化计算。

第三步：建立等值方程。使所有收取的货币与所有支付的货币在可比日具有相等的值。

第四步：求解等值方程，以求出所要的量。

事实上，前述终值函数、现值函数本质上都是等值方程。以下通过两例对等值方程的一般应用加以讨论。

**例 2.14**　为了能在第八年底收到 600 万元，一个人同意立即支付 100 万元，在第五年底支付 200 万元，并在第十年底再支付一笔资金。已知年实际利息率为 4%，求第十年底的支付额为多少？

**解：**画出时间轴，令第十年末的支付额为 $X$ 万元，则

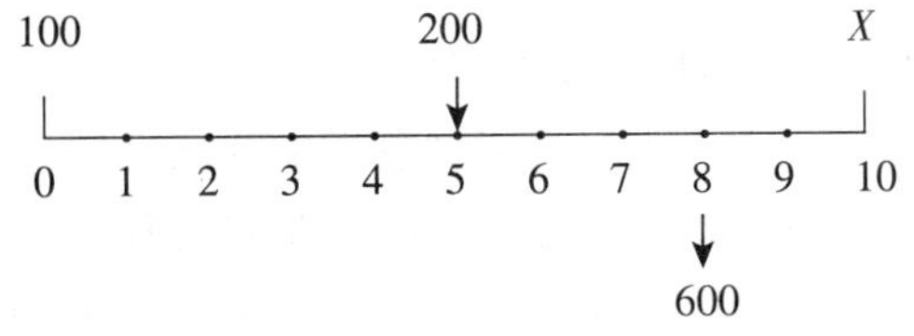


选择第一年年初，即“0” 点为可比日。

建立等值方程：

$$600v^8 = 100 + 200v^5 + Xv^{10}$$

求解 $X$，得

$$X = \frac{600v^8 - 200v^5 - 100}{v^{10}}$$

$$= 600(1+4\%)^2 - 200(1+4\%)^5 - 100(1+4\%)^{10} \approx 257.61(\text{万元})$$

两点注释：

(1) 在本例中，也可以选择第十年末为可比日，并且 $X$ 的值不因选择第十年末而有不同的值。当然，这里隐含了一个假定：利息率以复利计息时，不同可比日的选择，不影响所求的值。

(2) 在单利条件下，可比日选择不同，可能出现不同的解。

任何一个利息问题，通常包含四个基本要素：本金、利息的度量方式、时期长度和本金产生的终值。仅从数学意义上讲，只要已知其中的三个量，第四个量便可以确定。前面重点研究了已知利息度量方式和经历的确定期间条件下现值和终值的计算。当然，以所得基本函数表达式为基础，同样可以在一定已知条件下，讨论时期的确定，或利息率、贴现率的计算。

**例2.15** 每半年结算一次利息的利息率为多少时，现在投入的100万元和从现在算起的三年后投入的100万元，方可在第10年末累积到300万元？

**解：** 画出时间轴：

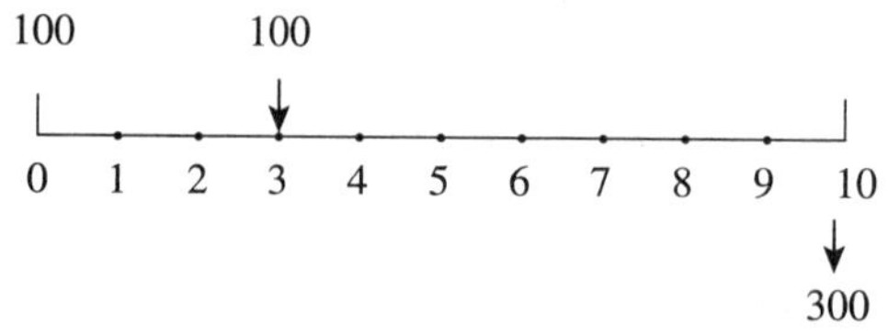




选择第10年末为可比日。令 $j = \frac{i^{(2)}}{2}$，建立等值方程

$$300 = 100(1+j)^{20} + 100(1+j)^{14}$$

再令 $f(j) = 100(1+j)^{20} + 100(1+j)^{14} - 300$，现寻找 $j$，使 $f(j) = 0$。经反复试验，

$$f(0.02) \approx -19.465 < 0,\ f(0.03) \approx 31.87 > 0$$

运用线性插值法：

$$j = 0.02 + 0.01 \times \frac{0 + 19.465}{31.87 + 19.465} \approx 0.023\,8$$

$$i^{(2)} = 2 \times 0.023\,8 = 0.047\,6 \text{ 或 } 4.76\%$$

说明：线性插值法预先确定一个大于真实利息率的利息率值和一个小于真实利息率的利息率值，然后在这两个值之间进行线性插值从而得到真实值的一个近似值。

具体而言，设 $f(i)$ 为关于 $i$ 的函数，选取 $\tilde{i}_1$、$\tilde{i}_2$ 使得 $f(\tilde{i}_1)$ 与 $f(\tilde{i}_2)$ 异号。由于 $(\tilde{i}_1, f(\tilde{i}_1))$、$(\tilde{i}_2, f(\tilde{i}_2))$、$(\hat{i}, 0)$ 三点共线，因此，方程 $f(i) = 0$ 的根的近似值的计算公式为：

$$\frac{\hat{i} - \tilde{i}_1}{\tilde{i}_2 - \tilde{i}_1} = \frac{0 - f(\tilde{i}_1)}{f(\tilde{i}_2) - f(\tilde{i}_1)}$$

$$\hat{i} = \tilde{i}_1 - \frac{f(\tilde{i}_1)}{f(\tilde{i}_2) - f(\tilde{i}_1)}(\tilde{i}_2 - \tilde{i}_1) \tag{2.35}$$

# 习题 2

2-1 判断下列式子或陈述的正误,并改正错误以及不完全的等式或句子。

(1)$(1-\frac{d^{(m)}}{m})^{-m}=(1+\frac{i^{(n)}}{n})^{n}$ 无论 $m$ 等于还是不等于 $n$。

(2)当投资时期增长时,常数的单利息率意味着实际利息率递增或不变。

(3)$d-i=id$。

2-2 证明:$(1-d)^{n}>1-dn$,如果 $n>1, 0<d<1$,这里 $d$ 为贴现率。

2-3 试分别确定1 000元在三年之末的终值。① 如果实际利息率3%;② 如果月计息一次的6% 的名义年利息率;③ 如果季计息一次的4% 的名义年贴现率。

2-4 试确定两年期间的常数实际利息率,使之等价于第一年5%、第二年6% 的实际贴现率。

2-5 如果 $\delta_t=0.04(1+t)^{-2}$,那么1 000元在第20年末的终值为多少?

2-6 试比较 $\delta$、$i^{(m)}$、$i$ 的大小。

2-7 一个人现在投资30万元,两年后追加投资60万元,这两笔投资将在第4年末积累至150万元,求该投资的实际利息率。

2-8 已知 $A(t)=t+2\sqrt{t}+7$,求 $i_4$、$d_4$。

2-9 已知 $i^{(2)}=6\%$,求 $i$、$i^{(4)}$、$d^{(2)}$、$\delta$。

2-10 证明:$\frac{d^{(m)}}{m}=\frac{i^{(m)}}{m}\cdot v^{\frac{1}{m}}$。

2-11 已知某人现在投资1 000元,第一年的利息率为8%,第二年的利息率为10%,第三年的利息率为7%,第四年的利息率为9%,求该投资在第4年末的终值。

2-12 在3月12日存入1 000元,到同年的11月26日取出,利息率为单利息率10%,试用银行家法则计算利息金额。

2-13 已知每期实际利息率为 $i$,$1+\frac{i^{(m)}}{m}=\frac{1+\frac{i^{(4)}}{4}}{1+\frac{i^{(6)}}{6}}$,确定 $m$。

2-14 有两笔投资,一笔投资以每季计息一次的年名义利息率12% 积累,另外一笔以利息力 $\delta_t=\frac{t}{3}$ 积累,在时刻0时两笔投资存入相同的资金,试求两笔投资下次金额相等的时刻。

2-15 两项基金 $A$ 和 $B$ 以相同的基金金额开始,基金 $A$ 以利息强度6% 计息,基金 $B$ 以年计息两次的名义利息率 $i^{(2)}$ 计息,第8年末基金 $A$ 的金额是基金 $B$ 的1.2倍,求 $i^{(2)}$。

# 3 确定年金

年金可以被简单地定义为在相等时间区间上所做的一系列给付。在经济生活中，年金是普遍存在的。如每隔一个确定时间存入银行的一笔钱；分期支付的房屋租金；货币借出或贷出后定期获得的利息收入等。年金并不局限于每隔一年给付一次，只要是每隔相等的区间提供一次给付也可形成一个年金。此外，年金每次的给付额可以是固定量或水平量，也可以是非固定量或呈不断变化的情形。

确定年金是年金的一种形式。确定年金与人的生死不发生关系。确定年金的支付总期间事前确定，纯粹以预定利息率作为累积基础。确定年金有多种分类，通常情况下的分类有：年金给付于每期开始时支付的期初付年金以及每期完了时支付的期末付年金；年金的给付在签约后即刻开始的即时年金以及经过一段时间后才开始的延付年金；年金的给付限于一定期间的有限期年金以及年金的给付无限期延续的无限期年金等。



## 3.1 年金给付期等于利息结算期的确定年金

### 3.1.1 期末付年金

考虑如下年金：年给付额为1，于每年年底支付，年金总期间为 $n$ 年，年利息率为 $i$。求这种年金的现值和终值。

用 $a_{\overline{n}|i}$ 和 $s_{\overline{n}|i}$（或简记为 $a_{\overline{n}|}$ 和 $s_{\overline{n}|}$）分别表示上述年金的现值和终值。由于这个现值表示所有支付额在确定期末年金之初的现值之和，而终值表示所有支付额在确定期末年金之和，即年金最后一次支付完毕后的立即的终值之和，所以现值和终值决定于：

$$a_{\overline{n}|} = v + v^2 + \cdots + v^n = \frac{1 - v^n}{i} \tag{3.1}$$

$$s_{\overline{n}|} = 1 + (1 + i) + \cdots + (1 + i)^{n-1} = \frac{(1 + i)^n - 1}{i} \tag{3.2}$$

以下对 $a_{\overline{n}|}$ 和 $s_{\overline{n}|}$ 做进一步的分析。

(1) 根据式(3.1) 易得：

$$1 = ia_{\overline{n}|} + v^n \tag{3.3}$$

该式表明：现在投资的 1 元，在每年年底可获利息 $i$ 元，而且在 $n$ 年末还可获本金 1 元。每年年底的利息 $i$ 形成了一个期末付确定年金。根据等值方程原理，在期初投入的本金应等于投入本金所产生的利息及偿还本金现值之和。

(2) $a_{\overline{n}|}$ 和 $s_{\overline{n}|}$ 具有如下基本关系：

$$s_{\overline{n}|} = (1+i)^n a_{\overline{n}|} \tag{3.4}$$

$$\frac{1}{a_{\overline{n}|}} = \frac{1}{s_{\overline{n}|}} + i \tag{3.5}$$

**例 3.1** 证明：$\frac{1}{a_{\overline{n}|}} = \frac{1}{s_{\overline{n}|}} + i$。

**证明**：事实上，在 $1 = ia_{\overline{n}|} + v^n$ 两边同除以 $a_{\overline{n}|}$，得

$$\frac{1}{a_{\overline{n}|}} = i + \frac{v^n}{a_{\overline{n}|}}$$

再运用式(3.4) 即得

$$\frac{1}{a_{\overline{n}|}} = i + \frac{1}{(1+i)^n a_{\overline{n}|}} = \frac{1}{s_{\overline{n}|}} + i$$

**例 3.2** 如果一个人现在投入 10 000 元，年利息率为 4%，每半年结算一次利息，那么这个人每六个月末提取一笔多大的金额，在第 20 年末正好取完投入的资金？假定每次的提取额相等。

**解**：设每次的相等提取额为 $X$ 元，则

$$10\ 000 = Xa_{\overline{40}|2\%}$$

$$X = \frac{10\ 000}{a_{\overline{40}|2\%}} = \frac{10\ 000}{\frac{1-(1.02)^{-40}}{2\%}} \approx 365.56(\text{元})$$

本例揭示出，在有关 $a_{\overline{n}|}$ 和 $s_{\overline{n}|}$ 的推导中，虽然考虑的情形限于每隔一年支付一次的确定年金，但是公式 $a_{\overline{n}|}$ 和 $s_{\overline{n}|}$ 的应用，却并不只限于以年为给付单位。只要年金给付期等于利息结算期，$a_{\overline{n}|}$ 和 $s_{\overline{n}|}$ 就可以运用。

### 3.1.2 期初付年金

考虑如下年金：每年年初支付 1，支付总期间 $n$ 年，年利息率为 $i$，求该年金的现值和终值。

若用 $\ddot{a}_{\overline{n}|i}$ 和 $\ddot{s}_{\overline{n}|i}$（简记作 $\ddot{a}_{\overline{n}|}$ 和 $\ddot{s}_{\overline{n}|}$）分别表示该年金的现值和终值，则 $\ddot{a}_{\overline{n}|}$ 表示所有支付额在 $n$ 年初（包括第一年年初的支付额在内）的值之和，$\ddot{s}_{\overline{n}|}$ 表示所有支付额在 $n$ 年末的值之和。据此有：

$$\ddot{a}_{\overline{n}|} = 1 + v + v^2 + \cdots + v^{n-1} = \frac{1-v^n}{d} \tag{3.6}$$

$$\ddot{s}_{\overline{n}|} = (1+i) + (1+i)^2 + \cdots + (1+i)^n = \frac{(1+i)^n - 1}{d} \tag{3.7}$$

类似地，

(1) $1 = d\ddot{a}_{\overline{n}|} + v^n$ 与 $1 = ia_{\overline{n}|} + v^n$ 有相似的文字解释。

(2) $\ddot{a}_{\overline{n}|}$ 和 $\ddot{s}_{\overline{n}|}$ 具有如下基本关系：

$$\ddot{s}_{\overline{n}|} = (1+i)^n \ddot{a}_{\overline{n}|} \tag{3.8}$$

$$\frac{1}{\ddot{a}_{\overline{n}|}} = \frac{1}{\ddot{s}_{\overline{n}|}} + d \tag{3.9}$$

**例 3.3** 已知年计息 12 次的年名义利息率为 6%，为了在第 10 年末获得 1 000 000 元，每年初需要投资多少元？

**解：** 设每年初需要投资 $R$ 元，每年的实际利息率为 $i$，于是，根据题意有

$$i = \left(1+\frac{6\%}{12}\right)^{12} - 1 \approx 0.061\ 677\ 812$$

$$R\ddot{s}_{\overline{10}|i} = 1\ 000\ 000$$

$$R = \frac{1\ 000\ 000}{\ddot{s}_{\overline{10}|i}} \approx 70\ 899.31(\text{元})$$

### 3.1.3 期末付年金与期初付年金的关系

这里的期末付年金与期初付年金的关系，是指期末付年金与期初付年金的现值与终值之间的相互关系。其常见的关系有如下两组：

(1) $$a_{\overline{n}|}(1+i) = \ddot{a}_{\overline{n}|} \tag{3.10}$$

$$s_{\overline{n}|}(1+i) = \ddot{s}_{\overline{n}|} \tag{3.11}$$

(2) $$\ddot{a}_{\overline{n}|} = 1 + a_{\overline{n-1}|} \tag{3.12}$$

$$\ddot{s}_{\overline{n}|} = s_{\overline{n+1}|} - 1 \tag{3.13}$$

**例 3.4** 证明：$a_{\overline{n}|}(1+i) = \ddot{a}_{\overline{n}|}$。

**证明：** 按期末付年金的定义：

$$a_{\overline{n}|} = \frac{1-v^n}{i} = v \cdot \frac{1-v^n}{iv} = v \cdot \frac{1-v^n}{d} = v\ddot{a}_{\overline{n}|}$$

$$a_{\overline{n}|}(1+i) = \ddot{a}_{\overline{n}|}$$

直观地分析，这个结论的成立是显然的。因为 $n$ 年期初付年金的现值，与提前一年算起的 $n$ 年期末付年金的现值，正好相差一年，而缴付额是相同的支付额，所以 $a_{\overline{n}|}(1+i) = \ddot{a}_{\overline{n}|}$。

**例 3.5** 证明：$\ddot{a}_{\overline{n}|} = 1 + a_{\overline{n-1}|}$。

**证明：** 因为

$$a_{\overline{n-1}|} = \frac{1-v^{n-1}}{i},$$

所以

$$1 + a_{\overline{n-1}|} = \frac{1+i-v^{n-1}}{i} = \frac{1-\dfrac{v^{n-1}}{1+i}}{\dfrac{i}{1+i}} = \frac{1-v^n}{d} = \ddot{a}_{\overline{n}|}$$

亦即

$$1 + a_{\overline{n-1}|} = \ddot{a}_{\overline{n}|}$$

这个等式表明：$n$ 年期初付年金的现值 $\ddot{a}_{\overline{n}|}$，可视为 $(n-1)$ 年期末付年金的现值 $a_{\overline{n-1}|}$ 与 1 的 现值之和。

同理，可以证明 $\ddot{s}_{\overline{n}|}=(1+i)s_{\overline{n}|}$ 和 $\ddot{s}_{\overline{n}|}=s_{\overline{n+1}|}-1$。

**例 3.6** 某人希望通过一项基金在 2020 年 7 月 1 日累积10 000 元，为实现该愿望，计划从 2009 年 7 月 1 日到 2019 年 7 月 1 日之间，每年年初存入一笔基金相等的金额。如果基金赚得实际利息率为 4%，那么该人每年年初存入金额为多少？

**解：** 假定该人每年年初存入基金相等的金额为 $R$ 元，那么据题意有：

$$R\ddot{s}_{\overline{11}|}=10\,000$$

$$R=\frac{10\,000}{\ddot{s}_{\overline{11}|4\%}}=\frac{10\,000}{s_{\overline{12}|}-1}\approx\frac{10\,000}{15.025\,8-1}\approx 713.0(\text{元})$$

**例 3.7** 已知 $\ddot{s}_{\overline{10}|}=2.5$，求 $s_{\overline{11}|}$ 的值。

**解：** 根据关系式 $\ddot{s}_{\overline{n}|}=s_{\overline{n+1}|}-1$ 可以得到

$$s_{\overline{11}|}=\ddot{s}_{\overline{10}|}+1=3.5$$

### 3.1.4 年金在任意日期的值

以上考察的期末付年金与期初付年金，主要解决了它们在年金期初和期末的现值与终值问题。但是，有关确定年金的计算，仅限于此是不够的。下面，将进一步研究确定年金在不同时刻的年金值的计算，如：

(1) 年金在第一次支付前若干年的值；

(2) 年金在最后一次支付后若干年的值；

(3) 年金在第一次支付与最后一次支付之间某个时点的值。

为通俗易懂起见，以下借助例题阐明年金在不同情况下的值的计算的一般原理。

**例 3.8** ① 你现在应存入银行多少钱，方可从第三年年末开始，直至第九年年末为止，每年取得 20 000 元？② 若你从第三年年末开始，直至第九年年末为止，每年存入银行 20 000 元，则你在第十二年年末可以一次性取到多少钱？③ 当条件与 ② 相同时，年金在第五年年末的值为多少？本例计算所用利息率均为 5%。

**解：** 根据题意

(1) 所求之值 $=20\,000a_{\overline{7}|5\%}v^2$

$=20\,000(a_{\overline{9}|5\%}-a_{\overline{2}|5\%})\approx 104\,968.22(\text{元})$

(2) 所求之值 $=20\,000s_{\overline{7}|5\%}(1+5\%)^3$

$=20\,000(s_{\overline{10}|5\%}-s_{\overline{3}|5\%})\approx 188\,507.85(\text{元})$

(3) 所求之值 $=20\,000s_{\overline{3}|5\%}+20\,000a_{\overline{4}|5\%}=20\,000a_{\overline{7}|5\%}(1+5\%)^3$

$=20\,000s_{\overline{7}|5\%}v^4\approx 133\,969.01(\text{元})$

结合本例的思路和方法，我们将其总结为更一般的情形：

(1) 延付 $m$ 年的给付额为 1 的 $n$ 年期末付年金，其现值记作 ${}_{m|}a_{\overline{n}|}$，那么

$${}_{m|}a_{\overline{n}|}=v^m a_{\overline{n}|}=a_{\overline{m+n}|}-a_{\overline{m}|} \tag{3.14}$$

(2) 延付 $m$ 年的给付额为 1 的 $n$ 年期初付年金，其现值记作 ${}_{m|}\ddot{a}_{\overline{n}|}$，而且

$${}_{m|}\ddot{a}_{\overline{n}|} = v^m \ddot{a}_{\overline{n}|} = \ddot{a}_{\overline{m+n}|} - \ddot{a}_{\overline{m}|} \tag{3.15}$$

### 3.1.5 永久年金

年金给付的期限无限延续的年金，或年金给付延续到永远的年金，称为永久年金。永久年金的期限是不确定的。我们凭直觉感到似乎这种年金并不存在，即使存在也不普遍。但是，不普遍存在的永久年金，并不等于不存在。如未附偿还条件的优先股的红利，其实质就是一种永久年金。当然，研究永久年金，更主要的是理论研究的需要。

年给付额为 1 的期末付永久年金的现值，记作 $a_{\overline{\infty}|}$，若 $i > 0$，则

$$a_{\overline{\infty}|} = v + v^2 + \cdots = \frac{v}{1-v} = \frac{1}{i} \tag{3.16}$$

或者

$$a_{\overline{\infty}|} = \lim_{n\to\infty} a_{\overline{n}|} = \lim_{n\to\infty} \frac{1-v^n}{i} = \frac{1}{i}$$

年给付额为 1 的期初付永久年金的现值，记作 $\ddot{a}_{\overline{\infty}|}$，若 $i > 0$，则

$$\ddot{a}_{\overline{\infty}|} = 1 + v + v^2 + \cdots = \frac{1}{1-v} = \frac{1}{d} \tag{3.17}$$

或者

$$\ddot{a}_{\overline{\infty}|} = \lim_{n\to\infty} \ddot{a}_{\overline{n}|} = \lim_{n\to\infty} \frac{1-v^n}{d} = \frac{1}{d}$$



## 3.2 年金给付期不等于利息结算期的确定年金

### 3.2.1 年金给付期大于利息结算期的确定年金

年金给付期大于利息结算期的确定年金也可描述为：年金支付次数比利息结算次数少的确定年金。

假定有这样的确定年金：年金总的期间为 $n$，$n$ 由利息结算期度量。进一步假定每一个年金给付期内包含整数利息结算期，用 $K$ 表示一个年金给付期内利息结算的次数。$i$ 代表每一个利息结算期内的利息率。年金每次的给付额为 1。

以下具体就期末付年金和期初付年金两种情形进行讨论。

1. 期末付年金

满足上述条件的期末付年金的现值和终值，分别用 $(PV)_I$ 和 $(AV)_I$ 表示，那么

$$\begin{aligned}(PV)_I &= v^K + v^{2K} + \cdots + v^{\frac{n}{K}\cdot K} = v^K \cdot \frac{1-v^n}{1-v^K} \\ &= \frac{1-v^n}{(1+i)^K - 1} = \frac{a_{\overline{n}|}}{s_{\overline{K}|}}\end{aligned} \tag{3.18}$$

$$(AV)_I = (1+i)^n(PV) = (1+i)^n \cdot \frac{a_{\overline{n}|}}{s_{\overline{K}|}} = \frac{s_{\overline{n}|}}{s_{\overline{K}|}} \tag{3.19}$$

关于上述$(PV)_I$和$(AV)_I$的结论，也可以从另一个角度加以分析而得出。

由于每隔$K$个利息结算期期末支付1，所以将1分解为每个利息结算期期末支付一次，且每次的支付额为$\frac{1}{s_{\overline{K}|}}$，于是整个年金转化为年金给付期等于利息结算期的确定年金。所求年金的现值$(PV)_I$和终值$(AV)_I$便是给付额为$\frac{1}{s_{\overline{K}|}}$而期间为$n$的确定年金的现值和终值。

$$(PV)_I = \left(\frac{1}{s_{\overline{K}|}}\right) \cdot a_{\overline{n}|} = \frac{a_{\overline{n}|}}{s_{\overline{K}|}}$$

$$(AV)_I = \left(\frac{1}{s_{\overline{K}|}}\right) \cdot s_{\overline{n}|} = \frac{s_{\overline{n}|}}{s_{\overline{K}|}}$$

2. 期初付年金

除年金额于每隔$K$个利息结算期期初支付1以外，其余条件和符号约定与上述期末付完全相同。用类似的方法，可以求出满足上述条件的期初付年金的现值$(PV)_D$和终值$(AV)_D$：

$$(PV)_D = \frac{a_{\overline{n}|}}{a_{\overline{K}|}} \tag{3.20}$$

$$(AV)_D = \frac{s_{\overline{n}|}}{a_{\overline{K}|}} \tag{3.21}$$

**例3.9**　已知某种12年期限的确定年金，每四个月末支付20 000元，月利息率为2%，求这种年金在12年年金期期初的前三年的值。

**解1**：依题意，对于已知的期末付确定年金，其利息结算期小于年金给付期，而且

$n = 12 \times 12 = 144, K = 4, i = 2\%$

如果所求值设为$PV$，那么$PV$可决定如下：

$$PV = \left(\frac{20\,000a_{\overline{n}|}}{s_{\overline{k}|}}\right)v^{36} = \frac{20\,000a_{\overline{144}|2\%}}{s_{\overline{4}|2\%}}v^{36} \approx 112\,070.64(\text{元})$$

**解2**：本题也可以按如下方法求得：

$$PV = 20\,000\frac{a_{\overline{180}|2\%}}{s_{\overline{4}|2\%}} - 20\,000\frac{a_{\overline{36}|2\%}}{s_{\overline{4}|2\%}} \approx 112\,070.64(\text{元})$$

**解3**：根据年金值的原始概念，所求值$PV$可由如下式子得到：

$$PV = 20\,000(v^{40} + v^{44} + \cdots + v^{180}) = 20\,000v^{40}\frac{1-(v^4)^{36}}{1-v^4}$$

$$= 20000 \cdot \frac{v^{40} - v^{184}}{1-v^4} = 20000 \cdot \frac{a_{\overline{184}|2\%} - a_{\overline{40}|2\%}}{a_{\overline{4}|2\%}} \approx 112\,070.64(\text{元})$$

### 3.2.2　年金给付期小于利息结算期的确定年金

年金给付期小于利息结算期的确定年金也可以描述为：年金支付次数比利息结算次数多的确定年金。

约定：$n$代表由利息结算期度量的年金总的期间；$i$代表每个利息结算期的利息率；在每

个利息结算期内的支付额为1，分期于 $m$ 次相等的时间间隔给付，每次的支付额为$\frac{1}{m}$。求这种年金期初和期末的现值和终值。以下就期末付年金和期初付年金分别予以讨论。

1. 期末付年金

满足上述约定的期末付年金的现值和终值，分别用符号 $a_{\overline{n}|}^{(m)}$ 和 $s_{\overline{n}|}^{(m)}$ 表示。关于它们的表达式的推导，可以有多种方法：

方法1：运用已知的每个利息结算期的利息率 $i$，令 $v=\frac{1}{1+i}$，则

$$a_{\overline{n}|}^{(m)}=\frac{1}{m}v^{\frac{1}{m}}+\frac{1}{m}v^{\frac{2}{m}}+\cdots+\frac{1}{m}\cdot v^{\frac{mn}{m}}=\frac{1}{m}v^{\frac{1}{m}}\cdot\frac{1-v^{n}}{1-v^{\frac{1}{m}}}$$

$$=\frac{1-v^{n}}{m[(1+i)^{\frac{1}{m}}-1]}=\frac{1-v^{n}}{i^{(m)}} \tag{3.22}$$

$$s_{\overline{n}|}^{(m)}=(1+i)^{n}a_{\overline{n}|}^{(m)}=\frac{(1+i)^{n}-1}{i^{(m)}} \tag{3.23}$$

方法2：将已知的每个利息结算期的利息率$i$转化为每个$\frac{1}{m}$期间的利息率，以使年金给付期等于利息的结算期。

令 $v'=\frac{1}{1+\frac{i^{(m)}}{m}}$，则

$$a_{\overline{n}|}^{(m)}=\frac{1}{m}v'+\frac{1}{m}v'^{2}+\cdots+\frac{1}{m}v'^{mn}$$

$$=\frac{1}{m}a_{\overline{mn}|i^{(m)}/m}=\frac{1}{m}\cdot\frac{1-\left(\frac{1}{1+\frac{i^{(m)}}{m}}\right)^{mn}}{\frac{i^{(m)}}{m}}=\frac{1-v^{n}}{i^{(m)}}$$

$$s_{\overline{n}|}^{(m)}=\frac{1}{m}s_{\overline{mn}|i^{(m)}/m}=\frac{(1+i)^{n}-1}{i^{(m)}} \tag{3.24}$$

2. 期初付年金

满足基本约定的期初付年金的现值和终值，分别用 $\ddot{a}_{\overline{n}|}^{(m)}$ 和 $\ddot{s}_{\overline{n}|}^{(m)}$ 表示。

用类似于推导 $a_{\overline{n}|}^{(m)}$ 和 $s_{\overline{n}|}^{(m)}$ 的方法，可以推导得出 $\ddot{a}_{\overline{n}|}^{(m)}$ 和 $\ddot{s}_{\overline{n}|}^{(m)}$ 具有如下关系式：

$$\ddot{a}_{\overline{n}|}^{(m)}=\frac{1-v^{n}}{d^{(m)}} \tag{3.25}$$

$$\ddot{s}_{\overline{n}|}^{(m)}=\frac{(1+i)^{n}-1}{d^{(m)}} \tag{3.26}$$

3. 期末付年金与期初付年金的现值与终值之间的相互关系

对此，常用的几组关系是：

①
$$\ddot{a}_{\overline{n}|}^{(m)}=(1+i)^{\frac{1}{m}}a_{\overline{n}|}^{(m)} \tag{3.27}$$

$$\ddot{s}_{\overline{n}|}^{(m)}=(1+i)^{\frac{1}{m}}s_{\overline{n}|}^{(m)} \tag{3.28}$$

② $\begin{cases} \ddot{a}_{\overline{n}|}^{(m)} = \dfrac{1}{m} + a_{\overline{n-\frac{1}{m}}|}^{(m)} & (3.29) \\ \ddot{s}_{\overline{n}|}^{(m)} = s_{\overline{n+\frac{1}{m}}|}^{(m)} - \dfrac{1}{m} & (3.30) \end{cases}$

③ $\begin{cases} a_{\overline{n}|}^{(m)} = \dfrac{i}{i^{(m)}} a_{\overline{n}|} = s_{\overline{1}|}^{(m)} a_{\overline{n}|} & (3.31) \\ s_{\overline{n}|}^{(m)} = \dfrac{i}{i^{(m)}} s_{\overline{n}|} = s_{\overline{1}|}^{(m)} s_{\overline{n}|} & (3.32) \end{cases}$

④ $\begin{cases} \ddot{a}_{\overline{n}|}^{(m)} = \dfrac{d}{d^{(m)}} \ddot{a}_{\overline{n}|} = \ddot{a}_{\overline{1}|}^{(m)} \ddot{a}_{\overline{n}|} & (3.33) \\ \ddot{s}_{\overline{n}|}^{(m)} = \dfrac{d}{d^{(m)}} \ddot{s}_{\overline{n}|} = \ddot{a}_{\overline{1}|}^{(m)} \ddot{s}_{\overline{n}|} & (3.34) \end{cases}$

**例 3.10** ① 已知某种年支付额 24 000 元，分期于每月月末收付一次相等的金额，总期限 10 年的确定年金。年实际利息率 5%，那么该年金的现值是多少？② 其余条件与 ① 相同，只是年利息率 5%，每季结算一次，那么该年金的现值又该是多少？

**解**：(1) 所求现值可直接运用公式，即

$$24\,000 a_{\overline{10}|5\%}^{(12)} = 24\,000 s_{\overline{1}|5\%}^{(12)} a_{\overline{10}|5\%} \approx 189\,530.36 (\text{元})$$

(2) 因为年利息 5%，每季结算一次，所以每季的利息率为 $\dfrac{5\%}{4} = 1.25\%$，且每季总的给付额为 $\dfrac{1}{4} \times 24\,000 = 6\,000$ 元，从而所求现值为：

$$6\,000 a_{\overline{40}|1.25\%}^{(3)} = 6\,000 \frac{1 - (1 + 1.25\%)^{-40}}{3[(1 + 1.25\%)^{\frac{1}{3}} - 1]} \approx 188\,742.61 (\text{元})$$

**例 3.11** 从 2015 年 7 月 1 日起，直至 2025 年 6 月 1 日止，包括 2025 年 6 月 1 日在内，每月提供 2 000 元。如果年实际利息率为 5%，那么所有给付额在 2015 年 6 月 1 日的现值以及在 2010 年 7 月 1 日的现值各为多少？

**解**：依题意，所求答案如下：

(1) $24\,000 a_{\overline{10}|5\%}^{(12)} = 24\,000 a_{\overline{10}|5\%} \dfrac{i}{i^{(12)}} \approx 189\,530.36 (\text{元})$

上式中 $i = 5\%$，$i^{(12)} = 12[(1+i)^{\frac{1}{12}} - 1] \approx 0.048\,889$

(2) $24\,000(\ddot{a}_{\overline{15}|5\%}^{(12)} - \ddot{a}_{\overline{5}|5\%}^{(12)}) = 24\,000(a_{15} - a_5) \dfrac{i}{d^{(12)}} \approx 149\,108.05 (\text{元})$

上式中 $i = 5\%$，$d^{(12)} = 12[1 - (1+i)^{-\frac{1}{12}}] \approx 0.048\,691$

**例 3.12** 试证：$\ddot{s}_{\overline{1}|i}^{(m)} = (1+i)^{\frac{1}{m}} \cdot s_{\overline{1}|i}^{(m)} = \dfrac{i}{m} + s_{\overline{1}|i}^{(m)}$。

**证明**：因为

$$\left(1 + \frac{i^{(m)}}{m}\right)^m = \left(1 - \frac{d^{(m)}}{m}\right)^{-m}$$

亦即

$$(1+\frac{i^{(m)}}{m})^m \cdot (1-\frac{d^{(m)}}{m})^m = 1$$

所以

$$\frac{i^{(m)}}{m} - \frac{d^{(m)}}{m} = \frac{i^{(m)}}{m} \cdot \frac{d^{(m)}}{m}$$

据此不难得出:$i^{(m)} = (1+i)^{\frac{1}{m}} d^{(m)}$,因此

$$\ddot{s}^{(m)}_{\overline{1}|i} = \frac{i}{d^{(m)}} = (1+i)^{\frac{1}{m}} \cdot \frac{i}{d^{(m)} \cdot (1+i)^{\frac{1}{m}}}$$

$$= (1+i)^{\frac{1}{m}} \cdot \frac{i}{i^{(m)}} = (1+i)^{\frac{1}{m}} \cdot s^{(m)}_{\overline{1}|i}$$

进一步,

$$\ddot{s}^{(m)}_{\overline{1}|i} = (1+i)^{\frac{1}{m}} \cdot s^{(m)}_{\overline{1}|i} = (1+i)^{\frac{1}{m}} \cdot \frac{i}{i^{(m)}}$$

$$= (1+i)^{\frac{1}{m}} \cdot \frac{i}{m[(1+i)^{\frac{1}{m}} - 1]} = \frac{i(1+i)^{\frac{1}{m}} - i + i}{m[(1+i)^{\frac{1}{m}} - 1]}$$

$$= \frac{i(1+i)^{\frac{1}{m}} - i}{m[(1+i)^{\frac{1}{m}} - 1]} + \frac{i}{m[(1+i)^{\frac{1}{m}} - 1]}$$

$$= \frac{i}{m} + \frac{i}{i^{(m)}} = \frac{i}{m} + s^{(m)}_{\overline{1}|i}$$

## 3.3 连续确定年金

连续确定年金,作为年金给付期小于利息结算期的确定年金的一种特殊形式,其现值和终值可以借助确定年金给付频数趋于无穷大而求得。连续年金的含义是连续地支付。

若用 $\bar{a}_{\overline{n}|}$ 表示在 $n$ 个利息结算期内连续地给付,且在每个利息结算期内总的给付额为 1 的连续年金的现值,则

$$\bar{a}_{\overline{n}|} = \lim_{n\to\infty} a^{(m)}_{\overline{n}|} = \lim_{n\to\infty} \ddot{a}^{(m)}_{\overline{n}|} = \frac{1-v^n}{\delta} = \int_0^n v^t \mathrm{d}t \tag{3.35}$$

与 $\bar{a}_{\overline{n}|}$ 相应的连续年金的终值,记作 $\bar{s}_{\overline{n}|}$,则

$$\bar{s}_{\overline{n}|} = \lim_{n\to\infty} s^{(m)}_{\overline{n}|} = \lim_{n\to\infty} \ddot{s}^{(m)}_{\overline{n}|} = \frac{(1+i)^n - 1}{\delta} \tag{3.36}$$

连续年金与一般年金的关系是:

$$\bar{a}_{\overline{n}|} = \frac{1-v^n}{\delta} = \frac{i}{\delta} \cdot \frac{1-v^n}{i} = \frac{i}{\delta} \cdot a_{\overline{n}|} = \bar{s}_{\overline{1}|} \cdot a_{\overline{n}|} \tag{3.37}$$

$$\bar{s}_{\overline{n}|} = \frac{(1+i)^n - 1}{\delta} = \frac{i}{\delta} \cdot \frac{(1+i)^n - 1}{i} = \frac{i}{\delta} s_{\overline{n}|} = \bar{s}_{\overline{1}|} \cdot s_{\overline{n}|} \tag{3.38}$$

虽然在实际中连续年金并不常见,但是在理论上连续年金有重要的研究价值。而且,对于实际中给付频数很小的确定年金,连续年金往往可以作为它的近似值。进一步,从连续年金与一般年金的关系中还可见,连续年金的计算又可转化为 $a_{\overline{n}|}$ 和 $s_{\overline{n}|}$,这些函数可通过直接

查找利息表而获得，从而使整个运算得到极大简化。

**例 3.13**　求$\frac{\mathrm{d}}{\mathrm{d}n}\bar{s}_{\overline{n}|}$的表达式。

**解**：$\frac{\mathrm{d}}{\mathrm{d}n}\bar{s}_{\overline{n}|} = \frac{\mathrm{d}}{\mathrm{d}n}\lim_{n\to\infty} s_{\overline{n}|}^{(m)} = \frac{\mathrm{d}}{\mathrm{d}n}\int_0^n (1+i)^t\,\mathrm{d}t$

$$= (1+i)^n = 1 + \delta \bar{s}_{\overline{n}|}$$

## 3.4　变动确定年金

本部分之前研究的确定年金有一个明显的特征，就是年金的给付额是一个固定量或水平量。然而实际生活中，年金的给付额并非只是水平的，也会遇到给付额变动的情形。鉴于此，本部分将研究年金给付额变动的确定年金的现值和终值的计算。为方便起见，侧重考察年金给付期等于利息结算期，且给付额呈算术级数或几何级数变动的确定年金。

### 3.4.1　一般变动确定年金

一般变动确定年金的现值和终值的计算，均可从概念出发，将各次给付额累积或折现到所求值的时点上。这种方法通称"累积法"或"折现法"。此外，也可以将一般变动年金所求现值或终值，转化为水平给付确定年金现值或终值的一定结合。

**例 3.14**　某种五年期确定年金，第一年年末的给付额为 1 000 元，第二年年末至第五年年末的给付额分别为 500 元、300 元、800 元和 2 000 元。已知年利息率为 4%，求该年金的现值和终值。

**解**：设该年金的现值和终值分别记作 $PV$ 和 $AV$。

运用"折现法"：

$$PV = 1\,000v + 500v^2 + 300v^3 + 800v^4 + 2\,000v^5 \approx 4\,018.21(\text{元})$$

运用"累积法"：

$$AV = 2\,000 + 800(1+4\%) + 300(1+4\%)^2 + 500(1+4\%)^3 + 1\,000(1+4\%)^4$$
$$\approx 4\,888.77(\text{元})$$

**例 3.15**　某种八年期期末确定年金，第一年至第三年的每年年末的给付额分别是 3 000 元；第四年至第六年的每年年末的给付额为 400 元；第七年年末和第八年年末的给付额都是 2 000 元。已知利息率是 5%，求这一年金的现值和终值。

**解**：不难发现，该年金的现值可以转化为以前熟悉的现值之和，即

$$2\,000a_{\overline{8}|} + 2\,000a_{\overline{6}|} - 1\,000a_{\overline{3}|} \approx 20\,354.56(\text{元})$$

或者

$$2\,000a_{\overline{8}|} + 1\,000a_{\overline{6}|} + 1\,000\,{}_{3|}A_{\overline{3}|} \approx 20\,354.56(\text{元})$$

同理，该年金的终值为

$$3\,000s_{\overline{8}|} + 1\,000s_{\overline{5}|} - 2\,000s_{\overline{2}|} \approx 30\,072.96(\text{元})$$

或者

$$2\,000s_{\overline{8}|}+1\,000s_{\overline{6}|}(1+5\%)^2+1\,000s_{\overline{3}|}(1+5\%)^2\approx 30\,072.96(\text{元})$$

### 3.4.2 给付额呈算术级数变化的确定年金

1. 期末付年金

情形一：给付额呈递增的确定年金。

考察这样的确定年金：年金总期间为 $n$ 年，第一年年末支付 1，第二年年末支付 2，以后每年年末给付额在上一年基础上递增 1，直至第 $n$ 年年末支付 $n$。假定年利息率为 $i$。求该年金的现值和终值。

上述年金的现值和终值，分别记作 $(Ia)_{\overline{n}|}$ 和 $(Is)_{\overline{n}|}$。关于 $(Ia)_{\overline{n}|}$ 和 $(Is)_{\overline{n}|}$ 的表达式，可以按多种方式推出，以下是其中的一种方式：

$$\begin{aligned}(Ia)_{\overline{n}|}&=a_{\overline{n}|}+{}_{1|}a_{\overline{n-1}|}+{}_{2|}a_{\overline{n-2}|}+\cdots+{}_{n-1|}a_{\overline{1}|}\\&=a_{\overline{n}|}+(a_{\overline{n}|}-a_{\overline{1}|})+(a_{\overline{n}|}-a_{\overline{2}|})+\cdots+(a_{\overline{n}|}-a_{\overline{n-1}|})\\&=na_{\overline{n}|}-\frac{(n-1)-a_{\overline{n-1}|}}{i}\\&=\frac{a_{\overline{n-1}|}-nv^n+1}{i}\\&=\frac{\ddot{a}_{\overline{n}|}-nv^n}{i}\end{aligned}\tag{3.39}$$

$$\begin{aligned}(Is)_{\overline{n}|}&=(1+i)^n(Ia)_{\overline{n}|}\\&=\frac{\ddot{s}_{\overline{n}|}-n}{i}\end{aligned}\tag{3.40}$$

情形二：给付额呈递减的确定年金。

考察这样的确定年金：第一年年末给付 $n$，第二年年末给付 $n-1$，每年年末给付额在上一年的基础上递减 1，直至第 $n$ 年年末给付 1 为止。假定利息率为 $i$，求该年金的现值和终值。

分别用符号 $(Da)_{\overline{n}|}$ 和 $(Ds)_{\overline{n}|}$ 表示年金的现值和终值，那么，

$$(Da)_{\overline{n}|}=a_{\overline{n}|}+a_{\overline{n-1}|}+\cdots+a_{\overline{1}|}=\frac{n-a_{\overline{n}|}}{i}\tag{3.41}$$

$$(Ds)_{\overline{n}|}=(1+i)^n\cdot(Da)_{\overline{n}|}=\frac{n(1+i)^n-s_{\overline{n}|}}{i}\tag{3.42}$$

2. 期初付年金

除此处讨论的期初付年金外，其余假定与期末付确定年金的假定相同。现用符号 $(I\ddot{a})_{\overline{n}|}$ 和 $(I\ddot{s})_{\overline{n}|}$ 分别表示期初递增年金的现值和终值；用符号 $(D\ddot{a})_{\overline{n}|}$ 和 $(D\ddot{s})_{\overline{n}|}$ 分别表示期初递减年金的现值和终值。可以证明相应的现值和终值如下：

$$\begin{cases}(I\ddot{a})_{\overline{n}|}=\dfrac{\ddot{a}_{\overline{n}|}-nv^n}{d} & (3.43)\\[2ex](I\ddot{s})_{\overline{n}|}=\dfrac{\ddot{s}_{\overline{n}|}-n}{d} & (3.44)\end{cases}$$

$$\begin{cases}(D\ddot{a})_{\overline{n}|} = \dfrac{n - a_{\overline{n}|}}{d} & (3.45)\\[2ex] (D\ddot{s})_{\overline{n}|} = \dfrac{n(1+i)^n - s_{\overline{n}|}}{d} & (3.46)\end{cases}$$

**例 3.16** 现有一种永久年金,前 $n$ 年内每年年末的给付额分别为 $1,2,\cdots,n$。$n$ 年以后的每年年末的给付额为 $n$。求这种年金的现值。

**解:** 这种年金可以看成是 $n$ 年递增年金与水平给付永久年金的一种结合,所以要求的现值为:

$$(Ia)_{\overline{n}|} + v^n \cdot \frac{n}{i} = \frac{\ddot{a}_{\overline{n}|}}{i}$$

**例 3.17** 某年金在第 1 年初付款 1 000 元,第 2 年初付款 1 100 元,以后每年增加 100 元,总付款次数为 10 次,假设年实际利息率为 5%,求该年金的现值。

**解:** 所求年金的现值为

$$900\ddot{a}_{\overline{10}|} + 100\,(I\ddot{a})_{\overline{10}|} \approx 11\,431.29(\text{元})$$

**例 3.18** 现有这样的一种递减确定年金,第一年年末给付额为 10 000 元,第二年年末给付额为 9 900 元,以后每年年末给付额较上年给付额递减 100 元,直至给付额为 1 000 元止。试写出这一年金的现值符号表达式。若年利息率为 5%,试求该年金的现值。

**解:** 依题意,递减年金最后一次给付额 1 000 元,对应于第 91 年年末,而此后每年年末的给付额有公因数 1 000,这些公因数作为给付额形成一种 91 年期末付确定年金。余下的给付额形成 90 年期末递减确定年金,第一年年末给付额为 9 000 元,以后每年年末递减 100,直至第 90 年年末给付额为 100 元止。所以要求的年金现值为:

$$1\,000a_{\overline{91}|} + (Da)_{\overline{90}|} \approx 160\,259.54(\text{元})$$

### 3.4.3 给付额呈几何级数变动的确定年金

考察如下 $n$ 年期末付确定年金:第一年年末给付额为 1;以后每年年末按公比 $(1+j)$ $(j>0)$ 的几何级数递增。假设年利息率为 $i$,那么该年金的现值和终值各为多少?

该年金的现值为:

$$PV = \frac{1 - \left(\dfrac{1+j}{1+i}\right)^n}{i - j} \tag{3.47}$$

该年金的终值为:

$$AV = (1+i)^n \cdot \frac{1 - \left(\dfrac{1+j}{1+i}\right)^n}{i - j} = \frac{(1+i)^n - (1+j)^n}{i - j} \tag{3.48}$$

类似地,可以获得期初付、给付额呈几何级数递增的确定年金的现值和终值。

**例 3.19** 某人从银行贷款 1 000 000 元,分 10 年偿还,年利息率为 6%,每年末的还款额是前一年的 1.1 倍,那么第一年末应还款多少元?

**解:** 设第一年末还款 $X$ 元,则

$$1\,000\,000 = X[v + (1.1)v^2 + (1.1)^2v^3 + \cdots + (1.1)^9v^{10}]$$

解得

$$X \approx 89\,219.55(元)$$

**例 3.20** 已知某种十年递增确定年金，其第一年年末的给付额为 1 000 元，以后每年年末的给付额较前一年年末的给付额多 2%，年利息率为 5%，求该年金的现值。

**解**：这是一个给付额呈几何级数递增的期末付确定年金，其现值由如下公式决定：

$$1\,000\,\frac{1-\left(\dfrac{1+j}{1+i}\right)^n}{i-j} = 1\,000\,\frac{1-\left(\dfrac{1+2\%}{1+5\%}\right)^{10}}{5\%-2\%} \approx 8\,388.11(元)$$

## 习题 3

3－1 如果实际贴现率为 10%，那么 $\ddot{a}_{\overline{8}|}$ 为多少？

3－2 一台新电视的现金价为 15 000 元。某顾客想以每月计息一次、6% 的年利息率分期付款购买该台电视。若她在 4 年内每月月末付款 250 元，问现付款需要多少？

3－3 某 20 年确定年金，每月月初支付 10 000 元，年名义利息率为 12%，求如下三种情况下该年金的现值：① 每月计息一次；② 每季计息一次；③ 每年计息一次。

3－4 王强从银行贷款 100 000 元，计划从借款后的第七个月开始每月末等额还款。若银行规定需在借款后三年内还清本息，设年利息率为 16%，求每月还款额。

3－5 假设 10 000 元半年后成为 12 000 元，求：

(1) $i^{(2)}$；  (2) $d^{(3)}$；  (3) $i$。

3－6 某人从 25 岁起，每年年末存入 10 000 元，以 60 岁作为退休年龄；假设年利息率为 6%，预计领取 20 年，问退休后每年年初可领取多少元养老金？(假设此人能领取最后一笔养老金)

3－7 有一项 10 年期确定年金，它在前 5 年内每季度之初付款 400 元，以后增加到每季度之初付款 600 元。假定年实际利息率为 12%，试确定此年金的现值，算到无为止。

3－8 判断下列式子的正误，并改正错误以及不完全的等式或句子。

(1) $(Ds)_{\overline{n}|} = \dfrac{n(1+i)^n - s_{\overline{n}|}}{i}$；

(2) $\ddot{s}^{(m)}_{\overline{n}|} = s^{(m)}_{\overline{n-\frac{1}{m}}|} + \dfrac{1}{m}$；

(3) $\ddot{s}^{(m)}_{\overline{1}|} = \dfrac{i}{m} + s^{(m)}_{\overline{1}|}$；

(4) $\bar{a}_{\overline{n}|} = \dfrac{1-\mathrm{e}^{-n\delta}}{\delta}$。

3－9 每半年末向某基金存入 10 000 元，假设每年计息 4 次的年名义利息率为 6%，存期 10 年，问第 10 年末那次款项存入后即刻的积累值为多少元？

3－10　有这样一种年金:3 年延期,20 年给付期,每季初给付 1 800 元,年结转 12 次利息,年名义利息率为 12%。请计算这种年金的购买价格。

3－11　某年金第 1 年初支付 10 000 元,以后每两年增加 1 000 元,至 20 000 元时止,即每两年给付 1 次;然后,每年比上一年减少 1 000 元,至 10 000 元时止。已知前 20 年的年利息率为 4%,后 10 年的年利息率为 5%,求该年金的现值。

3－12　某 10 年期的确定年金在前 4 年的每年初可领取 20 000 元;后 6 年的每月初可领取 2 000 元。已知前 4 年的年利息率为 4%,后 6 年年计息 4 次的年名义利息率为 6%,求该年金的现值。

3－13　每年初存入 2 万元,共存 10 次,前 6 年的年利息率为 6%,后 4 年年计息 4 次的年名义利息率为 4%,求第 10 年末能提取的款项。若要达到同样的效果(即获得相同的终值),在年利息率为 5% 的条件下,每年初应存入多少钱?

3－14　一项年金提供 20 笔年末付款,一年以后的第一次付款为 1 000 元,以后每年付款额比上一年多 5%,已知年实际利息率为 7%,求该年金的现值。

# 4 生命函数

生命表,又称死亡表,乃指某一个数目的0岁的人所组成的集合,在自0岁起一直到生存人数成为0亦即所观察人群全部死亡为止的这个期间,以统计数字表明其每年死亡、生存状态的表。生命表是寿险保险费和责任准备金等计算的基础。这就是说,在保险费厘定和责任准备金测定时,一般以现有的生命表为基础来计算它们的值。

生命表是寿险精算的基础,更确切地说,生命表中记载的生存数、死亡数、生存率、死亡率以及平均余命等是寿险精算的基础。而生命表栏目中的生存数、死亡数、生存率、死亡率及平均余命等,依赖于构建生命表的原始生存数,即0岁的人数及其死亡率。换言之,原始生存人数和它们的死亡率,才是所有生命函数的核心,其他函数均由它们派生而来。像这样的以构成生命表的生存数为基础而推演出来的各种函数,统称生命函数。本章将研究生命函数的意义及其计算,阐述生命表的构成原理及其基本运用,为寿险精算做必要的准备。



## 4.1 基本随机变量

为了弄清生命函数的实质以及从数理角度予以分析,在此引入与生命密切相关的几个随机变量。

(1) 个体寿命 $X$:

个体寿命 $X$ 表示新出生的婴儿或0岁的人在死亡时的年龄。显然,$X$ 是一个连续型随机变量。假定它的分布函数用 $F(x)$ 表示,那么 $F(x) = P(X \leqslant x, x \geqslant 0)$,这表明新出生的婴儿尚未能活到 $x$ 岁便发生死亡的概率。特别地,令 $S(x) = 1 - F(x) = 1 - P(X \leqslant x) = P(X > x)$,亦即新出生婴儿能够活过 $x$ 岁的概率。在寿险精算中,$S(x)$ 被称为关于 $x$ 的生存函数。

生存函数 $S(x)$ 有如下基本性质:

①$S(0) = 1$,即新出生婴儿能够活到0岁的概率为1,或新出生婴儿必然能够活到0岁。$S(\infty) = 0$,即新出生婴儿不可能活到无穷大,或新出生婴儿永远生存是不可能的事件。

②$S(x)$ 是一个关于 $x$ 的递减函数。

③$S(x)$ 一般还是一个关于 $x$ 的连续函数。

综上所述,随机变量 $X$ 的分布既可以用 $F(x)$ 来表达,也可以用 $S(x)$ 来描述。进一步,

$$P(x_1 < X \leqslant x_2) = F(x_2) - F(x_1) = S(x_1) - S(x_2) \tag{4.1}$$

(2) 个体余命 $T(x)$：

个体余命 $T(x)$ 表示年龄 $x$ 岁的人未来还能够生存的时间，或者年龄 $x$ 岁的人直到死亡时所生存的时间。在不引起混淆的情况下，$T(x)$ 可简写为 $T$。同样，$T(x)$ 或 $T$ 是一个连续型随机变量。令 $G(t)$ 为 $T$ 的分布函数，$G(t) = P(T \leqslant t)$，它意指 $x$ 岁的人在 $t$ 年内死亡的概率。结合 $T$ 与 $X$ 的关系，$G(t)$ 既可以用 $F(x)$ 表示，也可以用 $S(x)$ 描述，其具体形式如下：

$$G(t) = P(T \leqslant t) = P(X - x \leqslant t \mid X > x) = \frac{P(x < X \leqslant x + t)}{P(X > x)}$$

$$= \frac{F(x+t) - F(x)}{1 - F(x)} = \frac{S(x) - S(x+t)}{S(x)} \tag{4.2}$$

(3) 取整余命 $K(x)$：

取整余命 $K(x)$ 表示 $x$ 岁的人活到死亡时已生存的整数年。在不引起混淆的情况下，$K(x)$ 可缩写为 $K$。不难理解，$K(x)$ 或 $K$ 是一个离散型随机变量，其取值为 $0,1,2,\cdots,k$。$K$ 与 $T$ 的关系是 $K = [T]$，即 $K$ 为 $T$ 的最大整数。由此可见，$K$ 的概率分布可以转化为 $T$ 的分布来研究，进一步还可以转化为 $X$ 的分布来讨论。具体地，

$$P(K = k) = P(k \leqslant T < k+1) = G(k+1) - G(k)$$

$$= \frac{S(x) - S(x+1+k)}{S(x)} - \frac{S(x) - S(x+k)}{S(x)}$$

$$= \frac{S(x+k) - S(x+k+1)}{S(x)} \tag{4.3}$$

**例 4.1** 已知 $x$ 岁的人的生存函数 $S(x) = 1 - \frac{x}{100}(0 \leqslant x \leqslant 100)$，试计算：

(1) 年龄为 30 岁的人在 50 岁前死亡的概率；

(2) 年龄为 30 岁的人在 40 岁与 50 岁之间死亡的概率；

(3) 年龄为 30 岁的人在 39 岁与 40 岁之间死亡的概率。

**解：**(1) $P(T(30) \leqslant 20) = \frac{S(30) - S(50)}{S(30)} = \frac{0.7 - 0.5}{0.7} \approx 0.285\,7$

(2) $P(10 < T(30) \leqslant 20) = \frac{S(40) - S(50)}{S(30)} = \frac{0.6 - 0.5}{0.7} \approx 0.142\,9$

(3) $P(K(30) = 19) = \frac{S(49) - S(50)}{S(30)} = \frac{0.51 - 0.50}{0.7} \approx 0.014\,3$

**例 4.2** 已知 $S(x) = \sqrt{ax + b}(0 \leqslant x \leqslant k)$，且个体寿命 $X$ 的期望值为 50，求 $a$、$b$、$k$ 的值。

**解：**$\because S(x) = \sqrt{ax + b}(0 \leqslant x \leqslant k)$

$\therefore S(0) = \sqrt{b} = 1$

$S(k) = \sqrt{ak + b} = 0$

$\therefore b = 1$、$a = -\frac{1}{k}$

$$\because \mathrm{E}(X) = \int_0^k S(x)\mathrm{d}x$$

$$\therefore \int_0^k \sqrt{ax+b}\,\mathrm{d}x = \frac{2}{3a}\left[(ak+b)^{\frac{3}{2}} - b^{\frac{3}{2}}\right] = 50$$

解得

$$k = 75$$

$$\therefore a = -\frac{1}{75}、b = 1、k = 75$$

## 4.2 基本生命函数

这里所说的基本生命函数，是指生命表中揭示的那些栏目所代表的函数。

通常，生命表揭示的主要栏目或基本生命函数有：

(1) $l_x$：同时出生的一批 $l_0$ 人平均能活过 $x$ 岁的生存人数，即

$$l_x = l_0 \mathrm{P}(X > x) = l_0 S(x) \tag{4.4}$$

(2) $d_x$：同时出生的一批 $l_0$ 人中在 $x$ 岁与 $x+1$ 岁间的平均死亡的人数，即

$$\begin{aligned} d_x &= l_0 \mathrm{P}(x < X \leqslant x+1) = l_0[\mathrm{P}(X > x) - \mathrm{P}(X > x+1)] \\ &= l_0[S(x) - S(x+1)] = l_x - l_{x+1} \end{aligned} \tag{4.5}$$

(3) $p_x$：$x$ 岁的人在未来一年内生存的概率或 $x$ 岁的人活过 $x+1$ 岁的概率，即

$$p_x = \mathrm{P}(T > 1) = 1 - \mathrm{P}(T \leqslant 1) = \frac{S(x+1)}{S(x)} = \frac{l_{x+1}}{l_x} \tag{4.6}$$

(4) $q_x$：$x$ 岁的人在一年内死亡的概率或 $x$ 岁的人活不过 $x+1$ 岁的概率，即

$$q_x = \mathrm{P}(T \leqslant 1) = \frac{S(x) - S(x+1)}{S(x)} = 1 - \frac{l_{x+1}}{l_x} = 1 - p_x = \frac{d_x}{l_x} \tag{4.7}$$

显然，基本生命函数之间有如下关系：

$$l_{x+1} = l_x - d_x \tag{4.8}$$

$$p_x + q_x = 1 \tag{4.9}$$

(5) $L_x$：$x$ 岁的人在未来一年间平均生存的人年数。人年是表示人群存活时间的复合单位，一人年表示一个人存活了一年。$L_x$ 是指活到确切年龄 $x$ 岁的人群 $l_x$ 人在到达 $x+1$ 岁前平均存活的人年数。当死亡人数在每个年龄区间上均匀分布时，

$$L_x = \frac{l_x + l_{x+1}}{2} \tag{4.10}$$

(6) $T_x$：$x$ 岁的人群未来累计生存人年数。累计生存人年数表示存活到确切年龄的人群未来将存活的总人年数，即

$$T_x = L_x + L_{x+1} + \cdots \tag{4.11}$$

**例 4.3** 已知 $S(x) = 1 - \frac{x}{100}$，$0 \leqslant x \leqslant 100$，且 $l_0 = 10\ 000$，求 $q_{20}$ 与 $d_{25}$ 的值。

**解**：$q_{20} = \dfrac{S(20) - S(21)}{S(20)} = \dfrac{80 - 79}{80} = \dfrac{1}{80}$

$$d_{25} = l_0[S(25) - S(26)] = 10\ 000[(1 - \frac{25}{100}) - (1 - \frac{26}{100})]$$

$$= 10\ 000 \times \frac{1}{100} = 100$$

**例 4.4**　已知 $l_x = 10\ 000 - x^2(0 \leqslant x \leqslant 100)$，求 $L_{50}$、$T_{50}$（均匀分布假设下）。

**解**：$L_{50} = \dfrac{l_{50} + l_{51}}{2} = 7\ 449.5$

$$T_{50} = \frac{l_{50} + l_{51}}{2} + \frac{l_{51} + l_{52}}{2} + \cdots + \frac{l_{99} + l_{100}}{2} = \frac{l_{50}}{2} + (l_{51} + \cdots + l_{99})$$

$$= 3\ 750 + (490\ 000 - \sum_{n=51}^{99} n^2) = 493\ 750 - (\sum_{n=1}^{99} n^2 - \sum_{n=1}^{50} n^2)$$

$$= 493\ 750 - \frac{99 \times (99 + 1) \times (2 \times 99 + 1) - 50 \times (50 + 1) \times (2 \times 50 + 1)}{6}$$

$$= 208\ 325$$

值得注意的是：生命表中主要栏目所揭示的生命函数，仅针对整数年龄而言。也就是说，生命表揭示的只是相邻整数年龄对应的生死状态，不能直接用它来解决和说明实际中的大量问题。例如：20 岁的人在 5 年内死亡的概率；25 岁的人在 30 ~ 35 岁间死亡的概率；30 岁的人在 5 年内死亡的人数；70 岁的人尚能存活半年的可能性大小；一群 50 岁的人，在未来平均存活的时间，等等。这些问题的值，显然无法直接从生命表中查到，而这些函数又在现实中常见。因此，更为重要的是，除基本生命函数外，还有必要研究更为一般的生命函数。

## 4.3　一般正整数年龄生命函数

一般正整数年龄生命函数有如下几种：

（1）${}_tp_x$（$x$ 是年龄，$t$ 是正整数）

${}_tp_x$ 表示 $x$ 岁的人未来能够存活 $t$ 年的概率，表示为：

$${}_tp_x = P(T > t) \tag{4.12}$$

${}_tp_x$ 的计算，可以借助生命表中的生存人数。事实上，

$${}_tp_x = P(T > t) = P(X - x > t \mid X > x)$$

$$= \frac{P(X > x + t)}{P(X > x)} = \frac{S(x + t)}{S(x)}$$

$$= \frac{l_0 S(x + t)}{l_0 S(x)} = \frac{l_{x+t}}{l_x} \tag{4.13}$$

特别地，

$${}_xp_0 = P(T > x) = P(X > x) = S(x) \tag{4.14}$$

(2) ${}_tq_x$($x$ 是年龄,$t$ 是正整数)

${}_tq_x$ 表示 $x$ 岁的人在未来的 $t$ 年内发生死亡的概率,表示为:

$$
\begin{aligned}
{}_tq_x &= \mathrm{P}(T \leqslant t) = 1 - \mathrm{P}(T > t) = 1 - {}_tp_x \\
&= 1 - \frac{l_{x+t}}{l_x} = \frac{l_x - l_{x+t}}{l_x} \qquad (4.15)
\end{aligned}
$$

(3) $\mu_x$($x$ 是年龄)

$\mu_x$ 表示 $x$ 岁时的死力,其含义是在活到 $x$ 岁的人当中,瞬间死亡的人所占的比率。通俗来讲,就是 $x$ 岁的人每千人每年死亡人数。用严格的数学关系式来定义,即:

$$\mu_x = -\frac{S'(x)}{S(x)} = -\frac{l'_x}{l_x} \qquad (4.16)$$

死力又称死亡密度或者瞬间死亡率。它在寿险精算的理论研究中占有重要的地位。

据前述已知,$G(t) = \mathrm{P}(T \leqslant t)$ 是 $T$ 的分布函数。现假定 $g(t)$ 表示 $T$ 的概率密度函数,那么

$$
\begin{aligned}
g(t) &= G'(t) = \frac{\mathrm{d}}{\mathrm{d}t}({}_tq_x) \\
&= \frac{\mathrm{d}}{\mathrm{d}t}\left[1 - \frac{S(x+t)}{S(x)}\right] \\
&= -\frac{S'(x+t)}{S(x)} = -\frac{S(x+t)}{S(x)} \cdot \frac{S'(x+t)}{S(x+t)} = {}_tp_x\mu_{x+t} \qquad (4.17)
\end{aligned}
$$

根据 $T$ 的概率密度函数,${}_tp_x$ 和 ${}_tq_x$ 可以表达如下:

$${}_tp_x = \int_t^{\infty} {}_sp_x\,\mu_{x+s}\mathrm{d}s \qquad (4.18)$$

$${}_tq_x = \int_0^{t} {}_sp_x\,\mu_{x+s}\mathrm{d}s \qquad (4.19)$$

根据 ${}_tp_x + {}_tq_x = 1$,进而得到结论:

$$\int_0^{\infty} {}_tp_x\,\mu_{x+t}\,\mathrm{d}t = 1$$

进一步,${}_tp_x$ 和 ${}_tq_x$ 还可以用死力来表达。

根据 $\mu_x$ 的定义:

$$\mu_x = -\frac{S'(x)}{S(x)} = -\frac{\mathrm{d}}{\mathrm{d}x}\ln S(x)$$

$$-\mu_x\mathrm{d}x = \mathrm{d}\ln S(x)$$

$$\int_0^x -\mu_t\mathrm{d}t = \int_0^x [\ln S(t)]'\mathrm{d}t = \ln S(x)$$

$$S(x) = \mathrm{e}^{-\int_0^x \mu_s \mathrm{d}s} \qquad (4.20)$$

所以

$${}_tp_x = \frac{S(x+t)}{S(x)} = \mathrm{e}^{-\int_x^{x+t}\mu_s\mathrm{d}s} \overset{令 s=x+r}{=} \mathrm{e}^{-\int_0^t \mu_{x+r}\mathrm{d}r} \qquad (4.21)$$

$${}_tq_x = 1 - {}_tp_x = 1 - \mathrm{e}^{-\int_x^{x+t}\mu_s\mathrm{d}s} \qquad (4.22)$$

(4) ${}_{t}d_{x}$($x$ 是年龄,$t$ 是正整数)

${}_{t}d_{x}$ 表示 0 岁的人当中在 $x$ 岁与 $x+t$ 岁间发生死亡的平均人数,其概率表达式为:

$$ {}_{t}d_{x} = l_{0}\mathrm{P}(x < X \leqslant x+t) = l_{0}[\mathrm{P}(X > x) - \mathrm{P}(X > x+t)] \tag{4.23} $$

从这个等式出发可得

$$ \begin{aligned} {}_{t}d_{x} &= l_{x} - l_{x+t} \\ &= (l_{x} - l_{x+1}) + (l_{x+1} - l_{x+2}) + \cdots + (l_{x+t-1} - l_{x+t}) \\ &= d_{x} + d_{x+1} + \cdots + d_{x+t-1} \end{aligned} \tag{4.24} $$

这就是说,$t$ 年内的死亡人数等于 $t$ 年内各年的死亡人数之和。

此外,因为 $l_{x} = {}_{t}d_{x} + l_{x+t} = {}_{t}d_{x} + d_{x+t} + l_{x+t+1}$

$$ \begin{aligned} &= {}_{t}d_{x} + d_{x+t} + d_{x+t+1} + l_{x+t+2} \\ &= \cdots\cdots \\ &= d_{x} + d_{x+t} + \cdots + d_{x+t} + d_{x+t+1} + \cdots \end{aligned} $$

一般情况下,当 $y$ 较大时,$l_{y}=0$。在生命表中通常约定终极年龄 $\omega$ 对应的 $l_{\omega}=0$。因此,

$$ l_{x} = d_{x} + d_{x+1} + \cdots + d_{\omega-1} \tag{4.25} $$

**例 4.5** 证明:$\dfrac{\mathrm{d}}{\mathrm{d}t}({}_{t}p_{x}) = -{}_{t}p_{x}\mu_{x+t}$。

**证明:** $\dfrac{\mathrm{d}}{\mathrm{d}t}({}_{t}p_{x}) = \dfrac{\mathrm{d}}{\mathrm{d}t}\left(\dfrac{l_{x+t}}{l_{x}}\right) = \dfrac{l'_{x+t}}{l_{x}} = \dfrac{l_{x+t}}{l_{x}} \cdot \dfrac{l'_{x+t}}{l_{x+t}} = -{}_{t}p_{x}\mu_{x+t}$

**例 4.6** 证明:${}_{n}d_{x} = \int_{0}^{n} l_{x+t}\mu_{x+t}\,\mathrm{d}t$。

**证明:** 
$$ \begin{aligned} \int_{0}^{n} l_{x+t}\mu_{x+t}\mathrm{d}t &= l_{x}\int_{0}^{n} {}_{t}p_{x}\mu_{x+t}\mathrm{d}t \\ &= l_{x}\int_{0}^{n}\mathrm{d}(-{}_{t}p_{x}) = l_{x}(-{}_{t}p_{x})\Big|_{0}^{n} \\ &= l_{x}(1-{}_{n}p_{x}) = l_{x}\,{}_{n}q_{x} = {}_{n}d_{x} \end{aligned} $$

**例 4.7** ① 求年龄 20 岁的人,在 25 ~ 30 岁之间死亡的概率。以 CL1(2010—2013)2.5% 为计算基础。② 推导这类概率的一般表达式。

**解:** ① 设所求概率为 $P$,则

$$ \begin{aligned} \mathrm{P} &= P(5 < T(20) \leqslant 10) = \mathrm{P}(T(20) \leqslant 10) - \mathrm{P}(T(20) \leqslant 5) \\ &= {}_{10}q_{20} - {}_{5}q_{20} = {}_{5}p_{20} - {}_{10}p_{20} \\ &= {}_{5}p_{20} \cdot {}_{5}q_{25} \approx 0.003\,382 \end{aligned} $$

② 现年 $x$ 岁的人在 $x+t_{1}$ 岁与 $x+t_{2}$ 岁之间死亡的概率可以表示为:

$$ \begin{aligned} &\mathrm{P}(t_{1} < T(x) \leqslant t_{2}) \qquad (0 < t_{1} < t_{2}) \\ &= {}_{t_2}q_{x} - {}_{t_1}q_{x} = {}_{t_1}p_{x} - {}_{t_2}p_{x} = {}_{t_1}p_{x} \cdot {}_{t_2-t_1}q_{x+t_1} \end{aligned} $$

特别地,记这一概率为 ${}_{t_1|t_2-t_1}q_{x}$,即

$$ {}_{t_1|t_2-t_1}q_{x} = {}_{t_1}p_{x} \cdot {}_{t_2-t_1}q_{x+t_1} \tag{4.26} $$

（5）$L_x$（$x$ 是年龄）

前面已对 $L_x$ 作了定义，即很多时候死亡并不是均匀分布的，所以 $L_x$ 更一般的计算式如下：

$$L_x = \int_0^1 t l_{x+t} \mu_{x+t} \mathrm{d}t + l_{x+1} \tag{4.27}$$

$$= -\int_0^1 t \mathrm{d} l_{x+t} + l_{x+1}$$

$$= -t l_{x+t} \Big|_0^1 + \int_0^1 l_{x+t} \mathrm{d}t + l_{x+1} = \int_0^1 l_{x+t} \mathrm{d}t \tag{4.28}$$

（6）$T_x$（$x$ 是年龄）

$$T_x = \int_0^\infty t l_{x+t} \mu_{x+t} \mathrm{d}t \tag{4.29}$$

$$= \int_0^\infty l_{x+t} \mathrm{d}t \tag{4.30}$$

## 4.4　生命期望值

生命期望值，又称为平均余命。简言之，平均余命就是余命的平均值。某年龄的人在未来能够活多久，事前不能确切地判断或肯定。因此，这个人的余命从现在的年龄到死亡为止的那段时间，不能事前确定。但是，一个人总是要死的，一旦死亡，则其余命随之确定，所以谈某一个人的余命意义不大。平均余命是针对人群中或某年龄的集合而言的，是指集合中每个成员的余命的平均值。

平均余命有两种形式：

（1）完全平均余命。某年龄对应的完全平均余命，是指集合中全部人员可能生存的期间，包括不满一年的零数均计算在内的余命的平均值。

（2）简约平均余命。某年龄对应的简约平均余命，是指只考虑集合中人员生存的整数年，不包括不满一年的零数而计算的余命的平均值。

相对于平均余命的不同形式，其具体计算也有一定的差异。

（1）年龄 $x$ 岁的人的完全平均余命用 $\mathring{e}_x$ 表示

根据完全平均余命的定义，

$$\mathring{e}_x = \mathrm{E}(T(x)) = \int_0^\infty t g(t) \mathrm{d}t \tag{4.31}$$

$$= \int_0^\infty t\, {}_t p_x \mu_{x+t} \mathrm{d}t = \int_0^\infty {}_t p_x \mathrm{d}t \tag{4.32}$$

$$= \frac{\int_0^\infty l_{x+t} \mathrm{d}t}{l_x} = \frac{T_x}{l_x} \tag{4.33}$$

得出这个结论并不奇怪。因为 $\int_0^\infty l_{x+t} \mathrm{d}t = \int_0^\infty t l_{x+t} \mu_{x+t} \mathrm{d}t$ 表示 $x$ 岁以后生存的总年数，所以完全平均余命应由最初的人数 $l_x$ 去除 $\int_0^\infty l_{x+t} \mathrm{d}t$。

(2) 年龄 $x$ 岁的人的简约平均余命用 $e_x$ 表示

$$e_x = \mathrm{E}[K(x)] = \sum_{k=0}^{\infty} k\mathrm{P}(K=k) \tag{4.34}$$

$$= \sum_{k=0}^{\infty} {}_{k+1}p_x = \frac{l_{x+1}+l_{x+2}+\cdots}{l_x} \tag{4.35}$$

现对 $e_x$ 的计算式给予解释：

$l_x$ 在 $x$ 岁与 $x+1$ 岁间有 $d_x$ 人死亡，这些死亡者生存的整数年为 0 年；$l_x$ 在 $x+1$ 岁与 $x+2$ 岁间有 $d_{x+1}$ 人死亡，这些死亡者生存的整数年为 $d_{x+1}$ 年 …… 以后年度的分析类同。因此，$l_x$ 人一共生存的总年数（不满一年的不予计算）便为：$d_{x+1}+2\cdot d_{x+2}+3\cdot d_{x+3}+\cdots$，而这正是 $l_{x+1}+l_{x+2}+l_{x+3}+\cdots$。

(3) 完全平均余命和简约平均余命的相互关系

令 $T=K+S$ 且 $S$ 均匀分布，亦即每一年中各死亡者死亡的日期均匀地分布于一年的各个月中。于是，

$$\mathring{e}_x = \mathrm{E}(T) = \mathrm{E}(K+S) = \mathrm{E}(K)+\mathrm{E}(S) \approx e_x + \frac{1}{2} \tag{4.36}$$

**例 4.8** 假定死亡日期在各年龄段内是均匀分布的，试证：

$$\mathring{e}_x \doteq \frac{1}{2}(q_x + 3\,{}_{1|}q_x + 5\,{}_{2|}q_x + \cdots)$$

**证明：** 在死亡日期均匀分布假设下，

$$\mathring{e}_x \doteq e_x + \frac{1}{2} = \frac{1}{2} + \frac{l_{x+1}+l_{x+2}+\cdots}{l_x}$$

$$= \frac{l_x+2l_{x+1}+2l_{x+2}+\cdots}{2l_x} = \frac{d_x+3d_{x+1}+5d_{x+2}+\cdots}{2l_x}$$

$$= \frac{1}{2}(q_x + 3\,{}_{1|}q_x + 5\,{}_{2|}q_x + \cdots)$$

**例 4.9** 证明：$e_x = p_x(1+e_{x+1})$

**证明：** $e_x = \dfrac{l_{x+1}+l_{x+2}+\cdots}{l_x} = \dfrac{l_{x+1}}{l_x}\cdot\dfrac{l_{x+1}+l_{x+2}+l_{x+3}+\cdots}{l_{x+1}}$

$$= p_x\left(1+\frac{l_{x+2}+l_{x+3}+\cdots}{l_{x+1}}\right) = p_x(1+e_{x+1})$$

**例 4.10** 填写表 4.1 中的空栏（死亡均匀分布假设下）。

**表 4.1**

| $x$ | $l_x$ | $d_x$ | $p_x$ | $q_x$ | $\mathring{e}_x$ | $e_x$ |
|---|---|---|---|---|---|---|
| 98 | 160 | | | | | |
| 99 | | 40 | | | | |
| 100 | 24 | | | 0.667 | | |
| 101 | | | 0.250 | | | |
| 102 | | | | 1.000 | | |

**解**：运用生命函数之间的相互关系

$$d_x = l_x - l_{x+1}, {}_tp_x = \frac{l_{x+t}}{l_x}, q_x = \frac{d_x}{l_x}, e_x = p_x(1 + e_{x+1}), \mathring{e}_x \approx e_x + \frac{1}{2}$$

容易得到表 4.2：

**表** 4.2

| $x$ | $l_x$ | $d_x$ | $p_x$ | $q_x$ | $\mathring{e}_x$ | $e_x$ |
|---|---|---|---|---|---|---|
| 98 | 160 | 96 | 0.400 | 0.600 | 1.11 | 0.61 |
| 99 | 64 | 40 | 0.375 | 0.625 | 1.03 | 0.53 |
| 100 | 24 | 16 | 0.333 | 0.667 | 0.92 | 0.42 |
| 101 | 8 | 6 | 0.250 | 0.750 | 0.75 | 0.25 |
| 102 | 2 | 2 | 0 | 1.000 | 0.50 | 0 |

## 4.5　正分数年龄生命函数

在讨论 ${}_tp_x$、${}_tq_x$ 以及 $\mu_{x+t}$ 等生命函数时，均假定 $x$ 代表整数年龄，$t$ 为正整数。在实际中，不时会遇到 $t$ 为正分数的情形。例如，一个 20 岁的人能够活到 $20\frac{2}{3}$ 岁的概率；一个已活到了 $30\frac{3}{4}$ 岁的人，在以后的 $\frac{2}{5}$ 年内死亡的概率；30 岁的人群在半年内的死亡人数。所有这些例子告诉我们一个事实：有研究分数年龄的生命函数的必要。

要求 $t$ 为正分数对应的生命函数，如 ${}_tp_x$、${}_tq_x$ 或 $\mu_{x+t}$ 等的表达式。当已知 $l_x$ 的解析式时，它们相对易于计算和分析；但当 $l_x$ 仅由生命表定义时，一般需要做出一些基本的死亡假设。在寿险精算中，常用的三个基本假设是：均匀分布假设、常数死力假设以及以意大利精算师名字命名的鲍德希（Balducci）假设。在此，仅分析死亡均匀分布及鲍德希假设下的生命函数表达式。

（1）死亡均匀分布

$$S(x + t) = (1 - t)S(x) + tS(x + 1) \tag{4.37}$$

上式中，$S(x)$ 为生存函数，$x$ 是整数，$0 \leqslant t \leqslant 1$。

在死亡均匀分布假设下，生命函数有如下的表达式：

① $${}_tq_x = \frac{S(x) - S(x + t)}{S(x)} = \frac{S(x) - (1 - t)S(x) - tS(x + 1)}{S(x)}$$

$$= \frac{t[S(x) - S(x + 1)]}{S(x)} = tq_x \tag{4.38}$$

② $${}_tp_x = 1 - {}_tq_x = 1 - tq_x \tag{4.39}$$

③ $${}_yq_{x+t} = \frac{S(x + t) - S(x + t + y)}{S(x + t)} \quad (0 \leqslant y \leqslant 1, y + t \leqslant 1)$$

$$= \frac{y[S(x) - S(x+1)]}{S(x) - t[S(x) - S(x+1)]} = \frac{yq_x}{1 - tq_x} \tag{4.40}$$

④ $$\mu_{x+t} = -\frac{S'(x+t)}{S(x+t)} = \frac{S(x) - S(x+1)}{(1-t)S(x) + ts(x+1)} = \frac{q_x}{1 - tq_x} \tag{4.41}$$

⑤ $${}_tp_x\mu_{x+t} = (1 - tq_x) \cdot \frac{q_x}{1 - tq_x} = q_x \tag{4.42}$$

据上可见，在死亡均匀分布假设下，分数年龄生命函数可转化为整数年龄生命函数。

**例 4.11** 试证在每一年龄年度死亡均匀分布假设下，

$$({}_{\frac{1}{2}}p_x - p_x) + ({}_{\frac{3}{2}}p_x - {}_2p_x) + ({}_{\frac{5}{2}}p_x - {}_3p_x) + \cdots = \frac{1}{2}$$

**证明：** 原式左端 $= ({}_{\frac{1}{2}}p_x - p_x) + p_x({}_{\frac{1}{2}}p_{x+1} - p_{x+1}) + {}_2p_x({}_{\frac{1}{2}}p_{x+2} - p_{x+2}) + \cdots$

$$= (q_x - {}_{\frac{1}{2}}q_x) + p_x(q_{x+1} - {}_{\frac{1}{2}}q_{x+1}) + {}_2p_x(q_{x+2} - {}_{\frac{1}{2}}q_{x+2}) + \cdots$$

$$= \frac{1}{2}q_x + p_x \cdot \frac{1}{2} \cdot q_{x+1} + {}_2p_x \cdot \frac{1}{2} \cdot q_{x+2} + \cdots$$

$$= \frac{1}{2} \cdot \frac{d_x + d_{x+1} + d_{x+2} + \cdots}{l_x}$$

$$= \frac{1}{2} \cdot \frac{l_x}{l_x} = \frac{1}{2} = \text{右端}$$

**例 4.12** 已知 $q_{70} = 0.06$ 和 $p_{71} = 0.92$，且每个年龄段内死亡人数服从均匀分布假设，求 70 岁的人在 $70\frac{1}{2}$ 岁与 $71\frac{1}{2}$ 岁之间死亡的概率。

**解：** 设所求概率为 $P$，那么

$$P = {}_{\frac{1}{2}}p_{70} \cdot {}_{\frac{1}{2}}q_{70+\frac{1}{2}} + p_{70} \cdot {}_{\frac{1}{2}}q_{71}$$

$$= 0.03 + 0.94 \times \frac{1}{2} \times 0.08 \approx 0.068$$

(2) 死力常数假设

$$S(x+t) = (S(x))^{1-t} \cdot (S(x+1))^t \quad (0 \leqslant t \leqslant 1) \tag{4.43}$$

容易得到：

① $${}_tp_x = (p_x)^t \tag{4.44}$$

② $${}_tq_x = 1 - (p_x)^t \tag{4.45}$$

③ $${}_yq_{x+t} = 1 - (p_x)^y \quad (0 \leqslant y \leqslant 1, t + y \leqslant 1) \tag{4.46}$$

④ $$\mu_{x+t} = -\ln p_x \tag{4.47}$$

⑤ $${}_tp_x\mu_{x+t} = \mu_x e^{-\mu_x t} \tag{4.48}$$

(3) 鲍德希假设

鲍德希假设 $1/S(x+t)$ 是 $t$ 的线性函数，即有

$$\frac{1}{S(x+t)} = \frac{1}{S(x)} - t\left[\frac{1}{S(x)} - \frac{1}{S(x+1)}\right] \quad (0 \leqslant t \leqslant 1) \tag{4.49}$$

在此假设下，生命函数有如下表达式：

① $_{t}q_{x} = \dfrac{tq_{x}}{1-(1-t)q_{x}}$ (4.50)

② $_{t}p_{x} = \dfrac{p_{x}}{1-(1-t)q_{x}}$ (4.51)

③ $_{y}q_{x+t} = \dfrac{yq_{x}}{[1-(1-y-t)q_{x}]}$ $(0<y<1, y+t\leqslant 1)$ (4.52)

④ $\mu_{x+t} = \dfrac{q_{x}}{1-(1-t)q_{x}}$ (4.53)

⑤ $_{t}p_{x}\mu_{x+t} = \dfrac{p_{x}q_{x}}{[1-(1-t)q_{x}]^{2}}$ (4.54)

上述三种假设以死亡均匀分布假设最简单、最常用，也比较符合客观情况，因为在同一年龄段内死亡力是递增的。死力常数假设，其简单性体现在死力为常数，也有一定的合理性。鲍德希假设虽然不太符合常理，如死力是递减的，但$_{1-t}q_{x+t}=(1-t)q_{x}$比较简单，因而常常用于生存模型中去估计死亡概率。

## 4.6 保险领域常用的死亡法则

死亡法则就是关于死亡秩序的理论上或经验上的统计规律，以解析方式（即数学方式）所做的呈现。关于死亡法则的研究相当多，兹列举三种在保险中常用的死亡法则。

### 4.6.1 Abraham de Moivre 死亡法则

Abraham de Moivre 定义死亡法则为$l_{x}=k(\omega-x)$，$0\leqslant x<\omega$，$\omega$为终极年龄。在当时 Abraham de Moivre 已意识到视$l_{x}$为一条直线很粗糙，但是好在他本意并非用其法则拟合真实曲线$l_{x}$，而是用于简化棘手的年金计算问题。

从$l_{x}=k(\omega-x)$出发，容易得到$\mu_{x}=(\omega-x)^{-1}$和$S(x)=1-\dfrac{x}{\omega}$。

### 4.6.2 Gompertz 死亡法则

Gompertz 认为，一个人的死亡主要受两种力量的支配：一是与年龄无关的死亡机会，如疾病和意外等；另一种是随着年龄增加，死亡抵抗力减退即衰老。进一步，Gompertz 还假定一个人抵御死亡的能力是以成比例的速度递减的，并考虑到死力$\mu_{x}$是一个人对死亡的敏感性度量指标，所以 Gompertz 使用$\mu_{x}$的倒数$\dfrac{1}{\mu_{x}}$去度量一个人对死亡的抵御能力，从而 Gompertz 死亡法则的分析形式为

$$\frac{\mathrm{d}}{\mathrm{d}x}\left(\frac{1}{\mu_{x}}\right) = -h\cdot\frac{1}{\mu_{x}} \quad (h\text{ 为比例系数})$$

令$e^{h}=C$，经积分得：

$$\mu_{x} = BC^{x} \tag{4.55}$$

不难得到：

$$S(x) = e^{-m(C^x-1)} \quad (B > 0, C > 1, x \geqslant 0) \tag{4.56}$$

### 4.6.3 Makeham 死亡法则

虽然 Gompertz 认识到了死亡的两个原因，但是他提出的死亡法则中只考虑了其中的一个原因，忽略了第一个原因。Makeham 在 1860 年参考 Gompertz 的死亡法则，并用常数代表第一个原因，加在 Gompertz 死亡法则所描述的死力之上，便产生了 Makeham 死亡法则：

$$\mu_x = A + BC^x \quad (A\ \text{为常数}) \tag{4.57}$$

从而

$$S(x) = e^{-Ax-m(C^x-1)} \quad (B > 0, A \geqslant -B, C \geqslant 1, x \geqslant 0) \tag{4.58}$$

## 4.7 生命表的编制与选择

### 4.7.1 生命表的编制方法

寿险精算通常以编制完善的生命表为计算基础。生命表的编制，在已知生命表人群基数以及这群人的死亡率时，是一件比较容易的事。选定初始人数 $l_0$ 作为生命表的集合基数，结合死亡概率 $q_x$，便可编制出 $l_x$ 和 $d_x$ 两个栏目的数据，通过 $q_x$ 和 $l_x$ 就可得到平均余命和生存概率。生命表的编制过程是：

$d_0 = l_0 q_0 \rightarrow l_1 = l_0 - d_0$

↓

$d_1 = l_1 q_1 \rightarrow l_2 = l_1 - d_1$

↓

…… ……

↓

$d_x = l_x q_x \rightarrow l_{x+1} = l_x - d_x$

但是，一般情况下，一群人的死亡率是很难准确获得的，而且就是要近似地获得它也非易事。常用的方法是：

首先，计算某个时期分年龄中心死亡率。假定某年 $x$ 岁的死亡人数为 $\tilde{D}_x$，$x$ 岁的平均人数为 $\tilde{\tilde{P}}_x$，$\tilde{\tilde{P}}_x$ 可以用年中 $x$ 岁的人数或年初 $x$ 岁人数与年末 $x$ 岁人数平均数来近似地得到。在这些假设下，$x$ 岁的中心死亡率为 $m'_x$，

$$m'_x = \frac{\tilde{D}_x}{\tilde{\tilde{P}}_x} \tag{4.59}$$

其次，计算生命表分年龄中心死亡率。生命表中 $x$ 岁的中心死亡率为 $m_x$，则

$$m_x = \frac{\int_0^1 l_{x+t}\mu_{x+t}\mathrm{d}t}{\int_0^1 l_{x+t}\mathrm{d}t} = \frac{d_x}{L_x} \tag{4.60}$$

亦即 $m_x$ 表示生命表分年龄死亡人数占分年龄生存人数的比例。

当死亡时间均匀分布时，

$$L_x = \frac{1}{2}(l_x + l_{x+1})$$

所以

$$m_x = \frac{d_x}{L_x} \doteq \frac{d_x}{\frac{1}{2}(l_x + l_{x+1})} = \frac{2d_x}{2l_x - d_x} = \frac{2q_x}{2 - q_x} \tag{4.61}$$

$$q_x = \frac{2m_x}{2 + m_x} \tag{4.62}$$

实际中，以 $m'_x$ 近似地表示 $m_x$，便可得到 $q_x$ 的近似值：

$$q_x \doteq \frac{2m'_x}{2 + m'_x} \tag{4.63}$$

### 4.7.2 生命表的选择

生命表依不同划分标准可划分为不同的类型。生命表通常可分为以一国国民为对象的国民生命表和以人寿保险公司被保险人集合为对象而编制的经验生命表；当依照性别为标准划分时，生命表有男子表、女子表及男女混合表之分；此外，按照所考察人群死亡率测定的观察期间选择的不同，生命表还可分为选择表、综合表和截断表等类型；考虑到寿险业务与年金业务被保险人生死状态的差异，生命表可进一步划分为寿险生命表和年金生命表。

不同寿险业务的精算，应结合不同分类，选择恰当的生命表作为预定死亡率的基础，否则精算结果必将引致误差。此外，选择生命表时，还应注意，由于生命表中的死亡率建立在过去资料基础之上，过去一群人与未来一群人的死亡状况绝非一致。就死亡趋势来看，随着生活质量的提高、医疗手段的改进等，生命表死亡率有逐年下降的倾向。因此，选择生命表作为精算应用，应假定生命表人群与计算对象死亡状况接近。否则，必要时要对现成生命表做适度修正或调整，以使计算结果更贴近实际。

我国保险业自 1980 年全面恢复以来，直至 1995 年以前，保险行业的精算都选用日本第二回生命表、第三回生命表作为基础。为了适应我国人寿保险业发展，加强人寿保险市场的监管，1996 年 6 月，中国人民银行宣布，在中国境内从事寿险业务的保险公司统一使用“中国人寿保险业经验生命表(1990—1993)”，即第一套生命表。该套生命表简称为 CL(1990—1993)表，分为非养老金类业务用表三张、养老金类业务用表三张，分别为：

非养老金类业务用表
- CL1(1990—1993)：非养老金业务男表
- CL2(1990—1993)：非养老金业务女表
- CL3(1990—1993)：非养老金业务男女混合表

养老金类业务用表
- CL4(1990—1993)：养老金业务男表
- CL5(1990—1993)：养老金业务女表
- CL6(1990—1993)：养老金业务男女混合表

随后，保险业务快速发展，积累了大量的保险业务数据资料，保险公司信息化程度也大幅度提高，数据质量有较大的提高，保险精算技术获得了极大的发展，积累了一些死亡率分析经验。在中国保监会的领导和组织之下，2003 年 8 月，正式启动了第二套生命表编制项目，编制的数据来源于国内经营时间较长、数据量较大的六家寿险公司即中国人寿、中国平安人寿、太平洋人寿、新华人寿、泰康人寿、友邦保险公司的一亿多条保单记录，占全行业同期保单数量的98% 以上。第二套生命表编制完成后，于 2005 年 11 月 12 日通过了以著名人口学专家、全国人大常委会副委员长蒋正华为主任的专家评审会的评审。

2005 年 12 月 19 日，中国保监会发出关于颁布《中国人寿保险业经验生命表(2000—2003)》的通知，规定自 2006 年 1 月 1 日起使用《中国人寿保险业经验生命表(2000—2003)》，保险公司可以自行决定定价用生命表，保单现金价值计算用生命表可以采用公司定价生命表，但保险公司进行法定准备金评估必须采用该套生命表。

中国第二套寿险业生命表被命名为《中国人寿保险业经验生命表(2000—2003)》，英文名称为 *China Life Insurance Mortality Table*(2000 - 2003)，简称 CL(2000—2003)。其中，非养老金业务表两张，养老金业务表两张，分别是：①非养老金业务男表，简称 CL1(2000—2003)；②非养老金业务女表，简称 CL2(2000—2003)；③养老金业务男表，简称 CL3(2000—2003)；④养老金业务女表，简称 CL4(2000—2003)。

中国人身保险业第三套经验生命表编制项目自 2014 年 3 月启动，由中国人寿、中国平安人寿、太平洋人寿、新华人寿、泰康人寿、友邦保险、富德生命人寿等寿险公司和中再寿险 1 家再保险公司组成项目组，观察期为 2010. 1. 1—2013. 12. 31，历时两年多，完成了第三套生命表的编制工作。

2016 年 7 月 27 日，中国人身保险业第三套经验生命表审定会在北京举行。来自保监会、国家统计局、北京大学、中国人民大学、南开大学、中国人寿、太平洋人寿的 7 位专家组成的审定委员会，一致通过了第三套经验生命表。

保监会副主席黄洪作为审定委员会主任委员出席会议并发表了重要讲话："生命表就是寿险业的'灵魂'，生命表是人身保险的基石和核心基础设施，编制新生命表是服务国家治理体系和治理能力现代化的现实需要，也是贯彻落实'新国十条'的重要举措。"因此，生命表的编制和运用是至关重要的。《中国人身保险业经验生命表(2010—2013)》也即第三套生命表的编制对于保险公司的产品定价、责任准备金的评估都有极其重要的影响。总的来说，新版生命表更注重对风险的差别对待，以及对业务表的审慎判断和使用。

2016 年 12 月 28 日，中国保监会发布关于《中国人身保险业经验生命表(2010—2013)》的通知，明确该表于 2017 年 1 月 1 日启动，规定保险公司在计提责任准备金时，评估死亡率应采用《中国人身保险业经验生命表(2010—2013)》所提供的数据。当分红保险用精算规定的责任准备金计算红利时，应采用《中国人身保险业经验生命表(2010—2013)》所提供的数据作为计算红利分配的基础。

保险公司选择适用的生命表时，应按照审慎性原则整体考虑同一产品或产品组合的全部保单。①定期寿险、终身寿险、健康保险应采用非养老类业务一表；②保险期间(不含满期)没有生存金给付责任的两全保险或含有生存金给付责任但生存责任较低的两全保险、长寿风险较低的年金保险应采用非养老类业务二表；③保险期间(不含满期)含有生存金给付责任且生存责任较高的两全保险、长寿风险较高的年金保险应采用养老类业务表；④保险公司应根据产品特征综合分析，按照精算原理和审慎性原则判断生存责任和长寿风险的高低。对其他不属于上述产品形态或产品形态认定存在歧义的产品，保险公司应根据产品特征及保险人群死亡率特点，按照精算原理和审慎性原则，选择适用的生命表。

此次生命表编制具有诸多亮点和创新点，第三套生命表样本数据量巨大，共收集了3.4亿张保单、185万条赔案数据，覆盖了1.8亿人口，样本数据量位居世界第一；另外还运用数据挖掘等先进技术，利用自主开发的计算机程序自动完成了全部理赔数据中95%的清洗工作，且准确率高于97%，大大提升了数据质量和处理效率；同时，这也是中国首次编制出真正意义上的养老表，为养老保险业务的发展夯实了技术基础，针对不同保险人群的特点编制出三张表，进一步满足了精细化定价和审慎评估的需要。

中国第三套人身保险业经验生命表被命名为《中国人身保险业经验生命表（2010—2013）》，英文名称为 *China Life Insurance Mortality Table*（2010－2013），简称 CL（2010—2013）。其中非养老类业务一表两张，非养老类业务二表两张，养老类业务表两张，分别是：①CL1（2010—2013）：非养老类业务一表（男）；②CL2（2010—2013）：非养老类业务一表（女）；③CL3（2010—2013）：非养老类业务二表（男）；④CL4（2010—2013）：非养老类业务二表（女）；⑤CL5（2010—2013）：养老类业务表（男）；⑥CL6（2010—2013）：养老类业务表（女）。

《中国人身保险业经验生命表（2010—2013）》具体内容可见本书附录3。

## 习题4



4－1　已知 $S(x)=1-\frac{x}{100}, 0\leqslant x\leqslant 100$，求 ${}_{10|10}q_{20}$。

4－2　已知 $S(x)=\sqrt{1-\frac{x}{100}}$，求 $S(50)$、${}_{3|2}q_{30}$、${}_{3}p_{30}$、$\mu_{36}$。

4－3　选择与 ${}_{t|}q_x$ 等价的式子。

（1）${}_{t}p_x\ {}_{t}q_{x+t}$；

（2）${}_{t}p_x q_{x+t}$；

（3）${}_{t}p_x-{}_{t+1}p_x$；

（4）${}_{t}q_x-{}_{t+1}q_x$；

（5）${}_{t+1}q_x-{}_{t}q_x$。

4－4　已知 $\mu_x=kx, k>0$，且 ${}_{10}p_{35}=0.81$，求 ${}_{20}p_{40}$。

4－5　已知 $e_{63}=9.5, e_{64}=9.0, e_{65}=8.5$，求63岁的人在65岁前死亡的概率。

4－6　证明：在 Balducci 假设下，$\mu_{x+t}=\frac{q_x}{1-(1-t)q_x}$。

4－7　已知 $l_x=100\,000\left(\frac{C-x}{C+x}\right), l_{35}=44\,000$，求：

（1）$C$ 的值；

（2）生命表最大年龄；

(3) 从出生存活到 60 岁的概率；

(4)20 岁的人在 40 ~ 60 岁之间死亡的概率。

4 - 8 若 $l_{40}=7\ 746$，$l_{41}=7\ 681$，计算下列假设下 $\mu_{40\frac{1}{4}}$ 的值：

(1) 死亡均匀分布假设；

(2) 死力常数假设；

(3) Balducci 假设。

4 - 9 证明：$\frac{\mathrm{d}}{\mathrm{d}x}{}_tp_x={}_tp_x(\mu_x-\mu_{x+t})$。

4 - 10 证明：在死亡服从均匀分布假设时，$m_x=\mu_{x+\frac{1}{2}}$。

4 - 11 已知 $\mu_x=0.001$，$10\leqslant x\leqslant 20$，求 ${}_{2|3}q_{12}$。

4 - 12 已知 $l_x=100(100-x)^2$，$0\leqslant x\leqslant 100$，求 $\mathring{e}_{40}$。

4 - 13 已知 $T_{50}=95\ 000$，$L_{50}=2\ 500$，$m_{50}=0.022$，$l_{50}=2\ 600$，求 $\mathring{e}_{51}$。

4 - 14 已知 $\mu(70.5)=0.010\ 05$，$\mu(71.5)=0.030\ 46$，$\mu(72.5)=0.051\ 28$，死亡人数在各年龄均服从均匀分布假设，求 70.5 岁的人在未来两年内死亡的概率。

4 - 15 设生存函数为 $S(x)=\left(1-\frac{x}{\omega}\right)^a$，$0\leqslant x<\omega$，$a>0$，求 $\mu_x$ 与 $\mathring{e}_x$。

# 5 生存年金

## 5.1 生存年金概述

生存年金也是年金的一种形式，它以人的生存作为年金支付的条件，即以特定的人仍存活为限制条件，按期进行一连串的给付。

生存年金与确定年金的基本区别表现在：首先，生存年金以特定的人的生存为给付的条件，确定年金与特定的人或年金受领人的生死无关，随之而来的是给付期确定，每期给付额也确定的一种年金。但是，在生存年金中，生存仅为给付的必要条件，而非充分条件。也就是说，一旦特定的人死亡，年金即停止给付；特定的人生存，同样有可能得不到给付。其次，生存年金的给付期间或给付次数，事前无法确定；而确定年金的给付期间或给付次数，事前可以确定。最后，生存年金的有关计算，除考虑利息率外，还必须考虑特定的人或年金受领人的生存率；而确定年金中的计算，一般只考虑利息率。



生存年金与确定年金也不是没有任何联系。无论是生存年金，还是确定年金，均为年金的一种形式。年金固有的特征和性质，在它们中都有所体现。此外，生存年金还可以被视为其给付期间是“随机变量”的确定年金。

生存年金按不同标准也有多种分类：仅限特定的人仍在生存中并终身均予给付年金额的终身年金；以某一特定期间为限，且以特定的人仍生存为条件给付年金额的定期生存年金；生存一定期间后或到达一定年龄后，且以特定的人仍生存为条件给付年金额的延付年金；与延付年金相对的就是从订约年度开始，以生存为条件给付年金额的即时年金；又按特定人的人数可分为以一个特定人的生存为条件给付年金的单生年金以及以两个人以上的特定人群全部均生存作为年金给付条件的连生年金。此外也有以两个人以上的特定人中至少尚有一人生存作为年金给付的限制条件的最后生存者年金等。

生存年金在整个寿险中占有重要的地位。寿险中大量出现生存年金的情形，如投保人或被保险人分期缴付的保险费，便形成一种生存年金；又如退休年金计划中，从退休之日开始每隔一定时期所做的一系列给付，形成的也是一种生存年金。这样的例子在寿险中不胜枚举。特别需要说明的是，年金保险是在被保险人终身或在一定的期限内生存时，每隔一定时期由保险人按期支付一次年金,直至被保险人死亡或者保险期限届满为止。很显然,从根本上讲,年金保险乃一种以生存为保险事故,其给付额由生存年金实现的生存保险。因此,研究生存年金所得出的结论,完全适用于相应的年金保险。

## 5.2 以生存为条件的一次性给付

根据前述内容,在已知复利息率 $i$ 的条件下,$n$ 年末 $R$ 元的现在价值等于 $Rv^n$,其中 $v=\frac{1}{1+i}$。进一步分析,如果一个人在 $n$ 年末有 $p$ 的可能性获得 $R$ 元,$0\leqslant p\leqslant 1$,那么这个人在 $n$ 年末期望获得的值应为 $Rp$,显然这个期望值在 $n$ 年初的现值为 $(Rp)v^n$。

现将上述思路用于分析与人的生死有关的情形。现年 $x$ 岁的人,若在以后的 $n$ 年内生存,则在 $n$ 年末他可以获得 $R$ 元的给付;反之,若在这 $n$ 年内死亡,则这个人分文不获。试求这个人在 $n$ 年末期望获得的给付额在 $n$ 年初的现值。

不难看出,这个人在 $n$ 年末期望获得的给付额为 $(R\,{}_np_x)$,这一给付额在 $n$ 年初的现值为:

$$(R\,{}_np_x)v^n=Rv^n\,{}_np_x \tag{5.1}$$

为区别于确定给付的现值,以生存为条件所做给付的现值通常称为精算现值。

当 $R=1$ 时,精算现值 $Rv^n\,{}_np_x$ 变为 $v^n\,{}_np_x$,其值用特定符号 ${}_nE_x$ 表示,即:

$${}_nE_x=v^n\,{}_np_x \tag{5.2}$$

如果将前述情形视为一种以被保险人在这 $n$ 年期间的生存为保险事故,给付约定保险金,如于期内死亡,所缴保险费分文不退的纯生存保险,那么精算现值 ${}_nE_x$ 便成为被保险人或其投保人购买保险金 1 元的纯生存保险的趸缴纯保险费。

进一步,因为 ${}_nE_x=v^n\,{}_np_x=v^n\frac{l_{x+n}}{l_x}$,所以有:

$$l_x\,{}_nE_x(1+i)^n=l_{x+n} \tag{5.3}$$

该式表明:以选定的生命表为基础,活到 $x$ 岁的 $l_x$ 人,每人储蓄 ${}_nE_x$ 形成一笔基金,在实际利息率 $i$ 的条件下,初始基金在 $n$ 年末的累积值将充分提供活到 $x+n$ 岁的 $l_{x+n}$ 人每人 1 元的给付。

为清楚起见,以下用具体的例题来说明。

**例 5.1** 年龄 30 岁的人投保一种保险金额为 10 000 元,20 年期的纯生存保险。计算这个人应缴纳多少趸缴纯保险费,并以此例证明等式 $l_x\,{}_nE_x(1+i)^n=l_{x+n}$。计算以 CL1(2010—2013)2.5% 为基础。

**解:** 这个人的趸缴纯保险费为:

$$10\,000\,{}_{20}E_{30}=10\,000v^{20}\,{}_{20}p_{30}=5\,879.36(\text{元})$$

在 CL1(2010—2013)2.5% 的基础上,得到表 5.1。

表 5.1

| | |
|---|---|
| 30 岁的人 | 986 395 人 |
| 每个人缴纳的趸缴保险费 | 5 879.36 元 |
| 初始基金 | 5 799 165 060 元 |
| 20 年的累积因子 | 1.638 616 44 |
| 第 20 年末的基金总额 | 9 502 607 207 元 |
| 活到 50 岁的人 | 950 261 人 |
| 每个存活者的分摊额 | 10 000 元 |

显然，$5\,879.36 \times l_{30} \cdot (1+3\%)^{20} = 10\,000 l_{50}$

这个例题的一个重要的事实：活到 50 岁的被保险人所获得的给付额，包含两个组成部分：一部分为其所缴纳的趸缴纯保险费以及此保险费产生的利息；另一部分是因为活到 50 岁而分享到那些在 20 年内发生死亡的被保险人所丧失的利益的一定份额。所以，这里论述的基金累积，不仅包含利息的累积，而且还包含残存者获得的利益。更一般的推论是：

$$ {}_nE_x + {}_nE_x[(1+i)^n - 1] + {}_nE_x(1+i)^n \cdot \frac{l_x - l_{x+n}}{l_{x+n}} = 1 \tag{5.4} $$

从这个关系式中，我们还可以看出人寿保险的储蓄和保险等特性。

在寿险精算中，常常引进替换函数，以使结论表述清晰、简便，运算简化。在此，定义替换函数 $D_x$：

$$ D_x = v^x l_x \tag{5.5} $$

从而

$$ {}_nE_x = v^n {}_np_x = \frac{v^n l_{x+n}}{l_x} = \frac{v^{x+n} l_{x+n}}{v^x l_x} = \frac{D_{x+n}}{D_x} \tag{5.6} $$



## 5.3 以生存为条件每年提供一次给付的生存年金

首先对以下将讨论的年金做出约定：年金签约年龄为 $x$ 岁，每年以生存为条件提供的给付额为 1，利息率为 $i$。

### 5.3.1 期初生存年金

1. 终身生存年金

记 $\ddot{a}_x$ 表示终身生存年金在 $x$ 岁的精算现值，或终身年金保险在 $x$ 岁的趸缴纯保险费。

终身生存年金在 $x$ 岁的精算现值，等于以生存为条件，每年提供的给付额在 $x$ 岁的精算现值之和，即

$$ \begin{aligned} \ddot{a}_x &= {}_0E_x + {}_1E_x + {}_2E_x + \cdots = \sum_{k=0}^{\infty} {}_kE_x \\ &= \sum_{k=0}^{\infty} v^k {}_kp_x = \sum_{k=0}^{\infty} \frac{D_{x+k}}{D_x} = \frac{1}{D_x}\sum_{k=0}^{\infty} D_{x+k} \end{aligned} $$

引入替换函数 $N_x = \sum_{k=0}^{\infty} D_{x+k}$，则

$$\ddot{a}_x = \frac{N_x}{D_x} \tag{5.7}$$

设保险人对于终身年金所支付的现值为 $\ddot{Y}_x$，显然它是随机变量 $K$ 的函数，易得

$$\ddot{Y}_x = \ddot{a}_{\overline{K+1}|},\ K \geqslant 0$$

$$\begin{aligned} \mathrm{E}(\ddot{Y}_x) &= E(\ddot{a}_{\overline{K+1}|}) = \sum_{k=0}^{\infty} \ddot{a}_{\overline{k+1}|}\ {}_{k|}q_x \\ &= \sum_{k=0}^{\infty} \ddot{a}_{\overline{k+1}|}({}_kp_x - {}_{k+1}p_x) \\ &= \sum_{k=0}^{\infty} v^k\,{}_kp_x = \ddot{a}_x \end{aligned} \tag{5.8}$$

2. $n$ 年定期生存年金

记 $\ddot{a}_{x:\overline{n}|}$ 表示 $n$ 年定期生存年金在 $x$ 岁的精算现值。类似于终身生存年金的分析，$\ddot{a}_{x:\overline{n}|}$ 由下式决定：

$$\begin{aligned} \ddot{a}_{x:\overline{n}|} &= {}_0E_x + {}_1E_x + \cdots + {}_{n-1}E_x = \sum_{k=0}^{n-1} {}_kE_x \\ &= \frac{1}{D_x} \cdot \sum_{k=0}^{n-1} D_{x+k} = \frac{1}{D_x}\left(\sum_{k=0}^{\infty} D_{x+k} - \sum_{k=0}^{\infty} D_{x+n+k}\right) \\ &= \frac{N_x - N_{x+n}}{D_x} \end{aligned} \tag{5.9}$$

设 $\ddot{Y}_{x:\overline{n}|}$ 为保险人对定期年金所支付的现值，则

$$\ddot{Y}_{x:\overline{n}|} = \begin{cases} \ddot{a}_{\overline{K+1}|}, & 0 \leqslant K < n \\ \ddot{a}_{\overline{n}|}, & \text{其他} \end{cases}$$

容易得到

$$\mathrm{E}(\ddot{Y}_{x:\overline{n}|}) = \ddot{a}_{x:\overline{n}|} \tag{5.10}$$

3. $n$ 年延付终身生存年金

以 ${}_{n|}\ddot{a}_x$ 表示 $n$ 年延付终身生存年金在 $x$ 岁的精算现值，那么

$$\begin{aligned} {}_{n|}\ddot{a}_x &= {}_nE_x + {}_{n+1}E_x + \cdots = \frac{1}{D_x}\sum_{k=n}^{\infty} D_{x+k} \\ &= \frac{1}{D_x}\sum_{k=0}^{\infty} D_{x+n+k} = \frac{N_{x+n}}{D_x} \end{aligned} \tag{5.11}$$

或

$${}_{n|}\ddot{a}_x = \frac{1}{D_x}\sum_{k=n}^{\infty} D_{x+k} = \frac{1}{D_x}\left(\sum_{k=0}^{\infty} D_{x+k} - \sum_{k=0}^{n-1} D_{x+k}\right) = \ddot{a}_x - \ddot{a}_{x:\overline{n}|} \tag{5.12}$$

或

$${}_{n|}\ddot{a}_x = \frac{1}{D_x}\sum_{k=n}^{\infty} D_{x+k} = \frac{D_{x+n}}{D_x}\sum_{k=0}^{\infty} \frac{D_{x+n+k}}{D_{x+n}} = {}_nE_x \cdot \ddot{a}_{x+n} \tag{5.13}$$

4. $n$ 年延付 $m$ 年定期生存年金

以 ${}_{n|}\ddot{a}_{x:\overline{m}|}$ 表示 $n$ 年延付 $m$ 年定期生存年金在 $x$ 岁的精算现值,那么

$$\begin{aligned} {}_{n|}\ddot{a}_{x:\overline{m}|} &= {}_nE_x + {}_{n+1}E_x + \cdots + {}_{n+m-1}E_x \\ &= \frac{1}{D_x}\left(\sum_{k=n}^{\infty} D_{x+k} - \sum_{k=n+m}^{\infty} D_{x+k}\right) = \frac{N_{x+n} - N_{x+n+m}}{D_x} \end{aligned} \tag{5.14}$$

同样地,${}_{n|}\ddot{a}_{x:\overline{m}|}$ 还可以表示为

$${}_{n|}\ddot{a}_{x:\overline{m}|} = \ddot{a}_{x:\overline{n+m}|} - \ddot{a}_{x:\overline{n}|}$$

$${}_{n|}\ddot{a}_{x:\overline{m}|} = {}_nE_x\ddot{a}_{x+n:\overline{m}|}$$

**例 5.2** 证明:$\ddot{a}_x = 1 + vp_x\ddot{a}_{x+1}$。

**证明**:根据上述分析,

$$\begin{aligned} \ddot{a}_x &= \sum_{k=0}^{\infty} v^k\,{}_kp_x = v^0\,{}_0p_x + \sum_{k=1}^{\infty} v^k\,{}_kp_x \\ &= 1 + \sum_{k=1}^{\infty} v^k\,{}_kp_x = 1 + \sum_{s=0}^{\infty} v^{s+1}\,{}_{s+1}p_x \\ &= 1 + \sum_{s=0}^{\infty} vp_x v^s\,{}_sp_{x+1} = 1 + vp_x\sum_{s=0}^{\infty} v^s\,{}_sp_{x+1} \\ &= 1 + vp_x\ddot{a}_{x+1} \end{aligned}$$

**例 5.3** 试证:$\sum_{k=0}^{\infty} \ddot{a}_{\overline{k+1}|}\,{}_{k|}q_x = \ddot{a}_x$。

**证明**:$\because \; {}_kE_x = v^k\,{}_kp_x$

$$\therefore \sum_{k=0}^{\infty} {}_kE_x = \sum_{k=0}^{\infty} v^k\,{}_kp_x$$

$$\ddot{a}_{\overline{k+1}|} = \sum_{t=0}^{k} v^t$$

$$\sum_{k=t}^{\infty} {}_{k|}q_x = \sum_{k=t}^{\infty} ({}_kp_x - {}_{k+1}p_x) = {}_tp_x$$

$$\begin{aligned} \sum_{k=0}^{\infty} \ddot{a}_{\overline{k+1}|}\,{}_{k|}q_x &= q_x + (1+v)\,{}_{1|}q_x + (1+v+v^2)\,{}_{2|}q_x + \cdots \\ &= (q_x + {}_{1|}q_x + {}_{2|}q_x + {}_{3|}q_x + \cdots) + v({}_{1|}q_x + {}_{2|}q_x + {}_{3|}q_x + \cdots) \\ &\quad + v^2({}_{2|}q_x + {}_{3|}q_x + \cdots) + \cdots \\ &= 1 + vp_x + v^2\,{}_2p_x + \cdots = \ddot{a}_x \end{aligned}$$

**例 5.4** 已知 $l_x = 100 - x\ (0 \leqslant x \leqslant 100)$,$i = 0.05$,求 $\ddot{a}_{20}$、$\ddot{a}_{20:\overline{40}|}$、${}_{40|}\ddot{a}_{20}$ 的值。

**解**:$${}_kp_{20} = \frac{l_{20+k}}{l_{20}} = \frac{80-k}{80} = 1 - \frac{k}{80}\ (0 \leqslant k \leqslant 80)$$

$$\begin{aligned} \ddot{a}_{20} &= \sum_{k=0}^{79} v^k\,{}_kp_{20} = \sum_{k=0}^{79} v^k\left(1 - \frac{k}{80}\right) \\ &= \sum_{k=0}^{79} v^k - \sum_{k=0}^{79} v^k\frac{k}{80} \approx 15.855\,929 \end{aligned}$$

$$\begin{aligned} \ddot{a}_{20:\overline{40}|} &= \sum_{k=0}^{39} v^k\,{}_kp_{20} = \sum_{k=0}^{39} v^k\left(1 - \frac{k}{80}\right) \\ &= \sum_{k=0}^{39} v^k - \sum_{k=0}^{39} v^k\frac{k}{80} \approx 15.004\,260 \end{aligned}$$

$$
\begin{aligned}
{}_{40|}\ddot{a}_{20} &= \sum_{k=40}^{79} v^k {}_kp_{20} = \sum_{k=40}^{79} v^k\left(1-\frac{k}{80}\right) \\
&= \sum_{k=40}^{79} v^k - \sum_{k=40}^{79} v^k \frac{k}{80} \approx 0.851\ 669
\end{aligned}
$$

由此可以证明等式 $\ddot{a}_{20}-\ddot{a}_{20:\overline{40|}}={}_{40|}\ddot{a}_{20}$ 成立。

**例 5.5**　以 CL1(2010—2013)2.5% 为基础，求出 $\ddot{a}_{20}$、$\ddot{a}_{20:\overline{40|}}$、${}_{40|}\ddot{a}_{20}$ 的值。

**解：** $\ddot{a}_{20}=\dfrac{N_{20}}{D_{20}}=30.490\ 414$

$$\ddot{a}_{20:\overline{40|}}=\frac{N_{20}-N_{60}}{D_{20}}=25.220\ 589$$

$${}_{40|}\ddot{a}_{20}=\frac{N_{60}}{D_{20}}=5.269\ 825$$

### 5.3.2　期末生存年金

1. 终身生存年金

以 $a_x$ 表示终身生存年金在 $x$ 岁的精算现值，那么

$$a_x={}_1E_x+{}_2E_x+\cdots=\sum_{k=1}^{\infty}{}_kE_x=\frac{N_{x+1}}{D_x} \tag{5.15}$$

同样，将精算现值看作随机变量，则

$$Y=a_{\overline{K|}}\quad (K>0)$$

$$a_x=\mathrm{E}(Y)=\mathrm{E}(a_{\overline{K|}})=\sum_{k=1}^{\infty}v^k{}_kp_x$$

2. 定期生存年金

以 $a_{x:\overline{n|}}$ 表示 $n$ 年定期生存年金在 $x$ 岁的精算现值，那么

$$
\begin{aligned}
a_{x:\overline{n|}} &= {}_1E_x+{}_2E_x+\cdots+{}_nE_x=\frac{1}{D_x}\sum_{k=1}^{n}D_{x+k} \\
&= \frac{1}{D_x}\left(\sum_{k=1}^{\infty}D_{x+k}-\sum_{k=n+1}^{\infty}D_{x+k}\right)=\frac{N_{x+1}-N_{x+n+1}}{D_x}
\end{aligned} \tag{5.16}
$$

同样，

$$Y=\begin{cases} a_{\overline{K|}}, & 0\leqslant K<n \\ a_{\overline{n|}}, & \text{其他} \end{cases}$$

$$a_{x:\overline{n|}}=\mathrm{E}(Y)=\mathrm{E}(a_{\overline{K|}})=\sum_{k=1}^{n}v^k{}_kp_x \tag{5.17}$$

3. 延付终身生存年金

以 ${}_{n|}a_x$ 表示 $n$ 年延付终身生存年金在 $x$ 岁的精算现值，那么

$${}_{n|}a_x={}_{n+1}E_x+{}_{n+2}E_x+\cdots=\sum_{k=n+1}^{\infty}{}_kE_x=\frac{N_{x+n+1}}{D_x} \tag{5.18}$$

容易求得，在期末生存年金中，

$$a_x = a_{x:\overline{n}|} + {}_{n|}a_x \tag{5.19}$$

的关系同样成立。

4. 延付定期生存年金

以 ${}_{n|}a_{x:\overline{m}|}$ 表示 $n$ 年延付 $m$ 年定期生存年金在 $x$ 岁的精算现值，那么，

$${}_{n|}a_{x:\overline{m}|} = {}_{n+1}E_x + {}_{n+2}E_x + \cdots + {}_{n+m}E_x = \frac{N_{x+n+1} - N_{x+n+m+1}}{D_x} \tag{5.20}$$

仔细比较由替换函数表达的期初生存年金和期末生存年金的精算现值，可以发现下列事实：同类年金的精算现值表达式中，分母相同，只是在分子的替换函数中，期末生存年金替换函数的年龄，比期初生存年金替换函数的年龄大一岁。认识到这种特征，对于学习者记忆公式是大有裨益的。

**例 5.6** 计算 $a_{20}$、$a_{20:\overline{40}|}$、${}_{40|}a_{20}$，以 CL1(2010—2013)2.5% 为计算基础。

**解：** $a_{20} = \dfrac{N_{21}}{D_{20}} \approx 29.490\ 414$

$$a_{20:\overline{40}|} = \frac{N_{21} - N_{61}}{D_{20}} \approx 24.555\ 797$$

$${}_{40|}a_{20} = \frac{N_{61}}{D_{20}} \approx 4.934\ 617$$

### 5.3.3 期初生存年金与期末生存年金的关系

期初生存年金与期末生存年金的关系，亦即它们各自精算现值之间的关系。以下分析两组常见的关系。

第一组关系：

① $a_x = \ddot{a}_x - 1$ (5.21)

② $a_{x:\overline{n}|} = \ddot{a}_{x:\overline{n}|} + {}_nE_x - 1$ (5.22)

③ ${}_{n|}a_x = {}_{n|}\ddot{a}_x - {}_nE_x$ (5.23)

下面是这些关系的证明及其解释：

① $\ddot{a}_x - 1 = \dfrac{N_x}{D_x} - 1 = \dfrac{N_x - D_x}{D_x} = \dfrac{N_{x+1}}{D_x} = a_x$

② $\ddot{a}_{x:\overline{n}|} + {}_nE_x - 1 = \dfrac{N_x - N_{x+n}}{D_x} + \dfrac{D_{x+n}}{D_x} - 1 = \dfrac{(N_x - D_x) - (N_{x+n} - D_{x+n})}{D_x}$

$$= \frac{N_{x+1} - N_{x+n+1}}{D_x} = a_{x:\overline{n}|}$$

③ ${}_{n|}\ddot{a}_x - {}_nE_x = \dfrac{N_{x+n}}{D_x} - \dfrac{D_{x+n}}{D_x} = \dfrac{N_{x+n+1}}{D_x} = {}_{n|}a_x$

期初生存年金与期末生存年金均以被保险人生存为条件提供给付，只是两者每次支付的给付相差一年。据此，$a_x = \ddot{a}_x - 1$ 是直观的。至于 $n$ 年定期生存年金，若 $x$ 岁的被保险人在第 $n$ 年末仍然生存，便提供生存给付额 1，则此给付额在被保险人 $x$ 岁的精算现值为 ${}_nE_x$，从而

$\ddot{a}_{x:\overline{n}|}$ 与 ${}_nE_x$ 之和扣除期初生存年金在被保险人 $x$ 岁的第一次给付额1，即为 $a_{x:\overline{n}|}$。类似地，${}_{n|}a_x$ 与 ${}_nE_x$ 之和等于 ${}_{n|}\ddot{a}_x$，即 ${}_{n|}a_x = {}_{n|}\ddot{a}_x - {}_nE_x$。

第二组关系：

① $\ddot{a}_{x:\overline{n}|} = 1 + a_{x:\overline{n-1}|}$

② ${}_{n|}\ddot{a}_x = {}_{n-1|}a_x$

③ ${}_{n|}\ddot{a}_{x:\overline{m}|} = {}_{n-1|}a_{x:\overline{m}|}$

其证明和解释类似于第一组关系。

**例 5.7**　证明：$\ddot{a}_x < \dfrac{1}{d}$，$d$ 为贴现率。

**证明**：因为 $l_x > l_{x+1} > l_{x+2} > \cdots$，两边同乘以 $v^x$，得

$$v^x l_x > v^x l_{x+1} > v^x l_{x+2} > \cdots$$

$$D_x > \frac{1}{v}D_{x+1} > \frac{1}{v^2}D_{x+2} > \cdots$$

又因

$$ {}_kE_x = \frac{D_{x+k}}{D_x}$$

所以

$${}_1E_x < v^1, {}_2E_x < v^2, \cdots\cdots$$

即

$$\ddot{a}_x = 1 + {}_1E_x + {}_2E_x + \cdots < 1 + v + v^2 + \cdots = \frac{1}{d}$$

所以

$$\ddot{a}_x < \frac{1}{d}$$

**例 5.8**　某年金保单规定，若被保险人活到50岁，则被保险人可以获得10 000元给付且保单期满；保单还规定有选择权，即活到50岁时不领取给付额，改变给付方式：在50岁以后的10年里以及60岁后仍存活的时间里，每年年初获得相等的给付额 $R$ 元。如果被保险人在50 ~60岁之间发生死亡，那么保单将对他的继承人提供给付额，直至十次给付支付完毕止。求选择权下的给付额 $R$。计算以CL1(2010—2013)2.5%为基础。

**解**：按题意，保单持有人的选择，实际上将一次性给付额10 000元分解为年金给付，从而

$$R(\ddot{a}_{\overline{10}|} + {}_{10|}\ddot{a}_{50}) = 10\ 000$$

$$R = \frac{10\ 000}{\ddot{a}_{\overline{10}|} + {}_{10|}\ddot{a}_{50}} = \frac{10\ 000}{\ddot{a}_{\overline{10}|} + {}_{10}E_{50}\ddot{a}_{60}}$$

$$= \frac{10\ 000}{\ddot{a}_{\overline{10}|} + \dfrac{D_{60}}{D_{50}} \cdot \dfrac{N_{60}}{D_{60}}} \approx 492.70(\text{元})$$

**例 5.9** 已知 $\ddot{a}_{x:\overline{n}|} = 8$，${}_nE_x = 0.5$，求 $a_{x:\overline{n}|}$。

**解：** $a_{x:\overline{n}|} = \ddot{a}_{x:\overline{n}|} - 1 + {}_nE_x = 8 - 1 + 0.5 = 7.5$

值得注意的是，不论 $a_x$、$\ddot{a}_x$ 还是 $\ddot{a}_{x:\overline{n}|}$，都指年给付额为 1 的对应生存年金的精算现值。如果年给付额不等于 1，应在相应的公式前乘上给付额。

### 5.3.4 生存年金的精算终值

上面讨论了生存年金的精算现值或者年金保险，包括纯生存保险的趸缴纯保险费的计算原理。下面将从另一个角度考察生存年金，研究其精算终值的意义及其计算。

首先，考察一次性给付对应的精算终值。

假定一个年龄 $x$ 岁的人，存入 1 个单位货币，形成一笔基金。基金的年利息率是 $i$。那么这个人活到 $n$ 年末一次性可以获得多少金额？

令 $(x)$ 活到 $n$ 年末可一次性获得的金额为 $R$，那么此人在 $n$ 年末获得的金额的期望为 $R\,{}_np_x$。显然，这一金额在 $n$ 年初的现值，应等于最初投入的金额，从而 $R$ 取决于

$$1 = v^n(R\,{}_np_x)$$

$$R = \frac{1}{v^n\,{}_np_x} = \frac{1}{{}_nE_x}$$

进一步，$\frac{1}{{}_nE_x}$ 可以用如下方式表达：

当 $n > t > 0$ 时，

$${}_nE_x = \frac{D_{x+n}}{D_x} = \frac{D_{x+t}}{D_x} \cdot \frac{D_{x+t+n-t}}{D_{x+t}} = {}_tE_x \cdot {}_{n-t}E_{x+t} \tag{5.24}$$

由此可得

$$\frac{1}{{}_nE_x} = \frac{1}{{}_tE_x \cdot {}_{n-t}E_{x+t}}$$

或者

$$\frac{1}{{}_{n-t}E_{x+t}} = \frac{{}_tE_x}{{}_nE_x}$$

其次，考察生存年金的精算终值。

很明显，只有定期生存年金才有精算终值。因此以下就年给付额为 1 的 $n$ 年期生存年金精算终值进行讨论。

(1) 期末生存年金

用符号 $s_{x:\overline{n}|}$ 表示 $n$ 年期末生存年金在 $n$ 年末的精算终值。借助于一次性给付对应的精算终值，$s_{x:\overline{n}|}$ 有下列表达式：

$$s_{x:\overline{n}|} = \frac{1}{{}_{n-1}E_{x+1}} + \frac{1}{{}_{n-2}E_{x+2}} + \cdots + \frac{1}{{}_0E_{x+n}} = \frac{{}_1E_x}{{}_nE_x} + \frac{{}_2E_x}{{}_nE_x} + \cdots + \frac{{}_nE_x}{{}_nE_x}$$

$$= \frac{a_{x:\overline{n}|}}{{}_nE_x} = \frac{N_{x+1} - N_{x+n+1}}{D_{x+n}} \tag{5.25}$$

(2) 期初生存年金

用符号 $\ddot{s}_{x:\overline{n}|}$ 表示 $n$ 年期初生存年金在 $n$ 年末的精算终值。类似地，

$$\ddot{s}_{x:\overline{n}|}=\frac{1}{{}_{n}E_{x}}+\frac{1}{{}_{n-1}E_{x+1}}+\cdots\cdots+\frac{1}{{}_{1}E_{x+n-1}}=\frac{1}{{}_{n}E_{x}}+\frac{{}_{1}E_{x}}{{}_{n}E_{x}}+\cdots+\frac{{}_{n-1}E_{x}}{{}_{n}E_{x}}$$

$$=\frac{\ddot{a}_{x:\overline{n}|}}{{}_{n}E_{x}}=\frac{N_{x}-N_{x+n}}{D_{x+n}} \tag{5.26}$$

可见

$$a_{x:\overline{n}|}={}_{n}E_{x}\cdot s_{x:\overline{n}|} \tag{5.27}$$

$$\ddot{a}_{x:\overline{n}|}={}_{n}E_{x}\cdot \ddot{s}_{x:\overline{n}|} \tag{5.28}$$

因此,在当前获得 $a_{x:\overline{n}|}$ 与 $n$ 年后存活获得 $s_{x:\overline{n}|}$ 是等价的。

**例 5.10**　某个年龄 30 岁的人,希望在他活到 60 岁时立刻开始提供年给付额 2 000 元的生存年金。该人参加的年金保单规定:如果他在 60 岁以前死亡,那么他得不到任何退还和给付。问这个人要实现他的愿望,在 30 ~ 60 岁之间,每年年初应存入保险公司多大的金额?以 CL1(2010—2013)2.5% 为计算基础。

**解:** 设 $R$ 为 30 ~ 60 岁之间每年年初应存入保险公司的金额。按照题意,保险公司所提供的生存年金在 60 岁的精算现值,应当等于投保人每年年初存入额形成的 30 年期初生存年金在 60 岁的精算终值。用符号表达为:

$$R\ddot{s}_{30:\overline{30}|}=2\ 000\ddot{a}_{60}$$

$$R=\frac{2\ 000\ddot{a}_{60}}{\ddot{s}_{30:\overline{30}|}}=\frac{2\ 000N_{60}}{N_{30}-N_{60}}\approx 647.74(\text{元})$$

**例 5.11**　试证:$\ddot{s}_{x:\overline{n}|}>\ddot{s}_{\overline{n}|}$ 并给予解释。

**证明:** $$\ddot{s}_{x:\overline{n}|}=\frac{\ddot{a}_{x:\overline{n}|}}{{}_{n}E_{x}}=\frac{{}_{0}E_{x}+{}_{1}E_{x}+\cdots+{}_{n-1}E_{x}}{{}_{n}E_{x}}$$

$$=\frac{l_{x}}{l_{x+n}}\cdot(1+i)^{n}+\frac{l_{x+1}}{l_{x+n}}\cdot(1+i)^{n-1}+\cdots+\frac{l_{x+n-1}}{l_{x+n}}\cdot(1+i)$$

$$>(1+i)^{n}+(1+i)^{n-1}+\cdots+(1+i)=\ddot{s}_{\overline{n}|}$$

即:

$$\ddot{s}_{x:\overline{n}|}>\ddot{s}_{\overline{n}|}$$

$\ddot{s}_{\overline{n}|}$ 表示在利息率 $i$ 之下,确定的 $n$ 年内的每年年初存入金额 1 元在 $n$ 年末的终值。而 $\ddot{s}_{x:\overline{n}|}$ 表示的精算终值,不仅考虑了利息率 $i$ 之下每年年初的 1 元在 $n$ 年末的累积值,而且还包含了因其残存而获得的已死者丧失的一定份额。因此,$\ddot{s}_{x:\overline{n}|}>\ddot{s}_{\overline{n}|}$。

### 5.3.5　水平给付生存年金的一般公式

在年龄 $y$ 岁提供给付额 $R$,在年龄 $x$ 岁的精算值可以表示为:$\frac{RD_{y}}{D_{x}}$;当 $x<y$ 时,该式表示精算现值;当 $x>y$ 时,该式表示精算终值。

在年龄 $y$ 岁,$y+1$ 岁,…,$z-1$ 岁分别提供给付额等额 $R$ 的生存年金,在 $x$ 岁的精算值便

可以表达为：

$$\frac{RD_y}{D_x}+\frac{RD_{y+1}}{D_x}+\cdots+\frac{RD_{z-1}}{D_x}=\frac{R(N_y-N_z)}{D_x} \tag{5.29}$$

注释：

$x$ 是计算精算值对应的年龄，$y$ 是年金第一次给付对应的年龄，$z$ 是年金最后一次给付一年以后对应的年龄。$x$ 可以大于、等于或小于 $y$ 或 $z$。据此视不同情形，上述表达式既可以是精算现值的表达式，也可以是精算终值的表达式。

有了水平给付生存年金的一般公式，无论是期初生存年金替换函数表达式，还是期末生存年金替换函数表达式，便容易记忆了。

**例 5.12** 某种生存年金在 30 岁、31 岁……50 岁的生存给付金均为 1 000 元，试用替换函数表达该生存年金在 35 岁的精算值，并以 CL1(2010—2013)2.5% 为基础计算。

**解**：根据水平给付生存年金的一般公式，所求生存年金在 35 岁的精算值替换函数表达如下：

$$\frac{1\,000(N_{30}-N_{51})}{D_{35}}\approx 18\,627.54(\text{元})$$

### 5.3.6 变动给付生存年金

1. 期初生存年金

(1) 递增终身生存年金。用 $(I\ddot{a})_x$ 表示如下递增期初终身生存年金在 $x$ 岁的精算现值：第一年年初给付额为 1，第二年年初给付额为 2…… 每年年初给付额较上一年年初给付额增加 1，直至死亡发生导致停止给付为止。

$(I\ddot{a})_x$ 有如下多种表达方式：

$$(I\ddot{a})_x=\sum_{k=0}^{+\infty}(k+1)v^k{}_kp_x=\sum_{k=0}^{\infty}(k+1)\frac{D_{x+k}}{D_x}=\frac{S_x}{D_x} \tag{5.30}$$

或

$$(I\ddot{a})_x=\sum_{k=0}^{+\infty}{}_{k|}\ddot{a}_x=\sum_{k=0}^{\infty}\frac{N_{x+k}}{D_x}=\frac{S_x}{D_x}$$

上式中 $S_x$ 为替换函数且定义 $S_x=\sum_{k=0}^{\infty}N_{x+k}$。

(2) 递增定期生存年金。用 $(I\ddot{a})_{x:\overline{n}|}$ 表示如下给付的 $n$ 年递增生存年金在 $x$ 岁的精算现值：第一年年初给付额为 1，第二年年初给付额为 2…… 每年年初给付额较上一年年初给付额增加 1，直至第 $n$ 年年初给付额为 $n$ 止。

$(I\ddot{a})_{x:\overline{n}|}$ 可以表达为：

$$(I\ddot{a})_{x:\overline{n}|}=\sum_{k=0}^{n-1}(k+1)v^k{}_kp_x=\sum_{k=0}^{n-1}(k+1)\frac{D_{x+k}}{D_x}$$

$$=\frac{S_x-S_{x+n}-nN_{x+n}}{D_x} \tag{5.31}$$

或

$$(I\ddot{a})_{x:\overline{n}|}=\sum_{k=0}^{n-1}{}_{k|}\ddot{a}_{x:\overline{n-k}|}=\sum_{k=0}^{n-1}\frac{N_k-N_{x+k}}{D_x}=\frac{S_x-S_{x+n}-nN_{x+n}}{D_x}$$

(3) 递增水平终身生存年金。基本条件如同上述 $n$ 年递增生存年金，进一步假定如果被保险人在 $x+n$ 岁以及以后的每年年初仍生存，便继续提供给付，其给付额均为 $n$。像这样的给付额所形成的递增水平生存年金，在 $x$ 岁的精算现值记作 $(I_{\overline{n}|}\ddot{a})_x$。且

$$\begin{aligned}(I_{\overline{n}|}\ddot{a})_x&=\sum_{k=0}^{n-1}(k+1)v^k{}_kp_x+\sum_{k=0}^{\infty}nv^k{}_kp_x\\&=(I\ddot{a})_{x:\overline{n}|}+n\,{}_{n|}\ddot{a}_x\end{aligned}$$

或

$$(I_{\overline{n}|}\ddot{a})_x=\sum_{k=0}^{n-1}{}_{k|}\ddot{a}_x=\sum_{k=0}^{n-1}\frac{N_{x+k}}{D_x}=\frac{S_x-S_{x+n}}{D_x} \tag{5.32}$$

(4) 递减定期生存年金。约定 $(D\ddot{a})_{x:\overline{n}|}$ 表示如下 $n$ 年递减生存年金在 $x$ 岁的精算现值：第一年年初给付额为 $n$；第二年年初给付额为 $n-1$……第 $n$ 年年初给付额为 1。以后年度之初即便被保险人生存也概不给付，那么

$$\begin{aligned}(D\ddot{a})_{x:\overline{n}|}&=\sum_{k=0}^{n-1}(n-k)v^k{}_kp_x=\sum_{k=0}^{n-1}nv^k{}_kp_x-\sum_{k=0}^{n-1}kv^k{}_kp_x\\&=n\ddot{a}_{x:\overline{n}|}-{}_1E_x\,(I\ddot{a})_{x+1:\overline{n-1}|}\end{aligned}$$

或

$$(D\ddot{a})_{x:\overline{n}|}=\sum_{k=1}^{n}\ddot{a}_{x:\overline{k}|}=\sum_{k=1}^{n}\frac{N_x-N_{x+k}}{D_x}=\frac{nN_x-(S_{x+1}-S_{x+n+1})}{D_x} \tag{5.33}$$

**例 5.13** 现年 30 岁的人具有给付额分别为 500 元、450 元、400 元、350 元、300 元以及 250 元的六年期初生存年金。试写出由替换函数表达的，计算该种年金精算现值的表达式。

**解：** 令 $R$ 表示所求的精算现值。

$$\begin{aligned}R&=500\,{}_0E_{30}+450\,{}_1E_{30}+400\,{}_2E_{30}+350\,{}_3E_{30}+300\,{}_4E_{30}+250\,{}_5E_{30}\\&=50\,\frac{10D_{30}+9D_{31}+8D_{32}+7D_{33}+6D_{34}+5D_{35}}{D_{30}}\end{aligned}$$

因为：

$$5(D_{30}+D_{31}+D_{32}+D_{33}+D_{34}+D_{35})=5(N_{30}-N_{36})$$

$$D_{30}+D_{31}+D_{32}+D_{33}+D_{34}=N_{30}-N_{35}$$

$$D_{30}+D_{31}+D_{32}+D_{33}=N_{30}-N_{34}$$

$$D_{30}+D_{31}+D_{32}=N_{30}-N_{33}$$

$$D_{30}+D_{31}=N_{30}-N_{32}$$

$$D_{30}=N_{30}-N_{31}$$

各式两边相加得：

$$10D_{30}+9D_{31}+8D_{32}+7D_{33}+6D_{34}+5D_{35}=10N_{30}-(S_{31}-S_{36})-5N_{36}$$

所以

$$R=\frac{50[10N_{30}-(S_{31}-S_{36})-5N_{36}]}{D_{30}}$$

$R$ 也可按下列方法得到：

题中的六年期初生存年金，等同于每年年初给付 550 元的六年期初生存年金，扣除这样的一种六年期初递增生存年金：第一年年初给付额为 50 元，第二年年初给付额为 100 元……第六年年初给付额为 300 元。因此，

$$\begin{aligned}R&=550\ddot{a}_{30:\overline{6}|}-50(I\ddot{a})_{30:\overline{6}|}\\&=550\cdot\frac{N_{30}-N_{36}}{D_{30}}-50\cdot\frac{S_{30}-S_{36}-6\cdot N_{36}}{D_{30}}\\&=\frac{50(11N_{30}-S_{30}+S_{36}-5N_{36})}{D_{30}}\\&=\frac{50(10N_{30}-S_{31}+S_{36}-5N_{36})}{D_{30}}=\frac{50(10S_{30}-11S_{31}-4S_{36}+5S_{37})}{D_{30}}\end{aligned}$$

若以 CL1(2010—2013)2.5% 为计算基础，则结果为 2 133.75 元。

**例 5.14** 30 岁的人购买了一份特殊的终身生存年金，该年金在购买后的第 30 年末第一次支付，支付额为 10 000 元，此后每年的支付额增加 10 000 元。当支付额达到 50 000 元时，不再增长，也不再变动。求该年金购买时的精算现值，以 CL1(2010—2013)2.5% 为计算基础。

**解**：依题意得，此为延期 30 年的递增 5 年的期初终身生存年金，每年递增 10 000 元，因此，所求的精算现值为

$$10\,000\,{}_{30}E_{30}\,(I_{\overline{5}|}\ddot{a})_{60}=10\,000\cdot\frac{D_{60}}{D_{30}}\cdot\frac{S_{60}-S_{65}}{D_{60}}\approx 297\,628.10(\text{元})$$

2. 期末生存年金

基本约定类似于期初生存年金，只是相应的给付在期末发生。不难得到，与期初生存年金讨论平行的期末生存年金的精算现值的表达式分别是：

$$(Ia)_x=\frac{S_{x+1}}{D_x}\tag{5.34}$$

$$(Ia)_{x:\overline{n}|}=\frac{S_{x+1}-S_{x+n+1}-nN_{x+n+1}}{D_x}\tag{5.35}$$

$$(I_{\overline{n}|}A)_x=\frac{S_{x+1}-S_{x+n+1}}{D_x}\tag{5.36}$$

$$(Da)_{x:\overline{n}|}=\frac{nN_{x+1}-(S_{x+2}-S_{x+n+2})}{D_x}\tag{5.37}$$

**例 5.15** 试证：关于 $x$ 岁的人的递增生存年金的精算现值为：

$$\frac{hN_x+kS_{x+1}}{D_x}$$

假设第一次给付 $h$ 立即兑现，以后给付每年增加 $k$。

**证明**：题目要求生存年金的精算现值为

$$h\ddot{a}_x + k(Ia)_x = h \cdot \frac{N_x}{D_x} + k \cdot \frac{S_{x+1}}{D_x}$$
$$= \frac{hN_x + kS_{x+1}}{D_x}$$

**例5.16** 某60岁的人购买了一份特殊的终身生存年金。该年金年末支付，第一次的支付额为1 000元，此后每年增加500元。当支付额达到3 000元时，逐年递减1 000元，直到支付额为1 000元，此后保持不变。求购买时此生存年金的精算现值。以CL1(2010—2013)2.5%为计算基础。

**解**：所求年金的精算现值为

$$1\,000a_{60} + 500\,{}_1E_{60}\,(Ia)_{61:\overline{6}|} + 1\,000\,{}_7E_{60}\,(Da)_{67:\overline{2}|}$$
$$= 1\,000\frac{N_{61}}{D_{60}} + 500\frac{D_{61}}{D_{60}} \cdot \frac{S_{62} - S_{68} - 6N_{68}}{D_{61}} + 1\,000\frac{D_{67}}{D_{60}} \cdot \frac{2N_{68} - (S_{69} - S_{71})}{D_{67}}$$
$$= 500\frac{2N_{61} + S_{62} - S_{68} - 6N_{68} + 4N_{68} - 2S_{69} + 2S_{71}}{D_{60}}$$
$$= 500\frac{N_{61} + S_{61} - 3S_{68} + 2S_{71}}{D_{60}} \approx 26\,427.98(\text{元})$$

## 5.4 以生存为条件每年提供数次给付的生存年金

在实际中，生存年金并不只限于每年给付一次，存在大量每隔半年、一个季度甚至一个月等给付一次的生存年金。

### 5.4.1 水平给付生存年金

我们对所要讨论的生存年金做如下假定：签约年龄均为 $x$ 岁，年给付额为1，分期于 $m$ 次支付，且每次支付额都是 $\frac{1}{m}$，年利息率为 $i$。

(1) 期末生存年金

首先看终身生存年金。用 $a_x^{(m)}$ 表示满足上述假定的期末生存年金在 $x$ 岁的精算现值。由于该年金可以被视为一系列一次性给付在 $x$ 岁的精算现值之和，所以 $a_x^{(m)}$ 可以表示为：

$$a_x^{(m)} = \frac{1}{m}\,{}_{\frac{1}{m}}E_x + \frac{1}{m}\,{}_{\frac{2}{m}}E_x + \frac{1}{m}\,{}_{\frac{3}{m}}E_x + \cdots$$
$$= \frac{1}{m}\sum_{t=1}^{\infty}\,{}_{\frac{t}{m}}E_x$$
$$= \frac{1}{mD_x}\sum_{t=1}^{\infty} D_{x+\frac{t}{m}}$$

对 $D_{x+\frac{t}{m}}$ 做进一步的分析：

① 当 $t \geqslant m(\omega - x)$ 时，$\omega$ 表示生命表终极年龄。$D_{x+\frac{t}{m}} = 0$ 从而上述和式的上限用 $\infty$ 代替 $m(\omega - x)$，其和式的值不受影响。

②当$t < m(\omega - x)$时,对于$D_{x+\frac{t}{m}}$本书在此前并未给出过定义。由于生命表没有直接揭示一个人存活分数年的概率,故对$D_{x+\frac{t}{m}}$做出评估有一定的困难。严格地说,关于$D_{x+\frac{t}{m}}$的精确表达式几乎不存在。

经过前人的长期探索,精算中$\sum_{t=1}^{\infty} D_{x+\frac{t}{m}}$已经产生了多种近似表达式。在保险实务中常采用的是 Woolhouse 给出的近似公式。Woolhouse 公式的基本内容是:

$$\frac{1}{m}\sum_{t=1}^{\infty} D_{x+\frac{t}{m}} = \sum_{t=1}^{\infty} D_{x+t} + \frac{m-1}{2m}D_x + \frac{m^2-1}{12m^2}\cdot\frac{\mathrm{d}D_x}{\mathrm{d}x} + \cdots$$

$$\doteq \sum_{t=1}^{\infty} D_{x+t} + \frac{m-1}{2m}D_x \tag{5.38}$$

运用 Woolhouse 近似公式,$a_x^{(m)}$有如下近似计算表达式:

$$a_x^{(m)} = \frac{1}{mD_x}\sum_{t=1}^{\infty} D_{x+\frac{t}{m}} \doteq \sum_{t=1}^{\infty}\frac{D_{x+t}}{D_x} + \frac{m-1}{2m}$$

$$= a_x + \frac{m-1}{2m} = \frac{N_{x+1} + \frac{m-1}{2m}\cdot D_x}{D_x} \tag{5.39}$$

其次,看延付生存年金。用${}_{n|}a_x^{(m)}$表示$n$年延付生存年金在$x$岁的精算现值。${}_{n|}a_x^{(m)}$可以转化为终身生存年金来计算。

$${}_{n|}a_x^{(m)} = {}_nE_x a_{x+n}^{(m)} \doteq {}_nE_x\left(a_{x+n} + \frac{m-1}{2m}\right)$$

$$= {}_nE_x a_{x+n} + \frac{m-1}{2m}\,{}_nE_x = {}_{n|}a_x + \frac{m-1}{2m}\,{}_nE_x$$

$$= \frac{N_{x+n+1} + \frac{m-1}{2m}D_{x+n}}{D_x} \tag{5.40}$$

最后,考察$n$年定期生存年金。用$a_{x:\overline{n|}}^{(m)}$表示$n$年定期生存年金在$x$岁的精算现值,那么,

$$a_{x:\overline{n|}}^{(m)} = a_x^{(m)} - {}_{n|}a_x^{(m)} = \left(a_x + \frac{m-1}{2m}\right) - \left({}_{n|}a_x + \frac{m-1}{2m}\,{}_nE_x\right)$$

$$= (a_x - {}_{n|}a_x) + \frac{m-1}{2m}(1 - {}_nE_x) = a_{x:\overline{n|}} + \frac{m-1}{2m}(1 - {}_nE_x) \tag{5.41}$$

$$= \frac{N_{x+1} - N_{x+n+1} + \frac{m-1}{2m}(D_x - D_{x+n})}{D_x} \tag{5.42}$$

(2)期初生存年金

类似于期末生存年金的推导,运用 Woolhouse 近似公式,可以得到期初付生存年金的精算现值的如下近似表达式:

$$\ddot{a}_x^{(m)} \doteq \ddot{a}_x - \frac{m-1}{2m} \tag{5.43}$$

$${}_{n|}\ddot{a}_x^{(m)} \doteq {}_{n|}\ddot{a}_x - \frac{m-1}{2m}\,{}_nE_x \tag{5.44}$$

$$\ddot{a}_{x:\overline{n}|}^{(m)} \doteq \ddot{a}_{x:\overline{n}|} - \frac{m-1}{2m}(1 - {}_nE_x) \tag{5.45}$$

值得注意的是,每年支付 $m$ 次的期初生存年金并不等于每年支付一次的期初生存年金乘上一个比例系数。原因在于,每年支付一次的期初生存年金能在期初一次性获得本年的所有支付及孳生的利息,而每年支付 $m$ 次的生存年金利息收入减少,该年度的支付能否全部收回也具有不确定性,所以要在后面减去一项。

**例5.17** 试计算出如下年金保险的趸缴纯保险费:年金保险签约年龄为40岁,以生存为条件每月给付1 000元,第一次给付从50岁开始,但最大给付期为10年。计算以CL1(2010—2013)2.5%为基础(必要时计算可以运用近似公式)。

**解**: 满足已知条件的年金保险趸缴纯保险费的精算现值的表达式:

$$12\ 000\ {}_{10|}\ddot{a}_{40:\overline{10}|}^{(12)} = 12\ 000\ {}_{10|10}\ddot{a}_{40:10|}^{(12)} = 12\ 000({}_{10|}\ddot{a}_{40}^{(12)} - {}_{20|}\ddot{a}_{40}^{(12)})$$

运用 Woolhouse 近似公式的替换函数表达式:

$$12\ 000\ {}_{10|}\ddot{a}_{40:\overline{10}|}^{(12)} \doteq 12\ 000\left(\frac{N_{50} - \frac{11}{24}D_{50}}{D_{40}} - \frac{N_{60} - \frac{11}{24}D_{60}}{D_{40}}\right)$$

$$= \frac{12\ 000(N_{50} - N_{60}) - 5\ 500(D_{50} - D_{60})}{D_{40}}$$

$$\approx 78\ 965.68(\text{元})$$

(3) 期初生存年金与期末生存年金的关系

容易推导,期初生存年金与期末生存年金具有下列关系:

$$\ddot{a}_x^{(m)} = a_x^{(m)} + \frac{1}{m} \tag{5.46}$$

$${}_{n|}\ddot{a}_x^{(m)} = {}_{n|}a_x^{(m)} + \frac{1}{m}\,{}_nE_x \tag{5.47}$$

$$\ddot{a}_{x:\overline{n}|}^{(m)} = a_{x:\overline{n}|}^{(m)} + \frac{1}{m}(1 - {}_nE_x) \tag{5.48}$$

根据这些关系,并结合每年给付一次的期末生存年金与期初生存年金的相互关系,也可以得出期初生存年金精算现值的表达式。

**例5.18** 试用 $\ddot{s}_{30:\overline{35}|}$ 表达 $\ddot{s}_{30:\overline{35}|}^{(12)}$。

**解**: 因为 $\ddot{s}_{30:\overline{35}|}^{(12)}$ 表示年给付额为1,每年分期于 $m$ 次给付相等的$\frac{1}{m}$的 $n$ 年生存年金在 $x$ 岁的精算终值,所以

$$\ddot{s}_{30:\overline{35}|}^{(12)} = \frac{\ddot{a}_{30:\overline{35}|}^{(12)}}{{}_{35}E_{30}} \doteq \frac{\ddot{a}_{30:\overline{35}|} - \frac{11}{24}(1 - {}_{35}E_{30})}{{}_{35}E_{30}}$$

$$= \frac{\ddot{a}_{30:\overline{35}|}}{{}_{35}E_{30}} - \frac{11}{24}\left(\frac{1}{{}_{35}E_{30}} - 1\right) = \ddot{s}_{30:\overline{35}|} - \frac{11}{24}\left(\frac{1}{{}_{35}E_{30}} - 1\right)$$

### 5.4.2 水平给付生存年金的一般公式

当定义了替换函数 $N_x^{(m)}$ 以后,年给付数次的水平生存年金的精算值,可以用一个替换函

数关系式来表达。

对于期初生存年金，假设 $x$ 是精算值计算所对应的年龄，$y$ 是年金第一次给付所对应的年龄，$z$ 是年金最后一次给付以后的 $\frac{1}{m}$ 年所对应的年龄。进一步，令年金年给付额为水平量 $R$，分期于 $m$ 次支付，且每次支付额均为 $\frac{R}{m}$，那么年金在 $x$ 岁的精算值可用替换函数表达为：

$$\frac{R(N_y^{(m)} - N_z^{(m)})}{D_x}$$

当 $x \leqslant y < z$ 时，表达式代表的精算值为精算现值；当 $y \leqslant z \leqslant x$ 时，表达式代表的精算值为精算终值。

**例 5.19** 如果 20 岁的年金受领人在 20 ~ 60 岁的 40 年内生存，那么在其生存的每月月初给付 1 000 元。试用替换函数表达这一生存年金在 60 岁的精算终值。若以 CL1(2010—2013)2.5% 为计算基础，求出具体结果。

**解**：运用水平给付生存年金的一般公式，且：$x = 60, y = 20, z = 60$。在 60 岁的精算终值的替换函数表达式为：

$$\frac{12\ 000(N_{20}^{(12)} - N_{60}^{(12)})}{D_{60}}$$

利用 Woolhouse 公式

$$N_{20}^{(12)} = \sum_{t=0}^{\infty} D_{20+t} + \frac{11}{24} D_{20}$$

$$N_{60}^{(12)} = \sum_{t=0}^{\infty} D_{60+t} + \frac{11}{24} D_{60}$$

因此，所求年金的精算现值为

$$12\ 000 \cdot \frac{(N_{20} - N_{60}) + \frac{11}{24}(D_{20} - D_{60})}{D_{60}} \approx 913\ 771.49(\text{元})$$

对于期末生存年金，特别定义替换函数：

$$\tilde{N}_y^{(m)} = \frac{1}{m} \sum_{k=0}^{\infty} D_{y+\frac{1}{m}+\frac{k}{m}}$$

显然，

$$\tilde{N}_y^{(m)} = N_{y+\frac{1}{m}}^{(m)}$$

从而水平给付期末生存年金精算值的一般表达式为：

$$\frac{R(\tilde{N}_y^{(m)} - \tilde{N}_z^{(m)})}{D_x}$$

上式中：$R$ 为年给付额；$x$ 为精算值计算所对应的年龄；$y$ 为生存年金第一次支付之前的 $\frac{1}{m}$ 年所对应的年龄；$z$ 为年金最后一次支付所对应的年龄。

### 5.4.3 变动给付生存年金

1. 一般变动给付生存年金

考察这样的年金:年给付额分别为 $R_x, R_{x+1}, \cdots R_y, \cdots R_{x+n-1}$ 且分期于 $m$ 次支付,每次给付额相等。给付额的支付最大期间是 $n$ 年。以下分具体情况研究精算现值。

(1) 期初生存年金。用 $(apv)_x$ 表示满足上述条件的期初生存年金在 $x$ 岁的精算现值,那么

$$(apv)_x = \sum_{y=x}^{x+n-1} R_y \cdot \ddot{a}_{y:\overline{1}|}^{(m)} \cdot {}_{y-x}E_x \tag{5.49}$$

(2) 期末生存年金。用 $(apv)_x$ 表示满足上述条件的期末生存年金在 $x$ 岁的精算现值,那么

$$(apv)_x = \sum_{y=x}^{x+n-1} R_y \cdot a_{y:\overline{1}|}^{(m)} \cdot {}_{y-x}E_x \tag{5.50}$$

2. 有规律变动给付生存年金

这里讨论的有规律变动给付的生存年金,限于给付额呈算术级数变化的生存年金。

(1) 期初生存年金

首先,考察如下递增生存年金:以生存为条件,第一年给付额为1,第二年给付额为2……第 $n$ 年给付额为 $n$。每年给付额分期 $m$ 次支付,且每次支付相等金额。$n$ 年以后即使被保险人生存,也均无任何给付。这样的年金在 $x$ 岁的精算现值记作 $(I\ddot{a})_{x:\overline{n}|}^{(m)}$, $(I\ddot{a})_{x:\overline{n}|}^{(m)}$ 由下列式子决定:

$$\begin{aligned}(I\ddot{a})_{x:\overline{n}|}^{(m)} &= \sum_{k=0}^{n-1} {}_{k|}\ddot{a}_{x:\overline{n-k}|}^{(m)} = \frac{1}{D_x}\sum_{k=0}^{n-1}(N_{x+k}^{(m)} - N_{x+n}^{(m)}) \\ &= \frac{1}{D_x}(S_x^{(m)} - S_{x+n}^{(m)} - nN_{x+n}^{(m)})\end{aligned} \tag{5.51}$$

上式中,$N_x^{(m)}$、$D_x^{(m)}$ 及 $S_x^{(m)}$ 均为替换函数,它们的定义分别是:

$$N_x^{(m)} = \frac{1}{m}\sum_{t=0}^{\infty} D_{x+\frac{t}{m}} \tag{5.52}$$

$$D_x^{(m)} = N_x^{(m)} - N_{x+1}^{(m)} \tag{5.53}$$

$$S_x^{(m)} = \sum_{y=x}^{\infty} N_y^{(m)} \tag{5.54}$$

后面遇上这些替换函数,有相同的含义和约定。

其次,再看如下递减定期年金:第一年给付额为 $n$,第二年给付额为 $n-1$……第 $n$ 年给付额为1。每年给付额分期 $m$ 次支付,且每次支付金额相等。$n$ 年后即使被保险人生存,也均无任何给付。这样的年金在 $x$ 岁的精算现值记作 $(D\ddot{a})_{x:\overline{n}|}^{(m)}$, $(D\ddot{a})_{x:\overline{n}|}^{(m)}$ 决定于下列各式:

$$\begin{aligned}(D\ddot{a})_{x:\overline{n}|}^{(m)} &= \sum_{k=1}^{n} \ddot{a}_{x:\overline{k}|}^{(m)} = \frac{1}{D_x}\sum_{k=1}^{n}(N_x^{(m)} - N_{x+k}^{(m)}) \\ &= \frac{1}{D_x}[nN_x^{(m)} - (S_{x+1}^{(m)} - S_{x+n+1}^{(m)})]\end{aligned} \tag{5.55}$$

(2) 期末生存年金

以下将讨论的期末生存年金完全平行于前面所讨论的期初生存年金。相应的精算现值

分别记作$(Ia)_{x:\overline{n}|}^{(m)}$和$(Da)_{x:\overline{n}|}^{(m)}$。可以得出它们的如下替换函数表达式：

$$(Ia)_{x:\overline{n}|}^{(m)} = \frac{S_{x+1}^{(m)} - S_{x+n+1}^{(m)} - nN_{x+n+1}^{(m)}}{D_x} \tag{5.56}$$

$$(Da)_{x:\overline{n}|}^{(m)} = \frac{nN_{x+1}^{(m)} - (S_{x+2}^{(m)} - S_{x+n+2}^{(m)})}{D_x} \tag{5.57}$$

## 5.5 以生存为条件每年连续地提供给付的生存年金

回顾以生存为条件每年提供数次给付的生存年金的精算现值，其中常见的是：

终身生存年金

$$\ddot{a}_x^{(m)} = \frac{1}{mD_x}\sum_{t=0}^{\infty} D_{x+\frac{t}{m}} \tag{5.58}$$

定期生存年金

$$\ddot{a}_{x:\overline{n}|}^{(m)} = \frac{1}{mD_x}\sum_{t=0}^{mn-1} D_{x+\frac{t}{m}} \tag{5.59}$$

延付生存年金

$$_{n|}\ddot{a}_x^{(m)} = \frac{1}{mD_x}\sum_{t=mn}^{\infty} D_{x+\frac{t}{m}} \tag{5.60}$$

在这些精算现值中，令给付频数愈来愈小，或使 $m$ 无限增大。根据定积分的定义，有

$$\lim_{m\to\infty}\ddot{a}_x^{(m)} = \int_0^{\infty}\frac{D_{x+t}}{D_x}\mathrm{d}t \tag{5.61}$$

$$\lim_{m\to\infty}\ddot{a}_{x:\overline{n}|}^{(m)} = \int_0^{n}\frac{D_{x+t}}{D_x}\mathrm{d}t \tag{5.62}$$

$$\lim_{m\to\infty}\ {}_{n|}\ddot{a}_x^{(m)} = \int_n^{\infty}\frac{D_{x+t}}{D_x}\mathrm{d}t \tag{5.63}$$

用 $\bar{a}_x$、$\bar{a}_{x:\overline{n}|}$ 和 $_{n|}\bar{a}_x$ 分别表示上述三个极限值，于是

$$\bar{a}_x = \frac{\bar{N}_x}{D_x} \tag{5.64}$$

$$\bar{a}_{x:\overline{n}|} = \frac{\bar{N}_x - \bar{N}_{x+n}}{D_x} \tag{5.65}$$

$$_{n|}\bar{a}_x = \frac{\bar{N}_{x+n}}{D_x} \tag{5.66}$$

上式中 $\bar{N}_x$ 是替换函数，其定义是

$$\bar{N}_x = \int_0^{\infty} D_{x+t}\mathrm{d}t = \int_x^{\infty} D_y\mathrm{d}y = N_x - \frac{1}{2}D_x \tag{5.67}$$

像这种符号 $\bar{a}_x$、$\bar{a}_{x:\overline{n}|}$ 和 $_{n|}\bar{a}_x$ 表示的精算值，分别称为年给付额 1，年内连续地支付的连续终身生存年金、连续 $n$ 年定期生存年金和连续 $n$ 年延期生存年金在 $x$ 岁的精算现值。

## 5.6　完全期末生存年金和比例期初生存年金

5.5 节中讨论的连续生存年金，其给付可以连续地进行到死亡时刻，从而不存在最后的调整额。然而，对于前面已讨论过的每年提供一次给付或每年提供数次给付的生存年金，因年金受领人在一年之中或一定期间内发生死亡，便不能获得任何年金给付。具体地说，就是在死亡发生年度或一定期间内已生存的时间，均无任何给付。这种情形并不总是合理的。要处理这个问题，就应在死亡时刻给付一定的调整值。完全期末生存年金和比例期初生存年金就是考虑了死亡调整值的两种特殊生存年金。

### 5.6.1　完全期末生存年金

用 $\mathring{a}_x^{(m)}$ 表示满足如下条件的完全期末生存年金在 $x$ 岁的精算现值。年金给付额为 1，分期 $m$ 次支付，且每次的给付额均为 $\frac{1}{m}$。该年金同时还考虑最后一次的给付额 $\frac{1}{m}$ 对应的时刻与死亡发生时刻的那段期间的调整值。

由于在一年内的每 $\frac{1}{m}$ 年的年末给付 $\frac{1}{m}$，等价于在每 $\frac{1}{m}$ 年以年率 $\frac{1}{m}\cdot\frac{1}{\bar{s}_{\overline{\frac{1}{m}}|}}$ 连续地提供给付。所以若死亡在某个 $\frac{1}{m}$ 年内的时刻 $t$ 发生，其中 $0 < t < \frac{1}{m}$，则在死亡时提供的连续生存年金支付，即选择的调整给付值等价于：

$$\frac{1}{m}\cdot\frac{\bar{s}_{\overline{t}|}}{\bar{s}_{\overline{\frac{1}{m}}|}} = \frac{\delta}{i^{(m)}}\bar{s}_{\overline{t}|}$$

于是，完全期末生存年金的精算现值 $\mathring{a}_x^{(m)}$ 可以表达为：

$$\mathring{a}_x^{(m)} = \frac{\delta}{i^{(m)}}\bar{a}_x \tag{5.68}$$

类似地，完全定期期末生存年金在 $x$ 岁的精算现值记作 $\mathring{a}_{x:\overline{n}|}^{(m)}$，且

$$\mathring{a}_{x:\overline{n}|}^{(m)} = \frac{\delta}{i^{(m)}}\bar{a}_{x:\overline{n}|} \tag{5.69}$$

### 5.6.2　比例期初生存年金

用 $\ddot{a}_x^{\{m\}}$ 表示年给付额为 1 的比例期初生存年金在 $x$ 岁的精算现值。其中：年给付额 1 分期于 $x$ 岁的人生存的每 $\frac{1}{m}$ 年年初，同时年金还将返还一笔考虑从死亡时刻到下一次年金给付时刻的那段期间的给付。

由于在一年内生存的每 $\frac{1}{m}$ 年内以年率 $\frac{1}{m}\cdot\frac{1}{\bar{a}_{\overline{\frac{1}{m}}|}}$ 连续地提供给付，所以，若在 $\frac{1}{m}$ 年内的时刻 $t$ 发生了死亡，$0 < t < \frac{1}{m}$，则可选择

$$\frac{1}{m}\cdot\frac{\bar{a}_{\overline{\frac{1}{m}-t}|}}{\bar{a}_{\overline{\frac{1}{m}}|}}=\frac{\delta}{d^{(m)}}\bar{a}_{\overline{\frac{1}{m}-t}|}$$

作为返还金额。从而,比例期初生存年金的精算现值 $\ddot{a}_x^{\{m\}}$ 由下式决定:

$$\ddot{a}_x^{\{m\}}=\frac{\delta}{d^{(m)}}\bar{a}_x \tag{5.70}$$

类似地,比例期初定期生存年金在 $x$ 岁的精算现值为:

$$\ddot{a}_{x:\overline{n}|}^{\{m\}}=\frac{\delta}{d^{(m)}}\bar{a}_{x:\overline{n}|} \tag{5.71}$$

## 习题 5

5-1　选择与 ${}_{n|}a_{x:\overline{m}|}$ 等价的表达式:

(1) $\sum\limits_{t=n}^{n+m}{}_tE_x$;

(2) $\dfrac{N_{x+n+1}-N_{x+n+m+1}}{D_x}$;

(3) $\sum\limits_{t=n}^{n+m-1}\dfrac{D_{x+t}}{D_x}$;

(4) ${}_{n+1|}\ddot{a}_{x:\overline{m}|}$。

5-2　证明:$p_{x-1}\ddot{a}_x=(1+i)a_{x-1}$。

5-3　已知 $\ddot{a}_{50:\overline{10}|}=8.206\,6$,$a_{50:\overline{10}|}=7.827\,7$,${}_{10}p_{50}=0.919\,5$,求实际年利息率 $i$。

5-4　已知 $a_{60}=10.996$,$a_{61}=10.756$,$a_{62}=10.509$,$i=0.06$,求 ${}_2p_{60}$。

5-5　(60) 购买一份终身生存年金,每年年末支付 10 000 元,求该年金的精算现值。以 CL1(2010—2013)2.5% 为计算基础。

5-6　(40) 购买了一份终身生存年金。该年金于60岁开始支付,每年年初支付10 000元,且有5年保证期,即前五笔支付不论被保险人生存还是死亡,都会进行给付。保证期之后的支付仍以被保险人的生存为条件。以 CL1(2010—2013)2.5% 为计算基础,① 求趸缴纯保险费;② 若到达60岁时,(40) 有选择权,可选择放弃原有的年金计划,改为普通的终身生存年金。求选择权下每年初的支付额。

5-7　某人40岁时作为被保险人购买延期20年的年金保险,这一保险保证在他60岁退休时,每年得到20 000元给付,直至他死亡为止。假定年金额:① 在每年年初给付;② 在每季之末给付。试计算这一年金保险在购买时的精算现值或趸缴纯保险费的替换函数表达式。

5-8　已知如下条件的变动年金:($x$) 是年金起始年龄,($x$) 第一年末给付 1 000 元,以后每年比上一年增加给付 500 元,当年给付额增加到 5 000 元时,又以每年比上一年减少 1 000 元递减,减少到年给付额为 1 000 元时,保持这一给付水平直到被保险人死亡为止。试以替换函数表达该年金的现值。

5－9　已知死力 $\mu = 0.04$，息力 $\delta = 0.06$，求 $\bar{a}_x$。

5－10　在第5－9题的假设和结果下，求概率值 $P(\bar{a}_{\overline{T}|} > \bar{a}_x)$ 的大小。

5－11　已知 $l_x = 100 - x(0 < x \leqslant 100)$，$i = 0.05$，求 $a_{30:\overline{10}|}$、$a^{(4)}_{30:\overline{10}|}$、$\ddot{a}_{30:\overline{10}|}$、$\bar{a}_{30:\overline{10}|}$，并比较它们的大小。

5－12　一份10年期的期初生存年金于被保险人60岁时开始支付，每年支付一次，支付额比上一年增长4%。设 $i = 0.05$，$l_x = 100 - x(0 < x \leqslant 100)$，求该年金在被保险人60岁时的精算现值。

5－13　某60岁的人购买的家庭收入保证保险的给付现值为随机变量：

$$Y = \begin{cases} v^T \bar{a}_{\overline{10-T}|}, 0 < T < 10 \\ 0, \text{其他} \end{cases}$$

其中，$\delta = 0.06$，$\mu = 0.04$。求它的趸缴纯保险费。

5－14　运用 CL1(2010—2013)2.5% 求 $a_{30:\overline{10}|}$、$a^{(4)}_{30:\overline{10}|}$、$\ddot{a}_{30:\overline{10}|}$。

5－15　100个相互独立的人同时购买了期末终身生存年金，每年支付额为10 000元。已知 $\mu = 0.04$，$\delta = 0.06$。求0时刻保险公司应储备多少基金，才能以95%的概率保证所有年金的给付。

5－16　某 $x$ 岁的人购买了一份3年期的期初生存年金，三年的给付额分别为10 000元、15 000元和20 000元。已知 $q_x = 0.01$，$q_{x+1} = 0.02$，$q_{x+2} = 0.02$，$i = 0.04$。求该年金的精算现值。

5－17　有如下三种生存年金：①从60岁开始支付，每年年初支付10 000元，支付期为15年；②从60岁开始支付，前十年每年年初支付5 000元，后五年每年年初支付15 000元；③从60岁开始支付，前十年每年年初支付5 000元，后五年每年年初支付12 000元，若75岁时被保险人仍生存，再支付一笔长寿金 $R$ 元。已知在开始支付时第一种年金与第三种年金的趸缴纯保险费相等，第二种年金的趸缴纯保险费比第一种少1 000元，${}_{15}E_{60} = 0.65$，求 $R$。

# 6 人寿保险

一个人面临的主要人身风险有两种:一是活得太久;二是死亡过早。一个人活得太久,可能引起正常收入来源减少及其他所需支出增大,从而导致收入难以维持支出。为维持老年正常生活所需,活得太久的人身风险,一般可由年金保险提供的经济保障来化解。投保人只需以缴纳一定的保险费为代价,便可从约定之日起以生存为条件,定期或终身地获取一定的给付额。有关年金保险的基本计算原理,在上一章已经较为详细地讨论过了。一个人相对于本应存活的年数而言死得太早,不仅令人痛苦,而且死亡将导致遗属收入来源短缺,影响遗属的经济生活。死得太早的人身风险,通常由人寿保险中的死亡保险提供的经济保障来化解。人寿保险,严格地说,仅为人身保险的一种,它系以人的生死为保险事故(这里死亡不问原因),由保险人依照合同负给付保险金额责任的保险。人寿保险通常划分为生存保险(含年金保险)、死亡保险以及生死合险(两全保险、储蓄保险)三类。因此,本章讨论的人寿保险,主要限于讨论死亡保险的趸缴纯保险费。此外,结合上一章的有关结论,还将讨论生死合险的趸缴纯保险费。



## 6.1 趸缴纯保险费及其基本假定

趸缴纯保险费,就是投保人或被保险人在保单签发之日一次性缴付的纯保险费。它是投保人或被保险人实际缴纳的保险费扣除附加保险费的余额。在人寿保险中,纯保险费的计算系以预定死亡率和预定利息率为主要因素,按收支相等原则,依年龄分别计算的。保险人筹集的纯保险费,用于抵补保险金额的给付。

为计算趸缴纯保险费的方便,特做如下基本约定,并给出计算趸缴纯保险费的一般数理原理:

约定:给付额的现值函数是 $Z_t = b_t v_t$,其中:$b_t$ 为给付额;$v_t$ 为折现因子或称贴现因子;$Z_t$ 为给付额在保单签发之日的现值。

很显然,$t$ 取不同的值,$Z_t$ 有不同的表达式。在死亡保险中,如果死亡给付额在死亡发生年度之末支付或在死亡发生后立刻支付,那么与这两种方式相对应,在 $x$ 岁时签发的寿险合同,$t$ 取值如下:

$$t = \begin{cases} K+1 & \text{（对应于死亡年度末给付）} \\ T & \text{（对应于死亡后立刻给付）} \end{cases}$$

上式中,$K$ 和 $T$ 在此所代表的意义与第四章所定义的含义相同。

因此,不同时刻的给付额相应的现值函数的具体形式便为:

$$Z = \begin{cases} b_{K+1} v^{K+1} \\ b_T v^T \end{cases}$$

根据收支平衡原则,在保单生效之日,保险人未来预期支出的保险额的现值就是保险人应筹集或收取的趸缴纯保险费,即:

$$\text{趸缴纯保险费} = \mathrm{E}(Z) = \begin{cases} \mathrm{E}(b_{K+1} v^{K+1}) \\ \mathrm{E}(b_T v^T) \end{cases}$$

可见,死亡保险的趸缴纯保险费的计算就是计算保险金额现值函数的数学期望值。因为不同险种不同保险金额有不同的表达式,因此,以下的内容,便是分主要险种讨论相应期望值的具体表达式。

## 6.2 在死亡发生年度末提供保险金额的寿险

### 6.2.1 终身人寿保险

终身人寿保险有时简称终身险或终身寿险或终身保险。该保险的保险期间为被保险人的一生,仅于被保险人死亡时给付保险金的死亡保险。

令 $A_x$ 表示 $x$ 岁的人签发的保险金额为 1 的终身人寿保险的趸缴纯保险费。按前述一般原理:

$$\begin{aligned} A_x &= \mathrm{E}(Z) = \mathrm{E}(b_{K+1} v^{K+1}) = \mathrm{E}(v^{K+1}) \\ &= \sum_{k=0}^{\infty} v^{k+1} \mathrm{P}(K = k) = \sum_{k=0}^{\infty} v^{k+1} {}_k p_x q_{x+k} \\ &= \sum_{k=0}^{\infty} v^{k+1} \cdot \frac{d_{x+k}}{l_x} = \frac{1}{v^x l_x} \cdot \sum_{k=0}^{\infty} v^{x+k+1} d_{x+k} \end{aligned}$$

定义替换函数 $C_x$:

$$C_x = v^{x+1} d_x$$

$$M_x = C_x + C_{x+1} + \cdots$$

$v$ 是按预定利息率 $i$ 计算的折现因子,于是,

$$A_x = \frac{M_x}{D_x} \tag{6.1}$$

当终身寿险的保险金额为 $R$ 时,其趸缴纯保险费为:

$$RA_x = R \cdot \frac{M_x}{D_x}$$

### 6.2.2 定期人寿保险

在死亡保险中,保险期间以一定时期为限的称为定期寿险。定期寿险仅于被保险人在保险期间死亡时给付保险金,生存至满期则分文不付,保险费是有去无还的。

令 $A^{1}_{x:\overline{n}|}$ 表示 $x$ 岁的人签发的保险金额为1的 $n$ 年定期寿险的趸缴纯保险费,则:

$$\begin{aligned}A^{1}_{x:\overline{n}|} &= \mathrm{E}(Z) = \mathrm{E}(b_{K+1}v^{K+1}) \quad (K = 0,1,2,\cdots,n-1)\\ &= \sum_{k=0}^{n-1} v^{k+1}\mathrm{P}(K = k) + \sum_{k=n}^{\infty} 0 \cdot v^{k+1} \cdot \mathrm{P}(K = k)\\ &= \sum_{k=0}^{n-1} v^{k+1}{}_{k}p_{x}q_{x+k} = \frac{1}{v^{x}l_{x}}\sum_{k=0}^{n-1} v^{x+k+1}d_{x+k}\\ &= \frac{M_{x} - M_{x+n}}{D_{x}}\end{aligned} \tag{6.2}$$

特别地,$x$ 岁的人签发的一年定期保险的趸缴纯保险费,称为在 $x$ 岁的自然保险费。通常 $x$ 岁的自然保险费用符号 $c_x$ 表示。按其定义,

$$c_{x} = A^{1}_{x:\overline{1}|} = \frac{M_{x} - M_{x+1}}{D_{x}} = \frac{C_{x}}{D_{x}} = vq_{x} \tag{6.3}$$

### 6.2.3 延期人寿保险

延期人寿保险有两种基本形式:延期终身人寿保险和延期定期人寿保险。不论是何种形式,延期人寿保险仅限于被保险人在指定保险期间死亡时给付保险金,在延长期内死亡则分文不付。

(1) 延期终身人寿保险

令 ${}_{r|}A_{x}$ 表示 $x$ 岁的人签发的保险金额为1元的 $r$ 年延期终身保险的趸缴纯保险费,则:

$$\begin{aligned}{}_{r|}A_{x} &= \mathrm{E}(Z) = \mathrm{E}(b_{K+1}v^{K+1})\\ &= \sum_{k=0}^{r-1} 0 \cdot v^{k+1} \cdot \mathrm{P}(K = k) + \sum_{k=r}^{\infty} 1 \cdot v^{k+1} \cdot \mathrm{P}(K = k)\\ &= \sum_{k=r}^{\infty} v^{k+1}{}_{k}p_{x}q_{x+k} = \frac{1}{v^{x}l_{x}}\sum_{k=r}^{\infty} v^{x+k+1}d_{x+k}\\ &= \frac{M_{x+r}}{D_{x}}\end{aligned} \tag{6.4}$$

${}_{r|}A_{x}$ 也可以按如下方式获得:

$${}_{r|}A_{x} = A_{x} - A^{1}_{x:\overline{r}|} = \frac{M_{x}}{D_{x}} - \frac{M_{x} - M_{x+r}}{D_{x}} = \frac{M_{x+r}}{D_{x}} \tag{6.5}$$

(2) 延期定期人寿年金

令 ${}_{r|}A^{1}_{x:\overline{n}|}$ 表示 $x$ 岁的人签发的保险金额为1元的 $r$ 年延期 $n$ 年定期保险的趸缴纯保险费,则:

$${}_{r|}A^{1}_{x:\overline{n}|} = \mathrm{E}(Z) = \mathrm{E}(b_{K+1}v^{K+1})$$

$$= \sum_{k=0}^{r-1} 0 \cdot v^{k+1} \mathrm{P}(K = k) + \sum_{k=r}^{r+n-1} 1 \cdot v^{k+1} \mathrm{P}(K = k) + \sum_{k=r+n}^{\infty} 0 \cdot v^{k+1} \mathrm{P}(K = k)$$

$$= \sum_{k=r}^{r+n-1} v^{k+1} {}_k p_x q_{x+k} = \frac{1}{v^x l_x} \sum_{k=r}^{r+n-1} v^{x+k+1} d_{x+k}$$

$$= \frac{M_{x+r} - M_{x+r+n}}{D_x} \tag{6.6}$$

或者运用关系

$${}_{r|}A^{1}_{x:\overline{n}|} = A^{1}_{x:\overline{r+n}|} - A^{1}_{x:\overline{r}|} = \frac{M_x - M_{x+r+n}}{D_x} - \frac{M_x - M_{x+r}}{D_x} = \frac{M_{x+r} - M_{x+r+n}}{D_x}$$

### 6.2.4 两全保险

两全保险,是指被保险人于保险期间死亡,或生存到保险期间终了后,均给付保险金的一种保险形式。从构造上看,两全保险是由生存保险与死亡保险合并而成的,故又称为生死合险。但是两全保险并不是将生存保险附加于死亡保险上,而是将两者合而为一计算保险费。

若用 $A_{x:\overline{n}|}$ 表示 $x$ 岁的人签发的保险金额为 1 的 $n$ 年两全保险的趸缴纯保险费,则 $A_{x:\overline{n}|}$ 也可按一般原理求得,即:

$$A_{x:\overline{n}|} = \mathrm{E}(Z) = \mathrm{E}(b_{K+1} v^{K+1})$$

$$= \sum_{k=0}^{n-1} v^{k+1} {}_k p_x q_{x+k} + \sum_{k=n}^{\infty} v^n {}_k p_x q_{x+k} = A^{1}_{x:\overline{n}|} + v^n \sum_{k=n}^{\infty} {}_k p_x q_{x+k}$$

$$= A^{1}_{x:\overline{n}|} + v^n {}_n p_x = A^{1}_{x:\overline{n}|} + {}_n E_x$$

在寿险中,${}_n E_x$ 常用专门符号 $A_{x:\overline{n}|}^{\ \ 1}$ 代替,即 ${}_n E_x = A_{x:\overline{n}|}^{\ \ 1}$,于是

$$A_{x:\overline{n}|} = A^{1}_{x:\overline{n}|} + A_{x:\overline{n}|}^{\ \ 1} \tag{6.7}$$

$$= \frac{M_x - M_{x+n} + D_{x+n}}{D_x} \tag{6.8}$$

**例 6.1** 证明:(1) $M_x = D_x - dN_x$;

(2) $\frac{1}{D_x}\left(\sum_{t=0}^{n-1} C_{x+t} v^{n-t-1} + D_{x+n}\right) = v^n$;

(3) $\sum_{t=1}^{\infty} l_{x+t} A_{x+t} = l_x a_x$。

**证明:**

(1) $D_x = v^x l_x,\ C_x = v^{x+1} d_x$

$$M_x = C_x + C_{x+1} + \cdots$$

$$= v^{x+1} d_x + v^{x+2} d_{x+1} + \cdots$$

$$= v^{x+1}(l_x - l_{x+1}) + v^{x+2}(l_{x+1} - l_{x+2}) + \cdots$$

$$= v^{x+1} l_x - v^{x+1}(1-v) l_{x+1} - v^{x+2}(1-v) l_{x+2} - \cdots$$

$$= v^x l_x - v^x(1-v) l_x - v^{x+1}(1-v) l_{x+1} - v^{x+2}(1-v) l_{x+2} + \cdots$$

$$= D_x - dD_x - dD_{x+1} - \cdots$$
$$= D_x - dN_x$$

或者用以下方法：

$$C_x = v^{x+1}d_x = v^{x+1}(l_x - l_{x+1}) = vD_x - D_{x+1}$$

两边求和得：

$$\sum C_x = \sum vD_x - \sum D_{x+1}$$

$$M_x = vN_x - N_{x+1} = (1-d)N_x - (N_x - D_x) = D_x - dN_x$$

（2）原式左端 $= \dfrac{1}{D_x}(v^{x+n}d_x + v^{x+n}d_{x+1} + \cdots + v^{x+n}d_{x+n-1} + v^{x+n}l_{x+n})$

$$= \frac{1}{D_x}v^{x+n}(d_x + d_{x+1} + \cdots + d_{x+n-1} + l_{x+n})$$

$$= \frac{1}{D_x} \cdot v^{x+n}l_x = v^n = \text{右端}$$

（3）因为

$$A_x = \frac{M_x}{D_x} = \frac{C_x + C_{x+1} + \cdots}{D_x}$$

所以

$$l_{x+1}A_{x+1} = vd_{x+1} + v^2d_{x+2} + \cdots$$
$$l_{x+2}A_{x+2} = vd_{x+2} + v^2d_{x+3} + \cdots$$
$$l_{x+t}A_{x+t} = vd_{x+t} + v^3d_{x+t+1} + \cdots$$

……

等式两边相加得：

$$\sum_{t=1}^{\infty} l_{x+t}A_{x+t} = v(d_{x+1} + d_{x+2} + \cdots) + v^2(d_{x+2} + d_{x+3} + \cdots) + \cdots$$
$$= vl_{x+1} + v^2l_{x+2} + \cdots$$
$$= l_x a_x$$

**例 6.2**　某男在 30 岁时买了保险额为 100 000 元的终身寿险，假设生存函数可以表示为 $l_x = 1\,000(1 - \frac{x}{100})$，$i = 5\%$，求这一保单的精算现值。

**解**：由 $l_x = 1\,000(1 - \frac{x}{100})$ 有

$$_tp_{30} = \frac{l_{30+t}}{l_{30}} = \frac{1 - \frac{30+t}{100}}{1 - \frac{30}{100}} = \frac{70-t}{70}$$

$$q_{30+t} = 1 - p_{30+t} = 1 - \frac{l_{30+t+1}}{l_{30+t}} = 1 - \frac{1 - \frac{31+t}{100}}{1 - \frac{30+t}{100}} = \frac{1}{70-t}$$

保单的精算现值为

$$100\,000A_{30}=100\,000\sum_{t=0}^{\infty}v^{t+1}{}_{t|}q_{30}=100\,000\sum_{t=0}^{\infty}v^{t+1}{}_{t}p_{30}q_{30+1}$$

由生存函数可以看出，$t\geqslant 70$ 时 ${}_{t}p_{30}=0$，因此有

$$100\,000A_{30}=100\,000\sum_{t=0}^{69}\left(\frac{1}{1+0.05}\right)^{t+1}\left(\frac{70-t}{70}\right)\left(\frac{1}{70-t}\right)$$

$$=\frac{100\,000}{70}\sum_{t=0}^{69}\left(\frac{1}{1+0.05}\right)^{t+1}$$

$$=\frac{100\,000}{70}\cdot\frac{\frac{1}{1.05}-\left(\frac{1}{1.05}\right)^{71}}{1-\frac{1}{1.05}}\approx 27\,632.395\,2(\text{元})$$

因此，该保单的精算现值为 27 632.395 2 元。

**例 6.3** 用 $A_{20}$、$A_{40}$ 及 $A_{20:\overline{20|}}$ 表达

(1) $A_{20:\overline{20|}}^{\ \ 1}={}_{20}E_{20}=?$

(2) $A_{20:\overline{20|}}^{1}=?$

**解**：依题意，建立如下联立方程组：

$$\begin{cases}A_{20}=A_{20:\overline{20|}}^{1}+{}_{20}E_{20}A_{40}\\A_{20:\overline{20|}}=A_{20:\overline{20|}}^{1}+{}_{20}E_{20}\end{cases}$$

解方程组得：

$${}_{20}E_{20}=\frac{A_{20}-A_{20:\overline{20|}}}{A_{40}-1}$$

$$A_{20:\overline{20|}}^{1}=\frac{A_{40}A_{20:\overline{20|}}-A_{20}}{A_{40}-1}$$

**例 6.4** 某人在 30 岁购买了 20 年生死合险，被保险人在 20 年内死亡，给付 20 000 元，在 20 年末生存，给付 30 000 元，以后生死均不给付，问这个人在 30 岁时应缴纳多少趸缴纯保险费？给付在死亡年末实现，计算以 CL1(2010—2013)2.5% 为基础。

**解**：设趸缴纯保险费为 $NSP$ 元，则

$$NSP=20\,000A_{30:\overline{20|}}^{1}+30\,000\,{}_{20}E_{30}$$

$$=20\,000\frac{M_{30}-M_{50}}{D_{30}}+30\,000\frac{D_{50}}{D_{30}}\approx 18\,171.39(\text{元})$$

## 6.3 在死亡发生的 $\frac{1}{m}$ 年末提供保险金额的寿险

首先，对本部分将讨论的寿险做如下约定：保险签发年龄为 $x$ 岁，保险年度以 $\frac{1}{m}$ 年度为单位年度，亦即从 $x$ 岁到 $x+\frac{1}{m}$ 岁为第一个保险分年度；$x+\frac{1}{m}$ 岁到 $x+\frac{2}{m}$ 岁为第二个保险分年

度，以此类推。死亡保险金额为1，于死亡发生所在的$\frac{1}{m}$年年末给付被保险人。

### 6.3.1　终身人寿保险

用$A_x^{(m)}$表示满足上述约定的终身保险在$x$岁的趸缴纯保险费，则：

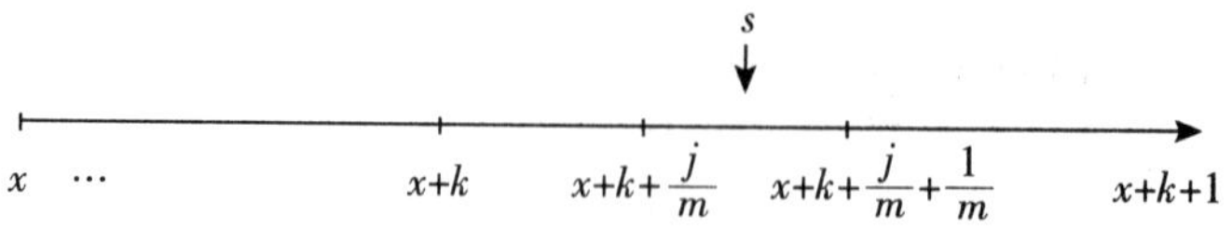


假设死亡发生在区间$(x+k+\frac{j}{m}, x+k+\frac{j}{m}+\frac{1}{m})$中的时刻$s$，那么在$x+k+\frac{j}{m}+\frac{1}{m}$岁提供的1在$x+k+\frac{j}{m}$岁的精算现值为：

$$\int_0^{\frac{1}{m}} v^{\frac{1}{m}}\,{}_sp_{x+k+\frac{j}{m}}\mu_{x+k+\frac{j}{m}+s}\,ds$$
$$= v^{\frac{1}{m}}\,{}_{\frac{1}{m}}q_{x+k+\frac{j}{m}}$$

该值在$x+k$岁的精算现值，亦即在$x+k$岁与$x+k+1$岁之间发生死亡提供保险金额1元在$x+k$岁的精算现值为：

$$\sum_{j=0}^{m-1}\left(v^{\frac{1}{m}}\,{}_{\frac{1}{m}}q_{x+k+\frac{j}{m}}\,v^{\frac{j}{m}}\,{}_{\frac{j}{m}}p_{x+k}\right) = \sum_{j=0}^{m-1} v^{\frac{j+1}{m}}\,{}_{\frac{j}{m}|\frac{1}{m}}q_{x+k}$$

从而$A_x^{(m)}$可以表示为如下形式：

$$A_x^{(m)} = \sum_{k=0}^{\infty} v^k\,{}_kp_x \sum_{j=0}^{m-1} v^{\frac{j+1}{m}}\,{}_{\frac{j}{m}|\frac{1}{m}}q_{x+k}$$

根据$A_x^{(m)}$的含义，$A_x^{(m)}$也可用差分关系来表示：

$$A_x^{(m)} = \frac{1}{l_x}\left[v^{\frac{1}{m}}(l_x - l_{x+\frac{1}{m}}) + v^{\frac{2}{m}}(l_{x+\frac{1}{m}} - l_{x+\frac{2}{m}}) + \cdots\right]$$
$$= -\frac{1}{l_x}\sum_{t=1}^{\infty} v^{\frac{t}{m}}\triangle l_{x+\frac{t-1}{m}}$$

上式中：$\triangle$表示差分符号，差分区间为$\frac{1}{m}$。

在死亡服从均匀分布假设的条件下，$A_x^{(m)}$可以转化为由$A_x$来评估。事实上，

$$A_x^{(m)} = \sum_{k=0}^{\infty} v^k\,{}_kp_x \sum_{j=0}^{m-1} v^{\frac{j+1}{m}}\,{}_{\frac{j}{m}|\frac{1}{m}}q_{x+k} \doteq \sum_{k=0}^{\infty} v^k\,{}_kp_x \sum_{j=0}^{m-1} v^{\frac{j+1}{m}}\,{}_{\frac{1}{m}}q_{x+k}$$
$$= \sum_{k=0}^{\infty} v^{k+1}\,{}_kp_x \sum_{j=0}^{m-1}\frac{1}{m}(1+i)^{1-\frac{j+1}{m}}q_{x+k} = \sum_{k=0}^{\infty} v^{k+1}\,{}_{k|}q_x s_{\overline{1}|}^{(m)}$$
$$= \frac{i}{i^{(m)}}\cdot\sum_{k=0}^{\infty} v^{k+1}\,{}_{k|}q_x = \frac{i}{i^{(m)}}A_x \tag{6.9}$$

上式中：$i$为实际利息率；$i^{(m)}$为名义利息率。

### 6.3.2 $n$ 年定期人寿保险

类似于终身保险，在上述约定下 $n$ 年定期保险的趸缴纯保险费用 $A_{x:\overline{n|}}^{1\,(m)}$ 表示，且

$$A_{x:\overline{n|}}^{1\,(m)} = \sum_{k=0}^{n-1} v^k {}_kp_x \sum_{j=0}^{m-1} v^{\frac{j+1}{m}} {}_{\frac{j}{m}|\frac{1}{m}}q_{x+k}$$

或者

$$A_{x:\overline{n|}}^{1\,(m)} = -\frac{1}{l_x} \cdot \sum_{t=1}^{mn} v^{\frac{t}{m}} \triangle l_{x+\frac{t-1}{m}}$$

在死亡服从均匀分布假设时，

$$A_{x:\overline{n|}}^{1\,(m)} \doteq \frac{i}{i^{(m)}} \cdot A_{x:\overline{n|}}^{1} \tag{6.10}$$

### 6.3.3 $n$ 年延期终身人寿保险

用 ${}_{n|}A_x^{(m)}$ 表示$n$ 年延期终身保险在 $x$ 岁的趸缴纯保险费，那么

$${}_{n|}A_x^{(m)} = \sum_{k=n}^{\infty} v^k {}_kp_x \sum_{j=0}^{m-1} v^{\frac{j+1}{m}} {}_{\frac{j}{m}|\frac{1}{m}}q_{x+k}$$

或者

$${}_{n|}A_x^{(m)} = -\frac{1}{l_x}\sum_{t=mn}^{\infty} v^{\frac{t}{m}} \triangle l_{x+\frac{t-1}{m}}$$

在死亡服从均匀分布假设时，

$${}_{n|}A_x^{(m)} \doteq \frac{i}{i^{(m)}} {}_{n|}A_x \tag{6.11}$$

### 6.3.4 $n$ 年两全保险

$n$ 年两全保险的趸缴纯保险费，记作 $A_{x:\overline{n|}}^{(m)}$，那么

$$\begin{aligned} A_{x:\overline{n|}}^{(m)} &= A_{x:\overline{n|}}^{1\,(m)} + {}_nE_x \\ &= \sum_{k=0}^{n-1} v^k {}_kp_x \sum_{j=0}^{m-1} v^{\frac{j+1}{m}} {}_{\frac{j}{m}|\frac{1}{m}}q_{x+k} + v^n {}_np_x \end{aligned}$$

在死亡服从均匀分布假设时，

$$A_{x:\overline{n|}}^{(m)} \doteq \frac{i}{i^{(m)}} A_{x:\overline{n|}}^{1} + {}_nE_x \tag{6.12}$$

**例6.5** 某30岁的男性，向一家保险公司购买保险金额10万元的20年期死亡保险，已知保单承诺保险金额在死亡发生当月的月末支付且死亡在每年均服从均匀分布假设，要求用CL1(2010—2013)2.5% 计算该保单投保人在30岁时应缴纳的趸缴纯保险费。

**解**：设所要求趸缴纯保险费为 $NSP$ 元，那么

$$\begin{aligned} NSP &= 100\,000 A_{30:\overline{20|}}^{1\,(12)} = 100\,000\left(\frac{i}{i^{(12)}} A_{30:\overline{20|}}^{1}\right) \\ &= 100\,000 \frac{2.5\%}{12(1.025^{\frac{1}{12}} - 1)} \cdot \frac{M_{30} - M_{50}}{D_{30}} \end{aligned}$$

$$= 100\ 000 \frac{2.5\%}{12(1.025^{\frac{1}{12}} - 1)} \cdot \frac{15\ 203.18 - 13\ 949.30}{47\ 203.96}$$

$$\approx 2\ 686.60(\text{元})$$

**例 6.6** 已知 $l_x = 100 - x\ (0 \leqslant x \leqslant 100)$，$i = 5\%$。计算：$A^{1}_{30:\overline{20|}}$、$A_{30:\overset{1}{\overline{20|}}}$、$A_{30:\overline{20|}}$、$A^{1\,(6)}_{30:\overline{20|}}$、$A^{(6)}_{30:\overline{20|}}$。

**解：** $\because\ l_x = 100 - x$

$$\therefore\ {}_{k|}q_{30} = \frac{l_{30+k} - l_{30+k+1}}{l_{30}} = \frac{1}{70},\ {}_{20}p_{30} = \frac{l_{50}}{l_{30}} = \frac{5}{7}$$

$$\therefore\ A^{1}_{30:\overline{20|}} = \sum_{k=0}^{19} v^{k+1}\,{}_{k|}q_{30} = \frac{1}{70}\sum_{k=0}^{19} v^{k+1} = \frac{1}{70} a_{\overline{20|}0.05} \approx 0.178\ 0$$

$$A_{30:\overset{1}{\overline{20|}}} = v^{20}\,{}_{20}p_{30} = \frac{1}{1.05^{20}} \times \frac{5}{7} \approx 0.269\ 2$$

$$A_{30:\overline{20|}} = A_{30:\overset{1}{\overline{20|}}} + A^{1}_{30:\overline{20|}} \approx 0.269\ 2 + 0.178\ 0 = 0.447\ 2$$

又 $\because\ i^{(6)} = 6[(1+i)^{\frac{1}{6}} - 1] \approx 0.048\ 989$

$$\therefore\ A^{1\,(6)}_{30:\overline{20|}} \approx \frac{i}{i^{(6)}} A^{1}_{30:\overline{20|}} \approx \frac{0.05}{0.048\ 989} \times 0.178\ 0 \approx 0.181\ 7$$

$$A^{(6)}_{30:\overline{20|}} = A^{1\,(6)}_{30:\overline{20|}} + A_{30:\overset{1}{\overline{20|}}} \approx 0.450\ 9$$

## 6.4 在死亡后立刻提供保险金额的寿险

在死亡时立即支付保险金的人寿保险，又称为连续型人寿保险。在死亡所在时刻给付保险金，就是在 $x + T$ 岁时或在时刻 $T$ 给付保险金。假设在时刻 $T$ 给付保险金额为 $b_T$，其折现因子为 $v_T$，于是假设保险金给付在 $x$ 岁时的现值为 $Z_T$，那么 $Z_T = b_T v_T$，因而趸缴纯保险费为 $E(Z_T) = E(b_T v_T)$。

假定：本节讨论的寿险，保险金额为 1 元，于死亡发生后立即给付；签发保单年龄是 $x$ 岁（也就是计算趸缴纯保险费的年龄）。

### 6.4.1 终身人寿保险

终身寿险的趸缴纯保险费用 $\bar{A}_x$ 表示，则：

$$\bar{A}_x = E(b_T v_T) = E(b_T v^T) = E(v^T)$$

$$= \int_0^{\infty} v^t\,{}_tp_x\,\mu_{x+t}\,dt = \int_0^{\infty} v^t \frac{l_{x+t}}{l_x}\mu_{x+t}\,dt$$

定义替换函数：

$$\bar{C}_x = \int_0^1 v^{x+t} l_{x+t}\,\mu_{x+t}\,dt = \int_0^1 D_{x+t}\,\mu_{x+t}\,dt = \frac{i}{\delta} C_x \tag{6.13}$$

$$\bar{M}_x = \bar{C}_x + \bar{C}_{x+1} + \cdots = \int_0^{\infty} D_{x+t}\,\mu_{x+t}\,dt = \frac{i}{\delta} M_x \tag{6.14}$$

从而

$$\bar{A}_x = \int_0^\infty v^t \frac{l_{x+t}}{l_x}\mu_{x+t}\mathrm{d}t = \frac{1}{D_x}\int_0^\infty v^{x+t} l_{x+t}\mu_{x+t}\mathrm{d}t$$

$$= \frac{1}{D_x}\int_0^\infty D_{x+t}\mu_{x+t}\mathrm{d}t = \frac{\bar{M}_x}{D_x} \tag{6.15}$$

### 6.4.2 $n$ 年定期人寿保险

$n$ 年定期死亡保险在 $x$ 岁的趸缴纯保险费记作 $\bar{A}^1_{x:\overline{n}|}$，则：

$$\bar{A}^1_{x:\overline{n}|} = \mathrm{E}(b_T v_T) = \mathrm{E}(b_T v^T)$$

$$= \int_0^n v^t {}_tp_x \mu_{x+t}\mathrm{d}t + \int_0^\infty 0 \cdot v^t {}_tp_x \mu_{x+t}\mathrm{d}t$$

$$= \frac{1}{D_x}\int_0^n D_{x+t}\mu_{x+t}\mathrm{d}t = \frac{\bar{M}_x - \bar{M}_{x+n}}{D_x} \tag{6.16}$$

### 6.4.3 $n$ 年延期终身人寿保险

$n$ 年延期终身保险在 $x$ 岁的趸缴纯保险费记作 ${}_{n|}\bar{A}_x$，则：

$${}_{n|}\bar{A}_x = \mathrm{E}(b_T v_T) = \mathrm{E}(b_T v^T)$$

$$= \int_0^n 0 v^t {}_tp_x \mu_{x+t}\mathrm{d}t + \int_n^\infty v^t {}_tp_x \mu_{x+t}\mathrm{d}t$$

$$= \int_n^\infty v^t {}_tp_x \mu_{x+t}\mathrm{d}t$$

$$= \frac{1}{D_x}\int_n^\infty D_{x+t}\mu_{x+t}\mathrm{d}t = \frac{\bar{M}_{x+n}}{D_x} \tag{6.17}$$

这个结论也可运用关系 ${}_{n|}\bar{A}_x = \bar{A}_x - \bar{A}^1_{x:\overline{n}|}$ 直接得到。事实上，

$${}_{n|}\bar{A}_x = \bar{A}_x - \bar{A}^1_{x:\overline{n}|} = \frac{\bar{M}_x}{D_x} - \frac{\bar{M}_x - \bar{M}_{x+n}}{D_x} = \frac{\bar{M}_{x+n}}{D_x} \tag{6.18}$$

### 6.4.4 $n$ 年两全保险

$n$ 年两全保险在 $x$ 岁的趸缴纯保险费记作 $\bar{A}_{x:\overline{n}|}$。由于这一保险的给付额无论是生还是死均为 1，只是贴现因子不同，所以

$$\bar{A}_{x:\overline{n}|} = \mathrm{E}(b_T v_T)$$

$$= \int_0^n v^t {}_tp_x \mu_{x+t}\mathrm{d}t + \int_n^\infty v^n {}_tp_x \mu_{x+t}\mathrm{d}t$$

$$\bar{A}_{x:\overline{n}|} = \bar{A}^1_{x:\overline{n}|} + {}_nE_x = \frac{\bar{M}_x - \bar{M}_{x+n} + D_{x+n}}{D_x} \tag{6.19}$$

关于在死亡发生时刻提供保险金额的寿险的趸缴纯保险费的计算，有两点需要说明：

（1）运用本章前述的有关结论，同样可以获得本部分的相应结论。举例如下：

$$\bar{A}_x = \lim_{m\to\infty} A_x^{(m)} = \lim_{m\to\infty}\left[-\frac{1}{l_x}\sum_{t=1}^\infty v^{\frac{t}{m}} \triangle l_{x+\frac{t-1}{m}}\right]$$

$$= -\frac{1}{l_x}\int_0^{\infty} v^t \mathrm{d} l_{x+t} = \frac{1}{l_x}\int_0^{\infty} v^t l_{x+t}\mu_{x+t}\mathrm{d}t$$

$$= \frac{1}{D_x}\int_0^{\infty} D_{x+t}\mu_{x+t}\mathrm{d}t = \frac{\bar{M}_x}{D_x}$$

（2）$A_x^{(m)}$、$A_{x:\overline{n}|}^{1\,(m)}$等在死亡均匀分布条件下可以转化为用$A_x$、$A_{x:\overline{n}|}^{1}$等来计算。其具体计算式为：

$$A_x^{(m)} = \frac{i}{i^{(m)}}A_x$$

$$A_{x:\overline{n}|}^{1\,(m)} = \frac{i}{i^{(m)}}A_{x:\overline{n}|}^{1}$$

类似地，$\bar{A}_x$、$\bar{A}_{x:\overline{n}|}^{1}$以及${}_{n|}\bar{A}_x$等也可以转化为由$A_x$、$A_{x:\overline{n}|}^{1}$及${}_{n|}A_x$等来计算。其计算式既可以通过$m \to \infty$取$A^{(m)}$的极限来获得，也可以直接推导而得。例如：

$$A_x^{(m)} = \frac{i}{i^{(m)}}A_x$$

$$\bar{A}_x = \lim_{m\to\infty} A_x^{(m)} = \lim_{m\to\infty}\frac{i}{i^{(m)}}A_x = \frac{i}{\delta}A_x$$

或者

$$\bar{A}_x = \int_0^{\infty} v^t\,{}_tp_x\,\mu_{x+t}\mathrm{d}t = \sum_{k=0}^{\infty}\int_k^{k+1} v^t\,{}_tp_x\,\mu_{x+t}\mathrm{d}t$$

$$= \sum_{k=0}^{\infty}\int_0^1 v^{k+s}\,{}_{k+s}p_x\,\mu_{x+k+s}\mathrm{d}s = \sum_{k=0}^{\infty} v^{k+1}\,{}_kp_x\int_0^1 v^{s-1}\,{}_sp_{x+k}\,\mu_{x+k+s}\mathrm{d}s$$

$$\doteq \sum_{k=0}^{\infty} v^{k+1}\,{}_kp_x\,q_{x+k}\int_0^1 v^{s-1}\mathrm{d}s = \frac{i}{\delta}\sum_{k=0}^{\infty} v^{k+1}\,{}_kp_x\,q_{x+k}$$

$$= \frac{i}{\delta}A_x \tag{6.20}$$

**例 6.7** 某人 30 岁，向一家寿险公司购买 30 年定期死亡保险，在死亡发生的 $t$ 时立刻给付额为 $e^{0.05t}$ 元。假定该 30 岁的被保险人死亡服从 $l_x = 100 - x, 0 \leqslant x \leqslant 100$，且已知息力 $\delta = 0.05$，要求计算投保人在 30 岁签单时应缴纳的趸缴纯保险费。

**解：** 设 30 岁的被保险人在 30 + $T$ 岁死亡时所给付的保险金现值为 $Z_T$，则：

$$\because\ \delta = \ln(1+i) = 0.05, \therefore v = \frac{1}{1+i} = e^{-0.05},$$

$$\therefore\ Z_T = e^{0.05T}\cdot v^T = e^{0.05T}\cdot e^{-0.05T} = 1\ (0 < T \leqslant 30)$$

而 $T$ 的概率密度函数为

$$f_T(t) = {}_tp_{30}\,\mu_{30+t} = \frac{l_{30+t}}{l_{30}}\left(-\frac{l'_{30+t}}{l_{30+t}}\right) = -\frac{l'_{30+t}}{l_{30}} = \frac{1}{70}$$

因此，所求的趸缴纯保险费为

$$E(Z_T) = \int_0^{30} 1 \times \frac{1}{70}\mathrm{d}t = \frac{3}{7} \approx 0.428\,6(\text{元})$$

**例 6.8** 已知 $X$ 的分布函数为 $F(x)=\frac{x}{100}, 0 \leqslant x \leqslant 100, \delta=0.6$,求:

(1) $\bar{A}_{30:\overline{20|}}^{1}$;

(2) $\operatorname{var}(Z)$。

**解**: 由 $F(x)=\frac{x}{100}$ 得

$$_{t}q_{x}=\frac{F(x+t)-F(x)}{1-F(x)}=\frac{t}{100-x}$$

$$f_{x}(t)=({}_{t}q_{x})'=\frac{1}{100-x}$$

当 $x=30$ 时

$$f_{x}(t)=\frac{1}{70}$$

因此

$$\bar{A}_{30:\overline{20|}}^{1}=\int_{0}^{20} \mathrm{e}^{-\delta t} f_{x}(t) \mathrm{d} t=\frac{1}{70} \int_{0}^{20} \mathrm{e}^{-\delta t} \mathrm{d} t=-\frac{1}{70 \delta} \mathrm{e}^{-\delta t}\Big|_{0}^{20}=\frac{1}{42}(1-\mathrm{e}^{-12}) \approx 0.0238$$

$$^{2}\bar{A}_{30:\overline{20|}}^{1}=\int_{0}^{20} \mathrm{e}^{-2\delta t} f_{x}(t) \mathrm{d} t=\frac{1}{70} \int_{0}^{20} \mathrm{e}^{-2\delta t} \mathrm{d} t$$

$$=-\frac{1}{140 \delta} \mathrm{e}^{-2\delta t}\Big|_{0}^{20}=\frac{1}{84}(1-\mathrm{e}^{-24}) \approx 0.0119$$

$$\therefore \operatorname{var}(Z)={}^{2}\bar{A}_{30:\overline{20|}}^{1}-(\bar{A}_{30:\overline{20|}}^{1})^{2}=0.0119-0.0238^{2} \approx 0.0113$$

**例 6.9** 某人 45 岁时向一家保险公司购买了 15 年期两全保险,保险金额为 100 000 元,在死亡或期满时立刻支付。以 CL1(2010—2013)2.5% 为基础,死亡服从均匀分布假设,计算其趸缴纯保险费。

**解**: 据题意,所求的趸缴纯保险费为 $100\,000\bar{A}_{45:\overline{15|}}$。

$$i=2.5\%, \delta=\ln(1+i)=\ln(1+2.5\%)$$

$$100\,000\bar{A}_{45:\overline{15|}}=100\,000\left(\frac{i}{\delta} A_{45:\overline{15|}}^{1}+A_{45:\overline{15|}}^{\ \ 1}\right)=100\,000\left(\frac{i}{\delta} \cdot \frac{M_{45}-M_{60}}{D_{45}}+\frac{D_{60}}{D_{45}}\right)$$

$$=100\,000\left(\frac{2.5\%}{\ln(1+2.5\%)} \cdot \frac{14\,422.20-12\,517.38}{31\,791.45}+\frac{20\,301.97}{31\,791.45}\right)$$

$$\approx 69\,926.04(\text{元})$$

## 6.5 人寿保险与生存年金的关系

这里,人寿保险与生存年金的关系,是指人寿保险的趸缴纯保险费与生存年金的精算现值之间的相互关系。

(1) 在死亡年度末提供保险金额的寿险与以生存为条件年给付一次的生存年金之间有如下关系:

$$A_{x}=v\ddot{a}_{x}-a_{x} \tag{6.21}$$

或

$$A_x = 1 - d\ddot{a}_x \tag{6.22}$$

因为

$$C_x = v^{x+1}d_x = v^{x+1}(l_x - l_{x+1}) = vD_x - D_{x+1}$$

$$C_{x+1} = vD_{x+1} - D_{x+2}$$

……

$$C_{x+t} = vD_{x+t} - D_{x+t+1}$$

……

将等式两边分别相加,得

$$M_x = vN_x - N_{x+1}$$

再在两边同除以 $D_x$,即

$$A_x = v\ddot{a}_x - a_x$$

进一步,有

$$\begin{aligned} A_x &= v\ddot{a}_x - a_x = v\ddot{a}_x - (\ddot{a}_x - 1) \\ &= 1 - (1-v)\ddot{a}_x = 1 - d\ddot{a}_x \end{aligned}$$

下面对 $A_x = v\ddot{a}_x - a_x$ 给予文字解释:考虑 $x$ 岁的人所进入的每年年初给付 $v$ 的生存年金和 $x$ 岁的人已度过的每年年末给付 1 的生存年金。显然,第一种年金比第二种年金多一次给付,就是在 $x$ 岁的人发生死亡那年的年初给付 $v$。因为在任何一年年初给付 $v$,等价于在那年年末给付 1,所以上述两种年金之差表示在 $x$ 岁的人发生死亡那年的年初给付 $v$。这种给付 $v$ 累积到 $x$ 岁的人死亡那年的年末的值就为 1,从而两种年金的精算现值之差就是 $x$ 岁的人在死亡年末给付 1 的精算现值,也就是 $A_x$。

类似地,对 $A_x = 1 - d\ddot{a}_x$ 做如下的解释:假设为 $x$ 岁的人的余命投资 1 元,利息率为 $i$。在任何一年的年末给付的利息 $i$,等价于在那年年初给付 $iv$ 或 $d$。这样,原始投资的 1 元便产生了以 $x$ 岁的人的余命为条件的给付 $d$ 元的期初生存年金,而且在 $x$ 岁的人死亡那年的年末返还 1 元本金。于是有关系式:

$$1 = d\ddot{a}_x + A_x \tag{6.23}$$

(2) 死亡年末提供给付的定期死亡保险或两全保险与定期生存年金有类似的关系和相似的解释,即:

$$A_{x:\overline{n}|} = v\ddot{a}_{x:\overline{n}|} - a_{x:\overline{n-1}|} \tag{6.24}$$

事实上,

$$C_x = vD_x - D_{x+1}$$

$$C_{x+1} = vD_{x+1} - D_{x+2}$$

……

$$C_{x+n-1} = vD_{x+n-1} - D_{x+n}$$

等式两边分别相加得:

$$M_x - M_{x+n} = v(N_x - N_{x+n}) - (N_{x+1} - N_{x+n+1})$$

两边同除以 $D_x$，即

$$A^{1}_{x:\overline{n}|} = v\ddot{a}_{x:\overline{n}|} - a_{x:\overline{n}|} \tag{6.25}$$

进一步有

$$\begin{aligned} A^{1}_{x:\overline{n}|} &= v\ddot{a}_{x:\overline{n}|} - a_{x:\overline{n}|} \\ &= v\ddot{a}_{x:\overline{n}|} - (\ddot{a}_{x:\overline{n}|} + {}_{n}E_{x} - 1) \\ &= 1 - d\ddot{a}_{x:\overline{n}|} - {}_{n}E_{x} \end{aligned}$$

结合关系 $A_{x:\overline{n}|} = A^{1}_{x:\overline{n}|} + {}_{n}E_{x}$ 有

$$A_{x:\overline{n}|} = 1 - d\ddot{a}_{x:\overline{n}|} \tag{6.26}$$

或者将关系 ${}_{n}E_{x} = a_{x:\overline{n}|} - a_{x:\overline{n-1}|}$ 代入关系式(6.25)中，还可得到：

$$A_{x:\overline{n}|} = v\ddot{a}_{x:\overline{n}|} - a_{x:\overline{n-1}|}$$

**例 6.10** 试证：$1 = ia_x + (1+i)A_x$。

**证明：** 在等式 $A_x = 1 - d\ddot{a}_x$ 的两边同乘以 $(1+i)$，得

$$\begin{aligned} (1+i)A_x &= (1+i) - d(1+i)\ddot{a}_x \\ &= (1+i) - i\ddot{a}_x \\ &= (1+i) - i(a_x + 1) \\ &= 1 - ia_x \end{aligned}$$

所以 $1 = ia_x + (1+i)A_x$

**例 6.11** 某年龄 $x$ 岁的人，购买了一种 $n$ 年期 $(n > t)$ 年给付额为 1 的期末确定年金。试证这种确定年金在提供了第 $t$ 次给付后的即刻年金的值可表示为如下形式：

$$Pa_{x+t} + QA_{x+t} + R\frac{1}{v^{x+t}}$$

并决定 $P$、$Q$ 和 $R$ 的值，且它们均与 $t$ 和生命表无关。

**证明：** $t$ 年后即刻的确定年金值，就是所剩给付在 $t$ 年末的现值 $a_{\overline{n-t}|}$，且

$$a_{\overline{n-t}|} = \frac{1 - v^{n-t}}{i}$$

根据上例的结论，有 $1 = ia_{x+t} + (1+i)A_{x+t}$，从而

$$1 - v^{n-t} = ia_{x+t} + (1+i)A_{x+t} - v^{n-t}$$

$$\begin{aligned} a_{\overline{n-t}|} &= a_{x+t} + \frac{1+i}{i} \cdot A_{x+t} - \frac{v^{n-t}}{i} \\ &= a_{x+t} + \frac{1+i}{i} \cdot A_{x+t} + \left(-\frac{v^{x+n}}{i}\right) \cdot \frac{1}{v^{x+t}} \end{aligned}$$

也就是年金值可以表示为：

$$a_{x+t} + \frac{1+i}{i} \cdot A_{x+t} + \left(-\frac{v^{x+n}}{i}\right) \cdot \frac{1}{v^{x+t}}$$

由此得

$$P = 1, Q = \frac{1+i}{i} = \frac{1}{d}, R = -\frac{v^{x+n}}{i}。$$

它们均与 $t$ 和生命表无关。

(3) 考察在死亡发生所在$\frac{1}{m}$年的年末提供给付的寿险与以生存为条件年给付 $m$ 次的生存年金的关系。

$A_x^{(m)}$ 和 $\ddot{a}_x^{(m)}$ 具有如下关系：

$$A_x^{(m)} = 1 - d^{(m)}\ddot{a}_x^{(m)} \tag{6.27}$$

或

$$1 = d^{(m)}\ddot{a}_x^{(m)} + A_x^{(m)} \tag{6.28}$$

事实上，

$$\begin{aligned} d^{(m)}\ddot{a}_x^{(m)}[WB] &= d^{(m)} \cdot \frac{1}{m}\sum_{t=0}^{\infty} v^{\frac{t}{m}} \cdot \frac{l_{x+\frac{t}{m}}}{l_x} \\ &= (1 - v^{\frac{1}{m}}) \cdot \sum_{t=0}^{\infty} v^{\frac{t}{m}} \cdot \frac{l_{x+\frac{t}{m}}}{l_x} \\ &= \sum_{t=0}^{\infty} v^{\frac{t}{m}} \cdot \frac{l_{x+\frac{t}{m}}}{l_x} - \sum_{t=0}^{\infty} v^{\frac{t+1}{m}} \cdot \frac{l_{x+\frac{t}{m}}}{l_x} \end{aligned}$$

然而

$$A_x^{(m)} = \sum_{t=0}^{\infty} v^{\frac{t+1}{m}} \cdot \frac{l_{x+\frac{t}{m}}}{l_x} - \sum_{t=0}^{\infty} v^{\frac{t+1}{m}} \cdot \frac{l_{x+\frac{t+1}{m}}}{l_x}$$

所以

$$A^{(m)} + d^{(m)} \cdot \ddot{a}_x^{(m)} = \sum_{t=0}^{\infty} v^{\frac{t}{m}} \cdot \frac{l_{x+\frac{t}{m}}}{l_x} - \sum_{t=0}^{\infty} v^{\frac{t+1}{m}} \cdot \frac{l_{x+\frac{t+1}{m}}}{l_x} = 1$$

同理，可以得到 $A_{x:\overline{n}|}^{(m)}$ 和 $\ddot{a}_{x:\overline{n}|}^{(m)}$ 有如下关系：

$$1 = d^{(m)}\ddot{a}_{x:\overline{n}|}^{(m)} + A_{x:\overline{n}|}^{(m)} \tag{6.29}$$

然而

$$\begin{aligned} {}_{n|}\ddot{a}_x^{(m)} &= \ddot{a}_x^{(m)} - \ddot{a}_{x:\overline{n}|}^{(m)} \\ &= \frac{1 - A_x^{(m)}}{d^{(m)}} - \frac{1 - A_{x:\overline{n}|}^{(m)}}{d^{(m)}} \end{aligned}$$

所以

$$d^{(m)}\,{}_{n|}\ddot{a}_x^{(m)} = -(A_x^{(m)} - A_{x:\overline{n}|}^{(m)})$$

$${}_nE_x = d^{(m)}\,{}_{n|}\ddot{a}_x^{(m)} + {}_{n|}A_x^{(m)} \tag{6.30}$$

(4) 在死亡发生即刻提供给付的寿险与以生存为条件连续地提供给付的生存年金，同样存在着与前述相似的关系。不仅如此，这些关系还得借助于前述关系获得。具体地，在关系式(6.28)及(6.29)中，令 $m \to \infty$，便得：

$$1 = \delta\bar{a}_x + \bar{A}_x \tag{6.31}$$

$$1 = \delta\bar{a}_{x:\overline{n}|} + \bar{A}_{x:\overline{n}|} \tag{6.32}$$

## 6.6 变动保险金额的寿险

前几节讨论的保险有一个明显的特点:不论死亡发生于何年何月,保险的给付额都是一个固定的水平金额。鉴于此,通常将这类保险统称为水平保险金额保险。但是,研究寿险仅限于水平保险金额寿险,还不能满足实际的需要。接下来将讨论死亡发生于不同年度,其给付额有所不同的保险。像这样的一类保险,称为变动保险金额保险。

### 6.6.1 在死亡发生年度末提供保险金额的变动寿险

(1) 递增终身寿险

假设保单签发年龄为 $x$ 岁,被保险人在第一个保险年度发生死亡,在该年年末提供保险金额1元;被保险人在第二个保险年度发生死亡,在该年年末提供保险金额2元;往后的每一年,死亡保险金额按公差1递增,直至被保险人的终极年龄。这种保险在 $x$ 岁的趸缴纯保险费记作 $(IA)_x$,它可按如下方式决定:

$$\begin{aligned}(IA)_x &= E(b_{K+1}v^{K+1}) = E[(K+1)v^{K+1}] \\ &= \sum_{k=0}^{\infty}(k+1)v^{k+1}{}_kp_xq_{x+k} \\ &= \frac{1}{l_x}\sum_{k=0}^{\infty}(k+1)v^{k+1}d_{x+k} \end{aligned} \tag{6.33}$$

定义替换函数:

$$R_x = M_x + M_{x+1} + \cdots = \sum_{k=0}^{\infty}(k+1)C_{x+k} \tag{6.34}$$

从而

$$(IA)_x = \frac{1}{v^x l_x}\sum_{k=0}^{\infty}(k+1)v^{x+k+1}d_{x+k} = \frac{R_x}{D_x} \tag{6.35}$$

(2) 递增定期寿险

其余条件与上述递增终身保险的条件相同,只是死亡发生在第 $n$ 年以后,此时,保单概不作任何保险金额支出。这样的保险称为 $n$ 年递增定期保险。其在 $x$ 岁的趸缴纯保险费记作 $(IA)^1_{x:\overline{n|}}$。

$$\begin{aligned}(IA)^1_{x:\overline{n|}} &= E(b_{K+1}v^{K+1}) = \sum_{k=0}^{n-1}(k+1)v^{k+1}{}_kp_xq_{x+k} \\ &= \frac{1}{D_x}\sum_{k=0}^{n-1}(k+1)C_{x+k} = \frac{R_x - R_{x+n} - nM_{x+n}}{D_x}\end{aligned} \tag{6.36}$$

(3) 递增水平终身寿险

在 $x$ 岁签发的某种保单规定:若被保险人在第一个保险年度死亡,则在该年年末给付保险金额1元;在第二个保险年度死亡,在该年年末给付保险金额2元…… 在第 $n$ 个保险年度死亡,在该年年末给付保险金额 $n$ 元;以后年度被保险人死亡,其给付额均于死亡发生年度的年末提供保险金额 $n$ 元。这种保险称为 $n$ 年递增水平终身寿险。其在 $x$ 岁的趸缴纯保险费,用

特定的符号$(I_{\overline{n|}}A)_x$表示。

$$(I_{\overline{n|}}A)_x = \mathrm{E}(b_{K+1}v^{K+1}) = \mathrm{E}((K+1)v^{K+1}) + \mathrm{E}(nv^{K+1})$$
$$= \sum_{k=0}^{n-1}(k+1)v^{k+1}{}_kp_xq_{x+k} + \sum_{k=n}^{\infty}nv^{k+1}{}_kp_xq_{x+k}$$
$$= \frac{R_x - R_{x+n} - nM_{x+n}}{D_x} + \frac{nM_{x+n}}{D_x} = \frac{R_x - R_{x+n}}{D_x} \qquad (6.37)$$

(4) 递减定期寿险

假定某种保单在$x$岁签发,保险期限为$n$年,被保险人在第一个保险年度发生死亡,在该年年末的保险金额为$n$元;被保险人在第二个保险年度发生死亡,在第二年年末的保险金额为$n-1$元……被保险人在第$n$个保险年度发生死亡,在第$n$年年末的保险金额为1元。被保险人在以后任何一年发生死亡,保险金额均为0元。像这样的寿险被称为递减定期寿险。其在$x$岁的趸缴纯保险费记作$(DA)^{1}_{x:\overline{n|}}$,而且它决定于:

$$(DA)^{1}_{x:\overline{n|}} = \mathrm{E}(b_{K+1}v^{K+1}) = \sum_{k=0}^{n-1}(n-k)v^{k+1}{}_kp_xq_{x+k}$$
$$= \frac{1}{D_x}\sum_{k=0}^{n-1}(n-k)C_{x+k} = \frac{nM_x - (R_{x+1} - R_{x+n+1})}{D_x} \qquad (6.38)$$

**例6.12** 某被保险人在35岁时投保了终身死亡保险。该保单规定,如果被保险人在第$n$年死亡,则在死亡的年末给付$(1.02)^n(n=1,2,\cdots)$。已知保单预定利息率为2.5%,求这些条件下投保人在35岁的趸缴纯保险费(用替换函数表示结果)。

**解**:设所求趸缴纯保险费为$NSP$元,则

$$NSP = \mathrm{E}(b_{K+1}v^{K+1}) = \sum_{k=0}^{\infty}(1.02)^{k+1}v_i^{k+1}{}_kp_{35}q_{35+k}$$
$$= \sum_{k=0}^{\infty}\left(\frac{1.02}{1.025}\right)^{k+1}{}_kp_{35}q_{35+k} = \sum_{k=0}^{\infty}\left(\frac{1}{1+j}\right)^{k+1}{}_kp_{35}q_{35+k} \quad (\text{式中}\frac{1}{1+j} = \frac{1.02}{1.025})$$
$$= \sum_{k=0}^{\infty}v_j^{k+1}{}_kp_{35}q_{35+k} = A'_{35} = \frac{M'_{35}}{D'_{35}}$$

这里,$M'_{35}$和$D'_{35}$是在利息率$j$条件下的替换函数,亦即

$$D'_{35} = v_j^{35}l_{35}$$
$$M'_{35} = \sum_{k=0}^{\infty}C'_{35+k} = \sum_{k=0}^{\infty}v_j^{36+k+1}d_{35+k}$$

**例6.13** 如果某种寿险约定,被保险人在第一年的死亡保险金额为$h$,以后死亡保险金额每年递增$k$,死亡保险金额在死亡的年末兑现,那么$x$岁的被保险人签发的递增寿险的趸缴纯保险费是$\frac{hM_x + kR_{x+1}}{D_x}$。

**解**:依题意,趸缴纯保险费为

$$hA_x + k_{1|}A_x + k_{2|}A_x + \cdots = h\cdot\frac{M_x}{D_x} + k\cdot\frac{M_{x+1} + M_{x+2} + \cdots}{D_x}$$
$$= (hM_x + kR_{x+1})/D_x$$

寿险精算

**例6.14** 在45岁签发的某种保单，提供下列死亡保险金额，死亡保险金额在死亡的年末兑现。

| 年份 | 1 | 2 | 3 | 4 | 5 | 6 | 7 | 8 | 9 | 10 | — |
|---|---|---|---|---|---|---|---|---|---|---|---|
| 金额 | 1 000 | 1 200 | 1 400 | 1 600 | 1 800 | 2 000 | 1 500 | 1 000 | 500 | 0 | — |

试求这种保单的趸缴纯保险费。以CL1(2010—2013)2.5%为计算基础。

**解**：上述死亡给付额可以修正如下：

| 年份 | 1 | 2 | 3 | 4 | 5 | 6 | 7 | 8 | 9 | 10 | — |
|---|---|---|---|---|---|---|---|---|---|---|---|
| 金额 | 1 000 | 1 200 | 1 400 | 1 600 | 1 800 | 2 000 | 2 200<br>-700 | 2 400<br>-1 400 | 2 600<br>-2 100 | 2 800<br>-2 800 | — |

设所求趸缴纯保险费为 $NSP$ 元，那么

$$NSP = 1\ 000A^{1}_{45:\overline{10}|} + 200\ {}_{1}E_{45}(IA)^{1}_{46:\overline{9}|} - 700\ {}_{6}E_{45}(IA)^{1}_{51:\overline{4}|}$$

$$= \frac{1\ 000M_{45} + 200R_{46} + 500R_{55} - 700R_{51}}{D_{45}} \approx 40.31(\text{元})$$

### 6.6.2 在死亡后立刻提供保险金额的变动寿险

以下的讨论顺序完全平行于6.6.1的顺序，而且关于保险的约定等其他条件均相同，只是死亡给付于死亡后才立刻兑现。

(1) 递增终身寿险

趸缴纯保险费记作 $(I\bar{A})_x$，于是

$$(I\bar{A})_x = \mathrm{E}(([T]+1)v^T)$$

$$= \int_0^{\infty}([t]+1)v^t\,{}_tp_x\,\mu_{x+t}\mathrm{d}t = \sum_{k=0}^{+\infty}\int_k^{k+1}(k+1)v^t\,{}_tp_x\,\mu_{x+t}\mathrm{d}t$$

因为

$$\bar{C}_x = \int_0^1 v^{x+t}l_{x+t}\mu_{x+t}\mathrm{d}t = \int_0^1 D_{x+t}\mu_{x+t}\mathrm{d}t \tag{6.39}$$

$$\bar{M}_x = \sum_{y=x}^{\infty}\bar{C}_y = \int_x^{\infty}D_y\mu_y\mathrm{d}y \tag{6.40}$$

定义

$$\bar{R}_x = \sum_{y=x}^{\infty}\bar{M}_y \tag{6.41}$$

所以

$$(I\bar{A})_x = \frac{\bar{R}_x}{D_x} \tag{6.42}$$

$(I\bar{A})_x$ 也可以按下列方式得到：

$$(I\bar{A})_x = \bar{A}_x + {}_{1|}\bar{A}_x + {}_{2|}\bar{A}_x + \cdots$$

$$= \frac{\bar{M}_x}{D_x} + \frac{\bar{M}_{x+1}}{D_x} + \frac{\bar{M}_{x+2}}{D_x} + \cdots = \frac{\bar{R}_x}{D_x}$$

(2) 递增定期寿险

$n$ 年递增定期保险趸缴纯保险费记作$(I\bar{A})^{1}_{x:\overline{n}|}$,有:

$$(I\bar{A})^{1}_{x:\overline{n}|}=\int_{0}^{n}([t]+1)v^{t}{}_{t}p_{x}\mu_{x+t}\mathrm{d}t=\frac{\bar{R}_{x}-\bar{R}_{x+n}-n\bar{M}_{x+n}}{D_{x}} \tag{6.43}$$

或者

$$\begin{aligned}(I\bar{A})^{1}_{x:\overline{n}|}&=\bar{A}^{1}_{x:\overline{n}|}+{}_{1|}\bar{A}^{1}_{x:\overline{n-1}|}+\cdots+{}_{n-1|}\bar{A}^{1}_{x:\overline{1}|}\\&=\frac{\bar{M}_{x}-\bar{M}_{x+n}}{D_{x}}+\frac{\bar{M}_{x+1}-\bar{M}_{x+n}}{D_{x}}+\cdots+\frac{\bar{M}_{x+n-1}-\bar{M}_{x+n}}{D_{x}}\\&=\frac{\bar{R}_{x}-\bar{R}_{x+n}-n\bar{M}_{x+n}}{D_{x}}\end{aligned}$$

(3) 递增水平终身寿险

$n$ 年递增水平终身寿险的趸缴纯保险费记作$(I_{\overline{n}|}\bar{A})_{x}$,有:

$$\begin{aligned}(I_{\overline{n}|}\bar{A})_{x}&=\int_{0}^{n}([t]+1)v^{t}{}_{t}p_{x}\mu_{x+t}\mathrm{d}t+\int_{n}^{\infty}nv^{t}{}_{t}p_{x}\mu_{x+t}\mathrm{d}t\\&=\frac{\bar{R}_{x}-\bar{R}_{x+n}}{D_{x}}\end{aligned} \tag{6.44}$$

或者

$$\begin{aligned}(I_{\overline{n}|}\bar{A})_{x}[WB]&=\bar{A}_{x}+{}_{1|}\bar{A}_{x}+\cdots+{}_{n-1|}\bar{A}_{x}\\&=\frac{\bar{M}_{x}}{D_{x}}+\frac{\bar{M}_{x+1}}{D_{x}}+\cdots+\frac{\bar{M}_{x+n-1}}{D_{x}}=\frac{\bar{R}_{x}-\bar{R}_{x+n}}{D_{x}}\end{aligned}$$

(4) 递减定期寿险

$n$ 年递减定期保险的趸缴纯保险费记作$(D\bar{A})^{1}_{x:\overline{n}|}$,有:

$$\begin{aligned}(D\bar{A})^{1}_{x:\overline{n}|}&=\int_{0}^{n}(n-[t])v^{t}{}_{t}p_{x}\mu_{x+t}\mathrm{d}t\\&=\frac{n\bar{M}_{x}-(\bar{R}_{x+1}-\bar{R}_{x+n+1})}{D_{x}}\end{aligned} \tag{6.45}$$

或者

$$\begin{aligned}(D\bar{A})^{1}_{x:\overline{n}|}&=\bar{A}^{1}_{x:\overline{n}|}+\bar{A}^{1}_{x:\overline{n-1}|}+\cdots+\bar{A}^{1}_{x:\overline{1}|}\\&=\frac{n\bar{M}_{x}-(\bar{R}_{x+1}-\bar{R}_{x+n+1})}{D_{x}}\end{aligned}$$

**例 6.15** 某种在 0 岁签发的保单,在死亡后立刻提供下列保险金额:

| 年龄 | 死亡保险金额 |
|---|---|
| 0 | 100 |
| 1 | 200 |
| 2 | 400 |
| 3 | 600 |
| 4 | 800 |
| 5~20 | 1 000 |
| 21 以上 | 5 000 |

试写出用替换函数表达的这种保单在 0 岁的趸缴纯保险费。

**解**：设所求趸缴纯保险费为 $NSP$ 元，则

$$NSP = 100[(I\bar{A})^{1}_{0:\overline{6}|} + {}_{2|}(I\bar{A})^{1}_{0:\overline{4}|} + 10\ {}_{6|}\bar{A}_0 + 40\ {}_{21|}\bar{A}_0]$$

$$= 100[\frac{\bar{R}_0 - \bar{R}_6 - 6\bar{M}_6}{D_0} + \frac{\bar{R}_2 - \bar{R}_6 - 4\bar{R}_6}{D_0} + 10 \cdot \frac{\bar{M}_6}{D_0} + 40 \cdot \frac{\bar{M}_{21}}{D_0}]$$

$$= \frac{100}{D_0}(\bar{R}_0 + \bar{R}_2 - 2\bar{R}_6 + 40\bar{M}_{21})$$

第五章、第六章中出现了很多的换算函数，为便于记忆，总结如下：

与死亡相关的有：

$$C_x = v^{x+1}d_x$$

$$M_x = C_x + C_{x+1} + C_{x+2} + \cdots\cdots$$

$$R_x = M_x + M_{x+1} + M_{x+2} + \cdots\cdots$$

与生存相关的有：

$$D_x = v^x l_x$$

$$N_x = D_x + D_{x+1} + D_{x+2} + \cdots\cdots$$

$$S_x = N_x + N_{x+1} + N_{x+2} + \cdots\cdots$$

## 习题 6

6－1　判断下列式子的正误，并改正错误。

(1) $A_{x:\overline{n}|} = v\ddot{a}_{x:\overline{n}|} - a_{x:\overline{n}|}$；

(2) $A_x = v + v(a_x - 1)$；

(3) $A^{1}_{x:\overline{n}|} = 1 - d\ddot{a}_x$；

(4) $(IA)_x = v(Ia)_x - (I\ddot{a})_x$；

(5) $d(I\ddot{a})_x = \ddot{a}_x - (IA)_x$。

6－2　假设 $a_x = 15.5$，$A_x = 0.25$，求利息率 $i$ 的值。

6－3　50 岁的人投保保险金额 10 000 元的终身死亡保险，设年利息力为常数 0.06，死亡服从 $\mu_x = \frac{1}{\omega - x}(\omega = 100)$，假设保险金于死亡的年末支付。求保险金额在保单生效时的精算现值。

6－4　现年 30 岁的人，趸缴纯保险费 10 000 元，购买一张 10 年定期寿险保单，保险金于被保险人死亡时所处保单年度末支付，试求该保单的保险金额。

6－5　年龄为 30 岁的人，以现金 10 000 元购买一张寿险保单。保单规定：被保险人如果在 5 年内死亡，则在其死亡的年末给付金额 30 000 元；如在 5 年后死亡，则在其死亡的年末给付金额 $R$ 元。试求 $R$ 值。

6－6　已知 $vp_{76} = 0.9$，$A_{76} = 0.8$，$i = 0.05$，求 $A_{77}$。

6－7　已知 $A_{30} = 0.35$，$A_{45} = 0.5$，$A_{30:\overline{15}|} = 0.65$，求 $A^{1}_{30:\overline{15}|}$、$A_{30:\overline{15}|}^{\ \ \ \ 1}$。

6－8 设某30岁的人购买一份寿险保单，该保单规定：若被保险人在第一个保单年度内死亡，则在其死亡的保单年度末给付5 000元，此后死亡则保险金额每年增加1 000元。求此递增终身寿险的趸缴纯保险费。

6－9 某被保险人50岁时投保了终身寿险，保单规定：被保险人在第一年死亡，则第一年末给付10 000元，以后每多活一年后死亡，给付额增加30 000元，达到160 000元时，又以每多活一年给付额减少40 000元的方式递减，当给付额降至40 000元时则保持不变。用替换函数写出这一保单的趸缴纯保险费。

6－10 设$A_{30}=0.25$，$A_{50}=0.40$，$A_{30:\overline{20|}}=0.55$，求$A^{1}_{30:\overline{20|}}$和$A_{30:\overset{\,1}{\overline{20|}}}$。

6－11 证明：$A_x=vq_x+vp_xA_{x+1}$，并说明其意义。

6－12 试比较$A_x$、$A_x^{(m)}$和$\bar{A}_x$的大小。

6－13 如果$x$岁的人的剩余寿命$T$的概率密度函数为：

$$g(t)=\begin{cases}\dfrac{1}{80} & (0<t<80)\\ 0 & (\text{其他})\end{cases}$$

且已知常数息力$\delta=0.06$，求$x$岁时购买1单位终身死亡保险的趸缴纯保险费和1单位给付额现值函数的三阶矩。

6－14 证明：$p_x=\dfrac{1-(1+i)A_x}{1-A_{x+1}}$。

6－15 证明：$\dfrac{\mathrm{d}}{\mathrm{d}x}\bar{A}_x=-\mu_x+(\delta+\mu_x)\bar{A}_x$。

# 7 年缴纯保险费

本书第五章和第六章重点介绍了生存年金和死亡保险各基本险别的精算现值和趸缴纯保险费的计算原理和方法。然而，在实际中，要求投保人都采取一次缴清保险费，即用趸缴保险费方式购买人寿保险，往往会因保险费的数额较大而使一般的投保人难以负担。考虑到这种情况，在缴费方式上，保险人更多地要求投保人由趸缴保险费改为分期缴费，且使每期所缴的保险费相同。研究这样的分期缴纳的保险费的计算，便是本章的主要内容。由于分期缴费的每期保险费形成了一种从保单签单之日起生效的生存年金，所以分期缴纳纯保险费的计算，必然要联系到生存年金的精算现值和人寿保险尤其是死亡保险的趸缴纯保险费。

本章将要讨论的年缴纯保险费，类似于对年金的讨论，并且不局限于只按一年缴付一次的方式。它可以按季度一次、按月一次等方式缴付。此外，年缴纯保险费可以在保险期限内按年、按季或按月等方式缴付，也可以限定在保险期限内的若干年、若干季或若干月内缴清。特别地，对于后一种情形，即缴费年限比保险期限短的保险，称作限期缴费保险。

## 7.1 年缴纯保险费计算的一般原理

在寿险中，当不考虑费用及其他因素时，保险人的损益可以表示为：

$$L = Z - X \tag{7.1}$$

上式中：$L$ 表示保险人在签单生效之日的损益；$Z$ 表示保险人未来给付额的现值；$X$ 表示投保人或被保险人缴纳的纯保险费的现值。

$L$ 有三种可能结果：$L > 0$ 时，$Z > X$；$L < 0$ 时，$Z < X$；$L = 0$ 时，$Z = X$。相应地，$L > 0$ 表示保险人发生损失，保险费不足以抵补未来的给付额；$L < 0$ 表示保险人有结余，可能以加重投保人或被保险人的负担为代价；$L = 0$ 表示保险人收取的纯保险费恰好可以满足保险金的给付。但是，在基本关系 $L = Z - X$ 中，$Z$ 和 $X$ 都是随机变量，从而 $L$ 也是一个随机变量。$L = 0$ 时的情形，是偶然的或相对的。大多数情况下，$L \neq 0$。究竟是 $L > 0$ 还是 $L < 0$，保险人很难在签单之时确切地判定。因此，在同时考虑到保险双方各自的利益之后，保险人只能使预期的损失为零，用数学关系表达即为：

$$E(L) = 0 \tag{7.2}$$

代入(7.1)式可得:

$$E(Z) = E(X) \tag{7.3}$$

下面对 $E(Z)$ 和 $E(X)$ 作进一步的分析。

当保险人未来的给付额以死亡或生存为条件,并且一次性缴付时,$E(Z)$ 表示死亡保险或纯生存保险的趸缴纯保险费;当这种给付额以生存为条件,每隔一定时期支付一次时,$E(Z)$ 表示年金保险的精算现值。当投保人或被保险人一次缴清保险费时,$E(X)$ 即为趸缴纯保险费;以分期方式缴费时,$E(X)$ 代表以缴纳的纯保险费为金额的生存年金的精算现值。此时,令 $P$ 代表分期缴付的纯保险费,$Y$ 代表投保人或被保险人缴付的单位纯保险费的现值,那么,

$$E(Z) = E(X) = E(PY) = PE(Y)$$

$$P = \frac{E(Z)}{E(Y)} \tag{7.4}$$

通过这些分析,年缴纯保险费的计算,就转化为分别计算 $E(Z)$ 和 $E(Y)$ 的值,然后再求两者的比值。

## 7.2 年缴费一次的纯保险费的计算

### 7.2.1 年缴费一次的人寿保险的纯保险费

为便于论述,约定将讨论的寿险:签单年龄是 $x$ 岁,保险金额为 1 元,年缴纯保险费为均衡纯保险费,且预定利息率已知。

1. 每年年初缴费、于死亡年底提供保险金额的人寿保险

(1) 终身缴费的终身保险

终身缴费的终身保险通常又称为普通保险,其年缴纯保险费记作 $P_x$。根据 $P = \frac{E(Z)}{E(Y)}$ 不难获得

$$P_x = \frac{A_x}{\ddot{a}_x} = \frac{M_x}{N_x} \tag{7.5}$$

(2) $n$ 年缴费的 $n$ 年定期保险

像这种缴费期间与保险期间一致的保险,可以用保险期间简称这种保险。$n$ 年缴费的 $n$ 年定期保险,简称为 $n$ 年定期保险。其年缴纯保险费记作 $P^1_{x:\overline{n|}}$,有:

$$P^1_{x:\overline{n|}} = \frac{E(Z)}{E(Y)} = \frac{A^1_{x:\overline{n|}}}{\ddot{a}_{x:\overline{n|}}} = \frac{M_x - M_{x+n}}{N_x - N_{x+n}} \tag{7.6}$$

(3) $n$ 年缴费的 $n$ 年两全保险

这种保险简称 $n$ 年两全保险。其年缴纯保险费记作 $P_{x:\overline{n|}}$,有:

$$P_{x:\overline{n|}} = \frac{E(Z)}{E(Y)} = \frac{A_{x:\overline{n|}}}{\ddot{a}_{x:\overline{n|}}} = \frac{M_x - M_{x+n} + D_{x+n}}{N_x - N_{x+n}} \tag{7.7}$$

(4)$h$ 年限期缴费的终身保险

这种保险的年缴纯保险费记作${}_hP_x$,有:

$$ {}_hP_x = \frac{\mathrm{E}(Z)}{\mathrm{E}(Y)} = \frac{A_x}{\ddot{a}_{x:\overline{h}|}} = \frac{M_x}{N_x - N_{x+h}} \tag{7.8} $$

(5)$h$ 年限期缴费的两全保险($h \leqslant n$)

这种保险的年缴纯保险费记作${}_hP_{x:\overline{n}|}$,有:

$$ {}_hP_{x:\overline{n}|} = \frac{\mathrm{E}(Z)}{\mathrm{E}(Y)} = \frac{A_{x:\overline{n}|}}{\ddot{a}_{x:\overline{h}|}} = \frac{M_x - M_{x+n} + D_{x+n}}{N_x - N_{x+h}} \tag{7.9} $$

**例 7.1** 证明:$P_x = \dfrac{vq_x + P_{x+1}a_x}{\ddot{a}_x}$。

**证明:** 因为 $P_x\ddot{a}_x = A_x$,所以只需要证明 $vq_x + P_{x+1}a_x$ 等于 $A_x$ 即可。事实上,

$$ vq_x + P_{x+1}a_x = v \cdot \frac{d_x}{l_x} + \frac{M_{x+1}}{N_{x+1}} \cdot \frac{N_{x+1}}{D_x} = v \cdot \frac{d_x}{l_x} + \frac{M_{x+1}}{D_x} $$

$$ = \frac{v^{x+1}d_x}{v^x l_x} + \frac{M_{x+1}}{D_x} = \frac{C_x + M_{x+1}}{D_x} = \frac{M_x}{D_x} $$

**例 7.2** 如果${}_{k|}q_x = (\frac{1}{19}) \cdot (0.95)^{K+1} (K = 0,1,2,\cdots)$,且$i = 0.06$,那么 $P_x$ 为多少?

**解:** 由于 $P_x = A_x/\ddot{a}_x$,所以首先分别求 $A_x$ 和 $\ddot{a}_x$。

$$ A_x = \mathrm{E}(Z) = \sum_{k=0}^{\infty} v^{k+1}\mathrm{P}(K = k) = \sum_{k=0}^{\infty} v^{k+1}{}_{k|}q_x $$

$$ = \sum_{k=0}^{\infty} (\frac{1}{19}) \cdot (1.06)^{-(k+1)} \cdot (0.95)^{k+1} = \frac{5}{11} $$

根据关系 $A_x = 1 - d\ddot{a}_x$,可得:

$$ \ddot{a}_x = \frac{1 - A_x}{d} = \frac{1 - \frac{5}{11}}{\frac{0.06}{1.06}} = \frac{106}{11} $$

故

$$ P_x = \frac{A_x}{\ddot{a}_x} = \frac{5}{106} \approx 0.047\ 2 $$

**例 7.3** 某 $x$ 岁的人购买一种特别的三年期定期寿险,如果死亡发生在前两年,则能获得 100 000 元的保险金,如果第三年死亡,则能获得 500 000 元的保险金。死亡保险金在死亡所在年末给付。每年初缴纳均衡保险费。某终极表中有 $q_x = 0.1, q_{x+1} = 0.2, q_{x+2} = 0.3$。选择期为两年,$q_{[x]+k} = 0.9^{2-k}q_{x+k}, k = 0,1$。$i = 5\%$,计算均衡纯保险费。

**解:** 先计算出所需死亡概率。

$q_{[x]} = 0.9^2(0.1) = 0.081, q_{[x]+1} = 0.9(0.2) = 0.18, q_{x+2} = 0.3, p_{[x]} = 0.919,$

${}_2p_{[x]} = 0.919(0.82) = 0.753\ 58$

该特殊定期寿险的精算现值为

$$\frac{100\ 000(0.081)}{1.05}+\frac{100\ 000(0.919)(0.18)}{1.05^2}+\frac{500\ 000(0.753\ 58)(0.3)}{1.05^3}$$

$$\approx 7\ 714.29+15\ 004.08+97\ 645.61=120\ 363.98(\text{元})$$

单位年缴保险费的精算现值为

$$1+\frac{0.919}{1.05}+\frac{0.753\ 58}{1.05^2}=2.558\ 76(\text{元})$$

则年缴纯保险费为$\frac{120\ 363.98}{2.558\ 76}=47\ 039.96(\text{元})$

**例 7.4** 已知 $A_x=0.6$，${}_{n|}A_x=0.4$，$P_x=0.1$，$P_{x+n}=0.2$，计算 $P^1_{x:\overline{n}|}$。

**解**：$\because P^1_{x:\overline{n}|}=\frac{A^1_{x:\overline{n}|}}{\ddot{a}_{x:\overline{n}|}}$，

$$A^1_{x:\overline{n}|}=A_x-{}_{n|}A_x=0.6-0.4=0.2$$

$$P_{x+n}=\frac{A_{x+n}}{\ddot{a}_{x+n}}=\frac{{}_{n|}A_x/{}_nE_x}{{}_{n|}\ddot{a}_x/{}_nE_x}=\frac{{}_{n|}A_x}{{}_{n|}\ddot{a}_x}$$

$$\therefore \ddot{a}_{x:\overline{n}|}=\ddot{a}_x-{}_{n|}\ddot{a}_x=\frac{A_x}{P_x}-\frac{{}_{n|}A_x}{P_{x+n}}=4$$

$$P^1_{x:\overline{n}|}=\frac{A^1_{x:\overline{n}|}}{\ddot{a}_{x:\overline{n}|}}=\frac{0.2}{4}=0.05$$

**例 7.5** 对于一个标准的年龄为50岁的被保险人，其购买保险金额为1元的终身寿险所需的趸缴纯保险费为0.4元，$q_{50}=0.01$。现在有一名50岁的保险需求者，你认为他在第一年的死亡风险会更高，即 $q_x=0.05$，他在其他年龄段的死亡率与标准被保险人相同。已知 $i=0.05$，保险费在年初缴纳，求这名需求者购买此终身寿险的年缴纯保险费是多少？

**解**：使用递推公式可得

$$0.4=\frac{0.01}{1.05}+\frac{0.99A_{51}}{1.05}$$

$$A_{51}=\frac{1.05(0.4)-0.01}{0.99}=\frac{0.41}{0.99}$$

令 $\tilde{A}_{50}$ 表示此需求者的趸缴纯保险费，则

$$\tilde{A}_{50}=\frac{0.05+0.95A_{51}}{1.05}=0.422\ 318(\text{元})$$

于是，所求的年缴纯保险费为

$$\tilde{P}_{50}=\frac{d\tilde{A}_{50}}{1-\tilde{A}_{50}}=0.034\ 812(\text{元})$$

2. 每年年初缴费，于死亡后立即提供保险金额的人寿保险

(1) 终身缴费的终身保险。其年缴纯保险费记作 $P(\bar{A}_x)$，且

$$P(\bar{A}_x)=\frac{\bar{A}_x}{\ddot{a}_x}=\frac{\bar{M}_x}{N_x} \tag{7.10}$$

(2) $n$ 年缴费的 $n$ 年定期保险。其年缴纯保险费记作$P(\bar{A}^1_{x:\overline{n}|})$，且

$$P(\bar{A}^1_{x:\overline{n}|}) = \frac{\bar{A}^1_{x:\overline{n}|}}{\ddot{a}_{x:\overline{n}|}} = \frac{\bar{M}_x - \bar{M}_{x+n}}{N_x - N_{x+n}} \tag{7.11}$$

(3) $n$ 年缴费的 $n$ 年两全保险。其年缴纯保险费记作$\bar{P}(A_{x:\overline{n}|})$，且

$$\bar{P}(A_{x:\overline{n}|}) = \frac{\bar{A}_{x:\overline{n}|}}{\ddot{a}_{x:\overline{n}|}} = \frac{\bar{M}_x - \bar{M}_{x+n} + D_{x+n}}{N_x - N_{x+n}} \tag{7.12}$$

(4) $h$ 年限期缴费的终身保险。其年缴纯保险费记作${}_hP(\bar{A}_x)$，且

$${}_hP(\bar{A}_x) = \frac{\bar{A}_x}{\ddot{a}_{x:\overline{h}|}} = \frac{\bar{M}_x}{N_x - N_{x+h}} \tag{7.13}$$

(5) $h$ 年限期缴费的两全保险。其年缴纯保险费记作${}_hP(\bar{A}_{x:\overline{n}|})$，且

$${}_hP(\bar{A}_{x:\overline{n}|}) = \frac{\bar{A}_{x:\overline{n}|}}{\ddot{a}_{x:\overline{h}|}} = \frac{\bar{M}_x - \bar{M}_{x+n} + D_{x+n}}{N_x - N_{x+h}} \tag{7.14}$$

**例 7.6**　已知 $P(\bar{A}_{40:\overline{20}|}) = 0.040$，${}_{20}P(\bar{A}_{40}) = 0.030$ 及 $\bar{A}_{60} = 0.600$，求 $P(\bar{A}^1_{40:\overline{20}|})$ 的值。

**解**：联立下列关系式

$$\begin{cases}\bar{A}_{40} = \bar{A}^1_{40:\overline{20}|} + {}_{20}E_{40} \cdot \bar{A}_{60} \\ \bar{A}_{40:\overline{20}|} = \bar{A}^1_{40:\overline{20}|} + {}_{20}E_{40}\end{cases}$$

由此得

$$\bar{A}^1_{40:\overline{20}|} = \frac{\bar{A}_{40} - \bar{A}_{40:\overline{20}|} \cdot \bar{A}_{60}}{1 - \bar{A}_{60}}$$

从而

$$\begin{aligned} P(\bar{A}^1_{40:\overline{20}|}) &= \bar{A}^1_{40:\overline{20}|} / \ddot{a}_{40:\overline{20}|} \\ &= \frac{{}_{20}P(\bar{A}_{40}) - P(\bar{A}_{40:\overline{20}|}) \cdot \bar{A}_{60}}{1 - \bar{A}_{60}} \\ &= \frac{0.030 - 0.040 \times 0.600}{1 - 0.600} = 0.015 \end{aligned}$$

3. 每年连续缴费，于死亡年末提供保险金额的人寿保险

(1) 终身缴费的终身保险。其年缴纯保险费记作 $\bar{P}(A_x)$，且

$$\bar{P}(A_x) = \frac{A_x}{\bar{a}_x} = \frac{M_x}{\bar{N}_x} \tag{7.15}$$

(2) $n$ 年缴费的 $n$ 年定期保险。其年缴纯保险费记作$\bar{P}(A^1_{x:\overline{n}|})$，且

$$\bar{P}(A^1_{x:\overline{n}|}) = \frac{A^1_{x:\overline{n}|}}{\bar{a}_{x:\overline{n}|}} = \frac{M_x - M_{x+n}}{\bar{N}_x - \bar{N}_{x+n}} \tag{7.16}$$

(3) $n$ 年缴费的 $n$ 年两全保险。其年缴纯保险费记作 $\bar{P}(A_{x:\overline{n}|})$，且

$$\bar{P}(A_{x:\overline{n}|}) = \frac{A_{x:\overline{n}|}}{\bar{a}_{x:\overline{n}|}} = \frac{M_x - M_{x+n} + D_{x+n}}{\bar{N}_x - \bar{N}_{x+n}} \tag{7.17}$$

(4) $h$ 年限期缴费的 $n$ 年两全保险。其年缴纯保险费记作${}_h\bar{P}(A_{x:\overline{n}|})$，且

$${}_h\bar{P}(A_{x:\overline{n}|}) = \frac{A_{x:\overline{n}|}}{\bar{a}_{x:\overline{h}|}} = \frac{M_x - M_{x+n} + D_{x+n}}{\bar{N}_x - \bar{N}_{x+h}} \tag{7.18}$$

4. 每年连续缴费，于死亡后立即提供保险金额的人寿保险

(1) 终身缴费的终身保险。其年缴纯保险费记作 $\bar{P}(\bar{A}_x)$，且

$$\bar{P}(\bar{A}_x)=\frac{\bar{A}_x}{\bar{a}_x}=\frac{\bar{M}_x}{\bar{N}_x} \tag{7.19}$$

(2) $n$ 年缴费的 $n$ 年定期保险。其年缴纯保险费记作 $\bar{P}(\bar{A}^{1}_{x:\overline{n}|})$，且

$$\bar{P}(\bar{A}^{1}_{x:\overline{n}|})=\frac{\bar{A}^{1}_{x:\overline{n}|}}{\bar{a}_{x:\overline{n}|}}=\frac{\bar{M}_x-\bar{M}_{x+n}}{\bar{N}_x-\bar{N}_{x+n}} \tag{7.20}$$

(3) $n$ 年缴费的 $n$ 年两全保险。其年缴纯保险费记作 $\bar{P}(\bar{A}_{x:\overline{n}|})$，且

$$\bar{P}(\bar{A}_{x:\overline{n}|})=\frac{\bar{A}_{x:\overline{n}|}}{\bar{a}_{x:\overline{n}|}}=\frac{\bar{M}_x-\bar{M}_{x+n}+D_{x+n}}{\bar{N}_x-\bar{N}_{x+n}} \tag{7.21}$$

(4) $h$ 年限期缴费的 $n$ 年两全保险。其年缴纯保险费记作 ${}_h\bar{P}(\bar{A}_{x:\overline{n}|})$，且

$${}_h\bar{P}(\bar{A}_{x:\overline{n}|})=\frac{\bar{A}_{x:\overline{n}|}}{\bar{a}_{x:\overline{h}|}}=\frac{\bar{M}_x-\bar{M}_{x+n}+D_{x+n}}{\bar{N}_x-\bar{N}_{x+h}} \tag{7.22}$$

**例 7.7** 年龄30岁的某人用五年限期缴费的方式，购买十年延期保险金额为50 000元的20年定期死亡保险。问这个人的年缴一次均衡纯保险费是多少？假定保险金额于死亡年末支付。计算以 CL1(2010—2013)2.5% 为基础。

**解**：设所求的年缴纯保险费为 $P$ 元，那么

$$P\ddot{a}_{30:\overline{5}|}=50\ 000\ {}_{10|}A^{1}_{30:\overline{20}|}$$

$$\therefore P=\frac{50\ 000\ {}_{10|}A^{1}_{30:\overline{20}|}}{\ddot{a}_{30:\overline{5}|}}=\frac{50\ 000(M_{40}-M_{60})}{N_{30}-N_{35}}\approx 500.89(\text{元})$$

这个例题揭示了一般延期保险年缴纯保险费的计算原理。假设在 $x$ 岁签发的 $r$ 年延期 $n$ 年定期保险，保险金额为 1，保险费限期 $h$ 年缴付($h<r$)，则年缴一次均衡纯保险费记作 ${}_hP({}_{r|}A^{1}_{x:\overline{n}|})$，且

$${}_hP({}_{r|}A^{1}_{x:\overline{n}|})=\frac{{}_{r|}A^{1}_{x:\overline{n}|}}{\ddot{a}_{x:\overline{h}|}}=\frac{M_{x+r}-M_{x+r+n}}{N_x-N_{x+h}}$$

类似地，$h$ 年限期缴费的 $r$ 年延期 $n$ 年两全保险的年缴纯保险费记作 ${}_hP({}_{r|}A_{x:\overline{n}|})$，且

$${}_hP({}_{r|}A_{x:\overline{n}|})=\frac{M_{x+r}-M_{x+r+n}+D_{x+r+n}}{N_x-N_{x+h}}$$

**例 7.8** 在30岁签发的某种人寿保单，一方面要求投保人限期20年均衡缴纳纯保险费，另一方面保单承诺：若被保险人在 30 ~ 40 岁间发生死亡，则立即提供保险金额 1 000 元；在 40 ~ 50 岁间发生死亡，立即提供保险金额 2 000 元；在 50 岁以后发生死亡，立即提供保险金额3 000元。试用替换函数表达年缴均衡纯保险费的计算式并以 CL1(2010—2013)2.5% 为基础计算出结果。

**解**：运用年缴纯保险费计算的一般原理：

$$\mathrm{E}(Z)=\mathrm{E}(X)$$

即保险人提供保险金额的现值的期望值等于被保险人缴纳纯保险费现值的期望值。

令所求年缴纯保险费为 $P$ 元，则

$$P\ddot{a}_{30:\overline{20|}} = 1\ 000\bar{A}^{1}_{30:\overline{10|}} + 2\ 000\ {}_{10|}\bar{A}^{1}_{30:\overline{10|}} + 3\ 000\ {}_{20|}\bar{A}_{30}$$

$$P = \frac{1\ 000(\bar{M}_{30} - \bar{M}_{40}) + 2\ 000(\bar{M}_{40} - \bar{M}_{50}) + 3\ 000\bar{M}_{50}}{N_{30} - N_{50}}$$

$$= 1\ 000\frac{\bar{M}_{30} + \bar{M}_{40} + \bar{M}_{50}}{N_{30} - N_{50}} \approx 59.83(\text{元})$$

更一般的变动保险金额保险的年缴纯保险费，其计算并无统一的公式，而是依据收支平衡原则 $E(Z) = E(X)$ 建立等式进行求解。但是，当保险金额有规律可循尤其是呈等差变动时，年缴纯保险费表达式容易获得。如趸缴纯保险费是 $(IA)_x$ 或 $(DA)^{1}_{x:\overline{n|}}$ 的一类保险，对应的年缴一次均衡纯保险费为：

$$P((IA)_x) = \frac{(IA)_x}{\ddot{a}_x} = \frac{R_x}{N_x}$$

$${}_hP((DA)^{1}_{x:\overline{n|}}) = \frac{(DA)^{1}_{x:\overline{n|}}}{\ddot{a}_{x:\overline{h|}}} = \frac{nM_x - (R_{x+1} - R_{x+n+1})}{N_x - N_{x+h}}$$

**例** 7.9　求证：$P((IA)_x) = 1 - \dfrac{d(I\ddot{a})_x}{\ddot{a}_x}$。

**证明：** 结合上面的有关结论和关系：

$$1 - \frac{d(I\ddot{a})x}{\ddot{a}_x} = \frac{\ddot{a}_x - d(I\ddot{a})_x}{\ddot{a}_x} = \frac{N_x - dS_x}{N_x}$$

$$= \frac{N_x - d(N_x + N_{x+1} + \cdots)}{N_x}$$

$$= \frac{(D_x - dN_x) + (D_{x+1} - dN_{x+1}) + \cdots}{N_x}$$

$$= \frac{M_x + M_{x+1} + \cdots}{N_x}$$

$$= \frac{R_x}{N_x} = \frac{(IA)_x}{\ddot{a}_x} = P((IA)_x)$$

因此，原式得证。

### 7.2.2　年缴费一次的年金保险的纯保险费

假定本部分将要讨论的年金保险满足条件：在 $x$ 岁签单，纯保险费采用均衡制，年金保险给付额为1，预定利息率已知。

1. 每年年初缴费、于每年年初提供保险金额的年金保险

(1) $h$ 年限期缴费的终身年金保险。其年缴纯保险费记作 ${}_hP(\ddot{a}_x)$，且

$${}_hP(\ddot{a}_x) = \frac{\ddot{a}_x}{\ddot{a}_{x:\overline{h|}}} = \frac{N_x}{N_x - N_{x+h}} \tag{7.23}$$

(2) $h$ 年限期缴费的 $n$ 年定期年金保险。其年缴纯保险费记作 ${}_hP(\ddot{a}_{x:\overline{n|}})$　$(h < n)$，且

$${}_hP(\ddot{a}_{x:\overline{n|}}) = \frac{\ddot{a}_{x:\overline{n|}}}{\ddot{a}_{x:\overline{h|}}} = \frac{N_x - N_{x+n}}{N_x - N_{x+h}} \tag{7.24}$$

(3)$h$ 年限期缴费的 $n$ 年延期终身年金保险。其年缴纯保险费记作 ${}_hP({}_{n|}\ddot{a}_x)(h \leqslant n)$,且

$$ {}_hP({}_{n|}\ddot{a}_x) = \frac{{}_{n|}\ddot{a}_x}{\ddot{a}_{x:\overline{h|}}} = \frac{N_{x+n}}{N_x - N_{x+h}} \tag{7.25} $$

2. 每年年初缴费、于每年连续地提供保险金额的年金保险

其缴费方式和保险形式等假定与上述讨论相同,与此相应的年缴纯保险费为:

$$ {}_hP(\bar{a}_x) = \frac{\bar{a}_x}{\ddot{a}_{x:\overline{h|}}} = \frac{\bar{N}_x}{N_x - N_{x+h}} \tag{7.26} $$

$$ {}_hP(\bar{a}_{x:\overline{n|}}) = \frac{\bar{a}_{x:\overline{n|}}}{\ddot{a}_{x:\overline{h|}}} = \frac{\bar{N}_x - \bar{N}_{x+n}}{N_x - N_{x+h}} \tag{7.27} $$

$$ {}_hP({}_{n|}\bar{a}_x) = \frac{{}_{n|}\bar{a}_x}{\ddot{a}_{x:\overline{h|}}} = \frac{\bar{N}_{x+n}}{N_x - N_{x+h}} \tag{7.28} $$

3. 每年连续地缴费、于每年年初提供保险金额的年金保险

其与上述讨论顺序平行,相应保险的年缴纯保险费是:

$$ {}_h\bar{P}(\ddot{a}_x) = \frac{\ddot{a}_x}{\bar{a}_{x:\overline{h|}}} = \frac{N_x}{\bar{N}_x - \bar{N}_{x+h}} \tag{7.29} $$

$$ {}_h\bar{P}(\ddot{a}_{x:\overline{n|}}) = \frac{\ddot{a}_{x:\overline{n|}}}{\bar{a}_{x:\overline{h|}}} = \frac{N_x - N_{x+n}}{\bar{N}_x - \bar{N}_{x+h}} \tag{7.30} $$

$$ {}_h\bar{P}({}_{n|}\ddot{a}_x) = \frac{{}_{n|}\ddot{a}_x}{\bar{a}_{x:\overline{h|}}} = \frac{N_{x+n}}{\bar{N}_x - \bar{N}_{x+h}} \tag{7.31} $$

4. 每年连续地缴费、于每年连续地提供保险金额的年金保险

其与上述讨论顺序平行,相应保险的年缴纯保险费是:

$$ {}_h\bar{P}(\bar{a}_x) = \frac{\bar{a}_x}{\bar{a}_{x:\overline{h|}}} = \frac{\bar{N}_x}{\bar{N}_x - \bar{N}_{x+h}} \tag{7.32} $$

$$ {}_h\bar{P}(\bar{a}_{x:\overline{n|}}) = \frac{\bar{a}_{x:\overline{n|}}}{\bar{a}_{x:\overline{h|}}} = \frac{\bar{N}_x - \bar{N}_{x+n}}{\bar{N}_x - \bar{N}_{x+h}} \tag{7.33} $$

$$ {}_h\bar{P}({}_{n|}\bar{a}_x) = \frac{{}_{n|}\bar{a}_x}{\bar{a}_{x:\overline{h|}}} = \frac{\bar{N}_{x+n}}{\bar{N}_x - \bar{N}_{x+h}} \tag{7.34} $$

**例 7.10** 某人现年 45 岁,为自己投保每年 2 000 元的期末付终身年金保险。保单约定在最初的 20 年内,不论他是生存还是死亡,都必须支取年金。问他应支付多少年缴纯保险费?假定年缴纯保险费采用均衡制,且限期 10 年内缴清。计算采用 CL1(2010—2013)2.5% 生命表和预定利息率。

**解**:设限期十年缴付的均衡纯保险费为 $P$ 元,那么

$$ P\ddot{a}_{45:\overline{10|}} = 2\,000(a_{\overline{20|}} + {}_{20|}a_{45}) $$

$$ P = \frac{2\,000(a_{\overline{20|}} + {}_{20|}a_{45})}{\ddot{a}_{45:\overline{10|}}} = \frac{2\,000(a_{\overline{20|}}D_{45} + N_{66})}{N_{45} - N_{55}} \approx 5\,003.79(\text{元}) $$

**例 7.11** 现年 30 岁的人,采用限期五年缴费,于每年年初支付 500 元纯保险费,去购买 30 年延期 20 年定期期末年金保险,以维持退休以后的正常生活。问在这种安排之下这个人每年可获多少年金给付额?以 CL1(2010—2013)2.5% 为计算基础。

**解**：设每年可获年金给付额为 $R$ 元，依题意，$R$ 取决于

$$R\ {}_{30|}a_{30:\overline{20|}} = 500\ddot{a}_{30:\overline{5|}}$$

$$R = \frac{500\ddot{a}_{30:\overline{5|}}}{{}_{30|}a_{30:\overline{20|}}} = \frac{500(N_{30} - N_{35})}{N_{61} - N_{81}} \approx 425.41\ (元)$$

## 7.3　年缴费数次的纯保险费的计算

这里的年缴费数次的纯保险费，统指年缴付两次（半年缴一次）、年缴付四次（每个季度缴付一次）、年缴付十二次（每个月缴付一次）等的年纯保险费。年缴费数次的纯保险费一般分为两大类：一类是死亡给付有变化或考虑了调整值的纯保险费；另一类是死亡给付无变化或未考虑调整值的纯保险费。以下的内容将以这样两类纯保险费为出发点，具体讨论真实纯保险费、年赋纯保险费以及比例纯保险费的计算。

### 7.3.1　真实纯保险费

年缴 $m$ 次的真实纯保险费，是指纯保险费在一年内分 $m$ 次缴付，并且不补收被保险人死亡所在保险年度未缴付的保险费。

下面讨论几种常见险别真实纯保险费的计算公式。为论述的方便，特做如下约定：保单在 $x$ 岁签发，保险金额为 1 元，年缴真实纯保险费在一年内分 $m$ 次缴付，且每次缴付相等的金额。

1. 当保险金额于死亡发生的年末给付时

（1）终身人寿保险。其年缴 $m$ 次真实纯保险费记作 $P_x^{(m)}$，且

$$P_x^{(m)} = \frac{A_x}{\ddot{a}_x^{(m)}} \tag{7.35}$$

（2）$n$ 年定期人寿保险。其年缴 $m$ 次真实纯保险费记作 $P^{(m)}_{\overset{1}{x}:\overline{n|}}$，且

$$P^{(m)}_{\overset{1}{x}:\overline{n|}} = \frac{A^{1}_{x:\overline{n|}}}{\ddot{a}^{(m)}_{x:\overline{n|}}} \tag{7.36}$$

（3）$n$ 年两全保险。其年缴 $m$ 次真实纯保险费记作 $P^{(m)}_{x:\overline{n|}}$，且

$$P^{(m)}_{x:\overline{n|}} = \frac{A_{x:\overline{n|}}}{\ddot{a}^{(m)}_{x:\overline{n|}}} \tag{7.37}$$

（4）限期 $h$ 年缴费的保险。终身寿险、$n$ 年定期寿险和 $n$ 年两全保险的年缴 $m$ 次真实纯保险费分别记作 ${}_hP_x^{(m)}$、${}_hP^{(m)}_{\overset{1}{x}:\overline{n|}}$ 和 ${}_hP^{(m)}_{x:\overline{n|}}$，且

$${}_hP_x^{(m)} = \frac{A_x}{\ddot{a}^{(m)}_{x:\overline{h|}}} \tag{7.38}$$

$${}_hP^{(m)}_{\overset{1}{x}:\overline{n|}} = \frac{A^{1}_{x:\overline{n|}}}{\ddot{a}^{(m)}_{x:\overline{h|}}} \tag{7.39}$$

$${}_hP^{(m)}_{x:\overline{n|}} = \frac{A_{x:\overline{n|}}}{\ddot{a}^{(m)}_{x:\overline{h|}}}$$

在实际中,年缴 $m$ 次真实纯保险费常采用近似法来计算。其基本方法是将近似关系:$\ddot{a}_x^{(m)} \approx \ddot{a}_x - \frac{m-1}{2m}$ 和 $\ddot{a}_{x:\overline{n}|}^{(m)} \approx \ddot{a}_{x:\overline{n}|} - \frac{m-1}{2m}(1 - {}_nE_x)$ 代入相应的年缴 $m$ 次真实纯保险费计算式中,即可得真实纯保险费的近似计算值。例如:

$$P_x^{(m)} \approx \frac{A_x}{\ddot{a}_x - \frac{m-1}{2m}} \tag{7.40}$$

$${}_hP_{x:\overline{n}|}^{(m)} \approx \frac{A_{x:\overline{n}|}}{\ddot{a}_{x:\overline{h}|} - \frac{m-1}{2m}(1 - {}_hE_x)} \tag{7.41}$$

此外,在实际应用中,有时需要将年缴 $m$ 次的真实纯保险费表示成年缴一次的纯保险费形式,以便于进行近似计算。例如:

$$P_x^{(m)} = \frac{A_x}{\ddot{a}_x^{(m)}} \doteq \frac{P_x\ddot{a}_x}{\ddot{a}_x - \frac{m-1}{2m}}$$

$$= \frac{P_x}{1 - \frac{m-1}{2m} \cdot \frac{1}{\ddot{a}_x}} = \frac{P_x}{1 - \frac{m-1}{2m}(P_x + d)}$$

$$P_{x:\overline{n}|}^{(m)} = \frac{A_{x:\overline{n}|}}{\ddot{a}_{x:\overline{n}|}^{(m)}} = \frac{P_{x:\overline{n}|}\ddot{a}_{x:\overline{n}|}}{\ddot{a}_{x:\overline{n}|}^{(m)}} = \frac{P_{x:\overline{n}|}\ddot{a}_{x:\overline{n}|}}{\ddot{a}_{x:\overline{n}|} - \frac{m-1}{2m}(1 - {}_nE_x)}$$

$$= \frac{P_{x:\overline{n}|}}{1 - \frac{m-1}{2m}(P_{x:\overline{n}|}^{1} + d)}$$

据此,可以对一年缴费数次真实纯保险费 $P^{(m)}$ 与年缴付一次真实纯保险费 $P$(如 $P_x^{(m)}$ 和 $P_x$、$P_{x:\overline{n}|}^{(m)}$ 和 $P_{x:\overline{n}|}$)做出分析和比较。

首先,对 $P^{(m)}$ 和 $P$ 做一般的分析。

$P^{(m)}$ 和 $P$ 有两个最基本的区别:① 保险人以 $P^{(m)}$ 方式实际收取保险费的平均日期,将迟于保险人以 $P$ 方式收取保险费的日期,这使得以 $P^{(m)}$ 方式收取保险费的保险人,较之于以 $P$ 方式收取保险费的保险人,将获得更少的利息。② 当保险人以 $P^{(m)}$ 方式收取保险费时,在死亡发生当年所余的分期内,保险人不再获得这些分期内的保险费;而当保险人以 $P$ 方式收取保险费时,包括死亡发生年度在内的每年年初,保险人预先收取了全年的保险费。这表明在死亡发生所在年度,以 $P^{(m)}$ 方式收取保险费的保险人所获得的平均保险费,少于以 $P$ 方式收取保险费的保险人所获得的保险费。综合上述分析,年缴 $m$ 次的真实纯保险费应大于年缴一次的纯保险费。

其次,考虑具体保险形式下真实纯保险费与年缴纯保险费之差的补偿形式。

例如,结合对 $P^{(m)}$ 与 $P$ 的分析,有 $P_x^{(m)}$ 大于 $P_x$,而且其差额具有如下形式:

$$P_x^{(m)} \approx \frac{P_x}{1 - \frac{m-1}{2m}(P_x + d)}$$

经整理：

$$P_x^{(m)} = P_x + \frac{m-1}{2m}P_x^{(m)}d + \frac{m-1}{2m}P_x^{(m)}P_x \tag{7.42}$$

亦即 $P_x^{(m)}$ 与 $P_x$ 的差额由 $\frac{m-1}{2m}P_x^{(m)}d$ 和 $\frac{m-1}{2m}P_x^{(m)}P_x$ 两项来弥补。其中，第一项 $\frac{m-1}{2m}P_x^{(m)}d$ 可进一步写成 $\frac{1}{m}P_x^{(m)}\sum_{t=0}^{m-1}t\frac{d}{m}$，它表明按 $P_x^{(m)}$ 方式推迟缴付的纯保险费所损失的年利息额的近似值。第二项 $\frac{m-1}{2m}P_x^{(m)}P_x$ 可以视作保险金额等于 $\frac{m-1}{2m}P_x^{(m)}$ 的年缴一次的纯保险费。由于 $\frac{m-1}{2m}P_x^{(m)}$ 等于 $\frac{1}{m}P_x^{(m)}\sum_{t=0}^{m-1}\frac{t}{m}$，所以在死亡均匀分布条件下，它表示以 $P_x^{(m)}$ 方式收取保险费的保险人，在死亡发生年度内平均损失的分期纯保险费，从而 $\frac{m-1}{2m}P_x^{(m)}P_x$ 就是保险人要求补偿这种损失的分期保险费平均额的调整值。

类似地，可以比较 $P_{x:\overline{n|}}^{1\,(m)}$ 和 $P_{x:\overline{n|}}^{1}$、$P_{x:\overline{n|}}^{(m)}$ 和 $P_{x:\overline{n|}}$ 的大小以及分析它们的差额和补偿项。但是，在两全保险中，保险费的损失仅依赖于死亡事故，与被保险人生存至满期无关。这就是说，保险费的损失由定期保险来弥补。

2. 当保险金额于死亡发生后立即给付时

(1) 终身人寿保险。其年缴 $m$ 次真实纯保险费记作 $P^{(m)}(\bar{A}_x)$，且

$$P^{(m)}(\bar{A}_x) = \frac{\bar{A}_x}{\ddot{a}_x^{(m)}} \doteq \frac{\bar{A}_x}{\ddot{a}_x - \frac{m-1}{2m}} \tag{7.43}$$

(2) $n$ 年定期人寿保险。其年缴 $m$ 次真实纯保险费记作 $P^{(m)}(\bar{A}_{x:\overline{n|}}^{1})$，且

$$P^{(m)}(\bar{A}_{x:\overline{n|}}^{1}) = \frac{\bar{A}_{x:\overline{n|}}^{1}}{\ddot{a}_{x:\overline{n|}}^{(m)}} \doteq \frac{\bar{A}_{x:\overline{n|}}^{1}}{\ddot{a}_{x:\overline{n|}} - \frac{m-1}{2m}(1-{}_nE_x)} \tag{7.44}$$

(3) $n$ 年两全保险。其年缴 $m$ 次真实纯保险费记作 $P^{(m)}(\bar{A}_{x:\overline{n|}})$，且

$$P^{(m)}(\bar{A}_{x:\overline{n|}})[WB] = \frac{\bar{A}_{x:\overline{n|}}}{\ddot{a}_{x:\overline{n|}}^{(m)}} \doteq \frac{\bar{A}_{x:\overline{n|}}}{\ddot{a}^{x:\overline{n|}} - \frac{m-1}{2m}(1-{}_nE_x)} \tag{7.45}$$

(4) 限期 $h$ 年缴费的上述保险 $(h < n)$。其相应的年缴 $m$ 次真实纯保险费分别记作 ${}_hP^{(m)}(\bar{A}_x)$、${}_hP^{(m)}(\bar{A}_{x:\overline{n|}}^{1})$ 及 ${}_hP^{(m)}(\bar{A}_{x:\overline{n|}})$，它们的表达式分别是：

$${}_hP^{(m)}(\bar{A}_x) = \frac{\bar{A}_x}{\ddot{a}_{x:\overline{h|}}^{(m)}} \tag{7.46}$$

$${}_hP^{(m)}(\bar{A}_{x:\overline{n|}}^{1}) = \frac{\bar{A}_{x:\overline{n|}}^{1}}{\ddot{a}_{x:\overline{h|}}^{(m)}} \tag{7.47}$$

$${}_hP^{(m)}(\bar{A}_{x:\overline{n|}}) = \frac{\bar{A}_{x:\overline{n|}}}{\ddot{a}_{x:\overline{h|}}^{(m)}} \tag{7.48}$$

除上述形式外，年缴 $m$ 次的真实纯保险费还有其他的表达形式。例如：

① $P^{(m)}(\bar{A}_x) \doteq \dfrac{\bar{A}_x}{\ddot{a}_x^{(m)}} \doteq \dfrac{\frac{i}{\delta}A_x}{\ddot{a}_x^{(m)}}$

$$= \frac{i}{\delta}P_x^{(m)} = \frac{i}{\delta} \cdot \frac{P_x}{1 - \frac{m-1}{2m}(P_x + d)}$$

② $P^{(m)}(\bar{A}^1_{x:\overline{n}|}) = \dfrac{\bar{A}^1_{x:\overline{n}|}}{\ddot{a}^{(m)}_{x:\overline{n}|}} \doteq \dfrac{\frac{i}{\delta} \cdot A^1_{x:\overline{n}|}}{\ddot{a}^{(m)}_{x:\overline{n}|}}$

$$= \frac{i}{\delta} \cdot P^{(m)\,1}_{\ x:\overline{n}|} = \frac{i}{\delta} \cdot \frac{P^1_{x:\overline{n}|}}{1 - \frac{m-1}{2m}(P^1_{x:\overline{n}|} + d)}$$

③ ${}_hP^{(m)}(\bar{A}_{x:\overline{n}|}) = \dfrac{\bar{A}_{x:\overline{n}|}}{\ddot{a}^{(m)}_{x:\overline{h}|}} \doteq \dfrac{\frac{i}{\delta}A^1_{x:\overline{n}|} + A_{x:\overset{1}{\overline{n}|}}}{\ddot{a}^{(m)}_{x:\overline{h}|}}$

$$= \frac{\frac{i}{\delta}A^1_{x:\overline{n}|} + A_{x:\overset{1}{\overline{n}|}}}{\ddot{a}_{x:\overline{h}|} - \frac{m-1}{2m}(1 - {}_hE_x)} = \frac{\frac{i}{\delta}P^1_{x:\overline{n}|} + P_{x:\overset{1}{\overline{n}|}}}{1 - \frac{m-1}{2m}(P^1_{x:\overline{h}|} + d)}$$

**例 7.12**　已知$\dfrac{P^{(6)}_{\overset{1}{20}:\overline{20}|}}{P^1_{20:\overline{20}|}} = 1.032$，$P_{20:\overline{20}|} = 0.040$，求 $P^{(6)}_{20:\overline{20}|}$ 的值。

**解**：$P^{(6)}_{20:\overline{20}|} = \dfrac{A_{20:\overline{20}|}}{\ddot{a}^{(6)}_{20:\overline{20}|}} = \dfrac{P_{20:\overline{20}|}\,\ddot{a}_{20:\overline{20}|}}{\ddot{a}^{(6)}_{20:\overline{20}|}}$

$$= P_{20:\overline{20}|} \cdot \frac{P^{(6)}_{\overset{1}{20}:\overline{20}|}}{P^1_{20:\overline{20}|}}$$

$$= 0.040 \times 1.032 \approx 0.041$$

**例 7.13**　求满足如下条件的保单的季缴真实纯保险费。保单在 30 岁签单，保险金额为 10 000 元，保险形式为终身人寿保险，保险金额于死亡后立即提供。死亡服从均匀分布假设。计算以 CL1(2010—2013)2.5% 为基础。

**解**：令所求每季应缴真实纯保险费为 $P$ 元，那么

$$P = \frac{10\,000}{4}P^{(4)}(\bar{A}_{30}) = \frac{2\,500\bar{A}_{30}}{\ddot{a}^{(4)}_{30}}$$

$$= \frac{2500 \cdot \frac{i}{\delta}A_{30}}{\ddot{a}_{30} - \frac{4-1}{2 \times 4}} = \frac{2500 \cdot \frac{i}{\delta} \cdot \frac{M_{30}}{D_{30}}}{\frac{N_{30}}{D_{30}} - \frac{3}{8}}$$

$$\approx 29.90(\text{元})$$

**例 7.14**　试用替换函数表达 ${}_{20}P^{(12)}({}_{40|}\ddot{a}_{25})$，必要时可以近似计算。

**解**：${}_{20}P^{(12)}({}_{40|}\ddot{a}_{25})$ 表示在 25 岁签发的限期 20 年缴费，40 年延期期初年金保险的每月缴付一次的年真实纯保险费。

$$
{}_{20}P^{(12)}({}_{40|}\ddot{a}_{25}) = \frac{{}_{40|}\ddot{a}_{25}}{\ddot{a}^{(12)}_{25:\overline{20|}}} = \frac{{}_{40}E_{25}\cdot\ddot{a}_{65}}{\ddot{a}^{(12)}_{25:\overline{20|}}}
$$

$$
\doteq \frac{{}_{40}E_{25}\cdot\ddot{a}_{65}}{\ddot{a}_{25:\overline{20|}} - \frac{11}{24}(1 - {}_{20}E_{25})}
$$

$$
= \frac{N_{65}}{N_{25} - N_{45} - \frac{11}{24}(D_{25} - D_{45})}
$$

**例 7.15** 某 70 岁的人购买了 3 年期的保险金额为 10 000 元的两全保险，保险金在死亡的年末给付。保险费只在前两年每季度缴纳一次。已知 $q_{70} = 0.023$，${}_{1|}q_{70} = 0.027$，${}_{2|}q_{70} = 0.033$，$i = 0.06$，求每季度所缴的纯保险费。

**解：** 根据题意，保险金的精算现值为

$$
10\,000\left(\frac{0.023}{1.06} + \frac{0.027}{1.06^2} + \frac{1 - 0.023 - 0.027}{1.06^3}\right) = 8\,433.663\ (\text{元})
$$

由于

$$
\ddot{a}_{70:\overline{2|}} = 1 + \frac{0.977}{1.06} = 1.921\,698
$$

$$
{}_{2}E_{70} = \frac{1 - 0.023 - 0.027}{1.06^2} = 0.845\,497
$$

$$
\ddot{a}^{(4)}_{2:\overline{70|}} = \ddot{a}_{70:\overline{2|}} - \frac{4-1}{2\times 4}(1 - {}_{2}E_{70}) \approx 1.863\,759
$$

因此，每季度所缴纯保险费为

$$
\frac{1}{4}\times\frac{8\,433.663}{1.863\,759} \approx 1\,131.27(\text{元})
$$

### 7.5.3 年赋纯保险费

年缴 $m$ 次的年赋纯保险费，意指被保险人在保险年度中途发生死亡事故时，仍征收该保险年度从死亡之时刻到该年年末的残余保险费的一种分期付 $m$ 次的纯保险费。

计算年赋纯保险费的一般方法是：被保险人发生死亡后并不要求他补缴残余保险费，而是在保险人所提供的保险金额中扣除被保险人应缴付的残余保险费。例如，某个被保险人按每季缴费一次支付了第一次保险费以后，尚未缴付第二次保险费便发生了死亡，那么这个被保险人本应缴纳的其余三次纯保险费，将于保单规定提供的保险金额中予以扣除，以其余额提供给受益人。

以下分情况讨论主要险别（签单年龄 $x$ 岁，保险金额为 1）的年赋纯保险费的计算。

1. 在死亡发生的年末提供保险金额的保险

(1) 终身人寿保险。其年缴 $m$ 次的年赋纯保险费记作 $P_x^{[m]}$。关于 $P_x^{[m]}$ 的计算，有下列两种具体方法：

一种方法是：根据年赋纯保险费的定义，由于年赋纯保险费在死亡发生年度都必须征收，所以每年年初年赋纯保险费的现值应等于年缴一次的纯保险费，亦即

$$P_x = \frac{1}{m}P_x^{[m]}\sum_{t=0}^{m-1} v^{\frac{t}{m}}$$

$$\doteq \frac{1}{m}P_x^{[m]}\sum_{t=0}^{m-1}\left(1 - \frac{t}{m}d\right)$$

$$= P_x^{[m]}\left(1 - \frac{m-1}{2m}d\right)$$

于是

$$P_x^{[m]} \doteq \frac{P_x}{1 - \frac{m-1}{2m}d} \tag{7.49}$$

另一种方法是:根据年赋纯保险费的计算原理,保险人应从保险金额中扣除的平均保险费为$\frac{m-1}{2m}P_x^{[m]}$。这就是说,保险人在死亡年度给付净额为$1 - \frac{m-1}{2m}P_x^{[m]}$。于是

$$P_x^{[m]} = \frac{\left(1 - \frac{m-1}{2m}P_x^{[m]}\right)A_x}{\ddot{a}_x^{(m)}}$$

$$\doteq \frac{P_x}{1 - \frac{m-1}{2m}d}$$

可见,无论第一种方法还是第二种方法,年赋纯保险费近似为:

$$P_x^{[m]} \doteq \frac{P_x}{1 - \frac{m-1}{2m}d}$$

稍加整理有:

$$P_x^{[m]} \doteq P_x + \frac{m-1}{2m}P_x^{[m]}d \tag{7.50}$$

现对此进行分析:与年缴一次纯保险费相比,由于年赋纯保险费在死亡年度不存在保险费的损失,所以仅有必要去调整年缴纯保险费,以弥补年赋纯保险费采用分期缴时延迟缴纳所丧失的利息。$\frac{m-1}{2m}P_x^{[m]}d$ 正是利息的损失的补偿或修正项。

(2) 两全保险。其年缴 $m$ 次的年赋纯保险费记作 $P_{x:\overline{n|}}^{[m]}$。用类似于推导 $P_x^{[m]}$ 的方法,可以获得:

$$P_{x:\overline{n|}}^{[m]} \doteq \frac{P_{x:\overline{n|}}}{1 - \frac{m-1}{2m}d} \tag{7.51}$$

变形可得

$$P_{x:\overline{n|}}^{[m]} \doteq P_{x:\overline{n|}} + \frac{m-1}{2m}P_{x:\overline{n|}}^{[m]}d \tag{7.52}$$

上式中:$\frac{m-1}{2m}P_{x:\overline{n|}}^{[m]}d$ 是分期缴方式所致保险费延迟缴纳的利息损失的部分。

其他保险类型的年赋纯保险费,完全可以类似地获得,在此不再一一叙述。

2. 在死亡后立即提供保险金额的保险

(1) 终身人寿保险。其年缴 $m$ 次的年赋纯保险费记作 $P^{[m]}(\bar{A}_x)$,且

$$P^{[m]}(\bar{A}_x) \doteq \frac{P(\bar{A}_x)}{1-\frac{m-1}{2m}d}$$

(2) 两全保险。其年缴 $m$ 次的年赋纯保险费记作 $P^{[m]}(\bar{A}_{x:\overline{n|}})$,且

$$P^{[m]}(\bar{A}_{x:\overline{n|}}) \doteq \frac{P(\bar{A}_{x:\overline{n|}})}{1-\frac{m-1}{2m}d}$$

### 7.3.3 比例纯保险费

比例纯保险费也属于分期保险费的一种形式。比例纯保险费是按下列方式决定的一种分期保险费:被保险人在保险年度中途发生死亡事故,保险人将返还被保险人每次缴纳保险费的一定比例。确定这一比例,须考虑死亡发生之日到下一次保险费缴纳之日的那段时期。年缴 $m$ 次的比例纯保险费,一般记作 $P^{\{m\}}$。

以下分两种情形讨论年缴 $m$ 次的比例纯保险费的计算。

1. 在死亡发生年底提供保险金额的保险

(1) 终身人寿保险。其年缴 $m$ 次的比例纯保险费记作 $P_x^{\{m\}}$,结合第五章比例生存年金的有关计算,可得

$$P_x^{\{m\}} = \frac{A_x}{\ddot{a}_x^{\{m\}}} = \frac{d^{(m)}}{\delta}\cdot\frac{A_x}{\bar{a}_x} = \frac{d^{(m)}}{\delta}\cdot\bar{P}(A_x) \tag{7.53}$$

(2) 限期 $h$ 年缴费的 $n$ 年定期保险。其年缴 $m$ 次的比例纯保险费记作 ${}_hP^{\{m\}}_{\overset{1}{x}:\overline{n|}}(h\leqslant n)$,且

$${}_hP^{\{m\}}_{\overset{1}{x}:\overline{n|}} = \frac{A^1_{x:\overline{n|}}}{\ddot{a}^{\{m\}}_{x:\overline{h|}}} = \frac{d^{(m)}}{\delta}\cdot\frac{A^1_{x:\overline{n|}}}{\bar{a}_{x:\overline{h|}}} = \frac{d^{(m)}}{\delta}\cdot{}_h\bar{P}(A^1_{x:\overline{n|}}) \tag{7.54}$$

在实务中,上述比例纯保险费通常由近似公式来计算。根据比例纯保险费的定义,保险人返还被保险人的保险费的平均值可近似为 $\frac{1}{2m}P^{\{m\}}$。当保险金额为 1 时,保险人的总给付额近似为 $(1+\frac{1}{2m}P^{\{m\}})$。所以容易得出:

① $$P_x^{\{m\}} \doteq \frac{(1+\frac{1}{2m}P_x^{\{m\}})A_x}{\ddot{a}_x^{(m)}} = P_x^{(m)}(1+\frac{1}{2m}P_x^{\{m\}})$$

整理得

$$P_x^{\{m\}} = \frac{P_x}{1-\frac{m-1}{2m}d-\frac{1}{2}P_x} \tag{7.55}$$

类似地,$n$ 年定期保险比例保险费可计算如下:

② $${}_{h}P_{x:\overline{n}|}^{1\,\{m\}} \doteq \frac{\left(1+\frac{1}{2m}\,{}_{h}P_{x:\overline{n}|}^{1\,\{m\}}\right)A_{x:\overline{n}|}^{1}}{\ddot{a}_{x:\overline{h}|}^{(m)}} \qquad (h \leqslant n)$$

$$= \left(1+\frac{1}{2m}\,{}_{h}P_{x:\overline{n}|}^{1\,\{m\}}\right)\,{}_{h}P_{x:\overline{n}|}^{1\,(m)}$$

整理得：

$${}_{h}P_{x:\overline{n}|}^{1\,\{m\}} = \frac{{}_{h}P_{x:\overline{n}|}^{1}}{1-\frac{m-1}{2m}d-\frac{1}{2}\,{}_{h}P_{x:\overline{n}|}^{1}} \tag{7.56}$$

进一步,还可得到两年保险的比例纯保险费：

③ $${}_{h}P_{x:\overline{n}|}^{\{m\}} \doteq \frac{{}_{h}P_{x:\overline{n}|}}{1-\frac{m-1}{2m}d-\frac{1}{2}\,{}_{h}P_{x:\overline{n}|}} \qquad (h \leqslant n) \tag{7.57}$$

2. 在死亡后立即提供保险金额的保险

终身人寿保险、限期 $h$ 年缴费的 $n$ 年定期保险和限期 $h$ 年缴费的 $n$ 年两全保险的年缴 $m$ 次的比例纯保险费,分别记作 $P^{\{m\}}(\bar{A}_{x})$、${}_{h}P^{\{m\}}(\bar{A}_{x:\overline{n}|}^{1})$ 和 ${}_{h}P^{\{m\}}(\bar{A}_{x:\overline{n}|})$。类似于上述分析,可以得到如下表达式：

$$P^{\{m\}}(\bar{A}_{x}) = \frac{\bar{A}_{x}}{\ddot{a}_{x}^{\{m\}}} = \frac{d^{(m)}}{\delta}\bar{P}(\bar{A}_{x}) \tag{7.58}$$

$${}_{h}P^{\{m\}}(\bar{A}_{x:\overline{n}|}^{1}) = \frac{\bar{A}_{x:\overline{n}|}^{1}}{\ddot{a}_{x:\overline{h}|}^{\{m\}}} = \frac{d^{(m)}}{\delta}\,{}_{h}\bar{P}(\bar{A}_{x:\overline{n}|}^{1}) \tag{7.59}$$

$${}_{h}P^{\{m\}}(\bar{A}_{x:\overline{n}|}) = \frac{\bar{A}_{x:\overline{n}|}}{\ddot{a}_{x:\overline{h}|}^{\{m\}}} = \frac{d^{(m)}}{\delta}\,{}_{h}\bar{P}(\bar{A}_{x:\overline{n}|}) \tag{7.60}$$

这些比例纯保险费也可由下列公式近似地计算：

$$P^{\{m\}}(\bar{A}_{x}) \doteq \frac{P(\bar{A}_{x})}{1-\frac{m-1}{2m}d-\frac{1}{2}P(\bar{A}_{x})} \tag{7.61}$$

$${}_{h}P^{\{m\}}(\bar{A}_{x:\overline{n}|}^{1}) \doteq \frac{{}_{h}P(\bar{A}_{x:\overline{n}|}^{1})}{1-\frac{m-1}{2m}d-\frac{1}{2}\,{}_{h}P(\bar{A}_{x:\overline{n}|}^{1})} \tag{7.62}$$

$${}_{h}P^{\{m\}}(\bar{A}_{x:\overline{n}|}) \doteq \frac{{}_{h}P(\bar{A}_{x:\overline{n}|})}{1-\frac{m-1}{2m}d-\frac{1}{2}\,{}_{h}P(\bar{A}_{x:\overline{n}|})} \tag{7.63}$$

**例 7.16** 试证 $\lim\limits_{m\to\infty}P_{x}^{\{m\}} = \lim\limits_{m\to\infty}P_{x}^{(m)}$,但是它们的极限值不等于 $\lim\limits_{m\to\infty}P_{x}^{[m]}$。

**证明：** $$\lim_{m\to\infty}P_{x}^{\{m\}} = \lim_{m\to\infty}\frac{A_{x}}{\ddot{a}_{x}^{\{m\}}} = \lim_{m\to\infty}\frac{d^{(m)}A_{x}}{\delta\bar{a}_{x}} = \lim_{m\to\infty}\frac{A_{x}}{\bar{a}_{x}} = \lim_{m\to\infty}P_{x}^{(m)}$$

上式中,

$$d^{(m)} = m(1-e^{-\frac{\delta}{m}}) = -m\left[\left(-\frac{\delta}{m}\right)-\frac{1}{2!}\left(-\frac{\delta}{m}\right)^{2}+\cdots\right]$$

$$= \delta + \frac{\delta^2}{2!m} + \cdots$$

因此

$$\lim_{m\to\infty} d^{(m)} = \delta$$

但是,根据 $P_x^{[m]}$ 的定义

$$P_x = \frac{1}{m} P_x^{[m]} \sum_{t=0}^{m-1} v^{\frac{t}{m}} = P_x^{[m]} \left( \frac{1}{m} \sum_{t=0}^{m-1} v^{\frac{t}{m}} \right)$$

$$\lim_{m\to\infty} P_x^{[m]} = \lim_{m\to\infty} \frac{P_x}{\frac{1}{m}\sum_{t=0}^{m-1} v^{\frac{t}{m}}} = \frac{P_x}{\bar{a}_{\overline{1}|}} = \frac{\delta}{d} \cdot \frac{A_x}{\ddot{a}_x} = \frac{\delta A_x}{1 - A_x}$$

一般情况下,$A_x \neq \bar{A}_x$,从而

$$\lim_{m\to\infty} P_x^{(m)} = \frac{\bar{A}_x}{\bar{a}_x} = \frac{\delta \bar{A}_x}{1 - \bar{A}_x} \neq \frac{\delta A_x}{1 - A_x} = \lim_{m\to\infty} P_x^{[m]}$$

**例 7.17** 在 45 岁签发的某种延期年金保单,要求投保人在签单后的 15 年内,每隔一个季度缴纳一次保险费。同时保单承诺,从 60 岁开始,每月月初提供年金受领人 10 000 元给付。求以比例保险费为基础的季缴年纯保险费。选择 CL1(2010—2013)2.5% 为计算基础。

**解:** 所求以比例保险费为基础的季缴年纯保险费为:

$$_{15}P^{\{4\}}(120\,000 \cdot {}_{15|}\ddot{a}_{45}^{(12)}) = \frac{120\,000\ {}_{15|}\ddot{a}_{45}^{(12)}}{\ddot{a}_{45:\overline{15}|}^{\{4\}}} = \frac{120\,000\ {}_{15|}\ddot{a}_{45}^{(12)}}{\frac{\delta}{d^{(4)}} \bar{a}_{45:\overline{15}|}}$$

$$= \frac{d^{(4)}}{\delta} \cdot \frac{120\,000 N_{60}^{(12)}}{\bar{N}_{45} - \bar{N}_{60}}$$

$$\approx \frac{0.024\,617}{0.024\,693} \times \frac{120\,000 \times 309\,863.51}{387\,226.29} \approx 95\,729.99(\text{元})$$

上式中,

$$e^{\delta} = \left(1 - \frac{d^{(4)}}{4}\right)^{-4} = 1 + 2.5\%$$

$$\bar{N}_x \approx N_x - \frac{1}{2} D_x$$

$$N_x^{(m)} \approx N_x - \frac{m-1}{2m} D_x$$

## 7.4 两全保险保险费的分析

前面关于两全保险的分析,是将两全保险视为水平定期死亡保险与纯生存保险的一种结合。并且两全保险的趸缴纯保险费,与水平定期死亡保险趸缴纯保险费和纯生存保险的趸缴纯保险费具有如下关系:

$$A_{x:\overline{n}|} = A^{1}_{x:\overline{n}|} + {}_nE_x$$

进一步,在等式两边同除以 $\ddot{a}_{x:\overline{n}|}$,两全保险的年缴纯保险费也是水平定期死亡保险年缴

纯保险费与纯生存保险年缴纯保险费之和,那么

$$P_{x:\overline{n|}} = P^{1}_{x:\overline{n|}} + P_{x:\overset{1}{\overline{n|}}}$$

在本部分,将从另一个角度剖析两全保险,亦即视两全保险为储金保险与递减定期死亡保险的一种结合。相应地,两全保险的年缴纯保险费,也就可以看成储金保险保险费与递减定期死亡保险年缴纯保险费的一种结合。

事实上,用这种储金方法,保险人同样可以实现两全保单的承诺。具体原理分析如下:每隔一定相等的期间,由投保人提供一笔储金,目的是使每次所提供的储金在保单届满时的终值等于保单届满时应提供给被保险人或受益人的约定保险金额。而且,在保险期限内的任一时刻,保单提供的保险金额与储金积累值之差,由递减定期死亡保险弥补。这样,若被保险人在两全保单届满时仍生存,所得保险金额完全由其储金的积累额提供,此时定期死亡保险满期;若被保险人在保险期限内死亡,因其储金积累值较小,不足以支付保险金额,从而保险金额与死亡时的储金积累值之差,就由定期死亡保险来提供。

下面用定量方法证明储金保险与递减定期死亡保险保险费的结合等价于定期死亡保险保险费与纯生存保险保险费的结合。

假定:保单的保险金额为 1 元,它可能在 $n$ 年内且只能在 $n$ 年内的任一年年底支付。每年年初的储金是$\frac{1}{\ddot{s}_{\overline{n|}}}$。

那么,在第一年年底的储金量为$\frac{1+i}{\ddot{s}_{\overline{n|}}}$或$\frac{\ddot{s}_{\overline{1|}}}{\ddot{s}_{\overline{n|}}}$,此年底递减定期死亡保险提供的死亡保险金额为$1-\frac{\ddot{s}_{\overline{1|}}}{\ddot{s}_{\overline{n|}}}$;在第二年年底的储金量为$\frac{\ddot{s}_{\overline{2|}}}{\ddot{s}_{\overline{n|}}}$,对应年底递减定期死亡保险提供的死亡保险金额为$1-\frac{\ddot{s}_{\overline{2|}}}{\ddot{s}_{\overline{n|}}}$;类似地,在第 $m$ 年年底的储金量为$\frac{\ddot{s}_{\overline{m|}}}{\ddot{s}_{\overline{n|}}}$,递减定期死亡保险提供的死亡保险金额为$1-\frac{\ddot{s}_{\overline{m|}}}{\ddot{s}_{\overline{n|}}}$…… 从而在 $x$ 岁签单的两全保单,其中的递减定期死亡保险的年缴纯保险费便可以决定了。

令递减定期死亡保险的年缴纯保险费为 $P$,则

$$P = \frac{E(Z)}{E(Y)} = \frac{E\left[\left(1-\frac{\ddot{s}_{\overline{K+1|}}}{\ddot{s}_{\overline{n|}}}\right)v^{K+1}\right]}{\ddot{a}_{x:\overline{n|}}}$$

所以

$$P\ddot{a}_{x:\overline{n|}} = \sum_{k=0}^{n-1}\left(1-\frac{\ddot{s}_{\overline{k+1|}}}{\ddot{s}_{\overline{n|}}}\right)v^{k+1}{}_{k}p_{x}q_{x+k}$$

$$P = \frac{\sum_{t=0}^{n-1}\left(1-\frac{\ddot{s}_{\overline{t+1|}}}{\ddot{s}_{\overline{n|}}}\right)C_{x+t}}{N_x - N_{x+n}}$$

$$= \frac{1}{N_x - N_{x+n}} \cdot \sum_{t=1}^{n}\left(1-\frac{\ddot{s}_{\overline{t|}}}{\ddot{s}_{\overline{n|}}}\right)C_{x+t-1}$$

$$= \frac{1}{N_x - N_{x+n}} \left\{ \sum_{t=1}^{n} C_{x+t-1} - \frac{1}{d\ddot{s}_{\overline{n}|}} \sum_{t=1}^{n} [(1+i)^t - 1] C_{x+t-1} \right\}$$

$$= \frac{M_x - M_{x+n}}{N_x - N_{x+n}} - \frac{D_x - (1+i)^n D_{x+n} - (M_x - M_{x+n})}{d\ddot{s}_{\overline{n}|}(N_x - N_{x+n})}$$

$$= P^1_{x:\overline{n}|} - \frac{d(N_x - N_{x+n}) - D_{x+n}[(1+i)^n - 1]}{d\ddot{s}_{\overline{n}|}(N_x - N_{x+n})}$$

$$= P^1_{x:\overline{n}|} - \frac{1}{\ddot{s}_{\overline{n}|}} + P_{x:\overset{\ \ 1}{\overline{n}|}}$$

亦即：

$$P + \frac{1}{\ddot{s}_{\overline{n}|}} = P^1_{x:\overline{n}|} + P_{x:\overset{\ \ 1}{\overline{n}|}}$$

特别地，普通保险可以视为期间到终极年龄$\omega$岁的两全保险。这样，普通保险的保险费便可以分解为两个部分：一部分是投资部分$\frac{1}{\ddot{s}_{\overline{\omega-x}|}}$，该部分在死亡表的终极年龄，所有投资的终值等于保险金额；另一部分为递减保险部分，在保险期限内任一时刻，该保险提供的金额等于事先约定保险金额与这一时刻已累积的储金总额之差。因此，从根本上讲，普通保险与两全保险是相同的。要说两者的区别，便是两全保险的储金在较早时期就可以累积到保险金额，而普通保险只有在终极年龄上才能累积到保险金额。

**例** 7.18　某 40 岁的人参加了保险金额为 100 000 元的 20 年期两全保险，保险金于死亡年末或期满生存时给付，将两全保险视为储金保险与保险金额递减的定期寿险的组合。以 CL1(2010—2013)2.5% 为基础，试求此递减定期死亡保险的年缴纯保险费。

**解**：根据题意，两全保险的年缴纯保险费为：

$$\tilde{P}_{40:\overline{20}|} = 100\ 000 P_{40:\overline{20}|} = 100\ 000 \frac{M_{40} - M_{60} + D_{60}}{N_{40} - N_{60}} \approx 3\ 987.05(\text{元})$$

$$\tilde{P}_{\overline{20}|} = 100\ 000 \frac{1}{\ddot{s}_{\overline{20}|}} \approx 3\ 819.23(\text{元})$$

$$\tilde{P} = \tilde{P}_{40:\overline{20}|} - \tilde{P}_{\overline{20}|} = 3\ 987.05 - 3\ 819.23 = 167.82(\text{元})$$

## 7.5　保险费返还的保单

一些人寿保险保单，常常规定着各式各样的保单选择条款，以吸引保户，满足保户的不同需要。在保单各种选择权中，不免存在这样的保单：在被保险人死亡时，返还所有已缴纳的纯保险费。特别地，这种附返还保险费规定的保单，就称为保险费返还保单。以下就来分析和计算这种保单的年缴纯保险费。为论述之便，不妨假定保单签发年龄为 $x$ 岁，保险金额 1 元，保险费采取年缴一次的均衡纯保险费，死亡保险金额于死亡发生的年末兑现。

首先，考虑不计利息的保险费返还的保单。

先以普通保单为例。设 $P$ 是该种保单的年缴纯保险费。如果被保险人在第一个保险年度死亡，那么保单将提供保险金额 1 元，并且还将返还第一次缴付的纯保险费。由于纯保险费不计息，所以被保险人在第一个保险年度发生死亡时，保险提供的给付总额为 $(1+P)$ 元。如果被保险人在第二个保险年度发生死亡，那么保险人将提供保险金额 1 元，并返还被保险人已缴纳的两次纯保险费。由于被保险人在第一个保险年度之初和第二个保险年度之初均缴纳了纯保险费 $P$，且它们不计利息，所以保险人提供的给付总额为 $(1+2P)$ 元。继续类似上述的分析，不难得到在第 $k$ 个保险年度末，保险人提供的给付总额为 $(1+kP)$ 元。显然，纯保险费返还额自身形成了一个递增终身死亡保险。根据纯保险费筹集的收支相等原则，令年缴纯保险费的精算现值等于给付额的精算现值，即可获得：

$$P\ddot{a}_x = A_x + P(IA)_x \tag{7.64}$$

$$P = \frac{A_x}{\ddot{a}_x - (IA)_x} = \frac{M_x}{N_x - R_x} \tag{7.65}$$

再看 $n$ 年定期保险费返还保单。令 $P$ 为其年缴纯保险费。类似于普通保险的分析，$P$ 取决于如下公式：

$$P = \frac{E(Z_1 + Z_2)}{E(Y)}$$

$$= \frac{\sum_{k=0}^{n-1} v^{k+1}{}_kp_x q_{x+k} + \sum_{k=0}^{n-1}(k+1)v^{k+1}{}_kp_x q_{x+k}}{\ddot{a}_{x:\overline{n|}}}$$

$$= \frac{A^1_{x:\overline{n|}} + P(IA)^1_{x:\overline{n|}}}{\ddot{a}_{x:\overline{n|}}}$$

整理得：

$$P = \frac{A^1_{x:\overline{n|}}}{\ddot{a}_{x:\overline{n|}} - (IA)^1_{x:\overline{n|}}} \tag{7.66}$$

$$= \frac{M_x - M_{x+n}}{(N_x - N_{x+n}) - (R_x - R_{x+n} - nM_{x+n})} \tag{7.67}$$

上式中：$Z_1$ 为水平保险金额给付现值，$Z_2$ 为递增保险金额给付现值，$Y$ 为单位保险费的现值。

**例 7.19** （1）现年 30 岁的人，采用限期五年缴费的方式，购买年给付额为 10 000 元的 10 年延期 20 年定期期末年金保险，试写出计算这种年金保险年缴纯保险费的替换函数表达式，并计算出结果。计算以 CL1（2010—2013）2.5% 为基础。

（2）如果对于（1）的年金保险同时规定：若被保险人在 10 年延期内死亡，则保险人返还不计利息的已缴纯保险费。试问该年金保险的纯保险费的替换函数表达式又该是什么形式？并以 CL1（2010—2013）2.5% 为基础计算出结果。

**解：**（1）设年缴纯保险费为 $P_1$ 元，则

$$P_1 = {}_5P(10\,000 \cdot {}_{10|}a_{30:\overline{20|}}) = 10\,000 \cdot \frac{{}_{10|}a_{30:\overline{20|}}}{\ddot{a}_{30:\overline{5|}}}$$

$$= 10\,000 \cdot \frac{N_{41} - N_{61}}{N_{30} - N_{35}} \approx 24\,572.73(\text{元})$$

（2）设年缴纯保险费为 $P_2$ 元，则

$$P_2\ddot{a}_{30:\overline{5|}} = 10\,000\,{}_{10|}a_{30:\overline{20|}} + P_2(IA)^1_{30:\overline{5|}} + 5P_2 \cdot {}_{5|}A^1_{30:\overline{5|}}$$

$$P_2 = \frac{10\ 000\ _{10|}a_{30:\overline{20|}}}{\ddot{a}_{30:\overline{5|}} - (IA)^{1}_{30:\overline{5|}} - 5\ _{5|}A^{1}_{30:\overline{5|}}}$$

$$= \frac{10\ 000(N_{41} - N_{61})}{N_{30} - N_{35} - (R_{30} - R_{35} - 5M_{35}) - 5(M_{35} - M_{40})}$$

$$= \frac{10\ 000(N_{41} - N_{61})}{N_{30} - N_{35} - (R_{30} - R_{35} - 5M_{40})} \approx 24\ 777.97(\text{元})$$

其次,考虑计息的保险费返还的保单。

假定计算纯保险费的利息率为 $i$,而返还年缴纯保险费的年利息率为 $j$。$i \neq j$。以下讨论普通寿险保单年缴纯保险费的计算。

设 $P$ 表示在上述假定下的年缴纯保险费。如果投保人在第一个保险年度内死亡,那么保单除提供保险金额 1 元外,还将返还投保人第一次已缴纳的纯保险费以及产生的利息,即 $P(1+j)$。于是,保险人在第一个保险年度末总的给付额为 $1 + P(1+j) = 1 + P\ddot{s}_{\overline{1|}j}$。如果被保险人在第二个保险年度内死亡,那么除提供保险金额 1 元外,还要返还被保险人在第一个保险年度之初和第二个保险年度之初已缴纳的纯保险费及它们产生的利息,即 $1 + P(1+j)^2 + P(1+j)$。于是保险人在第二个保险年度末总的给付额为 $1 + P(1+j)^2 + P(1+j) = 1 + P\ddot{s}_{\overline{2|}j}$;继续类似上述的分析,保险人在第 $t$ 个保险年度末总的给付额为 $1 + P(1+j)^t + \cdots + P(1+j) = 1 + P\ddot{s}_{\overline{t|}j}$。

根据纯保险费收支相等原则:

$$P\mathrm{E}(Y) = \mathrm{E}(Z_1 + Z_2)$$

上式中:$Z_1$ 为水平保险金额保险;$Z_2$ 为返还保险金额保险。

$P$ 由下式决定:

$$P\ddot{a}_x = \sum_{k=0}^{\infty} v^{k+1}\ _kp_x q_{x+k} + \sum_{k=0}^{\infty} P\ddot{s}_{\overline{k+1|}j} v^{k+1}\ _kp_x q_{x+k} \tag{7.68}$$

再看 $n$ 年定期死亡保险。为使问题简化,不妨假定计算纯保险费的利息率 $i$ 等于返还纯保险费的利息率 $i$,年缴纯保险费为 $P$。

类似于普通保单的分析。在 $n$ 年定期死亡保单中,保险人在第一个保险年度末提供的给付总额为 $1 + P(1+i) = 1 + P\ddot{s}_{\overline{1|}}$;在第二个保险年度末提供的给付总额为 $1 + P(1+i)^2 + P(1+i) = 1 + P\ddot{s}_{\overline{2|}}$…… 在第 $n$ 个保险年度末提供的给付总额为 $1 + P(1+i)^n + P(1+i)^{n-1} + \cdots + P(1+i) = 1 + P\ddot{s}_{\overline{n|}}$。从而

$$P\ddot{a}_{x:\overline{n|}} = A^{1}_{x:\overline{n|}} + \sum_{k=0}^{n-1} P\ddot{s}_{\overline{k+1|}j} v^{k+1}\ _kp_x q_{x+k}$$

$$= A^{1}_{x:\overline{n|}} + \frac{P}{d}\sum_{k=0}^{n-1}(1 - v^{k+1})\ _kp_x q_{x+k}$$

$$= A^{1}_{x:\overline{n|}} + \frac{P}{d}(\ _nq_x - A^{1}_{x:\overline{n|}})$$

$$= A^{1}_{x:\overline{n|}} + P(\ddot{a}_{x:\overline{n|}} - \ _nE_x \ddot{s}_{\overline{n|}}) \tag{7.69}$$

$$P = \frac{A^{1}_{x:\overline{n|}}}{_nE_x \ddot{s}_{\overline{n|}}} \tag{7.70}$$

**例 7.20** 现有一种在 30 岁签单、年给付额为 1 200 元的延期期初付生存年金。年金第一次给付从 60 岁开始，要求投保人在延长期内每年缴费一次，限期 30 年缴清保险费。保单同时附有条款：若被保险人在保险费缴纳期内死亡，则保单在死亡发生的年末返还已缴纳的纯保险费以及按计算年缴纯保险费所定利息率产生的利息。问投保人在保险费缴付期内年缴纯保险费为多少？计算以 CL1(2010—2013)2.5% 为基础。

**解**：设所求年缴纯保险费为 $P$ 元，则：

$$P\ddot{a}_{30:\overline{30}|} = 1\,200\,{}_{30|}\ddot{a}_{30} + P(\ddot{a}_{30:\overline{30}|} - {}_{30}E_{30}\ddot{s}_{\overline{30}|})$$

$$P = \frac{1\,200\,{}_{30|}\ddot{a}_{30}}{{}_{30}E_{30}\ddot{s}_{\overline{30}|}} = \frac{1\,200\,{}_{30}E_{30}\ddot{a}_{60}}{{}_{30}E_{30}\ddot{s}_{\overline{30}|}} = \frac{1\,200\ddot{a}_{60}}{\ddot{s}_{\overline{30}|}} \approx 419.23(\text{元})$$

## 习题 7

7-1 证明：${}_hP^1_{x:\overline{n}|} - P^1_{x:\overline{h}|} = {}_hP({}_{h|}A^1_{x:\overline{n-h}|})\quad(n > h)$。

7-2 证明如下关系式是相互等价的：

(1) $\dfrac{A_x}{\ddot{a}_x}$；

(2) $\dfrac{1}{\ddot{a}_x} - d$；

(3) $\dfrac{dA_x}{1 - A_x}$；

(4) $\dfrac{1 - d\ddot{a}_x}{\ddot{a}_x}$。

7-3 将 $A_{30}P_{30:\overline{20}|} + (1 - A_{30})P_{30}$ 表示为年缴纯保险费，并解释所得结果。

7-4 已知 $P_{40:\overline{20}|} = 0.04$，$\ddot{a}_{40} = 24.72$，$\ddot{a}_{40:\overline{20}|} = 15.60$，求 $P_{40}$。

7-5 100 个 70 岁的人每人拿出 $P$ 元来共同成立一个基金，这个基金将给在 72 岁前死亡的人每人 10 万元，在死亡所在年末给付；对于活过 72 岁的人，每人将得到 $P$ 元。计算以 CL1(2010—2013)2.5% 为基础，求 $P$。

7-6 对一个 20 岁的人，有一种特殊的全离散式终身寿险，保险金额为 10 000 元，前 20 年的均衡年缴纯保险费为 $\pi$ 元，以后每年纯保险费为 $2\pi$ 元。计算以 CL1(2010—2013)2.5% 为基础，求 $\pi$。

7-7 两位同学使用同一个生命表来给一个全离散式的两年期两全保险定价，甲同学计算出非均衡纯保险费第一年为 608 元，第二年为 350 元。乙同学计算出年均衡纯保险费为 $\pi$ 元。已知 $d = 0.05$，求 $\pi$。

7-8 某 60 岁的人购买了一份保险金额为 100 000 元的四年延期终身寿险，保险金在死亡时立即给付。被保险人共需要缴纳五次相同年保险费，从购买保险之日开始第一次缴费。已知 $S_0(x) = 1 - \dfrac{x}{100}, 0 \leqslant x \leqslant 100, \delta = 0.05$，试问年缴纯保险费是多少。

7-9 某人 30 岁投保了 20 年的定期寿险，保险金为 50 000 元，保险金于死亡年末给付。假设

保险费按月均衡缴付,以 CL1(2010—2013)2.5%为基础,试计算:

(1) 每月真实纯保险费;

(2) 比例保险费下每月纯保险费。

7 - 10 王五30岁投保了30年定期寿险,若投保生效后前10年死亡给付20 000元,从40岁起死亡给付逐年增加5 000元,假设 $i = 6\%$,死亡年末给付保险金,试求限期20年缴费的年缴均衡纯保险费。

7 - 11 某40岁的人购买了一份初始保险金额为1元的终身寿险。每年保险费和保险金额都以5%的复利息率增长。保险金在死亡所在年末给付。已知 $e_{40} = 35, i = 5\%$。求此人在第一年年初所缴的纯保险费。

7 - 12 某25岁的人参加保险金额为1元的20年缴费的终身寿险的年缴纯保险费为0.046元,参加保险金额为1元的20年定期两全保险的年缴纯保险费为0.064元。已知 $A_{45} = 0.640$,求此人购买保险金额为1元的20年定期寿险每年应缴纳的纯保险费。

7 - 13 某40岁的男子投保了20年缴费20年期保险金额为50 000元的纯生存保险,并约定在保险期内死亡,返还已缴的纯保险费;若返还的保险费:① 不计利息;② 按年利息率2.5%计算利息,以 CL1(2010—2013)2.5%为例,计算该男子每年应分别缴纳的纯保险费。

7 - 14 某40岁的人购买了一份保险金额为100 000元的五年延期终身寿险,保险金于死亡所在年末给付。若在五年延期内死亡,则返还不计利息的已缴保险费。保险费限期在五年延期内缴清。以 CL1(2010—2013)2.5%为基础,计算此人年缴纯保险费。

7 - 15 已知 ${}_{k|}q_x = \frac{1}{9}(0.90)^{k+1}, k = 0,1,2,\cdots, i = 0.08$,死亡力 $\mu$ 为常数。计算 $1\,000(\bar{P}(\bar{A}_x) - P_x)$。

# 8 均衡纯保险费准备金

## 8.1 均衡纯保险费准备金及其性质

从第六章人寿保险费的计算原理中可以知道，当死亡率等于 $q_x$ 时，被保险人投保保险金额为1元的一年定期死亡保险的纯保险费为 $vq_x$ 或者$\int_0^1 v^t {}_tp_x \mu_{x+t} \mathrm{d}t$。$\int_0^1 v^t {}_tp_x \mu_{x+t} \mathrm{d}t$，通常用 $v^{\frac{1}{2}} q_x$ 近似地计算。这样，以每年更新续保为条件，签订一年定期保险合同时，各年度的纯保险费 $vq_x$ 或者$\int_0^1 v^t {}_tp_x \mu_{x+t} \mathrm{d}t (\approx v^{\frac{1}{2}} q_x)$，被称为自然保险费。显然，自然保险费与死亡率成比例，随着被保险人年龄的增长，死亡率通常也增大，从而自然保险费也逐渐增大。对投保人或被保险人而言，当他们到达高龄时，保险费负担变得过于沉重，使缴费发生困难。鉴于这一状况，为克服自然保险费的这种不足，保险人将长期性人寿保险改用平衡或均衡保险费，这样各年纯保险费相等。像这种经平衡化的保险费称为平衡保险费或均衡保险费。特别地，平衡化的纯保险费称为平衡纯保险费或均衡纯保险费。

最先采用均衡保险费制的公司是英国的"老公平"。目前，几乎所有的人寿保险公司都采用均衡保险费制。均衡保险费可以缓解投保人保险费的负担压力。依据均衡纯保险费收入与保险金支出，还导致了均衡保险费制下的责任准备金。均衡纯保险费责任准备金，有时简称为均衡纯保险费准备金，在不引起混淆的情况下，甚至直接称为准备金。

在保单签发生效之日，保险人未来提供保险金额的精算现值，等于未来期望收到的纯保险费的精算现值。但是，随着保险期限的流逝，在保单签发之日以后的保险年度内的某个时刻，保险人提供保险金额的精算现值将发生一定的变化，表现在保险金额的精算现值并不完全等于未来纯保险费的精算现值。对于年金保单，其提供的给付额的精算现值逐渐递减；对于死亡保险保单，其提供的保险金额的精算现值逐渐增大。在保险费缴付期限内，保险人未来仍将收取的纯保险费的精算现值，也将随之逐渐变小。据此，在保险费缴付期限的一个时期内，可能出现保险人的保险金额支出小于投保人的纯保险费收入额；而在保险费缴付期限的另一个时期内，保险人的保险金额支出将大于投保人的纯保险费收入额。

对保险人而言，在假定投保人能够如期缴纳保险费的条件下，事前度量手中应当拥有的、确保未来责任实现的数额,便是一项十分重要的工作。而这个数额就是均衡纯保险费下的责任准备金。因此,均衡保险费责任准备金,乃保险人对全体投保人的一种负责,而非自己的资产。

未特别申明,下文将讨论的准备金均指均衡纯保险费责任准备金。整个计算所用利息率和死亡表与计算纯保险费所用利息率和死亡表相同。

## 8.2 预期法准备金

预期法,又称将来法、前观法以及未缴保险费推算法。预期法是计算责任准备金的一种方法。其含义是:于某一时刻,从将来预期的支出的精算现值中减去将来预期的收入的精算现值所得的金额。进一步,将来预期的支出的精算现值,即为趸缴纯保险费,记作 $A$;设年缴纯保险费为 $P$,将来预期的收入的现值,即为精算现值,记作 $P\ddot{a}$。其中,$\ddot{a}$ 为给付额 1 的生存年金的精算现值。所以,预期法计算的时刻 $t$ 的责任准备金,可表示为:

$$ {}_tV = A - P\ddot{a} \tag{8.1} $$

不同保险形式及不同缴费方式等均产生不同的责任准备金。以下按此思路讨论计算 ${}_tV$ 的不同表达式。

### 8.2.1 在死亡年度提供保险金额的保险

为统一起见,假定保单均在 $x$ 岁签单、保险金额为 1,保险费采用年缴一次的方式,以下考察不同保险在 $t$ 年末的准备金。

(1) 终身保险。其在 $t$ 年末的准备金记作 ${}_tV_x$,且

$$ {}_tV_x = A_{x+t} - P_x\ddot{a}_{x+t} \tag{8.2} $$

当终身寿险采用限期 $h$ 年缴费时,其在 $t$ 年末的准备金记作 ${}_t^hV_x$,且

$$ {}_t^hV_x = \begin{cases} A_{x+t} - {}_hP_x\ddot{a}_{x+t:\overline{h-t}|} & (t < h) \\ A_{x+t} & (t \geqslant h) \end{cases} \tag{8.3} $$

两点注释:① 当 $t \geqslant h$ 时,因为不再有保险费的缴付,所以准备金可以简单地表述为到达年龄时购买的终身寿险的趸缴纯保险费。② 符号 $V$ 之前的左上标 $h$,表示保险费限期缴付的年数。

(2) $n$ 年定期保险。其在 $t$ 年末的准备金记作 ${}_tV^1_{x:\overline{n}|}$,且

$$ {}_tV^1_{x:\overline{n}|} = \begin{cases} A^{\ 1}_{x+t:\overline{n-t}|} - P^1_{x:\overline{n}|}\ddot{a}_{x+t:\overline{n-t}|} & (t < n) \\ 0 & (t = n) \end{cases} \tag{8.4} $$

(3) $n$ 年两全保险。其在 $t$ 年末的准备金记作 ${}_tV_{x:\overline{n}|}$,且

$$ {}_tV_{x:\overline{n}|} = \begin{cases} A_{x+t:\overline{n-t}|} - P_{x:\overline{n}|}\ddot{a}_{x+t:\overline{n-t}|} & (t < n) \\ 1 & (t = n) \end{cases} \tag{8.5} $$

限期 $h$ 年缴费的 $n$ 年两全保险,在 $t$ 年末的准备金记作 ${}_t^hV_{x:\overline{n}|}$,且

$$
{}_t^hV_{x:\overline{n}|}=\begin{cases}A_{x+t:\overline{n-t}|}-{}_hP_{x:\overline{n}|}\ddot{a}_{x+t:\overline{h-t}|} & (t<h)\\ A_{x+t:\overline{n-t}|} & (h\leqslant t<n)\\ 1 & (t=n)\end{cases} \tag{8.6}
$$

**例 8.1**　某人 30 岁购买如下两全保险：保险期限 20 年，被保险人在此期限内死亡，在死亡年末给付 10 000 元；在期限届满时存活，给付 5 000 元。投保人在 15 年内限期年缴保险费。求该保单在①第10年末的责任准备金；②第15年末的责任准备金；③第20年末的责任准备金。以 CL1(2010—2013)2.5% 为计算基础。

**解：** 依题意，假定保单的 15 年限期年缴纯保险费为 $P$ 元，那么

$$P\ddot{a}_{30:\overline{15}|}=10\,000A^{\,1}_{30:\overline{20}|}+5\,000\,{}_{20}E_{30}$$

$$P=\frac{10\,000A^{\,1}_{30:\overline{20}|}+5\,000\,{}_{20}E_{30}}{\ddot{a}_{30:\overline{15}|}}$$

$$=\frac{10\,000(M_{30}-M_{50})+5\,000D_{50}}{N_{30}-N_{45}}\approx 254.47(\text{元})$$

据此，保单的责任准备金分别为：

① $${}_{10}V=10\,000A^{\,1}_{40:\overline{10}|}+5\,000\,{}_{10}E_{40}-P\ddot{a}_{40:\overline{5}|}$$

$$=10\,000\frac{M_{40}-M_{50}}{D_{40}}+5\,000\frac{D_{50}}{D_{40}}-P\frac{N_{40}-N_{45}}{D_{40}}\approx 2\,819.70(\text{元})$$

② $${}_{15}V=10\,000A^{\,1}_{45:\overline{5}|}+5\,000\,{}_{5}E_{45}$$

$$=10\,000\frac{M_{45}-M_{50}}{D_{45}}+5\,000\frac{D_{50}}{D_{45}}\approx 4\,496.95(\text{元})$$

③ $${}_{20}V=5\,000(\text{元})$$



### 8.2.2　在死亡后立即提供保险金额的保险

以下将讨论的保险形式，完全平行于上述在死亡年末提供保险金额的保险。除保险金额于死亡后立即提供外，其余假定完全相同。像这类保险的责任准备金，通常用符号 $V$ 和趸缴纯保险费相结合来表示。

（1）终身保险：

$$
{}_tV(\bar{A}_x)=\bar{A}_{x+t}-P(\bar{A}_x)\ddot{a}_{x+t} \tag{8.7}
$$

限期 $h$ 年缴费的终身保险：

$$
{}_t^hV(\bar{A}_x)=\begin{cases}\bar{A}_{x+t}-{}_hP(\bar{A}_x)\ddot{a}_{x+t:\overline{h-t}|} & (t<h)\\ \bar{A}_{x+t} & (t\geqslant h)\end{cases} \tag{8.8}
$$

（2）$n$ 年定期保险：

$$
{}_tV(\bar{A}^{\,1}_{x:\overline{n}|})=\begin{cases}\bar{A}^{\,1}_{x+t:\overline{n-t}|}-P(\bar{A}^{\,1}_{x:\overline{n}|})\ddot{a}_{x+t:\overline{n-t}|} & (t<n)\\ 0 & (t=n)\end{cases} \tag{8.9}
$$

（3）$n$ 年两全保险：

$$
{}_tV(\bar{A}_{x:\overline{n}|})=\begin{cases}\bar{A}_{x+t:\overline{n-t}|}-P(\bar{A}_{x:\overline{n}|})\ddot{a}_{x+t:\overline{n-t}|} & (t<n)\\ 1 & (t=n)\end{cases} \tag{8.10}
$$

限期 $h$ 年缴费的两全保险：

$$
{}_t^hV(\bar{A}_{x:\overline{n}|}) = \begin{cases} \bar{A}_{x+t:\overline{n-t}|} - P(\bar{A}_{x:\overline{n}|})\ddot{a}_{x+t:\overline{h-t}|} & (t < h) \\ \bar{A}_{x+t:\overline{n-t}|} & (h \leqslant t < n) \\ 1 & (t = n) \end{cases} \tag{8.11}
$$

### 8.2.3 年金保险

假定所讨论年金保险签单年龄为 $x$ 岁，年给付额为 1 元，考虑在 $t$ 年末的准备金。其准备金的记法用符号 $V$ 与年金精算现值相结合来表示。

以 $n$ 年延期期初终身生存年金为例，其在 $t$ 年末的准备金，记作 ${}_tV({}_{n|}\ddot{a}_x)$，且

$$
{}_tV({}_{n|}\ddot{a}_x) = \begin{cases} {}_{n-t|}\ddot{a}_{x+t} - P({}_{n|}\ddot{a}_x)\ddot{a}_{x+t:\overline{n-t}|} & (t < n) \\ \ddot{a}_{x+t} & (t \geqslant n) \end{cases} \tag{8.12}
$$

这里，年缴纯保险费限期于延长期内缴付。

限期 $h$ 年缴费的 $n$ 年延付期初终身生存年金，在 $t$ 年末的准备金，记作 ${}_t^hV({}_{n|}\ddot{a}_x)$，且

$$
{}_t^hV({}_{n|}\ddot{a}_x) = \begin{cases} {}_{n-t|}\ddot{a}_{x+t} - {}_hP({}_{n|}\ddot{a}_x)\ddot{a}_{x+t:\overline{n-t}|} & (t < h) \\ {}_{n-t|}\ddot{a}_{x+t} & (h \leqslant t < n) \\ \ddot{a}_{x+t} & (t \geqslant n) \end{cases} \tag{8.13}
$$

严格说来，在讨论预期法准备金公式时，$t$ 并不只限于整数，但是为与第六章和第七章的内容衔接，讨论 $t$ 为正整数，即签单后的第 $t$ 个保单年末的准备金。

**例** 8.2　已知 ${}_{10}V_{30} = 0.15$，${}_{20}V_{30} = 0.20$，求 ${}_{10}V_{40}$。

**解**：因为

$$
{}_{10}V_{30} = 1 - \frac{\ddot{a}_{40}}{\ddot{a}_{30}} = 0.15,\quad {}_{20}V_{30} = 1 - \frac{\ddot{a}_{50}}{\ddot{a}_{30}} = 0.20;
$$

由此可得

$$
\frac{\ddot{a}_{50}}{\ddot{a}_{40}} = 0.68;
$$

所以

$$
{}_{10}V_{40} = 1 - \frac{\ddot{a}_{50}}{\ddot{a}_{40}} = 1 - 0.68 = 0.32
$$

## 8.3　追溯法准备金

追溯法，又称过去法、后观法或已缴保险费推算法。追溯法也是计算责任准备金的一种方法。追溯法准备金，就是将被保险人过去缴付的纯保险费收入的精算终值，减去过去给付各死亡被保险人的保险金的精算终值所得的金额。

令 $A$ 表示保险人过去给付各死亡被保险人的保险金的精算现值或趸缴纯保险费，$S$ 表示被保险人过去缴付的纯保险费的精算终值，$P$ 代表均衡纯保险费，$E$ 代表纯生存保险的趸缴纯保险费或精算现值，那么追溯法准备金的一般计算公式可表示为：

$$ {}_tV = Ps - \frac{A}{E} \text{ 或 } Ps - k \tag{8.14} $$

上式中：$k$ 为趸缴纯保险费或精算现值的精算终值。

下面就主要保险形式的 ${}_tV$ 计算公式做进一步的讨论。其中有关保险的约定与本书 8.2 相同。

### 8.3.1 在死亡年末提供保险金额的保险

(1) 终身保险：

$$ {}_tV_x = P_x\ddot{s}_{x:\overline{t|}} - \frac{A^{1}_{x:\overline{n|}}}{{}_tE_x} \tag{8.15} $$

$$ = P_x\ddot{s}_{x:\overline{t|}} - {}_tk_x \tag{8.16} $$

上式中：${}_tk_x = \dfrac{A^{1}_{x:\overline{n|}}}{{}_tE_x}$ 表示在最初的 $t$ 年内，保险金额为 1 元的 $t$ 年期定期寿险的趸缴纯保险费累积到第 $t$ 年末的精算终值。${}_tk_x$ 有时又称作保险累积成本或死亡给付的积存值。

限期 $h$ 年缴费的终身保险：

$$ {}^{h}_{t}V_x = \begin{cases} {}_hP_x\ddot{s}_{x:\overline{t|}} - {}_tk_x & (t < h) \\ {}_hP_x\ddot{s}_{x:\overline{h|}} \cdot \dfrac{1}{{}_{t-h}E_{x+h}} - {}_tk_x & (t \geqslant h) \end{cases} \tag{8.17} $$

(2) $n$ 年定期保险：

$$ {}_tV^{1}_{x:\overline{n|}} = \begin{cases} P^{1}_{x:\overline{n|}}\ddot{s}_{x:\overline{t|}} - {}_tk_x & (t < n) \\ P^{1}_{x:\overline{n|}}\ddot{s}_{x:\overline{n|}} - \dfrac{A^{1}_{x:\overline{n|}}}{{}_nE_x} = 0 & (t = n) \end{cases} \tag{8.18} $$

(3) $n$ 年两全保险：

$$ {}^{h}_{t}V_{x:\overline{n|}} = \begin{cases} P_{x:\overline{n|}}\ddot{s}_{x:\overline{t|}} - {}_tk_x & (t < n) \\ 1 & (t = n) \end{cases} \tag{8.19} $$

限期 $h$ 年缴费的 $n$ 年两全保险：

$$ {}_hV_{x:\overline{n|}} = \begin{cases} {}_hP_{x:\overline{n|}}\ddot{s}_{x:\overline{t|}} - \dfrac{A^{1}_{x:\overline{t|}}}{{}_tE_x} & (t < h) \\ {}_hP_{x:\overline{n|}}\ddot{s}_{x:\overline{h|}} \cdot \dfrac{1}{{}_{t-h}E_{x+h}} - \dfrac{A^{1}_{x:\overline{t|}}}{{}_tE_x} & (h \leqslant t < n) \\ 1 & (t = n) \end{cases} \tag{8.20} $$

### 8.3.2 在死亡后立即提供保险金额的保险

(1) 终身保险：

$$ {}_tV(\bar{A}_x) = P(\bar{A}_x)\ddot{s}_{x:\overline{t|}} - \frac{\bar{A}^{1}_{x:\overline{t|}}}{{}_tE_x} \tag{8.21} $$

$$ = P(\bar{A}_x)\ddot{s}_{x:\overline{t|}} - {}_t\bar{k}_x $$

上式中：${}_t\bar{k}_x = \dfrac{\bar{A}^{1}_{x:\overline{t}|}}{{}_tE_x}$

限期 $h$ 年缴费的终身保险：

$$ {}^{h}_{t}V(\bar{A}_x) = \begin{cases} {}_hP(\bar{A}_x)\ddot{s}_{x:\overline{t}|} - {}_t\bar{k}_x & (t < h) \\ {}_hP(\bar{A}_x)\ddot{s}_{x:\overline{h}|} \cdot \dfrac{1}{{}_{t-h}E_{x+h}} - {}_t\bar{k}_x & (t \geqslant h) \end{cases} \tag{8.22} $$

(2) $n$ 年定期保险：

$$ {}_tV(\bar{A}^{1}_{x:\overline{n}|}) = P(\bar{A}^{1}_{x:\overline{n}|})\ddot{s}_{x:\overline{t}|} - {}_t\bar{k}_x \quad (t \leqslant n) \tag{8.23} $$

(3) $n$ 年两全保险：

$$ {}_tV(\bar{A}_{x:\overline{n}|}) = \begin{cases} P(\bar{A}_{x:\overline{n}|})\ddot{s}_{x:\overline{t}|} - {}_t\bar{k}_x & (t < n) \\ 1 & (t = n) \end{cases} \tag{8.24} $$

限期 $h$ 年缴费的 $n$ 年两全保险：

$$ {}^{h}_{t}V(\bar{A}_{x:\overline{n}|}) = \begin{cases} {}_hP(\bar{A}_{x:\overline{n}|})\ddot{s}_{x:\overline{t}|} - {}_t\bar{k}_x & (t < h) \\ {}_hP(\bar{A}_{x:\overline{n}|})\ddot{s}_{x:\overline{h}|} \cdot \dfrac{1}{{}_{t-h}E_{x+h}} - {}_t\bar{k}_x & (h \leqslant t < n) \\ 1 & (t = n) \end{cases} \tag{8.25} $$

### 8.3.3 年金保险

$n$ 年延付期初终身生存年金：

$$ {}^{n}_{t}V({}_{n|}\ddot{a}_x) = \begin{cases} {}_nP({}_{n|}\ddot{a}_x)\ddot{s}_{x:\overline{t}|} & (t < n) \\ {}_nP({}_{n|}\ddot{a}_x)\ddot{s}_{x:\overline{n}|} \cdot \dfrac{1}{{}_{t-n}E_{x+n}} - \dfrac{\ddot{a}_{x+n:\overline{t-n}|}}{{}_{t-n}E_{x+n}} & (t \geqslant n) \end{cases} \tag{8.26} $$

限期 $h$ 年缴费 $n$ 年延付期初终身生存年金：

$$ {}^{h}_{t}V({}_{n|}\ddot{a}_x) = \begin{cases} {}_hP({}_{n|}\ddot{a}_x)\ddot{s}_{x:\overline{t}|} & (t < h) \\ {}_hP({}_{n|}\ddot{a}_x)\ddot{s}_{x:\overline{h}|} \cdot \dfrac{1}{{}_{t-h}E_{x+h}} & (h \leqslant t < n) \\ {}_hP({}_{n|}\ddot{a}_x)\ddot{s}_{x:\overline{h}|}\dfrac{1}{{}_{t-h}E_{x+h}} - \dfrac{\ddot{a}_{x+n:\overline{t-n}|}}{{}_{t-n}E_{x+n}} & (t \geqslant n) \end{cases} \tag{8.27} $$

**例 8.3** 在例 8.1 的条件下，用追溯法写出保单在 10 年末的责任准备金的替换函数表达式。以 CL1（2010—2013）2.5% 为计算基础。

**解**：设所求时点的责任准备金为 ${}_{10}V$ 元，则

$$ {}_{10}V = P\ddot{s}_{30:\overline{10}|} - 10\ 000 \cdot \frac{A^{1}_{30:\overline{10}|}}{{}_{10}E_{30}} $$

$$ = P \cdot \frac{N_{30} - N_{40}}{D_{40}} - 10\ 000 \cdot \frac{M_{30} - M_{40}}{D_{40}} \approx 2\ 819.70（元） $$

## 8.4 预期法与追溯法的等价性及其运用规则

### 8.4.1 预期法与追溯法准备金的等价性

可以证明：当选用相同的生命表和预定利息率，以均衡纯保险费作为评估准备金的基础，在相同时刻的准备金，用预期法计算所得的值总是等于用追溯法计算所得的值。

事实上，在保单规定的缴费期间的任一时刻，过去已缴纳的和未来将缴纳的所有保险费的值必须等于该保单已提供的和承诺将在未来保险期限内提供的保险金额的值。当然，这种等式的成立，乃基于所在时刻的现值或终值而言。

约定：$P\ddot{s}_t + P\ddot{a}_t$ 表示过去和未来保险费在时刻 $t$ 的值。${}_tk + A_t$ 表示过去和未来给付额在时刻 $t$ 的值。因此，

$$P\ddot{s}_t + P\ddot{a}_t = {}_tk + A_t$$

移项得：

$$P\ddot{s}_t - {}_tk = A_t - P\ddot{a}_t$$

可见，等式左边正是追溯法准备金公式，而等式右边正是预期法准备金公式。

同理，在保单规定的缴费期限以外的任一时刻，追溯法也等价于预期法。

预期法和追溯法的等价性揭示：在相同时刻的准备金，无论用预期法计算，还是用追溯法计算，均可以得到相同的值。但是，恰当地选择预期法或者追溯法，却可使计算得到极大的简化。以下是选用追溯法或者预期法的两个基本规则：

(1) 在保险费缴付期以外的时刻 $t$ 计算准备金，宜选择预期法，此时的准备金简单地等于在到达年龄时的未来给付的趸缴纯保险费或精算现值。例如，当 $t \geqslant n$ 时，${}_t^nV_x = A_{x+t}$，${}_t^nV({}_{n|}\ddot{a}_x) = \ddot{a}_{x+t}$。

(2) 在无须提供保险金额的期间内的时刻 $t$ 计算准备金，宜选择追溯法。此时刻的准备金简单地等于过去已缴纯保险费的精算终值。例如，当 $t < n$ 时，${}_t^nV({}_{n|}\ddot{a}_x) = {}_nP({}_{n|}\ddot{a}_x)\ddot{s}_{x:\overline{t|}}$。

**例 8.4** 现有两种保单：$n$ 年期两全保险和限期 $n$ 年缴费的终身寿险，均在 $x$ 岁时签单，保险金额均为 1，试求两种保单在签单后的 $h$ 年末准备金的差额。其中，两保单按年均衡制缴费，$h$ 小于或等于两种保单规定的缴费期限的较短者，并假设在开始的 $h$ 年内死亡保险金都为 1。在此基础上，证明关系式 $P_{x:\overline{n|}} = {}_nP_x + P_{x:\overline{n|}}^{\ \ 1}(1 - A_{x+n})$ 成立。

**解**：假设两种保单的年缴均衡纯保险费和在第 $h$ 年末的责任准备金分别为 $P_1$、$P_2$ 和 ${}_1V$、${}_2V$，那么根据追溯法有：

$${}_1V = P_1\ddot{s}_{x:\overline{h|}} - {}_hk_x$$

$${}_2V = P_2\ddot{s}_{x:\overline{h|}} - {}_hk_x$$

两式相减得

$${}_1V - {}_2V = (P_1 - P_2)\ddot{s}_{x:\overline{h|}}$$

这表明：准备金之差等于纯保险费之差作为给付额所构成的生存年金的精算终值或纯

保险费之差在利息和遗族利益下的累计值。

进一步，对上式变形整理得

$$P_1 - P_2 = \frac{1}{\ddot{s}_{x:\overline{h}|}}({}_1V - {}_2V) = \frac{{}_hE_x}{\ddot{a}_{x:\overline{h}|}}({}_1V - {}_2V) = P_{x:\overline{h}|}^{\ \ 1}({}_1V - {}_2V)$$

特别地，对于 $n$ 年期两全保险与限期 $n$ 年缴费的终身寿险而言，这里 $h = n$。

$$\because\ {}_nV_{x:\overline{n}|} = 1,\ {}_n^nV_x = A_{x+n}$$

$$\therefore\ P_{x:\overline{n}|} = {}_nP_x + P_{x:\overline{n}|}^{\ \ 1}(1 - A_{x+n})$$

### 8.4.2 负准备金产生的可能性及处理对策

本小节运用预期法或追溯法，对两全保单进行分析，以解释负准备金产生的可能性，进而分析对此的处理对策。

准备金之所以存在，是因为保险人采用了均衡纯保险费。为弥补随年龄不断增长的风险，可能出现不足以给付的情况。对于大多数常见的保单，若采用均衡保险费制，则在早些年份的保险费收入能够抵补这些年份的风险责任。然而，实际中并非所有保单均如此。例如，递减保险金额的某些保单，在保险期限内的早些年份，所收取的纯保险费可能不足以补偿约定的保险金额，以至于在这些年份产生负的准备金。

回顾前面对两全保单的分析。两全保单可以分解为两种成分的结合：一种是储蓄成分，其累积总额等于保单满期给付额；另一种是递减定期死亡保险成分，它在任一时刻的给付额等于两全保单约定保险金额与已积累到这一时刻的储金之差额。下面以 35 岁签单的限期 10 年缴费 15 年保险金额为 1 的两全保单的递减定期死亡保险成分为例，以 CL1(2010—2013)2.5% 为计算基础，说明负准备金产生的可能性。

因为限期 10 年的储金成分的保险费为：

$$\frac{1}{(1.025)^5\ddot{s}_{\overline{10}|}} = 0.076\ 968$$

而两全保单的限期 10 年缴一次纯保险费为 0.077 796，所以递减定期死亡保险成分的纯保险费为 $0.077\ 796 - 0.076\ 968 = 0.000\ 828$。

根据上述分析，就容易分析递减定期死亡保险成分在一年末的准备金了。在第一年末，保险人的给付额等于 1 扣除已累积的储金，其给付额即为 $1 - 0.073\ 054 \times 1.03 = 0.924\ 754$。用追溯法计算的一年末的准备金为：

$$P \cdot \ddot{s}_{35:\overline{1}|} - {}_1k_{35} = 0.000828 \cdot \frac{D_{35}}{D_{36}} - 0.9211078 \cdot \frac{C_{35}}{D_{36}} = -0.000\ 175$$

上式表明递减定期保险的纯保险费在第一年不足以支付给付额。如果保险人单独发行此种保单，那么保险人无疑会承担一定的风险。然而，在实务中，保险人一般并不单独发行这样的保单，而是往往只作为两全保单的一种成分。这样，保险人在根本上并未承担风险，因为递减定期保险成分的准备金为 $-0.000\ 175$，但是储金累积额为 0.078 892，所以在第一年末两全保单的准备金为 0.078 717。

从上述分析还可以总结出如下的一般结论，这些结论同时也为处理负准备金提供了基本措施：签发递减保单，限期缴费期限越短，负准备金出现的可能性越小；反之，限期缴费期限越长，负准备金产生的可能性越大。

## 8.5 期末准备金的不同表达式

期末准备金是相对于期初准备金而言的。一般情况下，第 $t$ 个保险年度末的准备金记作 ${}_tV$，即 $t$ 年期末准备金。而 $t$ 年期初准备金，系指刚收取保险费以后的责任准备金，即 $({}_{t-1}V+P)$。

以预期法和追溯法所得的基本公式为基础，可以推导出期末准备金的一系列有用的转换形式。

### 8.5.1 年缴费一次，于死亡年底提供保险金额的保险

1. 终身保险

预期法基本公式：

$$ {}_tV_x = A_{x+t} - P_x\ddot{a}_{x+t} $$

年金精算现值公式：

$$ {}_tV_x = 1 - \frac{\ddot{a}_{x+t}}{\ddot{a}_x} \tag{8.28} $$

趸缴纯保险费公式：

$$ {}_tV_x = \frac{A_{x+t} - A_x}{1 - A_x} \tag{8.29} $$

年缴纯保险费公式：

$$ {}_tV_x = \frac{P_{x+t} - P_x}{P_{x+t} + d} \tag{8.30} $$

2. 两全保险

预期法基本公式：

$$ {}_tV_{x:\overline{n}|} = A_{x+t:\overline{n-t}|} - P_{x:\overline{n}|}\ddot{a}_{x+t:\overline{n-t}|} $$

年金精算现值公式：

$$ {}_tV_{x:\overline{n}|} = 1 - \frac{\ddot{a}_{x+t:\overline{n-t}|}}{\ddot{a}_{x:\overline{n}|}} \tag{8.31} $$

趸缴纯保险费公式：

$$ {}_tV_{x:\overline{n}|} = \frac{A_{x+t:\overline{n-t}|} - A_{x:\overline{n}|}}{1 - A_{x:\overline{n}|}} \tag{8.32} $$

年缴纯保险费公式：

$$ {}_tV_{x:\overline{n}|} = \frac{P_{x+t:\overline{n-t}|} - P_{x:\overline{n}|}}{P_{x+t:\overline{n-t}|} + d} \tag{8.33} $$

### 8.5.2　年缴连续纯保险费、于死亡后立即提供保险金额的保险

1. 终身保险

$$ {}_t\bar{V}(\bar{A}_x) = \bar{A}_{x+t} - \bar{P}(\bar{A}_x)\bar{a}_{x+t} \quad \text{(预期法公式)} $$

$$ = 1 - \frac{\bar{a}_{x+t}}{\bar{a}_x} \quad \text{(年金精算现值公式)} \quad (8.34) $$

$$ = \frac{\bar{A}_{x+t} - \bar{A}_x}{1 - \bar{A}_x} \quad \text{(趸缴纯保险费公式)} \quad (8.35) $$

$$ = \frac{\bar{P}(\bar{A}_{x+t}) - \bar{P}(\bar{A}_x)}{\bar{P}(\bar{A}_{x+t}) + \delta} \quad \text{(年缴纯保险费公式)} \quad (8.36) $$

2. 两全保险

$$ {}_t\bar{V}(\bar{A}_{x:\overline{n}|}) = \bar{A}_{x+t:\overline{n-t}|} - \bar{P}(\bar{A}_{x:\overline{n}|}) \cdot \bar{a}_{x+t:\overline{n-t}|} \quad \text{(预期法公式)} $$

$$ = 1 - \frac{\bar{a}_{x+t:\overline{n-t}|}}{\bar{a}_{x:\overline{n}|}} \quad \text{(年金精算现值公式)} \quad (8.37) $$

$$ = \frac{\bar{A}_{x+t:\overline{n-t}|} - \bar{A}_{x:\overline{n}|}}{1 - \bar{A}_{x:\overline{n}|}} \quad \text{(趸缴纯保险费公式)} \quad (8.38) $$

$$ = \frac{\bar{P}(\bar{A}_{x+t:\overline{n-t}|}) - \bar{P}(\bar{A}_{x:\overline{n}|})}{\bar{P}(\bar{A}_{x+t:\overline{n-t}|}) + \delta} \quad \text{(年缴纯保险费公式)} \quad (8.39) $$

其余保险形式，如定期保险、延期保险等准备金的转换形式，均可用类似的方法获得。只是这些保险的准备金的表达形式并不像终身保险和两全保险那样规范。

**例 8.5**　证明：$\bar{P}(\bar{A}_{x:\overline{m+n}|}) = \bar{P}(\bar{A}^{1}_{x:\overline{m}|}) + \bar{P}_{x:\overline{m}|}^{\;1}\,{}_m\bar{V}(\bar{A}_{x:\overline{m+n}|})$。

**证明：** 根据追溯法公式

$$ {}_m\bar{V}(\bar{A}_{x:\overline{m+n}|}) = \bar{P}(\bar{A}_{x:\overline{m+n}|})\bar{s}_{x:\overline{m}|} - \frac{\bar{A}^{1}_{x:\overline{m}|}}{{}_mE_x} $$

$$ = \bar{P}(\bar{A}_{x:\overline{m+n}|}) \cdot \frac{\bar{a}_{x:\overline{m}|}}{{}_mE_x} - \frac{\bar{A}^{1}_{x:\overline{m}|}}{{}_mE_x} $$

$$ {}_mE_x\,{}_m\bar{V}(\bar{A}_{x:\overline{m+n}|}) = \bar{P}(\bar{A}_{x:\overline{m+n}|})\bar{a}_{x:\overline{m}|} - \bar{A}^{1}_{x:\overline{m}|} $$

两边同除以 $\bar{a}_{x:\overline{m}|}$，得

$$ \bar{P}_{x:\overline{m}|}^{\;1}\,{}_m\bar{V}(\bar{A}_{x:\overline{m+n}|}) = \bar{P}(\bar{A}_{x:\overline{m+n}|}) - \bar{P}(\bar{A}^{1}_{x:\overline{m}|}) $$

亦即

$$ \bar{P}(\bar{A}_{x:\overline{m+n}|}) = \bar{P}(\bar{A}^{1}_{x:\overline{m}|}) + \bar{P}_{x:\overline{m}|}^{\;1} \cdot {}_m\bar{V}(\bar{A}_{x:\overline{m+n}|}) $$

从本例中还可推出，期末准备金的表达式依采用方法不同而有多种表达式。从本例中还可得到准备金的另一种形式：

根据等式

$$ {}_m\bar{V}(\bar{A}_{x:\overline{m+n}|}) = \bar{P}(\bar{A}_{x:\overline{m+n}|}) \cdot \frac{\bar{a}_{x:\overline{m}|}}{{}_mE_x} - \frac{\bar{A}^{1}_{x:\overline{m}|}}{{}_mE_x} $$

$$ = \left[\bar{P}(\bar{A}_{x:\overline{m+n}|}) - \frac{\bar{A}^{1}_{x:\overline{m}|}}{\bar{a}_{x:\overline{m}|}}\right] \cdot \frac{\bar{a}_{x:\overline{m}|}}{{}_mE_x} $$

$$= [\bar{P}(\bar{A}_{x:\overline{m+n}|}) - \bar{P}(\bar{A}^{1}_{x:\overline{m}|})] \cdot \frac{1}{\bar{P}(A_{x:\overline{m}|}^{\ \ 1})}$$

$$= \frac{\bar{P}(\bar{A}_{x:\overline{m+n}|}) - \bar{P}(\bar{A}^{1}_{x:\overline{m}|})}{\bar{P}(A_{x:\overline{m}|}^{\ \ 1})}$$

**例 8.6** 某30岁的人投保全连续终身寿险,已知 $\mu_x = \begin{cases} 0.05, & 30 < x < 40 \\ 0.06, & x \geqslant 40 \end{cases}$, $\delta = 0.1$, 求 ${}_{10}\bar{V}(\bar{A}_{30})$。

**解:** $\bar{a}_{30} = \int_0^\infty v^t {}_tp_{30}\mathrm{d}t = \int_0^{10} \mathrm{e}^{-0.1t}\mathrm{e}^{-0.05t}\mathrm{d}t + {}_{10}E_{30}\int_0^\infty \mathrm{e}^{-0.1t}\mathrm{e}^{-0.06t}\mathrm{d}t$

$$= \int_0^{10} \mathrm{e}^{-0.15t}\mathrm{d}t + \mathrm{e}^{-1.5}\int_0^\infty \mathrm{e}^{-0.16t}\mathrm{d}t \approx 6.57$$

$$\bar{a}_{40} = \frac{1}{\mu + \delta} = \frac{1}{0.06 + 0.1} = \frac{1}{0.16}$$

$${}_{10}\bar{V}(\bar{A}_{30}) = 1 - \frac{\bar{a}_{40}}{\bar{a}_{30}} \approx 0.05$$

## 8.6 相邻年度期末准备金之间的关系及法克勒公式

### 8.6.1 相邻年度期末准备金之间的关系

根据预期法准备金公式,终身死亡保险的准备金公式如下:

$${}_tV_x = A_{x+t} - P_x\ddot{a}_{x+t} = A_{x+t} - P_x(1 + a_{x+t})$$

在两边同加上 $P_x$,得

$${}_tV_x + P_x = A_{x+t} - P_x a_{x+t}$$

再代入变换式:

$$A_{x+t} = vq_{x+t} + vp_{x+t}A_{x+t+1}$$

$$a_{x+t} = vp_{x+t}\ddot{a}_{x+t+1}$$

从而

$$\begin{aligned} {}_tV_x + P_x &= (vq_{x+t} + vp_{x+t}A_{x+t+1}) - P_x(vp_{x+t}\ddot{a}_{x+t+1}) \\ &= vq_{x+t} + vp_{x+t}(A_{x+t+1} - P_x\ddot{a}_{x+t+1}) \\ &= vq_{x+t} + vp_{x+t}\ {}_{t+1}V_x \end{aligned}$$

即

$${}_tV_x + P_x = vq_{x+t} + vp_{x+t}\ {}_{t+1}V_x \tag{8.40}$$

该式说明:第 $t$ 年末的准备金 ${}_tV_x$ 与第 $t+1$ 年初应付的纯保险费之和,亦即第 $t+1$ 年初的期初准备金(${}_tV_x + P_x$),能够提供次年保险金额为 1 的定期保险的给付和次年保险金额为 ${}_{t+1}V_x$ 的纯生存保险的给付。

在等式 ${}_tV_x + P_x = vq_{x+t} + vp_{x+t}\ {}_{t+1}V_x$ 的两边同乘以 $(1+i)l_{x+t}$,适当整理即可得:

$$l_{x+t}({}_tV_x + P_x)(1+i) = d_{x+t} + l_{x+t+1} \cdot {}_{t+1}V_x \tag{8.41}$$

这个等式的含义是：第 $t$ 年末的 $l_{x+t}$ 人的准备金总额 $l_{x+t}\,{}_tV_x$ 与那时应缴付的所有纯保险费 $l_{x+t}P_x$ 之和，累积一年的终值能够提供①当年死亡者每人 1 元的保险金额，共计 $d_{x+t}$ 元；②当年存活者每人 ${}_{t+1}V_x$ 元的给付，共计 $(l_{x+t+1} \cdot {}_{t+1}V_x)$ 元。

进一步，在等式(8.40)中，用 $1-q_{x+t}$ 代替 $p_{x+t}$ 又可得如下等式：

$$P_x = (v \cdot {}_{t+1}V_x - {}_tV_x) + (1 - {}_{t+1}V_x)vq_{x+t} \tag{8.42}$$

在该等式中，第一项 $(v\,{}_{t+1}V_x - {}_tV_x)$ 是这样一个量：年初 ${}_tV_x$ 在利息且仅在利息的作用下，在当年底可以累积到 ${}_{t+1}V_x$，需要开支 $(v\,{}_{t+1}V_x - {}_tV_x)$，因此称 $(v\,{}_{t+1}V_x - {}_tV_x)$ 为储蓄保险费；第二项 $(1 - {}_{t+1}V_x)vq_{x+t}$ 代表保险给付额为 $(1 - {}_{t+1}V_x)$ 的一年定期死亡保险的纯保险费。式中 $(1 - {}_{t+1}V_x)$ 亦即保险金额减去保单在第 $t+1$ 年所积累的责任准备金的差额，称为第 $t+1$ 年的危险保险金额。而保险人提供危险保险金额的期望值即 $(1 - {}_{t+1}V_x)q_{x+t}$ 称为第 $t+1$ 年以危险保险金额为基础的保险成本。进一步，以危险保险金额为基础的自然保险费 $(1 - {}_{t+1}V_x)vq_{x+t}$ 称为危险保险费。所以，年缴纯保险费可以分解为储蓄保险费和危险保险费之和。

**例 8.7**　试证：终身死亡保险期末准备金可以用保险成本表达如下：

$$ {}_nV_x = P_x\ddot{s}_{\overline{n|}} - \sum_{t=0}^{n-1}(1+i)^{n-t-1}K_{x+t}$$

这里：$K_{x+t} = q_{x+t}(1 - {}_{t+1}V_x)$ 为保险成本；$P_x$ 为终身死亡保险均衡纯保险费。

**证明：** 将 $({}_tV_x + P_x)(1+i) = {}_{t+1}V_x + q_{x+t}(1 - {}_{t+1}V_x)$ 变形得：

$$ {}_{t+1}V_x - (1+i)\,{}_tV_x = P_x(1+i) - q_{x+t}(1 - {}_{t+1}V_x)$$

在等式两边同乘以 $(1+i)^{n-t-1}$，再求和：

$$\sum_{t=0}^{n-1}[(1+i)^{n-t-1}\,{}_{t+1}V_x - (1+i)^{n-t}\,{}_tV_x] = \sum_{t=0}^{n-1}P_x(1+i)^{n-t} - \sum_{t=0}^{n-1}(1+i)^{n-t-1}K_{x+t}$$

经简化得：

$$ {}_nV_x = P_x\ddot{s}_{\overline{n|}} - \sum_{t=0}^{n-1}(1+i)^{n-t-1}K_{x+t}$$

该等式表明：第 $n$ 年末的准备金等于纯保险费在一定利息率下的终值，扣减以各年危险保险金额为基础的保险成本的终值后的余额。

终身保险在相邻年度的期末准备金之间的关系，完全可以推广到其他保险类型。相邻年度的期末准备金之间的一般关系可概括如下：

$$({}_tV + P)(1+i) = b_{t+1}q_{x+t} + p_{x+t}\,{}_{t+1}V \tag{8.43}$$

或者

$$({}_tV + P)(1+i) = {}_{t+1}V + q_{x+t}(b_{t+1} - {}_{t+1}V) \tag{8.44}$$

整理可得

$$P = (v\,{}_{t+1}V - {}_tV) + (b_{t+1} - {}_{t+1}V)vq_{x+t} \tag{8.45}$$

上式中：$b_{t+1}$ 代表第 $t+1$ 年的保险金额。

**例 8.8**　在 $x$ 岁签发的某种保险，其保险的满期值为 1。若被保险人在 $n$ 年内死亡，则保单提供的给付额为 1 与死亡年末的均衡纯保险费准备金之和。试给出计算这种保险的年缴均衡纯保险费公式。

**解**：设年缴均衡化保险费为 $P$，则

$$P = (v_{t+1}V_x - {}_tV_x) + (b_{t+1} - {}_{t+1}V_x)vq_{x+t}$$
$$= v_{t+1}V_x - {}_tV_x + vq_{x+t}$$

整理得：

$$v_{t+1}V_x - {}_tV_x = P - vq_{x+t}$$

两边同乘以 $v^t$，然后再求和，即：

$$\sum_{t=0}^{n-1}(v^{t+1}{}_{t+1}V_x - v^t{}_tV_x) = \sum_{t=0}^{n-1}(v^tP - v^{t+1}q_{x+t})$$

$$v^n{}_nV_x = P\ddot{a}_{\overline{n}|} - \sum_{t=0}^{n-1}v^{t+1}q_{x+t}$$

因为

$${}_nV_x = 1,$$

所以

$$P = \frac{v^n + \sum_{t=0}^{n-1}v^{t+1}q_{x+t}}{\ddot{a}_{\overline{n}|}}$$

### 8.6.2 法克勒(Fackler)准备金累积公式

相邻年度的期末准备金之间的关系的一种重要形式，就是法克勒准备金累积公式。

对以下相邻年度的期末准备金的一般关系进行整理：

$$({}_tV + P)(1+i) = b_{t+1}q_{x+t} + p_{x+t}{}_{t+1}V$$

得到如下法克勒准备金累积公式：

$${}_{t+1}V = ({}_tV + P)\cdot\frac{1+i}{p_{x+t}} - b_{t+1}\cdot\frac{q_{x+t}}{p_{x+t}} \tag{8.46}$$

上式中的$\frac{1+i}{p_{x+t}}$和$\frac{q_{x+t}}{p_{x+t}}$均被称为法克勒函数。

法克勒准备金累积公式的意义在于，它形成了比较准备金的基础。当可以运用所有年龄对应的$\frac{1+i}{p_{x+t}}$和$\frac{q_{x+t}}{p_{x+t}}$的值时，从${}_0V = 0$出发，在已知保单纯保险费的条件下，便可以产生在整个期间相邻年度的准备金的值。

**例 8.9** 运用法克勒准备金累积公式计算保险金额为 1 000 元、在 25 岁签发的十年期两全保单在前五年各年的期末准备金，并用预期法验证第五年末的准备金。计算以 CL1(2010—2013)2.5% 为基础。

**解**：先计算年缴保险费：

$$P = \frac{100\,000A_{25:\overline{10}|}}{\ddot{a}_{25:\overline{10}|}} = \frac{100\,000(M_{25} - M_{35} + D_{35})}{N_{25} - N_{35}} \approx 8\,742.079(\text{元})$$

再计算前五年各年末准备金：

$$_1V_{25:\overline{10|}} = P \cdot \frac{1+i}{p_{25}} - 100\ 000\frac{q_{25}}{p_{25}} \approx 8\ 904.61(\text{元})$$

$$_2V_{25:\overline{10|}} = (_1V_{25:\overline{10|}} + P)\cdot\frac{1+i}{p_{26}} - 100\ 000\frac{q_{26}}{p_{26}} \approx 18\ 035.07(\text{元})$$

类似地

$$_3V_{25:\overline{10|}} \approx 27\ 397.57(\text{元})$$

$$_4V_{25:\overline{10|}} \approx 36\ 998.34(\text{元})$$

$$_5V_{25:\overline{10|}} \approx 46\ 844.01(\text{元})$$

以预期法验证的第五年末的准备金为：

$$_5V_{25:\overline{10|}} \approx 10\ 000A_{30:\overline{5|}} - P\ddot{a}_{30:\overline{5|}} \approx 46\ 844.02(\text{元})$$

## 8.7 年缴费数次纯保险费准备金

### 8.7.1 年缴数次真实纯保险费准备金

年缴 $m$ 次的真实纯保险费 $P^{(m)}$ 的保单，在 $t$ 年末的准备金，记作$_tV^{(m)}$ 或$_tV^{(m)}(\bar{A})$。前者对应于在死亡年末提供保险金额的保险，后者对应于在死亡后立即提供保险金额的保险。

1. 有关保险的$_tV^{(m)}$ 的表达式

（1）终身保险，其 $t$ 年末的准备金记作$_tV_x^{(m)}$，且

$$_tV_x^{(m)} = A_{x+t} - P_x^{(m)}\ddot{a}_{x+t}^{(m)} \tag{8.47}$$

代入近似公式

$$P_x^{(m)} \doteq P_x + \frac{m-1}{2m}P_x^{(m)}(P_x + d)$$

以及

$$\ddot{a}_{x+t}^{(m)} \doteq \ddot{a}_{x+t} - \frac{m-1}{2m}$$

可得

$$\begin{aligned} _tV_x^{(m)} &= A_{x+t} - P_x^{(m)}\ddot{a}_{x+t}^{(m)} \\ &\doteq A_{x+t} - P_x^{(m)}(\ddot{a}_{x+t} - \frac{m-1}{2m}) \\ &= (A_{x+t} - P_x\ddot{a}_{x+t}) + \frac{m-1}{2m}P_x^{(m)}[1-(P_x+d)\ddot{a}_{x+t}] \\ &= (1+\frac{m-1}{2m}P_x^{(m)})\ _tV_x \quad (8.48) \\ &= {_tV_x} + \frac{m-1}{2m}\cdot {_tV_x}P_x^{(m)} \quad (8.49) \end{aligned}$$

显然，$_tV_x^{(m)}$ 大于$_tV_x$。这是因为当死亡发生在所有应付分期纯保险费缴纳完毕之前时，在死亡发生年度将损失一定的纯保险费，其平均值近似为$\frac{m-1}{2m}P_x^{(m)}$，所以$_tV_x^{(m)}$ 近似地等于保

险金额为 1 与$\frac{m-1}{2m}P_x^{(m)}$之和的相同保险在相同年末的准备金，亦即$(1+\frac{m-1}{2m}P_x^{(m)})\,{}_tV_x$。

(2)$n$ 年两全保险。其在 $t$ 年末的准备金记作${}_tV_{x:\overline{n}|}^{(m)}$，且

$${}_tV_{x:\overline{n}|}^{(m)}=A_{x+t:\overline{n-t}|}-P_{x:\overline{n}|}^{(m)}\cdot\ddot{a}_{x+t:\overline{n-t}|}^{(m)}$$

代入近似公式

$$P_{x:\overline{n}|}^{(m)}\doteq P_{x:\overline{n}|}+\frac{m-1}{2m}P_{x:\overline{n}|}^{(m)}(P_{x:\overline{n}|}^{1}+d)$$

及

$$\ddot{a}_{x:\overline{n}|}^{(m)}\doteq\ddot{a}_{x:\overline{n}|}-\frac{m-1}{2m}(1-{}_nE_x)$$

于是

$$\begin{aligned}{}_tV_{x:\overline{n}|}^{(m)}&=A_{x+t:\overline{n-t}|}-P_{x:\overline{n}|}^{(m)}\ddot{a}_{x+t:\overline{n-t}|}^{(m)}\\&\doteq(A_{x+t:\overline{n-t}|}-P_{x:\overline{n}|}\ddot{a}_{x+t:\overline{n-t}|})+\frac{m-1}{2m}P_{x:\overline{n}|}^{(m)}[1-{}_{n-t}E_{x+t}-(P_{x:\overline{n}|}^{1}+d)\ddot{a}_{x+t:\overline{n-t}|}]\\&\doteq{}_tV_{x:\overline{n}|}+\frac{m-1}{2m}P_{x:\overline{n}|}^{(m)}\,{}_tV_{x:\overline{n}|}^{1}\end{aligned}\tag{8.50}$$

其他保险在 $t$ 年末的准备金可类似地获得。

2. 有关保险的${}_tV^{(m)}(\bar{A})$ 的表达式

(1) 终身保险。其在 $t$ 年末的准备金记作${}_tV^{(m)}(\bar{A}_x)$，且

$${}_tV^{(m)}(\bar{A}_x)=\bar{A}_{x+t}-P^{(m)}(\bar{A}_x)\ddot{a}_{x+t}^{(m)}$$

代入近似公式

$$P^{(m)}(\bar{A}_x)=P(\bar{A}_x)+\frac{m-1}{2m}(P_x+d)P^{(m)}(\bar{A}_x)$$

以及

$$\ddot{a}_x^{(m)}\doteq\ddot{a}_x-\frac{m-1}{2m}$$

从而

$$\begin{aligned}{}_tV^{(m)}(\bar{A}_x)&\doteq\bar{A}_{x+t}-[P(\bar{A}_x)+\frac{m-1}{2m}(P_x+d)P^{(m)}(\bar{A}_x)]\ddot{a}_{x+t}+\frac{m-1}{2m}P^{(m)}(\bar{A}_x)\\&=[(\bar{A}_{x+t}-P(\bar{A}_x)\ddot{a}_{x+t})]+\frac{m-1}{2m}P^{(m)}(\bar{A}_x)[1-(P_x+d)\ddot{a}_{x+t}]\\&={}_tV(\bar{A}_x)+\frac{m-1}{2m}P^{(m)}(\bar{A}_x)\,{}_tV_x\end{aligned}\tag{8.51}$$

(2)$n$ 年两全保险。其在 $t$ 年末的准备金记作${}_tV^{(m)}(\bar{A}_{x:\overline{n}|})$，类似于终身保险的准备金，且

$${}_tV^{(m)}(\bar{A}_{x:\overline{n}|})\doteq{}_tV(\bar{A}_{x:\overline{n}|})+\frac{m-1}{2m}P^{(m)}(\bar{A}_{x:\overline{n}|})\,{}_tV_{x:\overline{n}|}^{1}\tag{8.52}$$

特别地，令 $m\to\infty$，上述年缴 $m$ 次的真实纯保险费准备金即为连续缴费准备金。

终身保险的连续缴费准备金：

$$ {}_t\bar{V}(\bar{A}_x) = {}_tV(\bar{A}_x) + \frac{1}{2}\bar{P}(\bar{A}_{x:\overline{n}|})\,{}_tV_x \tag{8.53}$$

$n$ 年两全保险的连续缴费准备金：

$$ {}_t\bar{V}(\bar{A}_{x:\overline{n}|}) \doteq {}_tV(\bar{A}_{x:\overline{n}|}) + \frac{1}{2}\bar{P}(\bar{A}_{x:\overline{n}|})\,{}_tV^1_{x:\overline{n}|} \tag{8.54}$$

### 8.7.2 年缴数次年赋纯保险费准备金

在死亡后立即提供保险金额的保单，其年缴数次年赋纯保险费准备金，与年缴一次年赋纯保险费准备金或其他纯保险费准备金之间，并不存在明显的联系。因此，年缴数次年赋纯保险费准备金，通常只讨论于死亡年末提供保险金额的情形。一般地，年缴 $m$ 次的年赋纯保险费保单，在 $t$ 年末的准备金记作 ${}_tV^{[m]}$。

(1) 终身保险。其在 $t$ 年末的准备金具体表示为 ${}_tV_x^{[m]}$。因为保险费是年赋的，所以相应的保险金额近似为 $(1-\frac{m-1}{2m}P_x^{[m]})$，于是

$$\begin{aligned}
{}_tV_x^{[m]} &\doteq (1-\frac{m-1}{2m}P_x^{[m]})A_{x+t} - P_x^{[m]}\ddot{a}_{x+t}^{(m)} \\
&= A_{x+t} - \frac{m-1}{2m}P_x^{[m]}(1-d\ddot{a}_{x+t}) - P_x^{[m]}(\ddot{a}_{x+t} - \frac{m-1}{2m}) \\
&= A_{x+t} - \ddot{a}_{x+t}P_x^{[m]}(1-\frac{m-1}{2m}d) \\
&= A_{x+t} - P_x\ddot{a}_{x+t} \\
&= {}_tV_x
\end{aligned} \tag{8.55}$$

在年赋纯保险费方式下，在死亡发生的年末没有纯保险费的损失，从而也就不存在准备金的调整。具体表现为 ${}_tV_x^{[m]} = {}_tV_x$。

(2) $n$ 年两全保险。其在 $t$ 年末的准备金记作 ${}_tV^{[m]}_{x:\overline{n}|}$。类似于终身保险的推导过程，有：

$$\begin{aligned}
{}_tV^{[m]}_{x:\overline{n}|} &\doteq (1-\frac{m-1}{2m}P^{[m]}_{x:\overline{n}|})A_{x+t:\overline{n-t}|} - P^{[m]}_{x:\overline{n}|}\ddot{a}^{(m)}_{x+t:\overline{n-t}|} \\
&= A_{x+t:\overline{n-t}|} - \frac{m-1}{2m}P^{[m]}_{x:\overline{n}|}(1-d\ddot{a}_{x+t:\overline{n-t}|}) - P^{[m]}_{x:\overline{n}|}[\ddot{a}_{x+t:\overline{n-t}|} - \frac{m-1}{2m}(1-{}_{n-t}E_{x+t})] \\
&= A_{x+t:\overline{n-t}|} - P^{[m]}_{x:\overline{n}|}\ddot{a}_{x+t:\overline{n-t}|}(1-\frac{m-1}{2m}d) - \frac{m-1}{2m}P^{(m)}_{x:\overline{n}|}\,{}_{n-t}E_{x+t} \\
&= (A_{x+t:\overline{n-t}|} - P_{x:\overline{n}|}\cdot\ddot{a}_{x+t:\overline{n-t}|}) - \frac{m-1}{2m}P^{[m]}_{x:\overline{n}|}\,{}_{n-t}E_{x+t} \\
&= {}_tV_{x:\overline{n}|} - \frac{m-1}{2m}P^{[m]}_{x:\overline{n}|}\,{}_{n-t}E_{x+t}
\end{aligned} \tag{8.56}$$

### 8.7.3 年缴数次比例纯保险费准备金

(1) 在死亡年末提供保险金额的年缴 $m$ 次的比例纯保险费保单，在 $t$ 年末的准备金记作 ${}_tV^{\{m\}}$。

① 终身保险,其 $t$ 年末的准备金具体记作 ${}_tV_x^{\{m\}}$。由于在死亡年度的平均保险费损失为 $\frac{1}{2m}P_x^{\{m\}}$,而保险金额的估计值为 $1+\frac{1}{2m}P_x^{\{m\}}$,于是

$$ {}_tV_x^{\{m\}} \doteq \left(1+\frac{1}{2m}P_x^{\{m\}}\right)A_{x+t} - P_x^{\{m\}}\ddot{a}_{x+t}^{(m)} $$

将 $P_x^{\{m\}} = \dfrac{P_x}{1-\frac{m-1}{2m}d-\frac{1}{2}P_x}$,$\ddot{a}_{x+t}^{(m)} \doteq \ddot{a}_{x+t} - \frac{m-1}{2m}$ 代入上式可得:

$$ {}_tV_x^{\{m\}} = A_{x+t}\left(1+\frac{1}{2}P_x^{\{m\}}\right) - P_x\left(1+\frac{1}{2}P_x^{\{m\}}\right)\ddot{a}_{x+t} = {}_tV_x\left(1+\frac{1}{2}P_x^{\{m\}}\right) \tag{8.57} $$

除终身保险外,也可以获得其他保险形式的准备金公式。应注意的是,只有在保险费缴付期内才可能出现保险费的损失,从而附加的调整准备金是相应的定期保险准备金。

②$n$ 年两全保险:

$$ {}_tV_{x:\overline{n}|}^{\{m\}} \doteq {}_tV_{x:\overline{n}|} + \frac{m-1}{2m}\cdot P_{x:\overline{n}|}^{\{m\}}\,{}_tV_{x:\overline{n}|}^{1} \tag{8.58} $$

③ 限期 $h$ 年缴费的终身保险:

$$ {}_t^hV_x^{\{m\}} \doteq \begin{cases} {}_t^hV_x + \frac{m-1}{2m}\,{}_hP_x^{\{m\}}\,{}_tV_{x:\overline{n}|}^{1} & (t<h) \\ {}_t^hV_x & (t \geqslant h) \end{cases} \tag{8.59} $$

(2) 在死亡后立即提供保险金额的年缴 $m$ 次的比例纯保险费保单,在 $t$ 年末的准备金记作 ${}_tV^{\{m\}}(\bar{A})$。

① 终身保险:

$$ \begin{aligned} {}_tV^{\{m\}}(\bar{A}_x) &= \bar{A}_{x+t} - P^{\{m\}}(\bar{A}_x)\ddot{a}_{x+t}^{\{m\}} \\ &= \bar{A}_{x+t} - \frac{d^{\{m\}}}{\delta}\cdot\bar{P}(\bar{A}_x)\cdot\bar{a}_{x+t}\frac{\delta}{d^{(m)}} = {}_t\bar{V}(\bar{A}_x) \end{aligned} \tag{8.60} $$

② 限期 $h$ 年缴费的 $n$ 年两全保险:

$$ \begin{aligned} {}_t^hV^{\{m\}}(\bar{A}_{x:\overline{n}|}) &= \bar{A}_{x+t:\overline{n-t}|} - {}_hP^{\{m\}}(\bar{A}_{x:\overline{n}|})\ddot{a}_{x+t:\overline{n-t}|}^{\{m\}} \qquad (t<h) \\ &= \bar{A}_{x+t:\overline{n-t}|} - \frac{d^{\{m\}}}{\delta}\cdot{}_h\bar{P}(\bar{A}_{x:\overline{n}|})\cdot\frac{\delta}{d^{(m)}}\bar{a}_{x+t:\overline{n-t}|} \\ &= \bar{A}_{x+t:\overline{n-t}|} - {}_h\bar{P}(\bar{A}_{x:\overline{n}|})\bar{a}_{x+t:\overline{n-t}|} = {}_t^h\bar{V}(\bar{A}_{x:\overline{n}|}) \end{aligned} \tag{8.61} $$

**例8.10** 某 $x$ 岁的人购买了保险金额为 $b_k$ 全离散型终身寿险,限期 $n$ 年内支付均衡纯保险费,保险金额满足 $b_k = \begin{cases} {}_kV & (0<k<n) \\ 1 & (k \geqslant n) \end{cases}$,当 $k<n$,求 ${}_kV_x$。

**解**:对于 $h \leqslant n-1$,$b_{h+1} = {}_{h+1}V$

$$ {}_{h+1}V_x = ({}_hV_x + \pi)(1+i) - (b_{h+1} - {}_{h+1}V_x)q_{x+h} $$

$$ \therefore \pi = v\,{}_{h+1}V_x - {}_hV_x $$

等式两边同乘 $v^h$ 得:

$$ v^h\pi = v^{h+1}\,{}_{h+1}V_x - v^h\,{}_hV_x $$

两边关于 $h = 0,1,2,\cdots,n-1$ 求和得：

$$\pi\ddot{a}_{\overline{n|}} = v^n {}_nV_x - v^0 {}_0V_x,$$

又因为 ${}_0V_x = 0$，${}_nV_x = A_{x+n}$，因此

$$\pi = \frac{v^n A_{x+n}}{\ddot{a}_{\overline{n|}}} = \frac{A_{x+n}}{\ddot{s}_{\overline{n|}}}$$

两边关于 $h = 0,1,2,\cdots,k-1$ 求和得：

$$\pi\ddot{a}_{\overline{n|}} = v^k {}_kV_x - v^0 {}_0V_x,$$

所以

$${}_kV_x = \frac{\pi\ddot{a}_{\overline{k|}}}{v^k} = \frac{A_{x+n}\ddot{s}_{\overline{k|}}}{\ddot{s}_{\overline{n|}}}.$$

## 8.8 非整数年龄准备金

至此所讨论的准备金 ${}_tV$、${}_tV(\bar{A})$、${}_tV^{(m)}(\bar{A})$ 等，均意指第 $t$ 年末的准备金。确切地说，它们都是第 $t$ 个保险年度末的准备金。但是，为配合会计核算的需要，有时少不了要对非整数年龄或零头期间的准备金进行匡算。例如，保险人要对保单责任做总体的评估，可以视在第 $t$ 年与第 $t+1$ 年末中间任何一天签发的所有保单为集中于 $(t+\frac{1}{2})$ 年处签发，这样，所要评估的责任便转化为计算 ${}_{t+\frac{1}{2}}V$ 的值。在 ${}_{t+\frac{1}{2}}V$ 中，$(t+\frac{1}{2})$ 为非整数，计算 ${}_{t+\frac{1}{2}}V$ 就属于非整数年时点的准备金的计算。

### 8.8.1 年缴纯保险费的非整数年龄准备金

首先看终身保险在非整数年龄的准备金。假定终身保险在 $x$ 岁时签单，保险金额为 1 元，于死亡发生的年末提供，那么该终身保险在第 $t+h$ 年末的准备金记作 ${}_{t+h}V_x$，其中 $t$ 为正整数，$0 < h < 1$。

根据预期法，${}_{t+h}V_x$ 的表达式为：

$${}_{t+h}V_x = v^{1-h}({}_{1-h}q_{x+t+h} + {}_{1-h}p_{x+t+h}A_{x+t+1}) - P_{x\,\overline{1-h|}}\ddot{a}_{x+t+h} \tag{8.62}$$

右端第一项的括号内，不能简单地写作 $A_{x+t+h}$，而应写作 $({}_{1-h}q_{x+t+h} + {}_{1-h}p_{x+t+h}A_{x+t+1})$。这是因为 $A_{x+t+h}$ 总是为获取死亡保险金额而缴纳的趸缴纯保险费，且这一保险金额是 $t+h$ 年开始以年为单位度量的，而非从签单开始的以保险年度为单位进行度量的。

对上述 ${}_{t+h}V_x$ 进行化简，不难得到：

$${}_{t+h}V_x = v^{1-h}{}_{t+1}V_x + v^{1-h}{}_{1-h}q_{x+t+h}(1 - {}_{t+1}V_x)。 \tag{8.63}$$

在这个等式中，考虑到死亡概率 ${}_{1-h}q_{x+t+h}$ 不能直接从生命表中查到，所以它的值往往是在一定死亡假定条件下的近似值。

但是，在实际中，关于 ${}_{t+h}V_x$ 的计算并不完全按上述方法进行。相反，更多的情形是采用线性插值法计算 ${}_{t+h}V_x$。亦即

$$ {}_{t+h}V_x \doteq (1-h)({}_tV_x + P_x) + h\,{}_{t+1}V_x \tag{8.64} $$

$$ = [(1-h)\,{}_tV_x + h\,{}_{t+1}V_x] + (1-h)P_x \tag{8.65} $$

关于计算${}_{t+h}V_x$的原理和方法，完全适用于一般的保险类型，亦即对于年缴纯保险费为$P$、保险金额为1的保险，在$t+h$年的准备金${}_{t+h}V$为：

$$ {}_{t+h}V \doteq (1-h)({}_tV + P) + h\,{}_{t+1}V \tag{8.66} $$

$$ = [(1-h)\,{}_tV] + h\,{}_{t+1}V + (1-h)P \tag{8.67} $$

作为该公式的一个应用，看年缴纯保险费为$P(\bar{A}_x)$，保险金额为1，于死亡后立即提供保险金额的保险，在$t+h$年的准备金是：

$$ {}_{t+h}V(\bar{A}_x) = (1-h)\,{}_tV(\bar{A}_x) + h\,{}_{t+1}V(\bar{A}_x) + (1-h)P(\bar{A}_x) $$

事实上，

$$ \begin{aligned} {}_{t+h}V(\bar{A}_x) &= \bar{A}_{x+t+h} - P(\bar{A}_x)\,{}_{1-h|}\ddot{a}_{x+t+h} \\ &\doteq [(1-h)\bar{A}_{x+t} + h\bar{A}_{x+t+1}] - P(\bar{A}_x)[\ddot{a}_{x+t+h} - (1-h)] \\ &= [(1-h)\bar{A}_{x+t} + h\bar{A}_{x+t+1}] - P(\bar{A}_x)[(1-h)\ddot{a}_{x+t} + h\ddot{a}_{x+t+1} - (1-h)] \\ &= [(1-h)\,{}_tV(\bar{A}_x) + h\,{}_{t+1}V(\bar{A}_x)] + (1-h)P(\bar{A}_x) \end{aligned} \tag{8.68} $$

可见，这个表达式与上述一般公式是吻合的。

最后，在限期缴费期间以外的某个分数年龄上的准备金，因为无须调整纯保险费，所以准备金即为在期末准备金之间所做插值得到的值。

### 8.8.2 分期缴纯保险费的非整数年龄准备金

1. 年缴$m$次真实纯保险费的保险，在$t+h$年的准备金

当$h$是$\frac{1}{m}$的倍数时，令$h=\frac{k}{m}$，$k$为整数。由于期末准备金${}_tV^{(m)}$以缴费确定$t$年为基础，${}_{t+1}V^{(m)}$以假定缴费确定$t+1$年为基础，所以在${}_tV^{(m)}$和${}_{t+1}V^{(m)}$之间做插值时，其值与假定已缴费$t+\frac{k}{m}$年对应的准备金一致，即

$$ {}_{t+\frac{k}{m}}V^{(m)} \doteq \left(1-\frac{k}{m}\right){}_tV^{(m)} + \frac{k}{m}\cdot{}_{t+1}V^{(m)} \tag{8.69} $$

当$h$不是$\frac{1}{m}$的倍数时，令$h=\frac{k}{m}+r$，$r<\frac{1}{m}$。如果直接在${}_tV^{(m)}$与${}_{t+1}V^{(m)}$之间做插值，那么所产生的值与假定缴费$t+\frac{k}{m}+r$年对应的准备金一致。然而，保险费实际缴纳了$t+\frac{k}{m}+\frac{1}{m}$年，这就有必要调整由插值法而得的值，其方法是在插值法所得值之上附加上评估或计算之日以外的纯保险费$\left(\frac{1}{m}-r\right)\cdot P^{(m)}$。于是，在$t+\frac{k}{m}+r$年的准备金为：

$$ {}_{t+\frac{k}{m}+r}V^{(m)} \doteq \left(1-\frac{k}{m}-r\right){}_tV^{(m)} + \left(\frac{k}{m}+r\right){}_{t+1}V^{(m)} + \left(\frac{1}{m}-r\right)P^{(m)} \tag{8.70} $$

**例 8.11**　试写出计算半年缴费一次,在分数年龄的准备金的公式。

**解:** 从上述一般公式中不难得到:

当$0 < r < \frac{1}{2}$时,

$$ {}_{t+r}V^{(2)} = (1-r)\ {}_{t}V^{(2)} + r_{t+1}V^{(2)} + (\frac{1}{2} - r)P^{(2)} $$

当$\frac{1}{2} < r < 1$时,令$r = \frac{1}{2} + s$,

$$ \begin{aligned} {}_{t+r}V^{(2)} &= {}_{t+\frac{1}{2}+s}V^{(2)} \\ &\doteq (1 - \frac{1}{2} - S)_{t}V^{(2)} + (\frac{1}{2} + S)_{t+1}V^{(2)} + (\frac{1}{2} - S)P^{(2)} \\ &= (1-r)_{t}V^{(2)} + r_{t+1}V^{(2)} + (1-r)P^{(2)} \end{aligned} $$

2. 年缴 $m$ 次比例纯保险费的保险,在 $t+h$ 年的准备金

类似于真实纯保险费准备金,年缴 $m$ 次的比例纯保险费准备金为:

$$ {}_{t+\frac{k}{m}+r}V^{\{m\}} = (1 - \frac{k}{m} - r)_{t}V^{\{m\}} + (\frac{k}{m} + r)_{t+1}V^{\{m\}} + (\frac{1}{m} - r)P^{\{m\}} \qquad (8.71) $$

且:$0 < r < \frac{1}{m}$。

**例 8.12**　运用准备金一般公式,写出${}_{20\frac{2}{3}}V^{\{2\}}$的近似表达式。

**解:** 

$$ \begin{aligned} {}_{20\frac{2}{3}}V^{\{2\}} &= {}_{20+\frac{1}{2}+\frac{1}{6}}V^{\{2\}} \\ &\doteq (1 - \frac{1}{2} - \frac{1}{6})_{20}V^{\{2\}} + (\frac{1}{2} + \frac{1}{6})_{21}V^{\{2\}} + \frac{1}{3}P^{\{2\}} \\ &= \frac{1}{3}{}_{20}V^{\{2\}} + \frac{2}{3}{}_{21}V^{\{2\}} + \frac{1}{3}P^{\{2\}} \end{aligned} $$

## 习题 8

8-1　某 40 岁的被保险人投保了 20 年两全保险,保险金额 200 000 元,要求按年缴一次均衡方式纯保险费,在 10 年内限期缴清。试用替换函数分别表示:① 投保第五年末的责任准备金;② 投保第 15 年末的责任准备金;③ 投保第 20 年末的责任准备金, 以 CL1(2010—2013)2.5% 为计算基础。

8-2　被保险人李某在 25 岁投保了保险金额 15 000 元的终身死亡保险。选用一定生命表,计算下列不同缴费方式下的第 15 年末的责任准备金,并比较它们的大小,以 CL1(2010—2013)2.5% 为计算基础。

(1) 保险费每年缴付一次的均衡保险费。

(2) 保险费每年均衡缴付一次,20 年内缴清。

(3) 保险费每月均衡缴付一次,20 年内缴清。

(4) 在比例保险费下,保险费每月均衡缴付一次,20 年缴清。

8－3　将均衡纯保险费制下的终身死亡均衡纯保险费分解为危险保险费与储蓄保险费之和。

8－4　运用准备金的一般公式，写出 ${}_{10\frac{1}{3}}V^{\{2\}}$ 的近似计算公式。

8－5　分别用未来法和过去法求 ${}^{20}_{10}V(A_{35:\overline{30|}})$ 的计算公式。

8－6　假设死亡均匀分布，证明：

$$\frac{{}_tV^{(m)}_{x:\overline{n|}} - {}_tV_{x:\overline{n|}}}{{}^n_tV^{(m)}_x - {}^n_tV_x} = \frac{A_{x:\overline{n|}}}{A_x}$$

8－7　已知保险金额为3、死亡年末给付的三年期两全保险。其年均衡纯保险费为0.94，$i=0.20$。第一、二、三个保单年度末的纯保险费制责任准备金分别为0.66、1.56和3.00，求 $q_x$ 和 $q_{x+1}$。

8－8　已知 ${}_hV_{x:\overline{n|}}=\dfrac{1}{5}$，$h<\dfrac{n}{2}$；$\ddot{a}_{x:\overline{n|}}+\ddot{a}_{x+2h:\overline{n-2h|}}=2\ddot{a}_{x+h:\overline{n-h|}}$，求 ${}_hV_{x+h:\overline{n-h|}}$。

8－9　年龄为20岁的人购买保险金额为10万元的完全离散型终身寿险，已知 $P_{20}=0.025$，$A_{31}=0.44$，$q_{30}=0.02$，$i=0.06$，求第10年末责任准备金。

8－10　已知 ${}_{10}V_{20}=0.05$，$P_{20}=0.03$，$P_{20:\overline{10|}}^{\ \ 1}=0.2$，求 $P^1_{20:\overline{10|}}$。

8－11　某30岁的人投保完全离散型2年期两全保险，${}_2\tilde{V}_{30:\overline{2|}}=2\,000$，$b_k=1\,000k+{}_k\tilde{V}_{30:\overline{2|}}(k=1,2)$，$p_{30}=p_{31}=0.9$，$\pi$ 为每年所缴纳保险费，求 $\pi$。

8－12　已知40岁的人投保20年期两全保险，保险金额为1万元，采用年初均衡方式缴纳保险费，已知 $A_{40:\overline{20|}}=0.3$，$d=0.05$，求 ${}_{19}V_{40:\overline{20|}}$。

8－13　已知 $P_{40}=0.02$，$P_{40:\overline{20|}}=0.04$，$P_{40:\overline{20|}}^{\ \ 1}=0.03$，求 ${}_{20}V_{40}$。

8－14　已知 $\bar{a}_{x+t}=12$，$\bar{P}(\bar{A}_x)=0.012$，$\delta=0.05$，求 ${}_t\bar{V}(\bar{A}_x)$。

8－15　某30岁的人投保全连续终身寿险，已知 $l_x=100-x(0\leqslant x\leqslant 100)$，$\delta=0.1$，求 ${}_{10}\bar{V}(\bar{A}_{30})$。

# 9　毛保险费及其责任准备金



第五章~第八章侧重分析讨论了年金保险和人寿保险的趸缴纯保险费、年缴纯保险费以及均衡纯保险费责任准备金等项目的计算原理和方法。由于纯保险费用于抵补保险人或保险公司所承担的保险责任,所以其计算具有如下特征:以预定死亡率和预定利息率为主要因素;按照收支平衡原则,使保险人或保险公司所承担的保险责任的精算现值,等于投保人或被保险人为此而支出的代价——纯保险费的精算现值;计算模式中不含经营保险业务的支出;计算依年龄分别进行等。但是,保险人或保险公司作为经营风险的经济实体,其自身的经营不仅具有一定的风险,而且对经营的各项业务也需要支出费用。这些费用常见的如原始费用、代理手续费、行政管理费以及死亡调查费等。因此,保险人或保险公司既应适度地安全加成,以防止不利偏差风险,又需收取附加保险费,以弥补业务费用支出。此外,保险人或保险公司经营保险业务,还得讲究经济效益。也就是说,恰当的利润考虑也是必需的。所有这些成分,应当由投保人或被保险人来承担。这样,投保人或被保险人参加保险所缴付的保险费就是纯保险费附加上各项费用及利润因子等项目的总和。换言之,保险人或保险公司的这种营业中向投保人或被保险人收取的保险费称为营业保险费或毛保险费,也可以称为总保险费。在本章,首先对费用进行分析,然后介绍安全加成的一般方法,最后讨论毛保险费的计算。

## 9.1　寿险费用分析与附加保险费计算

寿险费用指寿险经营中所发生的,除保险责任(给付额)之外的一切支出。寿险经营对象是风险,确切地说,主要是与生和死相关的风险。被保险人究竟能活多久,何时发生死亡,是一个不确定事件。这决定了寿险经营费用成本发生在未来。因此对于这种发生于未来的费用必须事前进行预估。对其预估准确与否,将直接决定和影响用于补偿实际发生费用的附加保险费的计算。可见,费用分析不仅是必要的,而且是附加保险费乃至毛保险费计算的前提或基础。

### 9.1.1　寿险费用的分类

寿险经营费用项目繁多,对其进行划分并无统一标准,即便遵循一定标准,其费用成分也未必相同。现在介绍两种常见的分类标准：

(1)按经营过程中各环节的费用发生依据分类。承保费用:为促成保单出售而发生的费用,主要包括外勤人员的薪水与津贴、代办费或代理人佣金、广告费、保单印刷费以及危险选择、验体费等。维持费用:维持保单有效而发生的费用,主要包括日常保险费收取费用、会计费用、保单管理费用、保单内容变更费用、保险人与保户沟通所耗费用等。一般费用:一般指科研费、税金、营业执照税、精算费用等。理赔费用:理赔过程中发生的费用,如死亡调查费、法律纠纷费、给付手续费等。投资费用:寿险资金投资所耗费用,主要有投资评估费、投资调查费等。

(2)按费用是否与保险金额、保险费相关分类。与保险费相关的费用:泛指费用的大小随保险费变化而变化,如税金、代理人佣金等。这类费用一般表现为保险费的一定百分比。与保险金额相关的费用:指费用随保险金额变化而变化,如风险分类费、保单维持费等。这类费用通常以保险金额的一定百分比计提。固定不变费用:指与保险费、保险金额均无关的费用,如保单设计费用。当然,并不排除有的费用同时与保险费、保险金额均有关,如保单内容变更费用。也不排除有的费用既含固定费用成分,但又随保险金额变化而变化,如有的理赔费用。

### 9.1.2 寿险费用预估及其分摊

寿险费用预估是对未来费用发生的一种推断、预测,其依据是同类业务过去长期实际发生的费用,是在假定未来承保业务各方面情形与过去业务非常接近的前提下进行的。

费用预估遵循的两个基本原则:一是适度性原则,即预估费用能足以补偿实际费用支出。二是公平性原则,即预估费用要兼顾保险人和投保人双方利益以及不同业务之间的差异。两个原则相互联系:公平性原则是基础,只有当保险人或保险公司遵循了公平性原则,适度性原则才能实现;若只强调适度性原则,则终将有失公平和适度。



费用预估往往侧重于费用总量分析,但是在实际经营业务中,寿险费用大小各年有别。一般说来,承保费用于承保初年发生并且金额较大,维持费用和一般费用各年变化不大,相对平稳。从而,有必要对费用进行分摊,目的是使各年实际发生费用与预估费用的偏差缩小,避免费用“亏损”现象。

在进行费用分配或分摊时,应考虑的主要因素是:

(1)过去年度分配与实际发生费用的情况,失效率(保险单失效的比率)对费用的影响;确定分摊比例的因素及变化原因等。

(2)合理费用分摊应考虑到每年预期费差益大小。一般地,保险人经营的每年度应有一定的费差益,因为根据如下关系:

$$ {}_hp_x u(h) = \sum_{j=1}^{h} (1+i)^{h-j+1} {}_{j-1}p_x (C_{j-1} - e_{j-1}) \tag{9.1} $$

上式中:$u(h)$为第$h$年度预期费差益;$C_{j-1}$为第$j$年的附加保险费;$e_{j-1}$为第$j$年费用支出;${}_hp_x$为$x$岁的人在$h$年内生存的概率;$i$为利息率。

不难看出,预期费差益实为各年附加保险费与各年预估分摊费用之差的累积值。预估费用及分摊不同，影响附加保险费的确定，进而决定了不同的差额，最终影响费差益。

(3) 合理的费用分配还必须顾及实际责任准备金的提存与积累。

### 9.1.3　寿险费用补偿

寿险经营所发生的一切费用，必须采用一定方式进行补偿。在一般情况下，有如下补偿方式：

投资费用应由投资收益来补偿。寿险经营多属长期性业务，这决定了保险费收入中必须预先考虑利息因素。所以，寿险资金仅从业务角度就可知其必须投资生息，以弥补预定利息率应付的利息；不仅如此，投资所花去费用及投资所冒风险，均应由投资收益补偿。

理赔费用应由纯保险费来补偿。寿险经营得以存在和发展，其根本的一点理由是：它作为处理人之生与死等人身风险的重要手段，具有转移风险、分摊损失的基本职能。理赔由此而必然存在，随之就得支出费用。然而，理赔费用开支伴随生死保险事故而生，无保险事故发生，也就没有对应的理赔费用。理赔费用的这种随机性特点决定了其必须由事前预估费用补偿，而这一预估费用最终由投保人或被保险人缴纳纯保险费补偿。

除投资费用、理赔费用以外，其他的一般寿险费用通常用附加保险费来补偿。

附加保险费计算的基本原则：费用的精算现值等于附加保险费的精算现值。用数学符号表示为：

$$E(\text{费用}) = E(\text{附加保险费})$$

上式中的 $E(\cdot)$ 为数学期望值。

在实务中，一些费用总是以毛保险费的一定比例表示的，因而要先将这种毛保险费分解为纯保险费与附加保险费之和，然后从等式两端求出附加保险费。为清楚起见，下面用一个例题来说明。

**例 9.1**　现有一种 10 年期两全保单，保单在 30 岁签发，保险金额为 10 000 元，于死亡年末给付。保险期限内每年缴付相同的保险费，费用在每一保险年度之初发生，其大小如表 9.1 所示。

**表 9.1**

| 费用类型 | 时间 | | | |
|---|---|---|---|---|
| | 第一年 | | 续年 | |
| | 占保险费百分比(%) | 常数(/千元) | 占保险费百分比(%) | 常数(/千元) |
| 佣金 | 12 | — | 3 | — |
| 一般费用 | 4 | 2 | — | 1 |
| 保单维持费 | 1.5 | 1 | 1.5 | 1.5 |
| 签单及分类费 | 1.5 | 3 | — | — |
| 税金与其他费 | 2 | — | 2 | — |
| 总　计 | 21 | 6 | 6.5 | 2.5 |

试分别求该保险的年缴纯保险费和附加保险费,以 CL1(2010—2013)2.5% 为计算基础。

**解:** 选定某种生命表,按题意,结合年缴纯保险费计算原理,可得年缴纯保险费 $P$ 元为:

$$P = 10\,000P_{30:\overline{10|}} = \frac{10\,000A_{30:\overline{10|}}}{\ddot{a}_{30:\overline{10|}}}$$

$$= 10\,000 \cdot \frac{M_{30} - M_{40} + D_{40}}{N_{30} - N_{40}} \approx 875.41(\text{元})$$

由于纯保险费是均衡的并且要求每年缴纳相同的保险费,所以附加保险费也是均衡的。不妨设均衡附加保险费为 $e$ 元,按照费用精算现值等于附加保险费精算现值的原则,有:

$$e\ddot{a}_{30:\overline{10|}} = 21\%(P+e) + 60 + 6.5\%(P+e)a_{30:\overline{9|}} + 25a_{30:\overline{9|}}$$

$$e = \frac{(6.5\%a_{30:\overline{9|}} + 21\%)P + 25a_{30:\overline{9|}} + 60}{\ddot{a}_{30:\overline{10|}} - 6.5\%a_{30:\overline{9|}} - 21\%} \approx 108.87(\text{元})$$

这里,$P$ 是按上述第一步所求得的年缴纯保险费。

但是,大多数保单保险费计算,并不是像此例那样,分别去求纯保险费和附加保险费,而是运用收支平衡原则,将纯保险费和附加保险费、给付额和费用同时考虑进入收支平衡关系中,直接求得保险费。

## 9.2 安全加成的基本方法

### 9.2.1 安全加成的必要性

第一,保险费风险的客观性,决定了安全加成的必要性。寿险保险费的计算,主要受三大因素的影响。这三大因素是:死亡率、利息率和费用率。建立在过去同类人群的死亡经验数据基础上的死亡率,汇集在死亡表或生命表之中。它是针对群体而言的,并且反映未来同类型人群的预期死亡状况,与实际死亡率有一定出入。第二,保险费存在货币时间价值,在筹集保险费时,必须考虑到这一点。就是说,保险费也应获得必要的资金报酬,其尺度由利息率度量。考虑到未来经济状况的不确定性以及市场波动不完全规则,保险费中的利息率就只有采用预定利息率。显然,预定利息率与实际的收益率也总会存在一定差异。第三,至于费用率,根据本章费用分析可知,费用预估与实际发生的费用支出,也不免有偏差。综上所述,由于保险费计算中,所考虑的主要因素与实际状况有偏差,所以由此而计算的保险费,与实际发生的成本也就难免有偏差。



如果上述偏差是正偏差,亦即所收保险费足以补偿实际发生的成本,这种情形是保险人或保险公司所期望的。但是,期望并不等同于现实。上述偏差也可能出现负偏差,亦即所收保险费不足以补偿实际发生的成本。此时,保险人或保险公司就会遭遇保险费不足的风险。鉴于这种情况有时不可避免,为防止意想不到的死亡率、利息率及费用率的变动,安全加成就大有必要了。安全加成就是为预防上述因素变动而加收的保险费。

### 9.2.2 安全加成的方式和方法

安全加成通常有两种方式:一种方式是在纯保险费基础上附加计算安全加成,另一种方式是在附加保险费基础上附加计算安全加成。

对于第一种方式,具体方法如下:

假定某保单在 $x$ 岁签单,$X$ 是保单给付额在签单年龄 $x$ 岁的现值,结合前述有关内容,$E(X)$ 便是保单的纯保险费。由于 $X$ 与 $E(X)$ 有偏差,所以现考虑在 $E(X)$ 基础上安全加成,以使给付额现值不超过给付额精算现值与安全加成之和的概率几乎成为必然事件。这便是安全加成第一种方式的基本思路。

设 $Q$ 为安全加成系数或因子,$\alpha$ 为概率。安全加成 $Q$ 可以通过下列关系决定:

$$P(X \leqslant (1+Q)E(X)) = \alpha$$

$$P\left(\frac{X-E(X)}{\sqrt{\operatorname{var}(X)}} \leqslant \frac{QE(X)}{\sqrt{\operatorname{var}(X)}}\right) = \alpha \tag{9.2}$$

根据 $\alpha$ 的不同,查标准正态表,可以得到 $Q$,从而 $QE(X)$ 便为安全加成量。

**例 9.2** 现年 25 岁的被保险人,购买在死亡时立即提供给付 100 万元的终身死亡保险。被保险人的死力 $\mu = 0.04$,纯保险费形成的基金利息力 $\delta = 0.06$。如果保险公司希望在签单时,有 95% 的把握使未来死亡给付额的现值不超过初始基金,那么初始基金中应含多少安全加成?

**解:** 设 $X$、$Q$ 分别表示未来死亡给付随机变量和安全加成系数,那么

$$E(X) = 100\bar{A}_{25} = 100\int_0^{\infty} e^{-\delta t}e^{-\mu t}\mu dt = \frac{100\mu}{\mu+\delta} = 40$$

$$E(X^2) = 10\ 000\int_0^{\infty} e^{-2\delta t}e^{-\mu t}\mu dt = 10\ 000\frac{\mu}{\mu+2\delta} = 2\ 500$$

$$\operatorname{var}(X) = E(X^2) - E^2(X) = 2\ 500 - 1\ 600 = 900$$

所以

$$P(X \leqslant (1+Q)E(X)) = 95\%$$

$$P\left(\frac{X-E(X)}{\sqrt{\operatorname{var}(X)}} \leqslant \frac{QE(X)}{\sqrt{\operatorname{var}(X)}}\right) = 95\%$$

$$\frac{QE(X)}{\sqrt{\operatorname{var}(X)}} = 1.645$$

$$Q = \frac{1.645\sqrt{\operatorname{var}(X)}}{E(X)} = \frac{1.645 \times 30}{40} \approx 1.234$$

安全加成量 $QE(X) \approx 49.35$(万元)

按上述方法获得的该保单的安全加成量为 49.35 万元。从单个保单来看,安全加成量较大;投保人的负担增大。实际中,考虑集合保单,每个保单的安全加成量将变小,如在例 9.2 中考虑 100 个那样的被保险人。

至于第二种方式,一般是在死亡率、利息率与实际经验数据十分接近的情形下,才予以采用。其做法可按毛保险费的一定比例附加于保险费中,也可视具体情况酌情加成。

最后,安全加成还受公司经营策略的影响,有时只需慎选预定死亡率、预定利息率及预定费用率,而不一定使用安全加成;或能够准确地预测投资收益率较高,或加强承保工作等,同样可以减少安全加成量。

## 9.3 毛保险费的计算

毛保险费指保险人或保险公司向保户收取的保险费，是投保人或被保险人向保险人或保险公司支付的保险费。毛保险费由纯保险费和附加保险费构成。纯保险费用于支付保险金，附加保险费则负担经营上的费用。

### 9.3.1 毛保险费计算原则

计算寿险毛保险费需要考虑的主要因素是：预定死亡率、预定利息率、预定费用率及安全加成或利润因素等。其遵循的计算原则是收支平衡原则。收支平衡原则的具体内容：毛保险费的精算现值 = 纯保险费的精算现值 + 附加保险费的精算现值。换言之，保险人或保险公司向保户收取的保险费总额，应当足以提供未来的保户给付额，同时足以抵补经营中发生的费用支出和可能出现的风险偏差，以及作为风险承担者应获取的必要利润。

### 9.3.2 不同保单毛保险费计算的差异

保险按其是否参与红利分配，可分为分红保险与无分红保险。人寿保险的保险费计算基于预定率：死亡率、利息率及费用率等，而预定率与实际率之间总会有程度不同的出入，因而产生差益或差损。将差益按保单约定返还投保人或被保险人时，这种保险称作分红保险或分红保单。相反，不将实际率与预定率的差数作为红利分给投保人或被保险人的保险，便叫做无分红保险或无分红保单。



无分红保单毛保险费的确定，比分红保单毛保险费的确定更困难。这是因为：无分红保单以后实缴金额不再视为红利来调整，加之出于竞争方面的考虑，其毛保险费必须公平、充足且富有竞争性。然而，分红保单毛保险费的确定，并不要求十分精确，只需毛保险费充分足额，其结余在红利上调整即可。

鉴于无分红保单与分红保单毛保险费确定的差异，两类保单毛保险费计算上对待预定率的考虑也有差别。

(1) 对于无分红保单，死亡表倾向于选用选择表。选择表作为生命表的一种形式，它是既考虑年龄，又考虑经过年数的死亡表。运用选择表的死亡率，因通常的验体使投保时的逆选择往往能得到避免而较其余生命表死亡率为低。选择表中的生命函数，在符号规律上，只需在选择年龄上加上方括号。如 $q_{[x]+t}$，指 $x$ 岁加入，经过 $t$ 年后的人，在一年内死亡的概率，又如精算值 $a_{[x]}$ 表示在选择表基础上计算的期末终身生存年金的现值。此外，选择期以后，选择效果几乎消失。如果选择期为三年，则 $q_{[x]+4} = q_{x+4}$。

(2) 预定利息率应当是一个较为保守的利息率。如果所选择的利息率与过去类似业务投资所得收益率接近，那么在一定时期以后可以考虑适度降低预定利息率。然而，在预定利息率的考虑上，应考虑实际利息率与预定利息率之间的合理边际，以便产生一定的利差益，并作为不利偶然因素的后盾。

(3) 费用率的确定，应充分补偿实际发生的费用。但是问题的关键就是在不同保险及各个年龄上如何分配总费用。尽管这个问题在本章9.1中已做简述,但是,因各个保险人或公司费用及其分配方法不同,故前述费用分配以及下面毛保险费计算中涉及的费用,都只是为说明原理和方法所做的假设。

### 9.3.3 毛保险费计算的应用

1. 无分红保单毛保险费的计算

为了简要说明这个问题,其中利润成分、安全加成以及其他因素均假定也包括在费用之中,费用主要表达为三类:毛保险费的一定百分比、保险金额的一定百分比以及每一保单的水平量。

**例9.3** 现有一种在$x$岁签发的普通寿险保单,要求投保人每年缴纳一次保险费。如果被保险人发生死亡,那么保单立即提供保险金2 000元。假定该保单费用是:第一年年初为毛保险费的75%,第二年年初是毛保险费的20%,第三年年初至第六年年初各年均为毛保险费的10%。第七年年初以及以后每年年初为毛保险费的5%。此外,每1 000元保险金额,第一年年初加收10元,以后每年年初加收2元。在1 000元保险金额中,要花费5元理赔费。根据这些条件,问该保单毛保险费为多少?写出计算表达式,并计算25岁投保时的毛保险费,以CL1(2010—2013)2.5%为基础。

**解:** 令$G$表示所述保单毛保险费,那么根据收支平衡原则:

$$G\ddot{a}_x = 2\,010\bar{A}_x + 0.75G + 0.2G(\ddot{a}_{x:\overline{2}|} - \ddot{a}_{x:\overline{1}|}) + 0.1G(\ddot{a}_{x:\overline{6}|} - \ddot{a}_{x:\overline{2}|}) + 0.05G(\ddot{a}_x - \ddot{a}_{x:\overline{6}|}) + 20 + 4a_x$$

$$G = \frac{2\,010\bar{A}_x + 4a_x + 20}{0.95\ddot{a}_x - 0.05\ddot{a}_{x:\overline{6}|} - 0.1\ddot{a}_{x:\overline{2}|} - 0.55}$$

一旦$x$确定,代入替换函数,查表可求其值。例如,取$x = 25$,那么$\bar{A}_{25} = \frac{i}{\delta}A_{25} = 0.291\,52$,$a_{25} = 28.194\,84$,$\ddot{a}_{25} = 29.194\,84$,$\ddot{a}_{25:\overline{6}|} = 5.636\,84$,$\ddot{a}_{25:\overline{2}|} = 1.975\,01$,从而算得:$G = 26.91$元。

**例9.4** 某保险公司对于在35岁签发的,保险金额为1 000元的30年两全保单,估计需要如下的费用:① 代理人佣金:第一年年初为毛保险费的55%,第二年年初为毛保险费的10%,第三年年初到第十年年初为毛保险费的5%。以后的每年年初需要毛保险费的2%作为服务费。每年年初发生的保险费税为毛保险费的3%。② 管理费:第一年年初为12元,第二年乃至以后每年年初均为5元。死亡时立即提供给付或满期理赔成本为5元。假定毛保险费采用均衡30年期年缴方式。试写出计算年缴毛保险费的表达式。

**解:** 选定一种选择生命表作为计算基础。令$G$是所求两全保单的年缴毛保险费,按照收支平衡原则,可建立如下等式:

$$G\ddot{a}_{[35]:\overline{30}|} = 1\,005\bar{A}_{[35]:\overline{30}|} + 0.55G + 0.1G(\ddot{a}_{[35]:\overline{2}|} - \ddot{a}_{[35]:\overline{1}|}) + 0.05G(\ddot{a}_{[35]:\overline{10}|} - \ddot{a}_{[35]:\overline{2}|}) + 0.02G(\ddot{a}_{[35]:\overline{30}|} - \ddot{a}_{[35]:\overline{10}|}) + 0.03G\ddot{a}_{[35]:\overline{30}|} + 12 + 5a_{[35]:\overline{29}|}$$

经整理,$G$由下式决定:

$$G = \frac{1\,005\bar{A}^{1}_{[35]:\overline{30}|} + 1\,005A_{[35]:\overset{1}{\overline{30}|}} + 12 + 5a_{[35]:\overline{29}|}}{0.95\ddot{a}_{[35]:\overline{30}|} - 0.03\ddot{a}_{[35]:\overline{10}|} - 0.05\ddot{a}_{[35]:\overline{2}|} + 0.10\ddot{a}_{[35]:\overline{1}|} - 0.55}$$

2. 分红保单毛保险费的计算

在分红保单中，由于保险费的一部分将以红利形式返还保单持有人，所以寿险精算对于分红保单毛保险费的计算并不要求十分精确。毛保险费假定的基本原则是：使毛保险费能够充分应付死亡率、利息率的可能偏差和可能发生的费用。一般来说，不同保险公司确定分红保单毛保险费的方式有所不同。常见的方式一般有如下几种：

（1）对于某种已知保单，在纯保险费之上附加一个常数，再乘以1与一定的百分比之和。

假定毛保险费用 $G$ 表示；均衡纯保险费或趸缴纯保险费用 $P$ 表示；$C$ 和 $K$ 均为常数，它们随不同保险计划而变化，分红保单毛保险费的计算式为：

$$G = (P + C)(1 + K) \tag{9.3}$$

**例9.5** 在25岁出售的某种趸缴保险费保单，附如下条款：在被保险人发生死亡的年底，除保险金额1 000元外，还将返还不计息的毛保险费。假定毛保险费按方式 $G = (P + C)(1 + K)$ 获得，且 $C$ 为每1 000元保险金额5元，$K = 0.1$。试计算这种保单的趸缴纯保险费和趸缴毛保险费。以CL1（2010—2013）2.5%为计算基础。

**解：** 令 $P$ 表示纯保险费，$G$ 表示毛保险费。因为纯保险费 $P$ 必须充分提供给付额为 $(1\,000 + G)$ 的终身寿险给付，因此，

$$P = (1\,000 + G)A_{25}$$

然而

$$G = (P + 5)(1 + 0.1)$$

联立两式求解得：

$$P = \frac{1\,005.5A_{25}}{1 - 1.1A_{25}} = \frac{1\,005.5 \times 0.287\,930\,69}{1 - 1.1 \times 0.287\,930\,69} = 423.71(\text{元})$$

因此

$$G = \frac{1\,100A_{25} + 5.5}{1 - 1.1A_{25}} = (P + 5) \times 1.1 = 471.59(\text{元})$$

**例9.6** 用20年限期缴费方式在30岁时购买的终身死亡保险保单，在被保险人发生死亡的年底，除了提供1 000元的保险金额外，还返还不计息的已缴毛保险费。毛保险费按 $G = (P + C)(1 + K)$ 方式求解，且 $C = 5$ 元，$K = 0.09$，试证明：

① 这种保单的纯保险费为：

$$\frac{1\,000M_{30} + 5.45(R_{30} - R_{50})}{N_{30} - N_{50} - 1.09(R_{30} - R_{50})}$$

② 这种保单的毛保险费为：

$$1.09 \times \frac{1\,000M_{30} + 5(N_{30} - N_{50})}{N_{30} - N_{50} - 1.09(R_{30} - R_{50})}$$

**证明：** 按题意，可建立如下两个关系式：

$$\begin{cases} P\ddot{a}_{30:\overline{20}|} = 1\,000A_{30} + G(I_{\overline{20}|}A)_{30} \\ G = (P + 5) \times 1.09 \end{cases}$$

求解得：

$$P = \frac{1\,000A_{30} + 5.45(I_{\overline{20}|}A)_{30}}{\ddot{a}_{30:\overline{20}|} - 1.09(I_{\overline{20}|}A)_{30}} = \frac{1\,000M_{30} + 5.45(R_{30} - R_{50})}{N_{30} - N_{50} - 1.09(R_{30} - R_{50})}$$

$$G = \frac{1.09(1\,000A_{30} + 5\ddot{a}_{30:\overline{20}|})}{\ddot{a}_{30:\overline{20}|} - 1.09(I_{\overline{20}|}A)_{30}} = 1.09 \times \frac{1\,000M_{30} + 5(N_{30} - N_{50})}{N_{30} - N_{50} - 1.09(R_{30} - R_{50})}$$

(2) 有时用简单的比例法求毛保险费。比例法即依毛保险费的一定比例确定附加保险费，进而求得毛保险费。用符号表示为：$G = P + fG$，$f$ 为比例系数。求解此式有：

$$G = \frac{P}{1 - f} \tag{9.4}$$

显然，此方式忽略了保险金额的高低、年限的长短，较为粗糙，不够精细。

(3) 三元素法。该方法考虑到各年所需附加费差异大，故以新契约费、维持费以及收费费用等分别计算附加费。

① 新契约费：承保新业务在第一年所必需的一切费用，其大小按单位保险金额的一定百分比计算，用 $\alpha$ 表示。

② 维持费用：维持保单效力的一切费用。其大小按单位保险金额的一定比例计提，用 $\beta$ 表示。

③ 收费费用：第一年及续年收费及手续费用。它们一般按毛保险费的一定比例计提，第一年用 $r_1$ 表示，第二年及以后续年用 $r_2$ 表示。

综合上述分析，单位保险金额的某种保险的年缴毛保险费按下式决定：

$$G\ddot{a} = A + (\alpha + r_1\ddot{a} + r_2\ddot{a} + \beta\ddot{a}) \tag{9.5}$$

注意：等式两边 $\ddot{a}$ 表示的年金现值，可以有不同的具体表达式。

当然，分红保单毛保险费的计算，也可像计算无分红保单毛保险费那样，对死亡率、利息率及费用率等做更现实的假设，运用收支平衡原则计算。

**例 9.7** 年龄为 40 岁的人购买一份保险金额为 5 万元的终身寿险保单，保险金于死亡年末给付。设按年均衡缴费一次的方式购买，其费用在每个保险年度之初发生，其大小如表 9.2 所示。以 CL1(2010—2013) 2.5% 为计算基础，试根据收支平衡原则求该保单的均衡纯保险费和均衡毛保险费。

**表 9.2** **附加费用分配表** 单位：元

| 费用类型 | 初年度 | | | 续年度 | | | |
|---|---|---|---|---|---|---|---|
| | 每张保单 | 每1 000 元保险金额 | 占保险费百分比(%) | 每张保单 | 每1 000 元保险金额 | 各年度的费用百分比(%) 2 ~ 9 年 | 10 年以上 |
| 1. 获得费用 | 34.5 | 4.5 | 85 | — | — | 9.5 | 5.0 |
| 2. 维持费用 | 2.0 | 0.25 | — | 2.0 | 0.25 | — | — |
| 3. 一般费用 | 4.0 | 0.25 | 2.0 | 4.0 | 0.25 | 2.0 | 2.0 |
| 总计(1 + 2 + 3 项) | 40.5 | 5.0 | 87 | 6.0 | 0.5 | 11.5 | 7.0 |
| 4. 理赔费用 | 每张保单 20.0 元加上每 1 000 元保险金额 0.10 元 | | | | | | |

**解**：设均衡纯保险费，均衡毛保险费分别为 $P$ 元和 $G$ 元，则由 $P\ddot{a}_{40} = 50\,000A_{40}$ 可计算得到：$P = 834.159\,8$（元）

由于年缴均衡毛保险费 $G$ 及各年度的费用在年初发生，因而初年度费用的精算现值为：

$$40.5 + 50 \times 5 + 0.87G$$

续年度费用的精算现值为：

$$6a_{40} + 25a_{40} + (0.115Ga_{40:\overline{8}|} + 0.07G\,{}_{8|}a_{40})$$

根据收支平衡原则，可得：

$$G\ddot{a}_x = 50\,025\bar{A}_x + (290.5 + 0.87G) + 31a_{40} + (0.115Ga_{40:\overline{8}|} + 0.07G\,{}_{8|}a_{40})$$

求解 $G$，得到：

$$\begin{aligned} G &= \frac{50\,025A_{40} + 290.5 + 31a_{40}}{0.13 + 0.93a_{40} - 0.045a_{40:\overline{8}|}} \\ &= \frac{50\,025M_{40} + 290.5D_{40} + 31N_{41}}{0.13D_{40} + 0.93N_{41} - 0.045(N_{41} - N_{49})} \\ &= \frac{50\,025 \times 14\,756.89 + 290.5 \times 36\,330.94 + 31 \times 848\,205.19}{0.13 \times 36\,330.94 + 0.93 \times 848\,205.19 - 0.045(848\,205.19 - 590\,058.65)} \\ &\approx 991.21\text{（元）} \end{aligned}$$

## 9.4 毛保险费率

在实际保险费计算中，保险费通常被描述为单位保险金额的一定比率。对于寿险，这种比率最常见的是被表示为每千元保险金额的百分比；对于生存年金或年金保险，这种比率常被表示为每单位月收入的百分比。像这种以每单位保险金额除保险费所得的比率，就是保险费率。

下面，讨论保险费率的一般公式。

假定：$G(b)$ 表示保险金额为 $b$ 的毛保险费；$R(b)$ 代表保险金额为 $b$ 的毛保险费率。$G(b)$ 和 $R(b)$ 的关系是：$R(b) = \dfrac{G(b)}{b}$。进一步，常数 $a$ 代表覆盖或弥补直接与保险金额变动有关的那些保险成本，其中单位保险金额纯保险费是最大的因素；常数 $c$ 代表每份保单的费用；常数 $f$ 表示用于弥补或补偿与保险费变化相关的费用的保险费的比例系数。$a$、$c$、$f$ 均为非负数，且 $f < 1$。

在上述假设下，让

$$G(b) = ab + fG(b) + c$$

从而

$$G(b) = b \cdot \frac{a + \frac{c}{b}}{1 - f} = bR(b)$$

$$R(b) = \frac{a + \frac{c}{b}}{1 - f} = \frac{a}{1 - f} + \frac{\frac{c}{b}}{1 - f} \tag{9.6}$$

令

$$a' = \frac{a}{1-f},\ c' = \frac{c}{1-f}$$

那么

$$R(b) = a' + \frac{c'}{b} \tag{9.7}$$

从这个等式中,不难看出:在 $R(b)$ 中包含两个部分,一部分 $a'$ 不随保险金额变化而变化,另一部分$\frac{c'}{b}$随保险金额变化而变化。但是,问题的关键就是对不同保险金额保单合理分配每保单费用以及确定比例系数 $f$。

有了上述基本费率公式,实际中的保险费计算采用如下三种常用的方法:

第一种方法:确切法。亦即将保单费用 $c' = \frac{c}{1-f}$加到 $b[a/(1-f)] = ba'$ 之中,便得到 $G(b)$。

第二种方法:带条法。就是将保险金额进行分档,在一定保险金额范围内,保险费率不变。如取这一定保险金额的平均值,作为计算保险费率的保险金额,就可运用公式 $G(b) = bR(b)$ 了。

第三种方法:近似法。就是不论保险金额高低,都采用同一保险费率。如取讨论保单保险金额平均值作为计算费率的基础,就可得毛保险费率。

**例 9.8** 某种在 30 岁签发的趸缴保险费终身保单,其费用成分是:佣金为保险费的 7.5%,税金等费用为保险费的 3.5%。每保单费用:每年年初为 3 元,每保单理赔费 12 元,保险金额在死亡年底给付,保险金额为 10 000 元。试用 CL1(2010—2013)2.5% 求这种保单的毛保险费率。

**解:** 运用公式 $(1-f)G(b) = ab + c$ 可得:

$$(1-11\%)G(10\,000) = (10\,000+12)A_{30} + 3\ddot{a}_{30}$$

$$R(10\,000) = \frac{G(10\,000)}{10\,000} = \frac{10\,012A_{30} + 3\ddot{a}_{30}}{8\,900}$$

$$\approx \frac{3\,320.183\,9}{8\,900} = 37.31\%$$

## 9.5 毛保险费准备金

第八章讨论了均衡纯保险费准备金,也说明了为什么纯保险费采取均衡方式收取。同样,毛保险费的收取也采用均衡方式。我们知道,保险金及附加费用的支出并不是均衡的,因此,前期收取的毛保险费在完成相应的保险责任支付后,其余额会累积起来为后期保险人履行对投保人或被保险人的保险责任做准备。由于毛保险费准备金是由毛保险费计算而得的,毛保险费则是包含了费用的保险费,所以,我们将包含费用的准备金称为毛保险费准备金。

毛保险费准备金的计算原理与均衡纯保险费准备金相同,有两种基本的方法,可表示如下:

（1）过去法：毛保险费准备金 = 过去毛保险费收入的精算终值 - 过去保险给付与费用支出的精算终值。

（2）未来法：毛保险费准备金 = 未来保险给付与费用支出的精算现值 - 未来毛保险费收入的精算现值。

**例 9.9** 一份保险金额为10 000元的30岁签订的两全保险，保险期限为20年，缴费期限为20年。设年缴保险费为 $G$，续年度费用为 $e$，求第10个保险年度末的毛保险费准备金表达式。

**解**：由于初年度费用未知，所以采取未来法计算。未来保险给付与费用支出的精算现值为：

$$10\,000A_{50:\overline{10}|}+e\ddot{a}_{50:\overline{10}|}$$

未来保险费收入的精算现值为：

$$G\ddot{a}_{50:\overline{10}|}$$

因此，第10年的毛保险费准备金为：

$$10\,000A_{50:\overline{10}|}+e\ddot{a}_{50:\overline{10}|}-G\ddot{a}_{50:\overline{10}|}$$

**例 9.10** 某20年期两全保险，被保险人签单年龄为40岁，保险金额为10 000元，于死亡年末给付。设按年均衡缴费一次的方式购买，其费用在每个保险年度之初发生，其大小如表9.3所示。以CL1（2010—2013）2.5%为计算基础，试求该保单的均衡毛保险费及在第10年末的均衡毛保险费责任准备金。

**表 9.3**

| 费用类型 | 第一年 | | 续年 | |
|---|---|---|---|---|
| | 占保险费比例（%） | 常数（/千元） | 占保险费比例（%） | 常数（/千元） |
| 佣金 | 20 | — | 6 | — |
| 一般费用 | 4 | 8 | — | 2 |
| 保单维持费 | 3 | 4 | 2 | 2 |
| 其他费用 | 3 | — | 2 | — |
| 合计 | 30 | 12 | 10 | 4 |

**解**：设均衡毛保险费为 $G$ 元，在第10年末的均衡毛保险费责任准备金为 ${}_{10}V_{40}^{*}$ 元，由收支平衡原则有：

$$G\ddot{a}_{40:\overline{20}|}=10\,000A_{40:\overline{20}|}+30\%G+12\times10+10\%G(\ddot{a}_{40:\overline{20}|}-1)+4\times10(\ddot{a}_{40:\overline{20}|}-1)$$

$$G=\frac{10\,000A_{40:\overline{20}|}+80+40\ddot{a}_{40:\overline{20}|}}{90\%\ddot{a}_{40:\overline{20}|}-20\%}$$

$$=\frac{10\,000(M_{40}-M_{60}+D_{60})+80D_{40}+40(N_{40}-N_{60})}{90\%(N_{40}-N_{60})-20\%D_{40}}$$

$$=500.31（元）$$

$$
\begin{aligned}
{}_{10}V_{40}^{*} &= 10\ 000A_{50:\overline{10}|} + 10\%\ G\ddot{a}_{50:\overline{10}|} + 40\ddot{a}_{50:\overline{10}|} - G\ddot{a}_{50:\overline{10}|} \\
&= 10\ 000A_{50:\overline{10}|} + (40 - 0.9G)\ddot{a}_{50:\overline{10}|} \\
&= 4\ 263.42(\text{元})
\end{aligned}
$$

## 习题 9

9－1　有单位保险金额，于死亡年末给付的终身死亡保险，其费用发生情况如下：① 初始费用为 100 元；② 每年费用（包括第一年）为 $(200 + 150P_x)$ 元；③ 理赔时发生费用为每单位保险金额 50 元。设年均衡毛保险费 $G$ 可以写成 $aP_x + C$ 的形式，试根据如上条件求 $a$ 和 $c$。

9－2　某种 10 年期两全保单，被保险人的签单年龄为 35 岁，保险金额 15 000 元，于死亡年末给付。设按年均缴费一次的方式购买，其费用在每保单年初发生，其大小如表 9.4 所示。

**表** 9.4

| 费用类型 | 时间 | | | |
|---|---|---|---|---|
| | 第一年 | | 续年 | |
| | 占保险费百分比(%) | 常数(/千元) | 占保险费百分比(%) | 常数(/千元) |
| 佣金 | 15 | — | 5 | — |
| 一般费用 | 4 | 20 | — | 15 |
| 保单维持费 | 2 | 10 | 2 | 20 |
| 其他费用 | 5 | — | 3 | — |

试求保单的均衡毛保险费（用保险和年金精算现值函数表示）。

9－3　某寿险公司向 30 岁的被保险人发行一种保险金额 10 000 元到 60 岁为止的两全保险，保险费按年均衡缴付。假定：佣金为第 1 年附加保险费的 30%；第 2 ~ 10 个保单年度续保险费佣金为附加保险费的 5%；第 1 年维持费用为每 1 000 元保险金额 15 元，以后年度每 1 000 元保险金额 5 元。保险金额于死亡后立刻提供。试用精算符号表示附加保险费的计算公式。

9－4　用 10 年限期缴费方式在 40 岁购买终身死亡保险，保险金额于死亡的年末给付。除提供 50 000 元保险金额外，还将返还不计息的毛保险费。毛保险费按 $G = (P + C)(1 + K)$ 方式求解，其中 $C = 3$，$K = 0.05$。试用替换函数表达计算保单毛保险费的公式。

9－5　关于 $(x)$ 的保险金额为 50 000 元的年缴保险费终身寿险，死亡给付为立即给付，保险费缴纳方式为每年年初缴纳一次。假定费用发生如下：初年度的税金与佣金等费用占总保险费的 25%，保单费用：每 1 000 元保险金额发生 2 元的费用，每份保单有 15 元的理赔费用。续年度的税金与佣金等费用占总保险费的 5%，保单费用：每 1 000 元保险金额发生 0.5 元的费用，每份保单有 3 元的理赔费用。已知 $\bar{A}_x = 0.427$，$\ddot{a}_x = 8.196$，求年缴保险费为多少。

9－6　已知某种缴费期限为 20 年的寿险保单，在死亡发生的情况下返还 10 000 元加上所有已缴的不计利息毛保险费。返还保险费条款既适用于缴费期也适用于缴费期后。保险费按年缴，受益在死亡的年末支付，如果年缴毛保险费是净保险费的 110% 加上 25，$A_x = 0.25$，$\ddot{a}_{x:\overline{20}|} = 7.45$，$(IA)^{1}_{x:\overline{20}|} = 4.95$，则保单的年缴毛保险费为多少？

9－7　现年 40 岁的人想为自己买一份终身寿险，希望缴费期限为 20 年。保险公司为其提供了这样的寿险产品：保险金额为 200 000 元，每年年初投保人缴纳保险费，保险公司在死亡年末给付保险金。若该寿险产品的费用分布如表 9.5 所示，问：投保人年缴毛保险费的金额为多少？以 CL1(2010—2013)2.5% 为计算基础。

**表 9.5**　　**保费结构**

| 年度 | 第一年 | 第 2 ~ 10 年 | 第 11 年及以后年度 |
|---|---|---|---|
| 每张保单 | 50 元 | 20 元 | 20 元 |
| 占保险费百分比 | 110% | 10% | 5% |

9－8　对于保险金额为 1 的全离散型终身寿险保单，附加费用为：初始费用 $e_0$；每年(包括第一年）的费用 $e_1 + e_2P_x$；与保险金同时支付的理赔成本为 $e_3$。已知年缴毛保险费为 $G = aP_x + c$，求 $a$ 与 $c$？

9－9　现年 $x$ 岁的人签订了年缴保险费 3 年期的两全保险。保险费与保险金额的支付方式都是离散型的，保险金额在死亡的年末支付，保险费在每年初缴纳。已知未来三年内的死亡率分别为：$q_x = \frac{1}{10}$，$q_{x+1} = \frac{1}{9}$，$q_{x+2} = \frac{1}{8}$，预定年实际利息率 $i = 0.15$，保险金额为 1 000 元，费用分布如表 9.6 所示。

**表 9.6**　　**保险费结构**

| 年度 | 初年度 | 续年度 |
|---|---|---|
| 占保险费的百分比 | 20% | 6% |
| 固定数(元) | 8(／千元) | 2(／千元) |

根据以上条件，计算年缴保险费和各期末的责任准备金。

9－10　假设某险种每份保单金额的概率密度函数为 $f(b) = 200b^{-3}(b > 10)$，其中 $b$ 的单位是千元，若 $a = 35$，$f = 0.25$，$c = 12$。求保单费率 $R(\sqrt{200})$ 为多少。

# 10 实际责任准备金



## 10.1 我国责任准备金的相关规定

保险责任准备金是保险公司为了承担未到期责任和处理未决赔款而提存的一种资金准备。这种准备金来自于保险费收入,但它并不是保险公司的营业收入,而是作为保险公司的一项负债。保险公司在提取保险责任准备金时必须遵从两个基本准则:保障被保险人利益原则和保证偿付能力原则。被保险人是保险活动当事人的一方,保险法以保护保险活动当事人的利益为宗旨,因此保障被保险人的利益是保险公司在提取准备金时应当考虑的。保证偿付能力从根本上也是为了保障被保险人的利益,因为,保险公司必须有一定的偿付能力,才能不失信于被保险人。所以,保险公司必须提取一定的准备金以备不时之需。

就我国保险业来说,可将责任准备金分为财产保险责任准备金和人身保险责任准备金两大类。财产责任准备金按其用途主要分为:未到期责任准备金、未决赔款责任准备金和总准备金;人身保险责任准备金也可称为人寿保险责任准备金,主要分为理论责任准备金与实际责任准备金。

在人寿保险责任准备金的分类中,按照财务报告使用目的的不同,又分为法定责任准备金、盈余准备金和税收准备金。法定责任准备金是保险公司按照保险监管机构制定的规则计算而来的,它是保险监管机构为确保保险公司偿付能力而确定的准备金数额的最小值。盈余准备金则是按一般会计准则的规定计算得到的,使用对象是一些投资者。盈余准备金侧重于盈余的真实性和与其他行业的可比性。税收准备金是按税务监管部门计算规则计算出来的准备金。为了避免逃税,税收准备金一般不允许过高。

## 10.2 实际责任准备金及其计算原理

### 10.2.1 实际责任准备金的概念

第七章和第八章关于均衡纯保险费和均衡纯保险费责任准备金的计算,包含两个不言自明的假定:①每个保险年度的纯保险费的全体是可以动用的,而且要求它们被用于死亡或生存的给付，并维持一定额度的准备金；②每个保险年度的附加保险费，当需要动用时，将能充分应付所发生的一切费用。然而，这些假定在实际的保险业务经营中并不总是有效的。因此，以两个假定为基础求得的均衡纯保险费责任准备金，就只能是一种理论上的责任准备金。

一个寿险公司在出售和签发保单中发生的主要费用，必须在第一个保险年度中予以补偿。而寿险公司在第一个保险年度以后的保险年度，统称为续年，所发生的费用相对较小。在大多数情况下，第一个保险年度需要付的费用，将超过均衡纯保险费制下可动用的附加保险费。这就是说，在均衡纯保险费制下，寿险公司不能完全用第一个保险年度的附加保险费支付每一个保险年度的费用，而必须动用其盈余金以弥补这一不足。这种因动用盈余金而欠之款，应当在费用开支小于附加保险费的续年中逐年返还。

对于一个新开业不久或规模较小的寿险公司而言，因其可运用的盈余金有限，试图以此为后盾补偿费用的不足，将遇到一定的困难，甚至当签发业务较多时，盈余金可能耗尽，从而在技术上变得无偿付能力。这样，为维持均衡纯保险费准备金，一种对策便是限制公司承保的业务量。采取这种对策，对于一个长期经营、资格较老、业务庞大、盈余充分的寿险公司而言，并不会产生较大的不利影响，然而，它对一个新公司的业务发展和生存而言，显然是不利的。

为避免出现寿险公司可能遇到的上述困境，同时考虑其他的一些因素，在法律上，往往采取对保险费缴付的全部期限或部分期限内的责任准备金做出最低规定，以使其额度小于相应的均衡纯保险费准备金。实现这个目的的基本方法，就是让第一个保险年度（有时选择前几个保险年度）的纯保险费小于当年的均衡纯保险费，其差额由续年的纯保险费大于均衡纯保险费加以调整。在通过这种调整后的纯保险费的基础上计算的准备金，称为修正准备金或者实际责任准备金。



### 10.2.2 均衡纯保险费的修正

在第九章毛保险费的计算中，各保险年度所发生的费用分摊于各保险年度的保险费之中，且毛保险费是均衡的。这样，在均衡纯保险费制下，附加保险费在整个保险费缴纳期限内也是一个常数。现在情况发生了变化，实际费用各年有别，从而附加保险费并不完全为均一量，相应的纯保险费也就非均一量。以下考察在均衡毛保险费假定下，常见的均衡纯保险费修正法。

约定：在 $x$ 岁签单的保险类型，保险期限为 $n$ 年，保险缴费期限为 $m$ 年，保险费修正期限为 $g$ 年。其中：$0 < n < \infty$，$m \leqslant n$，$g \leqslant m$。在保险费缴付期限内，均衡毛保险费用 $G$ 表示，均衡纯保险费用 $P$ 表示。在修正期限 $g$ 年内，$\alpha$ 代表经修正后的第一个保险年度的纯保险费，$\beta$ 代表经修正后的第二个保险年度及以后各个修正年度的纯保险费。一般情况下，$\alpha < P < \beta$。

于是，在上述约定下，整个 $m$ 年缴费期内的年缴纯保险费为：

$$\underbrace{P, P, \cdots P}_{g}, \underbrace{P, \cdots, P}_{m-g}。$$

变成

$$\underbrace{\alpha,\beta,\cdots\beta}_{g},\underbrace{P,\cdots P}_{m-g}。$$

用图 10.1 表示如下：

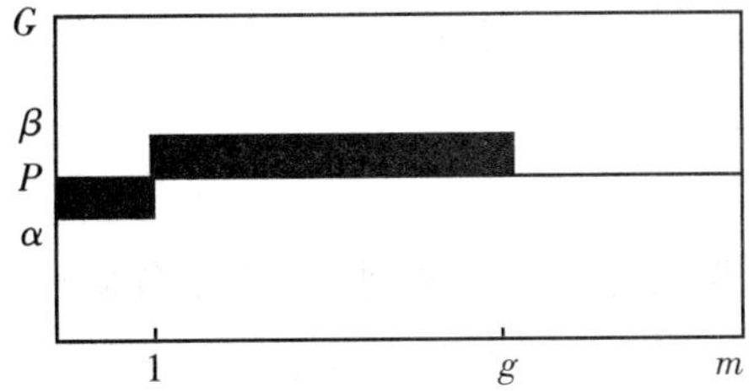


图 10.1

容易得出修正纯保险费 $\alpha$ 和 $\beta$ 与均衡纯保险费 $P$ 之间有下列关系：

$$\alpha + \beta a_{x:\overline{g-1}|} + P\ {}_{g|}\ddot{a}_{x:\overline{m-g}|} = P\ddot{a}_{x:\overline{m}|}$$

简化得：

$$\alpha + \beta a_{x:\overline{g-1}|} = P\ddot{a}_{x:\overline{g}|}$$

进一步

$$\alpha + \beta(\ddot{a}_{x:\overline{g}|} - 1) = P\ddot{a}_{x:\overline{g}|}$$

$$\beta - P = \frac{\beta - \alpha}{\ddot{a}_{x:\overline{g}|}} \tag{10.1}$$

或者

$$\alpha + \beta a_{x:\overline{g-1}|} = P(1 + a_{x:\overline{g-1}|})$$

$$\beta - P = \frac{P - \alpha}{a_{x:\overline{g-1}|}} \tag{10.2}$$

### 10.2.3　实际责任准备金的计算

计算实际责任准备金与计算理论责任准备金的方法完全相同，亦即预期法和追溯法。只是在计算实际责任准备金时，纯保险费为修正后的纯保险费，而不是原有的均衡纯保险费。

考察：限期 $m$ 年缴费，保险金额为 1 元的 $n$ 年两全保险。纯保险费修正期是 $g$ 年，修正后的第一个保险年度和续年的纯保险费分别为 $\alpha$ 和 $\beta$，那么该保险在 $t$ 年末的实际责任准备金公式，分情况讨论如下：

记该保险在 $t$ 年末的实际责任准备金为 ${}^{m}_{t}V^{\text{mod}}_{x:\overline{n}|}$，那么，

① 当 $t \leqslant g \leqslant m$ 时，如图 10.2 所示：

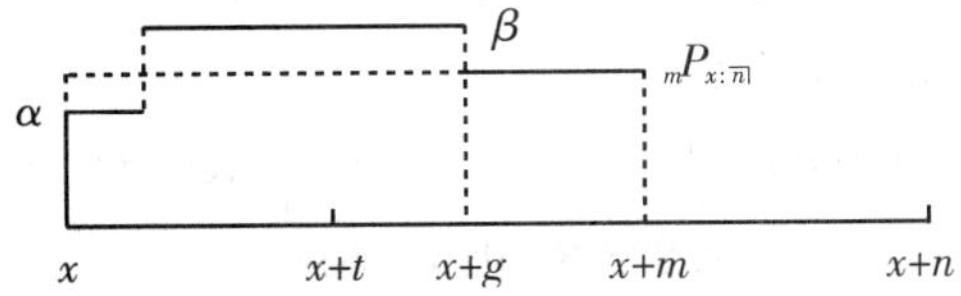


图 10.2

预期法准备金为：

$$ {}_t^mV_{x:\overline{n}|}^{\mathrm{mod}} = A_{x+t:\overline{n-t}|} - {}_mP_{x:\overline{n}|}\ddot{a}_{x+t:\overline{m-t}|} - (\beta - {}_mP_{x:\overline{n}|})\ddot{a}_{x+t:\overline{g-t}|} \tag{10.3} $$

追溯法准备金为：

$$ {}_t^mV_{x:\overline{n}|}^{\mathrm{mod}} = \alpha \cdot \frac{1}{{}_tE_x} + \beta\ddot{s}_{x+t:\overline{t-1}|} - \frac{A_{x:\overline{t}|}^{1}}{{}_tE_x} \tag{10.4} $$

② 当 $g \leqslant t \leqslant m$ 或 $g \leqslant t \leqslant n$ 时，

$$ {}_t^mV_{x:\overline{n}|}^{\mathrm{mod}} = {}_t^mV_{x:\overline{n}|} $$

根据前面内容可知，均衡纯保险费在 $t$ 年末的理论责任准备金为：

$$ {}_t^mV_{x:\overline{n}|} = A_{x+t:\overline{n-t}|} - {}_mP_{x:\overline{n}|}\ddot{a}_{x+t:\overline{n-t}|} \quad (t \leqslant g \leqslant m) $$

所以

$$ {}_t^mV_{x:\overline{n}|} - {}_t^mV_{x:\overline{n}|}^{\mathrm{mod}} = (\beta - {}_mP_{x:\overline{n}|})\ddot{a}_{x+t:\overline{g-t}|} $$

这表明，在修正期内各年末的均衡纯保险费准备金超过修正纯保险费准备金的额度，由将来缴纳的修正纯保险费与均衡纯保险费之差来补足。简言之，修正准备金或实际准备金小于均衡纯保险费准备金，是因为在修正制下，续年较大的纯保险费在未来年度才对准备金有所贡献。纯保险费之差的现值，就由准备金之差来度量。

明显地，$(\beta - {}_mP_{x:\overline{n}|})$ 越大，相应的准备金之差（${}_t^mV_{x:\overline{n}|} - {}_t^mV_{x:\overline{n}|}^{\mathrm{mod}}$）也越大。但是，随着 $t$ 的增加，年金值 $(\beta - {}_mP_{x:\overline{n}|})\ddot{a}_{x+t:\overline{g-t}|}$ 逐渐变小，从而准备金之差随之变小，直至最后，即修正期限届满时，两种准备金相等。

**例 10.1** 证明：${}_tV - {}_tV' = (\frac{\beta - \alpha}{\ddot{a}_{x:\overline{g}|}})\ddot{a}_{x+t:\overline{g-t}|}$。其中：$g$ 为保险费修正期，$V'$ 为修正准备金，$t < g$。

**证明：**假设对应于 ${}_tV$ 的均衡纯保险费为 $P$；对应于 ${}_tV'$ 的纯保险费分别为 $\alpha, \beta \cdots \beta$。$A$ 为 $x$ 岁签单后 $t$ 年末的未来保险金额的精算现值，

$$ {}_tV = A - P\ddot{a}_{x+t:\overline{g-t}|} $$

$$ {}_tV' = A - \beta\ddot{a}_{x+t:\overline{g-t}|} $$

所以

$$ {}_tV - {}_tV' = (\beta - P)\ddot{a}_{x+t:\overline{g-t}|} $$

$$ = (\frac{\beta - \alpha}{\ddot{a}_{x:\overline{g}|}})\ddot{a}_{x+t:\overline{g-t}|} $$

**例 10.2** 30 岁的人签订了一份保险金额 100 000 元，35 年限期缴费的 50 年期离散型两全保险。责任准备金计算方法采取修正责任准备金的方法，修正期限为 20 年，且第 2 年至第 20 年的修正纯保险费为 956 元。已知：$100\,000\,{}_8^{35}V_{30:\overline{50}|} = 7\,442$，${}_{35}P_{30:\overline{50}|} = 0.006\,34$，$\ddot{a}_{38:\overline{12}|} = 8.805$。求第 8 年末的修正责任准备金为多少。

**解：** 
$$ 100\,000\,{}_8^{35}V_{30:\overline{50}|}^{\mathrm{mod}} = 100\,000\,{}_8^{35}V_{30:\overline{50}|} - \ddot{a}_{38:\overline{20-8}|}(\beta - 100\,000\,{}_{35}P_{30:\overline{50}|}) $$

$$ = 7\,442 - 8.805 \times (956 - 634) $$

$$ = 4\,606.79(\text{元}) $$

## 10.3 法定准备金标准介绍

计算修正准备金或实际准备金,涉及三个基本参数:第一个保险年度的修正纯保险费 $\alpha$、续年修正纯保险费$\beta$以及修正期限$g$。在具体的实际准备金计算中,需要附加有关这些参数的两个条件,以便决定第三个参数,进而决定出实际准备金的值。以下通过介绍美国和加拿大过去的一些修正准备金的法定标准,来理解法定准备金标准的基本原理。

### 10.3.1 初年定期法

初年定期法,常简记为 FPT 法。此法由瑞士精算师 Zillmer(泽尔默) 创立,故为纪念这位精算师,初年定期法又称为 Zillmer 法。

FPT 法的基本思路是:在第一个保险年度有最大的附加保险费,以应付第一年较大的费用支出;或者在第一个保险年度只有危险保险费,而无储蓄保险费。其最终目的是使第一个保险年度末的责任准备金不为负值。右上标标注"F" 或"FPT"。

为实现上述目的,特假定如下两个限制条件:

$\alpha = \alpha^{F} = A^{1}_{x:\overline{1}|} = c_x; g = m$,即修正期等于整个保险缴费期限。

根据

$$\beta - P = \frac{P - \alpha}{a_{x:\overline{g-1}|}}$$

或

$$\beta = \frac{P\ddot{a}_{x:\overline{g}|} - \alpha}{a_{x:\overline{g-1}|}}$$

从而

$$\beta = \beta^{F} = \frac{P\ddot{a}_{x:\overline{m}|} - c_x}{a_{x:\overline{m-1}|}}$$

显然

$$_{1}V^{F} = \alpha^{F}\ddot{s}_{x:\overline{1}|} - \frac{A^{1}_{x:\overline{1}|}}{_{1}E_{x}} = 0$$

以下应用 FPT 法对两全保险进行分析。

对于保险金额为 1 的 $n$ 年两全保险,其续年纯保险费 $\beta^{F}$ 的具体形式如下:

$$\beta^{F} = \frac{P\ddot{a}_{x:\overline{m}|} - c_x}{a_{x:\overline{m-1}|}} = \frac{A_{x:\overline{n}|} - c_x}{a_{x:\overline{m-1}|}}$$

$$= \frac{A_{x+1:\overline{n-1}|}}{\ddot{a}_{x+1:\overline{n-1}|}} = {}_{m-1}P_{x+1:\overline{n-1}|} \qquad (10.5)$$

对该等式的解释:已知保单初年定期制的续年纯保险费,等于相同保险类型保单的纯保险费,且该保单在原保单签单年龄长一岁的年龄上签单,但两种保单有相同的满期日。这种情形并不奇怪,也容易理解。事实上,在修正制下,初年纯保险费仅支付初年死亡索赔,这使保单持有人在一年以后的年龄上,续保一种在该年龄上签单且为均衡纯保险费的保单。

与上述两种保险相对应，续年期末修正准备金$_tV^F$为：

$$
\begin{aligned}
{}_t^mV_{x:\overline{n}|}^F &= A_{x+t:\overline{n-t}|} - \beta^F \ddot{a}_{x+t:\overline{m-t}|} \qquad (1 \leqslant t \leqslant n) \\
&= A_{x+t:\overline{n-t}|} - {}_{m-1}P_{x+1:\overline{n-1}|}\ddot{a}_{x+t:\overline{m-t}|} = {}_{t-1}^{m-1}V_{x+1:\overline{n-1}|}
\end{aligned}
\tag{10.6}
$$

该式表明：在初年定期制下，第$t$年末的准备金$(1 < t \leqslant n)$，等于这样的相同保险形式的保单在第$(t-1)$年末的均衡纯保险费准备金。这种保单较原保单签单年龄大一岁，但保单满期日与原保单相同，保险费缴付期限较原保单保险费缴付期限少一年。

综上所述，一般保单的初年定期制下的修正纯保险费为：

$$
\begin{aligned}
\alpha^F &= A_{x:\overline{1}|}^1 = c_x \\
\beta^F &= \frac{A(1)}{\ddot{a}_{x+1:\overline{m-1}|}}
\end{aligned}
\tag{10.7}
$$

上式中：$A(1)$代表在$x+1$岁签单，但保险形式、保险期限和保险金额等均与原保单相同的保单，在$x+1$岁的趸缴纯保险费。

从而

$$
\begin{aligned}
{}_1V^F &= 0 \\
{}_tV^F &= A(t) - \beta^F \ddot{a}(t) \qquad (1 < t \leqslant m)
\end{aligned}
$$

因此，当同时考虑纯保险费和准备金后，初年定期法意味着每一种保单都可以被看成是两种保单的结合，这两种保单是：在原保单签发年龄$x$岁签发的，第一年纯保险费为$C_x$，第一年末准备金为0的一年定期保单，以及在原保单签发年龄$x$岁大一岁$(x+1)$的年龄上签发的，限期在原保单保险费缴纳期的剩余期限内缴费，提供原保单的保险期剩余的均衡纯保险费保单。



**例 10.3**　对于某一种30岁签单的终身寿险、修正后的首年和续年纯保险费分别为$\alpha = A_{30:\overline{1}|}^1$和$\beta$。假定$d = 0.03$，$\ddot{a}_{30} = 17$，$\ddot{a}_{30:\overline{12}|} = 9$，$A_{30:\overline{12}|}^{\ \ 1} = 2/3$以及$A_{30:\overline{1}|}^1 = 0.01$，试用FPT法求$\beta$和${}_{12}V_{30}^F$。

**解**：用FPT法：

$$
\beta = \frac{A_{31}}{\ddot{a}_{31}} = \frac{1 - d\ddot{a}_{31}}{\ddot{a}_{31}} = \frac{1}{\ddot{a}_{31}} - d
$$

联立：

$$
\begin{cases}
\ddot{a}_{30} = 1 + vp_{30}\ddot{a}_{31} \\
vq_{30} = 0.01
\end{cases}
$$

得到：

$$
\frac{1}{\ddot{a}_{31}} = 0.06
$$

从而

$$
\beta = 0.06 - 0.03 = 0.03
$$

所求

$$
{}_{12}V_{30}^F = \beta \ddot{s}_{30:\overline{12}|} - (\beta - \alpha)\frac{1}{{}_{12}E_{30}} - \frac{A_{30:\overline{12}|}^1}{{}_{12}E_{30}}
$$

$$= \frac{\beta \cdot \ddot{a}_{30:\overline{12|}} - (\beta - \alpha) - (1 - d\ddot{a}_{30:\overline{12|}} - A_{30:\overline{12|}}^{\ \ 1})}{A_{30:\overline{12|}}^{\ \ 1}}$$

$$= 0.28$$

**例 10.4**　已知：$a_{80:\overline{19|}} = 6.158$，$a_{70:\overline{30|}} = 9.339$，$a_{70:\overline{29|}} = 9.326$，$a_{71:\overline{29|}} = 9.02$。求：$10\ 000\ {}_{10}V_{70:\overline{30|}}^{\text{FPT}}$。

**解**：$a_{70:\overline{30|}} = vp_{70} + vp_{70}a_{71:\overline{29|}}$

$$vp_{70} = \frac{a_{70:\overline{30|}}}{1 + a_{71:\overline{29|}}} = 0.932\ 036$$

$$\ddot{a}_{71:\overline{29|}} = \frac{1}{vp_{70}}a_{70:\overline{29|}} = \frac{9.326}{0.932\ 036} = 10.006$$

$$\ddot{a}_{80:\overline{20|}} = 1 + a_{80:\overline{19|}} = 7.158$$

$$10\ 000\ {}_{10}V_{70:\overline{30|}}^{\text{FPT}} = 10\ 000\ {}_{9}V_{71:\overline{29|}} = 10\ 000\left(1 - \frac{\ddot{a}_{80:\overline{20|}}}{\ddot{a}_{71:\overline{29|}}}\right) = 2\ 850$$

### 10.3.2　初年定期法的修正

在初年定期法下，假定第一年毛保险费全体用于支付费用和死亡索赔，该年底无须建立准备金。也就是说，不论何种保险类型，在已知年龄上的第一年保险费都是相同的，而附加保险费却不尽相同。对于在较大年龄以后的任何年龄上签发的普通寿险保单，附加保险费较为接近寿险公司第一年实际发生的费用，而在续年，该保单的附加保险费减少额并不大，并未从根本上减少续年的费用津贴。这说明该保单的附加保险费是合理的。

但是，进一步深入考察其他签单年龄对应的保单，可以发现初年定期法在一些情况下使用并不总是令人满意的。对于保险费相对较高的保单，如短期两全保单，第一年的附加保险费将远远超过该年实际发生的费用。显然，倘若对此保单使用初年定期法，那么可能给保险公司造成一定的损失，而且这种保单在续年所要求增加的纯保险费相对较大，结果难免减少可用于应付续年费用的附加保险费。

鉴于上述种种原因，有一些国家在有关保险的法律中明文规定：对于低保险费的保单，采用初年定期法；对于高保险费的保单，采用其他修正法。以下是美国和加拿大过去曾经采用的修正准备金标准。

1. 美国保险监察官准备金修正法

保险监察官修正法，简记作 CRVM 法，用于定义新保单的法定准备金。严格说来，与其说它是一种方法，倒不如说它是一种标准或制度。CRVM 法不仅定义了修正准备金的方法，而且规定了应用的保单形式。当某种保单在初年定期法下的续年纯保险费，超过了在同一年龄上签发的，限期 20 年缴费的终身寿险在初年定期法下的续年纯保险费，这种保单便被称为高保险费保单；反之，则被称为低保险费保单。

这样，对于在 $x$ 岁签单，且满足 $\beta^{F} > {}_{19}P_{x+1}$ 的保单，准备金须采用保险监察官修正法。而对于在 $x$ 岁签单，且满足 $\beta^{F} \leqslant {}_{19}P_{x+1}$ 的保单，仍采用初年定期法。

保险监察官修正法的内容是：纯保险费修正期等于保险费缴付期。保险监察官修正法下的第一年附加保险费超过续年附加保险费的数量，等于初年定期法下限期 20 年缴费的终身寿险的第一年附加保险费超过续年附加保险费的数量。用公式表示如下：

$$\begin{cases} g = m \\ \beta^{com} - \alpha^{com} = {}_{19}P_{x+1} - c_x \quad (c_x = A^{1}_{x:\overline{1}|}) \end{cases}$$

结合修正准备金的一般原理，

$$\beta^{com} = P + \frac{{}_{19}P_{x+1} - c_x}{\ddot{a}_{x:\overline{m}|}} \tag{10.8}$$

$$\alpha^{com} = P + \frac{{}_{19}P_{x+1} - c_x}{\ddot{a}_{x:\overline{m}|}} - ({}_{19}P_{x+1} - c_x) \tag{10.9}$$

上式中：$x$ 为签单年龄，$P$ 为均衡纯保险费，$m$ 为保险费缴付期。

一旦求出 $\alpha^{com}$ 和 $\beta^{com}$ 且已知 $m$，CRVM 法准备金就可以按一般的预期法或追溯法进行计算而得。

2. 加拿大准备金修正法

加拿大准备金修正法也是修正初年定期法的一种方法，因其在加拿大实施，故此得名。早期的加拿大准备金修正法将寿险保单分成两类：凡保单的均衡纯保险费较同年龄的普通终身寿险的均衡纯保险费大者，属于加拿大准备金修正法适用的对象；而其他的保单统由初年定期法计算准备金。

早期加拿大准备金修正法的具体内容是：修正期等于保险费缴付期。均衡纯保险费超过加拿大修正法第一年纯保险费之差，等于普通终身寿险均衡纯保险费与初年定期法第一年纯保险费之差。用公式表示如下：

当 $P > P_x$ 时，

$$P - \alpha^{can} = P_x - c_x \qquad (c_x = A^{1}_{x:\overline{1}|})$$

从而

$$\alpha^{can} = P - (P_x - c_x) \tag{10.10}$$

$$\beta^{can} = P + \frac{P_x - c_x}{a_{x:\overline{m-1}|}} \tag{10.11}$$

上式中：$P$ 为均衡纯保险费，$P_x$ 为终身寿险的均衡纯保险费，$m$ 为保险费缴付期限。

随着加拿大修正法的不断完善，现允许选择具有更大的任意性，由此出现了现代加拿大修正法。其内容是：

$$\alpha^{can} = P - E^{can}$$

$E^{can}$ 代表由均衡纯保险费度量的第一年允许的额外费用。它的大小取决于 $E^{can} = \min[(a)、(b)、(c)]$，$(a)$ = 均衡纯保险费的 150%；$(b)$ = 实际所需费用；$(c)$ = 第二年及以后年可恢复的费用在签单时的精算现值。于是，

$$\beta^{can} = P + \frac{E^{can}}{a_{x:\overline{m-1}|}} \tag{10.12}$$

如前所述，不同国家有不同的修正准备金标准，随着保险业的发展，修正标准也在不断地完善和发展。以上介绍了美国和加拿大的修正标准，可使学习者初步了解和掌握修正准备

金的思路和基本方法。

**例 10.5** 对 35 岁男性签订的保险金额为 80 000 元的 30 年期全离散型两全保险，根据 CL1(2010—2013)2.5% 计算第三年末的实际责任准备金。

**解**：若在一年定期修正制下有

$$\beta^{FPT} = P_{35:\overline{30}|} + \frac{P_{35:\overline{30}|} - A^{1}_{35:\overline{1}|}}{a_{35:\overline{29}|}}$$

由换算表数值，得到：

$$P_{35:\overline{30}|} = \frac{M_{35} - M_{65} + D_{65}}{N_{35} - N_{65}} = \frac{15\ 005.45 - 11\ 480.20 + 16\ 952.93}{1\ 081\ 095.92 - 224\ 382.01} = 0.023\ 90$$

$$a_{35:\overline{29}|} = \frac{N_{36} - N_{65}}{D_{35}} = \frac{1\ 039\ 722.28 - 224\ 382.01}{41\ 373.64} = 19.706\ 76$$

$$A^{1}_{35:\overline{1}|} = \frac{M_{35} - M_{36}}{D_{35}} = \frac{15\ 005.45 - 14\ 960.61}{41\ 373.64} = 0.001\ 08$$

解得

$$\beta^{FPT} = 0.023\ 90 + \frac{0.023\ 90 - 0.001\ 08}{19.706\ 76} = 0.025\ 06$$

所求准备金为：

$$\begin{aligned}
{}_3V^{FPT}_{35:\overline{30}|} &= 80\ 000A_{38:\overline{27}|} - 80\ 000\beta^{FPT}\ddot{a}_{38:\overline{27}|} \\
&= 80\ 000\left[\frac{M_{38} - M_{65} + D_{65}}{D_{38}} - \beta^{FPT}\frac{N_{38} - N_{65}}{D_{38}}\right] \\
&= 80\ 000(0.531\ 24 - 0.025\ 06 \times 19.218\ 97) = 3\ 968.80(\text{元})
\end{aligned}$$

由于

$$\beta^{FPT} = 0.025\ 06 > {}_{19}P_{36} = \frac{M_{36}}{N_{36} - N_{55}} = \frac{14\ 960.61}{1\ 039\ 722.28 - 431\ 139.89} = 0.024\ 58$$

因此，该保单属于高保险费保单，其续年保险费由 $\beta^{com}$ 来确定

$$\begin{aligned}
\beta^{com} &= P_{35:\overline{30}|} + \frac{{}_{19}P_{36} - A^{1}_{35:\overline{1}|}}{\ddot{a}_{35:\overline{30}|}} \\
&= 0.023\ 90 + \frac{0.024\ 58 - 0.001\ 08}{(1 + 19.706\ 76)} = 0.025\ 03
\end{aligned}$$

因此，所求实际责任准备金为：

$$\begin{aligned}
{}_3V^{com}_{35:\overline{30}|} &= 80\ 000A_{38:\overline{27}|} - 80\ 000\beta^{com}\ddot{a}_{38:\overline{27}|} \\
&= 80\ 000 \times (0.531\ 24 - 0.025\ 03 \times 19.218\ 97) \approx 4\ 015.13(\text{元})
\end{aligned}$$

### 10.3.3 我国个人分红保险法定责任准备金的精算规定

作为一个具体应用，下面介绍我国个人分红保险有关责任准备金的计算和修正的有关规定。会计年度末保单法定未到期责任准备金应当用未来法逐单计算。

1. 法定未到期责任准备金的计算基础

(1) 评估利息不得高于下面两项规定的最低值:

① 保监会每年公布的未到期责任准备评估利息率。

② 该险种厘定保险费所使用的预定利息。

(2) 评估死亡率:

① 终身年金以外的人寿保险采用险种报备时厘定保险费所使用的经验生命表。

② 终身年金保险采用按下面规定调整后的中国寿险业经验生命表中的年金保险经验生命表,分别计算未到期责任准备金。

- 80% × 年金保险经验生命表;
- 120% × 年金保险经验生命表。

2. 法定未到期责任准备金的计算方法

(1) 法定未到期责任准备金的计算采用修正法:

① 修正净保险费的确定。

第一,修正后首年净保险费 $\alpha$ 按下列公式计算:

$$\alpha = P^{NL} - EA$$

上式中:$P^{NL}$ 为根据评估基础确定的缴费期间均衡净保险费,$EA$ 为费用扣除额。

如果 $\alpha$ 的计算结果小于根据评估基础计算的首年自然净保险费,则 $\alpha$ 取自然净保险费。

第二,修正后续年净保险费 $\beta$ 按下列公式和法定未到期责任准备金计算基础计算:

$\alpha + \beta$ 在缴费期初的精算现值 $= P^{NL}$ 在缴费期初的精算现值

② 费用扣除额不得高于基本死亡保险金额的 3.5%。

③ 根据上述法定未到期责任准备金计算基础(即评估基础)和修正方法计算修正准备金。

(2) 如果按修正方法计算的续年评估均衡净保险费高于毛保险费,还应计提保险费不足准备金。

保险费不足准备金为保单在未来的缴费期间,评估净保险费与毛保险费之差在保单年度末按评估基础计算的精算现值。

(3) 保险公司采用增额红利分配方式的,计算法定未到期责任准备金时,保险责任应包括已公布的增额红利部分,但不包括未来增额红利和终了红利。

(4) 保单年度末保单法定未到期责任准备金为上述修正准备金与保险费不足准备金之和,并且不低于年度末保单现金价值。

(5) 会计年度末法定未到期责任准备金的计算,应当根据所对应的上一保单年度末的保单法定未到期责任准备金,扣除保单在上一保单年度末的生存给付金额后和该保单年度末保单法定未到期责任准备金进行插值计算,并加上未到期评估净保险费(如果评估净保险费大于评估毛保险费,则为未到期毛保险费)。

(6) 会计年度末保单法定未到期责任准备金数额是会计年度末保单责任准备金计提的最低标准。保险公司可采用其他合理的计算基础和评估方法计算会计年度末保单责任准备金,但要保证所提取的保单未到期责任准备金不低于会计年度末法定未到期责任准备金。

## 10.4　现金价值

现金价值，又称解约退还金、退保价值、解约金等。它是指投保人在缴纳了一定年数的保险费后终止合同时，保险人或保险公司应支付给保单持有人的金额。保单持有人的这一权利受有关保险法律或法规的保护，在保单中一般由"不丧失价值"条款体现出来。现金价值的处置有多种方式，既可以一次性提取现金，也可以用现金价值作为保险费去购买其他保险。在此首先讨论决定公平、合理的现金价值的决定方法。

确定现金价值并不是一件容易的事情。从一般意义上讲，解约的保单持有人有资格获得的值取决于他对保险基金的贡献的大小，扣除保险费和费用成本之后的余额，亦即对期末准备金扣减一定的额度。但是，这个扣减的额度随保险类型和保险期限的不同而变化，而且它的设计还须考虑到现金价值与保险人对已知保单实际累积的基金的关系。因此，长期以来采用的这种决定现金价值的方法，不免具有一定的人为性，甚至称这种扣减额为解约费，也易引起保单持有人的误解。随着现代保险的发展和需要，现金价值的确定几乎均采用调整保险费法，尤其在保险业发达的国家更是如此。

### 10.4.1　调整保险费及调整保险费法

所谓调整保险费，是指在初年度经费的超过额可由整个缴费期间的每年附加保险费中依年缴方式获得摊还的假定下计算出来的保险费。这种保险费是纯保险费与每年摊还额之和。

调整保险费法是美国标准下不没收法或不丧失价值法所规定的决定最低现金价值的一种方法。在调整保险费法下，保单费用被分成两类：一类是在整个缴费期限内每年发生的单位保险金额的均一量 $E$；另一类是第一年所需的附加费 $E_1$。这样，第一年费用总额为 $(E+E_1)$。进一步，假定毛保险费为 $G$，由调整保险费 $P^a$ 和均衡年缴附加费 $E$ 之和构成，即 $G=P^a+E$。于是

$$G\ddot{a}=(P^a+E)\ddot{a}=A+E\cdot\ddot{a}+E_1 \tag{10.13}$$

从而调整保险费为：

$$P^a=\frac{A+E_1}{\ddot{a}}=\frac{A}{\ddot{a}}+\frac{E_1}{\ddot{a}} \tag{10.14}$$

由于 $A$ 代表签单时保险金额对应的趸缴纯保险费，$\ddot{a}$ 代表以保险费缴付期为保险期限的定期生存年金在签单时的精算现值，所以 $\frac{A}{\ddot{a}}$ 代表年缴纯保险费，$\frac{E_1}{\ddot{a}}$ 代表每年的摊还额。

进一步，有

$$A=(P^a-E_1)+P^a a \tag{10.15}$$

这表明：在修正准备金法中，可以选用 $P^a-E_1$ 为第一年纯保险费 $\alpha$；$P^a$ 用于续年纯保险费 $\beta$。可见，确定调整保险费以后，现金价值也就可以决定了。

### 10.4.2　现金价值的决定

用调整保险费法决定现金价值，实质上是一种以 $P^a-E_1=\alpha$ 为第一年纯保险费，$P^a=\beta$

为续年纯保险费的初年定期法准备金。

最低现金价值 = 将来的保险金的精算现值 - 将来的调整保险费的精算现值

用公式表示如下：

$$ {}_tCV = A(k) - P^a \ddot{a}(k) \tag{10.16}$$

$$ = {}_tV - (P^a - P)\ddot{a}(k) \tag{10.17}$$

上式中：${}_tCV$ 为 $t$ 年末的现金价值或解约价值；$P$ 为原保险的均衡纯保险费。

例如在 $x$ 岁签单，保险金额为 1 的普通寿险保单，在 $t$ 年末的现金价值可表示为：

$$ {}_tCV_x = A_{x+t} - P_x^a \ddot{a}_{x+t} \quad (t \geq 1) \tag{10.18}$$

决定 $P^a$ 的关键是确定 $E_1$，而 $E_1$ 的确定和管理不是随心所欲的，相反，一般在不丧失价值法中有明确的规定。规定 $E_1$ 总的原则是有利于解约价值或现金价值的公平性和逻辑性。

以下是 1941 年和 1980 年美国保险监察官协会（NAIC）标准不丧失价值法关于单位保险金额允许的第一年费用 $E_1$ 的定义：

| | |
|---|---|
| 1941 年 | $0.4\min(P^a, 0.04) + 0.25\min(P^a, P_x^a, 0.04) + 0.02$ |
| 1980 年 | $1.25\min(P, 0.04) + 0.01$ |

以上定义中：$P^a$ 为该保单的调整保险费，$P$ 为该保单的纯保险费，$P_x^a$ 为在 $x$ 岁签单的普通寿险的调整保险费。

**例 10.6** 以 1941 年和 1980 年美国 NAIC 不丧失价值法为基础，决定在 $x$ 岁签单的普通保单的 $E_1$。

**解：** 运用 1941 年 NAIC 法：

$$ E_1 = \begin{cases} 0.4P_x^a + 0.25P_x^a + 0.02 = 0.65P_x^a + 0.02 & (P_x^a < 0.04) \\ 0.016 + 0.010 + 0.020 = 0.046 & (P_x^a \geq 0.04) \end{cases} $$

运用 1980 年 NAIC 法：

$$ E_1 = 1.25\min(P, 0.04) + 0.01 $$

现金价值之所以重要，是因为它是保单贷款的基础。保单质押贷款，亦即由保险人贷给保单持有人的借款，以保单现金价值为贷款的保证。保单质押贷款实为不丧失价值选择权之一种权利。保单质押贷款需按时收取利息，还债期限的长短视投保人的意思而定，但当贷款本息超过责任准备金或现金价值时，合同效力即行停止。保单持有人领取保险金或解约金时，如有保单质押贷款，保险人则先扣除贷款本息。

**例 10.7** 决定某种 30 岁签单，保险金额为 1 000 元的普通寿险保单，在第三个保险年度末发生解约的最低不丧失价值。分别用方法 ① 传统现金价值决定法（假定公司解约费为 25 元）和 ② 调整保险费法（假定调整保险费为 14.73 元）。

**解：** ① 传统现金价值决定法

原保单在第三年末的准备金为

$$ 1\,000\,{}_3V_{30} = 1\,000A_{33} - 1\,000P_{30}\ddot{a}_{33} = 36.27 $$

现金价值 $= 1\,000\,{}_3V_{30} - 25 = 11.27$（元）

② 调整保险费法

现金价值 = $1\,000A_{33} - 1\,000P_{30}^{a}\ddot{a}_{33} = 340.99 - 14.73 \times 22.63 = 7.65$(元)

### 10.4.3 我国个人分红保险最低现金价值的规定

1. 保单年度末保单价值准备金

保单年度末保单价值准备金指为计算保单年度末保单最低现金价值,按照本条所述计算基础和计算方法算得的准备金数值。

(1) 计算基础:

① 死亡率和费用率采用险种报备时厘定保险费所使用的预定死亡率和预定附加费用率。

② 对于保险期限小于10年的保险产品,利息率采用险种报备时厘定保险费所使用的预定利息率加1%;对于保险期限等于或大于10年的保险产品,利息率采用险种报备时厘定保险费所使用的预定利息率加2%。

(2) 计算方法:

① 根据该保单的保险责任和各保单年度净保险费按上述计算基础采用"未来法"计算。

② 保单各保单年度净保险费为该保单年度的毛保险费扣除附加费用。其中:毛保险费是指按保单年度末保单价值准备金的计算基础重新计算的保险费;附加费用为毛保险费乘以险种报备时厘定保险费所采用的该保单年度的预定附加费用率。

(3) 保单年度末保单价值准备金不包括该保单在保单年度末的生存给付金额。

2. 保单年度末保单最低现金价值

保单年度末保单最低现金价值是保险公司确定人寿保险保单现金价值的最低标准,其计算公式为:

$$MCV = r \times \max(PVR, 0) \tag{10.19}$$

上式中的系数 $r$ 按下列公式计算:

$$r = k + \frac{t \times (1 - k)}{\min(20, n)}, t < \min(20, n)$$

$$r = 1, t \geqslant \min(20, n)$$

上式中:$MCV$ 为保单年度末保单最低现金价值;$PVR$ 为保单年度末保单价值准备金;$n$ 为保单缴费期间(趸缴保险费时,$n = 1$);$t$ 为已经过的保单年度,$t = 1, 2, \cdots$。

参数 $k$ 的取值按如下标准确定:对于趸缴业务,$k = 1$;对于期缴两全保险和年金保险,$k = 0.9$;对于期缴终身保险,$k = 0.8$。

保险公司可以本规定所确定的保单年度末保单最低现金价值作为保单年度末保单现金价值,也可以按其他合理的计算基础和方法确定保单现金价值,但要保证其数值不低于保单年度末保单最低现金价值。

保单年度中保单现金价值根据保单年度末保单现金价值按合理的方法确定。

## 10.5 保单选择权

随着保险经营灵活性的增大,一种保单解约的解约金往往有很多选择权。以下主要讨论两种最常见的保单选择权:以现金价值购买缴清保险和展期保险。为说明问题的原理,保险类型限于保险金额为1元且于死亡的年末提供的情形。

### 10.5.1 缴清保险

缴清保险就是被保险人以现金价值作为趸缴纯保险费,去购买的保险金额小于原保险的保险金额、保险期限不变的一种保险。而且整个计算服从原保单计算所用利息率和死亡表。

缴清保险的保险金额取决于下式:

$$b = \frac{{}_tCV}{A(t)} \tag{10.20}$$

上式中:$A(t)$ 表示在时间 $t$ 的单位保险金额的趸缴纯保险费;$b$ 为缴清保险的保险金额;${}_tCV$ 为第 $t$ 年末的现金价值。

据此,以第 $t$ 年末普通寿险保单现金价值 ${}_tCV_x$ 为趸缴纯保险费,所购买的缴清保险的保险金额为:

$$b = \frac{{}_tCV_x}{A_{x+t}} \tag{10.21}$$

当被保险人选择缴清保险时,若保单有质押贷款,则在保单现金价值作为保险费购买的保险生效之前,必须扣除保单所欠的款,以使缴清保险不再受负债的约束。



**例10.8** 某人35岁购买25年保险金额100 000元的两全保险。在第五个保单年度末,投保人解约保单,解约时保单有保单质押贷款10 000元。如果解约费为500元,那么投保人选择购买缴清保险的保险金额为多少?用替换函数表示,然后以CL1(2010—2013)2.5%为基础计算出具体结果。

**解:** 首先求第五个保单年度末的责任准备金 ${}_5V$:

$$\begin{aligned}{}_5V &= 100\,000A_{40:\overline{20|}} - 100\,000\frac{A_{35:\overline{25|}}}{\ddot{a}_{35:\overline{25|}}}\cdot \ddot{a}_{40:\overline{20|}} \\ &= 100\,000\left[\frac{M_{40}-M_{60}+D_{60}}{D_{40}} - \frac{M_{35}-M_{60}+D_{60}}{N_{35}-N_{60}}\cdot\frac{N_{40}-N_{60}}{D_{40}}\right] \\ &\approx 52\,951.125\,4(\text{元})\end{aligned}$$

其次,求第五年末的现金价值 ${}_5CV$:

$$\begin{aligned}{}_5CV &= {}_5V - {}_5SC \\ &= 100\,000\left[\frac{(M_{40}-M_{60}+D_{60})(N_{35}-N_{60})}{D_{40}(N_{35}-N_{60})} \right.\\ &\quad \left. - \frac{(M_{35}-M_{60}+D_{60})(N_{40}-N_{60})}{D_{40}(N_{35}-N_{60})}\right] - 500 \approx 52\,451.125\,4(\text{元})\end{aligned}$$

最后，求缴清保险的保险金额 $b$：

$$_5CV - 10\,000 = bA_{40:\overline{20|}}$$

$$b = \frac{_5CV - 10\,000}{A_{40:\overline{20|}}}$$

$$= \frac{100\,000[(M_{40} - M_{60} + D_{60})(N_{35} - N_{60})}{(N_{35} - N_{60})(M_{40} - M_{60} + D_{60})} - \frac{(M_{35} - M_{60} + D_{60})(N_{40} - N_{60})]}{(N_{35} - N_{60})(M_{40} - M_{60} + D_{60})}$$

$$- 10\,500 \times \frac{D_{40}}{M_{40} - M_{60} + D_{60}} \approx 68\,420.02(\text{元})$$

当用第 $t$ 年末的均衡纯保险费准备金作为第 $t$ 年末的现金价值去购买缴清保险时，则减少的保险金额特别记作 $_tW$，且

$$_tW = \frac{_tV}{A(t)} \tag{10.22}$$

对于普通寿险保单，

$$_tW_x = \frac{_tV_x}{A_{x+t}} \tag{10.23}$$

$$= \frac{A_{x+t} - P_x\ddot{a}_{x+t}}{A_{x+t}} = 1 - \frac{P_x}{P_{x+t}} \tag{10.24}$$

类似地，$n$ 年两全保单

$$_tW_{x:\overline{n|}} = \frac{_tV_{x:\overline{n|}}}{A_{x+t:\overline{n-t|}}} \tag{10.25}$$

$$= 1 - \frac{P_{x:\overline{n|}}}{P_{x+t:\overline{n-t|}}} \tag{10.26}$$

限期 $n$ 年缴费的终身保单

$$^n_tW_x = \frac{^n_tV_x}{A_{x+t}} = 1 - \frac{_nP_x}{_{n-t}P_{x+t}} \tag{10.27}$$

### 10.5.2 展期保险

展期保险指在保单解约时不领取现金价值，而是运用现金价值去购买保险金额不变仅保险期限变化的定期保险。

当保险金额为 1 元时，展期保险的保险期间 $n$ 由下式决定：

$$_tCV = A^1_{x+t:\overline{n|}} \tag{10.28}$$

运用插值法，$n$ 通常可以具体到天数。

展期保险有两种特殊情况需要注意：

(1) 对于两全保单，在保险期限后期所具有的现金价值，可能足以购买保险金额不变、从解约时刻到两全期满这段时期为保险期限的定期保险。此时，现金价值超过购买此种定期保险所需保险费的余额便可以用于购买在满期提供给付的纯生存保险，且这种纯生存保险的保险金额取决于：

$$\frac{{}_tCV - A^{\ 1}_{x+t:\overline{n}|}}{A_{x+t:\overline{n}|}^{\ \ 1}}$$

上式中 $n$ 为两全期所剩余的年数。

(2) 如果保单具有一笔价值为 $L$ 的负债或欠款,那么这种保单通常提供的展期保险的保险金额将是 $1-L$,这里1为原保单的保险金额。否则保单持有人选择这种展期保险,有可能增加保险人的风险。此时展期保险的 $n$ 值由下式决定:

$$(1-L)A^{\ 1}_{x+t:\overline{n}|} = {}_tCV - L \tag{10.29}$$

进一步,这种方法在较长时期内提供了较小的展期保险金额,它有助于保护保险人免遭被保险人运用此条款的逆选择造成的损失。

**例**10.9　某种在45岁签单、保险金额为1 000元的十年两全保单,在第五年末的现金价值为452元。试计算与此等价的缴清和展期保险的保险金额,以CL1(2010—2013)2.5%为计算基础。

**解**:(1) 设缴清保险的保险金额为 $b$ 元,那么

$$b = \frac{{}_5CV_{45:\overline{10}|}}{A_{50:\overline{5}|}} = \frac{452.00}{0.884\ 899} = 510.79(\text{元})$$

(2) 显然,现金价值452元足以购买5年定期保险,所以 $452 - 1\ 000A^{\ 1}_{50:\overline{5}|} = 428.88$(元)用于购买到两全保险期满为限的五年纯生存保险,且这种纯生存保险金额为:

$$\frac{{}_5CV_{45:\overline{10}|} - 1\ 000A^{\ 1}_{50:\overline{5}|}}{A_{50:\overline{5}|}^{\ \ 1}} = \frac{428.88}{{}_5E_{50}} = 497.67(\text{元})$$

这表明:第二种保单选择权提供了保险金额1 000元的五年展期定期保险,同时如果被保险人在两全保险期届满时仍生存,那么还提供保险金额为497.67元的纯生存保险。



## 习题 10

10-1　证明:初年定期修正法下,${}^{n}_{t}V^{F}_{x:\overline{m}|} = {}^{n-1}_{t-1}V_{x+1:\overline{m-1}|}$。

10-2　张某30岁时投保了20年限期缴费,保险金额10 000元30年期两全保险。试用保险监察官修正法,计算该保险在第5年末的责任准备金(用替换函数表示所求结果)。

10-3　证明:${}_{10}V^{F}_{30:\overline{20}|} = 1 - \dfrac{\ddot{a}_{40:\overline{10}|}}{\ddot{a}_{31:\overline{19}|}}$。

($V^{F}$ 表示一年定期修正法责任准备金)

10-4　35岁的人购买保险金额10 000元的10年期死亡保险。他决定在第5个保险年度退保。试用传统现金价值决定法(设退保费用为100元),求退保时的最低现金价值,设年有效利息率为6%,死亡率可选用附录中的一种生命表。

10-5　30岁的人购买保险金额为1 000元,于死亡年末给付的30年期两全保险,缴费期30年。调整保险费法下 $t$ 年末的现金价值 ${}_tCV$ 按 $A_{x+t:\overline{n-k}|} - P^{\alpha}_{x:\overline{n}|}\ddot{a}_{x+k:\overline{n-k}|}$ 计算。已

知调整纯保险费为均衡纯保险费的110%，用 $t$ 年末的均衡纯保险费责任准备金作为 $t$ 年末现金价值，购买缴清保险时可购买的保险金额用 ${}_tW$ 表示。进一步还已知 ${}_{10}W_{30:\overline{30}|} = 0.5$，${}_5W_{40:\overline{20}|} = 0.3$，求第15年末调整保险费法下的最低的现金价值可购买的缴清保险的保险金额。

10-6 已知 ${}_5V_{x:\overline{10}|}^{FPT} = 0.25$，$\beta^{FPT} = 0.05$，$d = 0.06$，$q_{x+4} = 0.01$。求 $100\ 000\,{}_3V_{x+1:\overline{9}|}$。

10-7 老王为其现年15岁的孙子投了全离散型的保险金额为100 000元的30年期两全保险。已知：$100\ 000A_{17:\overline{28}|} = 26\ 507$，$100\ 000A_{35:\overline{1}|}^{1} = 86.7$，$\ddot{a}_{15:\overline{30}|} = 15.924$，$\ddot{a}_{17:\overline{28}|} = 15.434$，$100\ 000P_{15:\overline{30}|} = 1\ 517.8$，$100\ 000P_{16:\overline{29}|} = 1\ 613.7$。若采用修正年限为 $g = 30$ 年，$\alpha^{mod} = 5\alpha^{FPT}$，试用一年定期修正法计算第二年末的责任准备金。

10-8 35岁男性签订的保险金额为20 000元的30年定期离散型生死两全保险，已知替换函数：$\dfrac{M_{35} - M_{65} + D_{65}}{N_{35} - N_{65}} = 0.013\ 65$，$\dfrac{M_{38} - M_{65} + D_{65}}{D_{38}} = 0.228\ 23$，$\dfrac{N_{36} - N_{65}}{D_{35}} = 13.234\ 13$，$\dfrac{N_{38} - N_{65}}{D_{38}} = 13.634\ 65$，$\dfrac{M_{35} - M_{36}}{D_{35}} = 0.001\ 13$。在FPT法下，求第三年末的准备金。

10-9 对30岁的投保人发行的1单位保险金额，连续型20年期两全保险，在第10年末中止，并且那时还有一笔以 ${}_{10}CV$ 为抵押的贷款额 $L$ 尚未清偿，用趸缴净保险费表示：① 在保险金额为 $1-L$ 的展期保险可展延到原期满时的情况下，期满时生存给付额为 $E$。② 转为第①小题中展期保险与生存保险后5年时的责任准备金。

10-10 简述保单现金价值的含义。在现金价值设计中，现金价值为何小于或等于准备金？简要说明这样设计的主要理由。

# 11 多元风险模型

在本章之前所研究的内容属于一元风险模型的范畴，即同时进入观察的一批人只在死亡因素的影响下逐渐减少。但在实际中，影响未来存续时间的因素往往不止死亡一个。例如保险公司在做长期保险的时候，除了要考虑死亡率之外，还要考虑退保因素的影响。还有在制订企业养老金计划时，需要综合考虑企业员工受死亡、残疾、离职、退休等因素的影响。因此，为研究同时进入观察的一批人在受两个或两个以上风险影响下逐渐减少的规律而建立的数学模型称为多元风险模型，也可称为多减因模型。

与一元风险模型的表现形式一样，多元风险模型也是以表格形式来表示的，这个表格我们称之为多元风险生命表，简称多元风险表，即通过一张统计表反映出同一年龄参加同一事件的一批人受两个及两个以上因素影响而陆续减少的规律。

此外，多元风险表还具有更广泛的含义。我们把一批人属于某个集合或者具有某些特征时，称之为"生存"；而当其离开这一个集合时，称之为"死亡"。如企业所有单身在职员工构成一个集合，该集合的特征是"单身"和"在职"，具备这两个特征的个体称为状态"生存"，否则就称为状态"死亡"。该集合中的人数会因为以下原因而减少，即状态"死亡"：①结婚；②离职；③死亡。当然这里的状态之间可以转换，比如"已婚"向"单身"变换，就造成"死亡"变成"生存"。为了方便起见，我们假定所研究的多元风险表中的状态"死亡"不可以转换为状态"生存"。



## 11.1 多元风险函数与多元生命表

### 11.1.1 多元风险函数

多元风险函数指的是随时间变化而变化，反映单个风险或全部风险作用下"生存"与"死亡"规律的函数关系。这些函数关系反映的是多元风险表中数字之间的内在联系，是多元风险表编制和多元风险情形下寿险精算的基础。表 11.1 就是某三元风险表的部分示例，表示退休、死亡和离职三个风险的作用状况。

表 11.1　　　　　　　　　　　　**某三元风险表的一部分**

| $x$ | $q_x^{(1)}$ | $q_x^{(2)}$ | $q_x^{(3)}$ | $q_x^{(\tau)}$ | $l_x^{(\tau)}$ | $d_x^{(1)}$ | $d_x^{(2)}$ | $d_x^{(3)}$ | $d_x^{(\tau)}$ |
|---|---|---|---|---|---|---|---|---|---|
| 30 | 0.002 2 | 0.005 5 | 0.004 2 | 0.011 9 | 85 432 | 188 | 470 | 359 | 1 017 |
| 31 | 0.002 5 | 0.006 4 | 0.005 4 | 0.014 3 | 84 415 | 211 | 540 | 456 | 1 207 |
| 32 | 0.003 1 | 0.007 1 | 0.006 1 | 0.016 3 | 83 208 | 258 | 591 | 508 | 1 356 |
| 33 | 0.003 5 | 0.008 2 | 0.006 6 | 0.018 3 | 81 852 | 286 | 671 | 540 | 1 498 |
| 34 | 0.003 7 | 0.008 3 | 0.007 0 | 0.019 0 | 80 354 | 297 | 667 | 562 | 1 527 |
| 35 | 0.004 3 | 0.008 7 | 0.007 4 | 0.020 4 | 78 827 | 339 | 686 | 583 | 1 608 |

1. 基本风险函数

(1) $l_x^{(\tau)}$ 表示同时参加同一事件的一批个体，暴露在全部风险条件下，在 $x$ 岁时仍然"存活"的人数。

(2) $d_x^{(j)}$ 表示同时参加同一事件的一批个体，由于风险 $j(j=1,2,\cdots,m)$ 的作用，该群体在 $x$ 到 $x+1$ 岁间减少或"死亡"的个体数量；${}_nd_x^{(j)}$ 表示由于风险 $j$ 的作用，在 $x$ 到 $x+n$ 岁间减少或"死亡"的个体数量。$d_x^{(\tau)}$ 表示同时参加同一事件的一批个体，在全部风险的作用下，该群体在 $x$ 到 $x+1$ 岁间减少或"死亡"的个体数量；${}_nd_x^{(\tau)}$ 表示由于全部风险的作用，在 $x$ 到 $x+n$ 岁间减少或"死亡"的个体数量。显然有

$$d_x^{(\tau)} = \sum_{j=1}^{m} d_x^{(j)} \tag{11.1}$$

$${}_nd_x^{(\tau)} = \sum_{j=1}^{m} {}_nd_x^{(j)} \tag{11.2}$$

$$l_x^{(\tau)} - d_x^{(\tau)} = l_{x+1}^{(\tau)} \tag{11.3}$$

$$l_x^{(\tau)} - {}_nd_x^{(\tau)} = l_{x+n}^{(\tau)} \tag{11.4}$$

$$l_x^{(\tau)} = \sum_{y=x}^{+\infty} d_y^{(\tau)} \tag{11.5}$$

严格来讲，这里的 $+\infty$ 指的是 $\omega - x - 1$，其中 $\omega$ 为终极年龄，即 $l_\omega^{(\tau)} = 0$。

(3) $q_x^{(j)}$ 表示 $x$ 岁的人在未来一年内由于风险 $j$ 作用而减少或"死亡"的概率，${}_nq_x^{(j)}$ 表示 $x$ 岁的人在未来 $n$ 年内由于风险 $j$ 作用而减少或"死亡"的概率。

$$q_x^{(j)} = \frac{d_x^{(j)}}{l_x^{(\tau)}} \tag{11.6}$$

$${}_nq_x^{(j)} = \frac{{}_nd_x^{(j)}}{l_x^{(\tau)}} \tag{11.7}$$

(4) $q_x^{(\tau)}$ 表示 $x$ 岁的人在未来一年内由于全部风险作用而减少或"死亡"的概率，${}_nq_x^{(\tau)}$ 表示 $x$ 岁的人在未来 $n$ 年内由于全部风险作用而减少或"死亡"的概率。

$$q_x^{(\tau)} = \frac{d_x^{(\tau)}}{l_x^{(\tau)}} = \frac{\sum_{j=1}^{m} d_x^{(j)}}{l_x^{(\tau)}} = \sum_{j=1}^{m} q_x^{(j)} \tag{11.8}$$

$$ {}_nq_x^{(\tau)} = \frac{{}_nd_x^{(\tau)}}{l_x^{(\tau)}} = \frac{\sum_{j=1}^{m} {}_nd_x^{(j)}}{l_x^{(\tau)}} = \sum_{j=1}^{m} {}_nq_x^{(j)} \tag{11.9} $$

(5) $p_x^{(\tau)}$ 表示 $x$ 岁的人在未来一年内在全部风险作用下仍然存活的概率，${}_np_x^{(\tau)}$ 表示 $x$ 岁的人在未来 $n$ 年内在全部风险作用下仍然存活的概率。

$$ p_x^{(\tau)} = \frac{l_{x+1}^{(\tau)}}{l_x^{(\tau)}} = 1 - q_x^{(\tau)} \tag{11.10} $$

$$ {}_np_x^{(\tau)} = \frac{l_{x+n}^{(\tau)}}{l_x^{(\tau)}} = 1 - {}_nq_x^{(\tau)} \tag{11.11} $$

(6) ${}_{s|t}q_x^{(j)}$ 表示 $x$ 岁的人在活过 $s$ 年后的 $t$ 年时间里由于风险 $j$ 作用而减少或“死亡”的概率。显然有

$$ {}_{s|t}q_x^{(j)} = {}_sp_x^{(\tau)}\,{}_tq_{x+s}^{(j)} = \frac{{}_td_{x+s}^{(j)}}{l_x^{(\tau)}} \tag{11.12} $$

**例 11.1** 利用表 11.1 的数据计算 ${}_4p_{30}^{(\tau)}$、${}_3q_{32}^{(3)}$、${}_{2|}q_{32}^{(2)}$、${}_{2|2}q_{32}^{(2)}$。

**解：** $$ {}_4p_{30}^{(\tau)} = \frac{l_{34}^{(\tau)}}{l_{30}^{(\tau)}} \approx 0.940\,561 $$

$$ {}_3q_{32}^{(3)} = \frac{{}_3d_{32}^{(3)}}{l_{32}^{(\tau)}} = \frac{d_{32}^{(3)} + d_{33}^{(3)} + d_{34}^{(3)}}{l_{32}^{(\tau)}} = \frac{1\,610}{83\,208} \approx 0.019\,352 $$

$$ {}_{2|}q_{32}^{(2)} = \frac{d_{34}^{(2)}}{l_{32}^{(\tau)}} = \frac{667}{83\,208} \approx 0.008\,015 $$

$$ {}_{2|2}q_{32}^{(2)} = {}_2p_{32}^{(\tau)}\,{}_2q_{34}^{(2)} = \frac{d_{34}^{(2)} + d_{35}^{(2)}}{l_{32}^{(\tau)}} = \frac{1\,353}{83\,208} \approx 0.016\,257 $$

2. 随机变量 $T$ 与 $J$

我们把 $x$ 岁的人在未来存续的时间记作 $T(x)$ 或简记为 $T$，即表示 $(x)$ 从开始直到因某种风险而终止所经历的时间，是一个连续型随机变量，取值为 $[0,+\infty)$。导致 $x$ 岁的人终止的风险记作 $J(x)$ 或简记为 $J$，显然，$J = 1,2,\cdots,m$，$J$ 是一个离散型随机变量。

构造存续时间随机变量 $T$ 与风险随机变量 $J$ 的联合密度函数为 $f(t,j)$，那么可以获得如下概率表示形式：

由于风险 $j$ 导致 $x$ 岁的人在时间 $[0,n]$ 内“死亡”的概率即 ${}_nq_x^{(j)}$ 可表示为：

$$ {}_nq_x^{(j)} = \mathrm{P}(0 < T \leqslant n, J = j) = \int_0^n f(t,j)\,\mathrm{d}t \tag{11.13} $$

$x$ 岁的人在时间 $[0,n]$ 内不论因何种风险而“死亡”的概率即 ${}_nq_x^{(\tau)}$ 可表示为：

$$ \begin{aligned} {}_nq_x^{(\tau)} &= \mathrm{P}(0 < T \leqslant n) = \sum_{j=1}^{m} \mathrm{P}(0 < T \leqslant n, J = j) \\ &= \sum_{j=1}^{m} \int_0^n f(t,j)\,\mathrm{d}t \end{aligned} \tag{11.14} $$

$x$ 岁的人在时刻 $n$ 仍然“存活”的概率即 ${}_np_x^{(\tau)}$ 可表示为：

$$ {}_np_x^{(\tau)} = 1 - {}_nq_x^{(\tau)} \tag{11.15} $$

$x$ 岁的人由于风险 $j$ 导致终止的概率即 ${}_{\infty}q_x^{(j)}$ 可表示为：

$$ {}_{\infty}q_x^{(j)} = \mathrm{P}(T \leqslant \infty, J = j) = \int_0^{\infty} f(t,j)\,\mathrm{d}t \tag{11.16} $$

上式中，$j = 1,2,\cdots,m$。

根据联合密度函数与边际密度函数的关系，记风险随机变量 $J$ 的边际密度函数为 $h(j)$，于是

$$ h(j) = {}_{\infty}q_x^{(j)} = \int_0^{\infty} f(t,j)\,\mathrm{d}t, \quad j = 1,2,\cdots,m \tag{11.17} $$

显然有

$$ \sum_{j=1}^{m} h(j) = 1。 $$

记随机变量 $T$ 的边际密度函数为 $g(t)$，由于 $J$ 是离散型随机变量，于是有

$$ g(t) = \sum_{j=1}^{m} f(t,j) \tag{11.18} $$

显然

$$ \int_0^{+\infty} g(t)\,\mathrm{d}t = 1 \tag{11.19} $$

记随机变量 $T$ 的边际分布函数为 $G(t)$，那么

$$ \begin{aligned} G(t) &= \int_0^t g(s)\,\mathrm{d}s = \int_0^t \sum_{j=1}^{m} f(s,j)\,\mathrm{d}s \\ &= \sum_{j=1}^{m} \int_0^t f(s,j)\,\mathrm{d}s = {}_tq_x^{(\tau)} \end{aligned} \tag{11.20} $$

即 $G(t)$ 就是 $x$ 岁的人在时刻 $t$ 前终止的概率。

3. 终止力函数

在多元风险模型中，终止力反映了同一批人由于某个或全部风险导致的减少力度或“死亡”力度，描述了某一瞬间风险作用水平的高低。类似于一元风险模型中死亡力的定义，我们将受全部风险作用的 $x$ 岁的人在 $x + t$ 岁的终止力定义为：

$$ \mu_{x+t}^{(\tau)} = -\frac{1}{{}_tp_x^{(\tau)}} \cdot \frac{\mathrm{d}}{\mathrm{d}t}\,{}_tp_x^{(\tau)} = \frac{1}{{}_tp_x^{(\tau)}} \cdot \frac{\mathrm{d}}{\mathrm{d}t}\,{}_tq_x^{(\tau)} \tag{11.21} $$

由上式可得：

$$ {}_tp_x^{(\tau)} = \exp\left(-\int_0^t \mu_{x+s}^{(\tau)}\,\mathrm{d}s\right) \tag{11.22} $$

此外还可以表示为：

$$ \mu_{x+t}^{(\tau)} = -\frac{\mathrm{d}}{\mathrm{d}t}\ln {}_tp_x^{(\tau)} \tag{11.23} $$

$$ \mu_{x+t}^{(\tau)} = -\frac{(l_{x+t}^{(\tau)})'}{l_{x+t}^{(\tau)}} \tag{11.24} $$

$$ \mu_{x+t}^{(\tau)} = \frac{G'(t)}{1 - G(t)} = \frac{g(t)}{1 - G(t)} \tag{11.25} $$

由风险 $j$ 导致 $x$ 岁的人在 $x + t$ 岁终止的终止力可以定义为：

$$\mu_{x+t}^{(j)} = \frac{1}{{}_tp_x^{(\tau)}} \cdot \frac{\mathrm{d}}{\mathrm{d}t}{}_tq_x^{(j)} \tag{11.26}$$

此外还可以表示为：

$$\mu_{x+t}^{(j)} = \frac{f(t,j)}{1 - G(t)} = \frac{f(t,j)}{{}_tp_x^{(\tau)}} \tag{11.27}$$

因此，联合概率密度函数可以表示为：

$$f(t,j) = {}_tp_x^{(\tau)}\mu_{x+t}^{(j)} \tag{11.28}$$

由于

$${}_tq_x^{(\tau)} = \sum_{j=1}^{m}{}_tq_x^{(j)} \tag{11.29}$$

两边同时对 $t$ 进行求导并除以 ${}_tp_x^{(\tau)}$，可得：

$$\mu_{x+t}^{(\tau)} = \sum_{j=1}^{m}\mu_{x+t}^{(j)} \tag{11.30}$$

因此，$h(j)$ 和 $g(t)$ 也可以表示为：

$$h(j) = \int_0^{\infty}f(t,j)\,\mathrm{d}t = \int_0^{\infty}{}_tp_x^{(\tau)}\mu_{x+t}^{(j)}\mathrm{d}t \tag{11.31}$$

$$\begin{aligned} g(t) &= \sum_{j=1}^{m}f(t,j) = \sum_{j=1}^{m}{}_tp_x^{(\tau)}\mu_{x+t}^{(j)} \\ &= {}_tp_x^{(\tau)}\sum_{j=1}^{m}\mu_{x+t}^{(j)} = {}_tp_x^{(\tau)}\mu_{x+t}^{(\tau)} \end{aligned} \tag{11.32}$$

**例 11.2**　三元风险模型中，已知 $\mu_x^{(j)} = 0.01j\ (j = 1,2,3)$，求 $q_x^{(1)}$、$q_x^{(2)}$ 和 $q_x^{(3)}$。

**解**：根据已知，有

$$\begin{aligned} \mu_{x+t}^{(\tau)} &= \mu_{x+t}^{(1)} + \mu_{x+t}^{(2)} + \mu_{x+t}^{(3)} \\ &= \mu_x^{(1)} + \mu_x^{(2)} + \mu_x^{(3)} = 0.01 + 0.02 + 0.03 = 0.06 \end{aligned}$$

$${}_tp_x^{(\tau)} = \exp\left(-\int_0^t 0.06\mathrm{d}t\right) = \mathrm{e}^{-0.06t}$$

$$\begin{aligned} q_x^{(1)} &= \int_0^1 f(t,1)\,\mathrm{d}t = \int_0^1 {}_tp_x^{(\tau)}\mu_{x+t}^{(1)}\mathrm{d}t = 0.01\int_0^1 \mathrm{e}^{-0.06t}\mathrm{d}t \\ &= \frac{0.01}{0.06}\cdot(1 - \mathrm{e}^{-0.06}) \approx 0.009\,706 \end{aligned}$$

同理可得：

$q_x^{(2)} \approx 0.019\,412$，$q_x^{(3)} \approx 029\,118$。

**例 11.3**　已知 $\mu_{x+t}^{(1)} = \dfrac{1}{100}$，$\mu_{x+t}^{(2)} = \dfrac{t}{100}$，其中 $t \geqslant 0$。求 $f(t,j)$、$g(t)$ 及 $h(j)$。

**解**：$\because \mu_{x+t}^{(\tau)} = \mu_{x+t}^{(1)} + \mu_{x+t}^{(2)} = \dfrac{1}{100} + \dfrac{t}{100} = \dfrac{t+1}{100}$

$$\therefore {}_tp_x^{(\tau)} = \exp\left(-\int_0^t \frac{s+1}{100}\mathrm{d}s\right) = \exp\left(-\frac{t^2+2t}{200}\right)$$

$$f(t,j) = \begin{cases} \dfrac{1}{100}\exp\left(-\dfrac{t^2+2t}{200}\right) & (t \geqslant 0, j = 1) \\ \dfrac{t}{100}\exp\left(-\dfrac{t^2+2t}{200}\right) & (t \geqslant 0, j = 2) \end{cases}$$

$$g(t) = f(t,1) + f(t,2) = \frac{t+1}{1\,000}\exp\left(-\frac{t^2+2t}{2\,000}\right)$$

$$h(1) = \int_0^\infty \frac{1}{100}\exp\left(-\frac{t^2+2t}{200}\right)dt \approx 0.115\,9$$

$$h(2) = 1 - h(1) \approx 0.884\,1$$

4. 中心终止力

中心终止力,又称中心“死亡”率,它是指一年内减少的人数与平均“存活”人数之比。全部风险的中心终止力为:

$$m_x^{(\tau)} = \frac{d_x^{(\tau)}}{L_x^{(\tau)}} = \frac{\int_0^1 l_{x+t}^{(\tau)}\mu_{x+t}^{(\tau)}dt}{\int_0^1 l_{x+t}^{(\tau)}dt} = \frac{\int_0^1 {}_tp_x^{(\tau)}\mu_{x+t}^{(\tau)}dt}{\int_0^1 {}_tp_x^{(\tau)}dt} \tag{11.33}$$

风险 $j$ 的中心终止力为:

$$m_x^{(j)} = \frac{d_x^{(j)}}{L_x^{(\tau)}} = \frac{\int_0^1 l_{x+t}^{(\tau)}\mu_{x+t}^{(j)}dt}{\int_0^1 l_{x+t}^{(\tau)}dt} = \frac{\int_0^1 {}_tp_x^{(\tau)}\mu_{x+t}^{(j)}dt}{\int_0^1 {}_tp_x^{(\tau)}dt} \tag{11.34}$$

显然有

$$m_x^{(\tau)} = \sum_{j=1}^m m_x^{(j)} \tag{11.35}$$

此外,当假设各年龄段总减少人数均匀分布时,有

$$l_{x+t}^{(\tau)} = l_x^{(\tau)} - td_x^{(\tau)}(0 \leqslant t \leqslant 1) \tag{11.36}$$

$$L_x^{(\tau)} = \int_0^1 l_{x+t}^{(\tau)}dt = \int_0^1 (l_x^{(\tau)} - td_x^{(\tau)})dt$$

$$= l_x^{(\tau)} - \frac{1}{2}d_x^{(\tau)} = \frac{l_x^{(\tau)} + l_{x+1}^{(\tau)}}{2} \tag{11.37}$$

$$m_x^{(\tau)} = \frac{d_x^{(\tau)}}{L_x^{(\tau)}} = \frac{d_x^{(\tau)}}{l_x^{(\tau)} - \frac{1}{2}d_x^{(\tau)}} = \frac{2q_x^{(\tau)}}{2 - q_x^{(\tau)}} \tag{11.38}$$

$$m_x^{(j)} = \frac{d_x^{(j)}}{L_x^{(\tau)}} = \frac{d_x^{(j)}}{l_x^{(\tau)} - \frac{1}{2}d_x^{(\tau)}} = \frac{2q_x^{(j)}}{2 - q_x^{(\tau)}} \tag{11.39}$$

由上面两式联立,可解得:

$$q_x^{(\tau)} = \frac{2m_x^{(\tau)}}{2 + m_x^{(\tau)}} \tag{11.40}$$

$$q_x^{(j)} = \frac{2m_x^{(j)}}{2 + m_x^{(\tau)}} \tag{11.41}$$

**例 11.4**　考虑一个多元风险模型,已知:① ${}_tp_x^{(\tau)} = 1 - 0.03t, 0 \leqslant t \leqslant 1$;② $\mu_x^{(1)} = 0.02t$, $0 \leqslant t \leqslant 1$。求 $m_x^{(1)}$。

**解**:根据已知,有

$$m_x^{(1)} = \frac{\int_0^1 {}_tp_x^{(\tau)} \mu_{x+t}^{(1)} \mathrm{d}t}{\int_0^1 {}_tp_x^{(\tau)} \mathrm{d}t}$$

$$\int_0^1 {}_tp_x^{(\tau)} \mu_{x+t}^{(j)} \mathrm{d}t = \int_0^1 (1 - 0.03t)(0.02t) \mathrm{d}t = 0.009\ 8$$

$$\int_0^1 {}_tp_x^{(\tau)} \mathrm{d}t = \int_0^1 (1 - 0.03t) \mathrm{d}t = 0.985$$

$$m_x^{(1)} = \frac{0.009\ 8}{0.985} \approx 0.009\ 95$$

### 11.1.2 多元风险生命表的编制

多元风险生命表是一张反映同一年龄参加同一事件的一批人受两个及两个以上因素影响而陆续减少的统计表，是多元风险模型的精算基础，它对于多元风险情形下的寿险精算具有重要意义。与简单生命表的编制类似，下面将给出多元风险生命表的编制方法和基本步骤。

通过实际的人口调查统计，可以获得以下资料：某时期受全部风险作用，在年龄别($x$ 岁时)"存活"的人数分别为 $\tilde{P}_x^{(\tau)}$，年龄别($x$ 岁时)各风险减少的人数 $\tilde{D}_x^{(j)}$。那么可以按照如下步骤编制生命表：

第一步，计算该时期各年龄段平均"存活"人数 $\bar{P}_x^{(\tau)}$：

$$\bar{P}_x^{(\tau)} = \frac{\tilde{P}_x^{(\tau)} + \tilde{P}_{x+1}^{(\tau)}}{2} \tag{11.42}$$

第二步，计算出年龄别实际中心终止力 $\widetilde{M}_x^{(j)}$、$\widetilde{M}_x^{(\tau)}$：

$$\widetilde{M}_x^{(j)} = \frac{\widetilde{D}_x^{(j)}}{\bar{P}_x^{(\tau)}} \tag{11.43}$$

$$\widetilde{M}_x^{(\tau)} = \frac{\widetilde{D}_x^{(\tau)}}{\bar{P}_x^{(\tau)}} \tag{11.44}$$

第三步，以实际中心终止力 $\widetilde{M}_x^{(j)}$、$\widetilde{M}_x^{(\tau)}$ 去分别估计多元风险表中的中心终止力 $m_x^{(j)}$、$m_x^{(\tau)}$，且各年龄段总减少人数服从均匀分布假设，根据式(11.40)和式(11.41)计算出各风险概率 $q_x^{(j)}$、$q_x^{(\tau)}$：

$$q_x^{(j)} = \frac{2m_x^{(j)}}{2 + m_x^{(\tau)}} = \frac{2\widetilde{M}_x^{(j)}}{2 + \widetilde{M}_x^{(\tau)}} \tag{11.45}$$

$$q_x^{(\tau)} = \frac{2m_x^{(\tau)}}{2 + m_x^{(\tau)}} = \frac{2\widetilde{M}_x^{(\tau)}}{2 + \widetilde{M}_x^{(\tau)}} \tag{11.46}$$

第四步，假设多元风险表基数(例如为 $l_a^{(\tau)} = 100\ 000$)，由下面的公式就可以编制出多元风险表：

$$d_x^{(\tau)} = l_x^{(\tau)} q_x^{(\tau)} \tag{11.47}$$

$$l_{x+1}^{(\tau)} = l_x^{(\tau)} - d_x^{(\tau)} \tag{11.48}$$

$$d_x^{(j)} = l_x^{(\tau)} q_x^{(j)} \tag{11.49}$$

# 11.2 联合单风险模型

## 11.2.1 联合单风险模型的概念及其特征

在多元风险模型中,由于各种风险同时发生作用,因此某种风险导致状态终止的可能性会因其他风险的存在而发生改变,我们称这些影响状态终止且相互作用的风险为竞争性风险。在竞争性风险环境中,我们只能看到这些风险对状态终止产生的总作用,难以看到某个风险的单独作用。例如员工保险计划,由于退休、残疾和自愿解约的存在而不能直接知道死亡率对此有多大的影响。为了考虑各种风险的单独作用对存续函数${}_tp_x^{(\tau)}$和终止概率${}_tq_x^{(\tau)}$所造成的影响,我们就某个特定的风险定义单风险模型,该模型只依赖于该特定的风险,多个单风险的总和称为联合单风险模型。

在考虑风险$j$的单独作用时,以其终止力$\mu_x^{(j)}$为基础,对其他函数进行定义,并在函数的右上角加"$*$"号或者"$'$"号与多元风险函数进行区分。因此,

$$p_x^{*(j)} = \exp(-\int_0^1 \mu_{x+t}^{(j)} dt) \tag{11.50}$$

$$q_x^{*(j)} = 1 - p_x^{*(j)} \tag{11.51}$$

更一般的情形下,对于任意正数$t$,有

$${}_tp_x^{*(j)} = \exp(-\int_0^t \mu_{x+s}^{(j)} ds) \tag{11.52}$$

$${}_tq_x^{*(j)} = 1 - {}_tp_x^{*(j)} \tag{11.53}$$

${}_tq_x^{*(j)}$称为风险$j$的独立终止率,它不同于风险$j$的终止概率${}_tq_x^{(j)}$。前者仅与风险$j$的终止力有关,与其他终止力无关,即仅考虑在风险$j$的作用下而减少的概率。后者则考虑在全部风险作用下由于风险$j$所导致的终止概率。

因为

$${}_tp_x^{(\tau)} = \exp(-\int_0^t \mu_{x+s}^{(\tau)} ds) = \exp(-\int_0^t \sum_{j=1}^m \mu_{x+s}^{(j)} ds) = \prod_{j=1}^m {}_tp_x^{*(j)} \tag{11.54}$$

可得

$${}_tp_x^{*(j)} \geqslant {}_tp_x^{(\tau)} \tag{11.55}$$

所以

$${}_tp_x^{*(j)} \mu_{x+t}^{(j)} \geqslant {}_tp_x^{(\tau)} \mu_{x+t}^{(j)} \tag{11.56}$$

上式两端从 0 到 1 积分可得

$$q_x^{*(j)} = \int_0^1 {}_tp_x^{*(j)} \mu_{x+t}^{(j)} dt \geqslant \int_0^1 {}_tp_x^{(\tau)} \mu_{x+t}^{(j)} dt = q_x^{(j)} \tag{11.57}$$

即风险$j$导致的独立终止率会因其他原因的作用(先于风险$j$发生)而变小。

此外,显然

$$q_x^{*(j)} = 1 - p_x^{*(j)} \leqslant 1 - p_x^{(\tau)} = q_x^{(\tau)} \tag{11.58}$$

这说明风险$j$导致的独立终止率会因该风险之外其他风险的作用而增大至$q_x^{(\tau)}$。

在联合单风险模型中,定义风险$j$的独立中心终止力为:

$$m_x^{*(j)} = \frac{\int_0^1 {}_tp_x^{*(\tau)}\mu_{x+t}^{(j)}\mathrm{d}t}{\int_0^1 {}_tp_x^{*(\tau)}\mathrm{d}t} \tag{11.59}$$

**例 11.5** 假设 $m_{20}^{(\tau)} = 0.4$，$q_{20}^{*(1)} = 0.1$，在多元风险模型中的各风险导致的减少人数服从均匀分布假设，计算 $q_{20}^{*(2)}$。

**解：**∵ 多元风险模型中的各风险导致的减少人数服从均匀分布假设，且 $m_{20}^{(\tau)} = 0.4$

$$\therefore q_{20}^{(\tau)} = \frac{2m_{20}^{(\tau)}}{2+m_{20}^{(\tau)}} = \frac{2\times 0.4}{2+0.4} \approx 0.333\,333$$

$$\therefore p_{20}^{(\tau)} = 1 - q_{20}^{(\tau)} = 0.666\,667$$

$$\because p_{20}^{(\tau)} = p_{20}^{*(1)}p_{20}^{*(2)}$$

$$\therefore p_{20}^{*(2)} = \frac{p_{20}^{(\tau)}}{p_{20}^{*(1)}} \approx 0.740\,741$$

$$q_{20}^{*(2)} = 1 - p_{20}^{*(2)} = 0.259\,259$$

### 11.2.2 特殊假设下 $q_x^{(j)}$ 和 $q_x^{*(j)}$ 的相互转换

1. 假设在多元风险模型中，各终止力在各年龄内均为常数

在该假设下，

$$\mu_{x+t}^{(j)} = \mu_x^{(j)}(0 \leqslant t < 1, j = 1,2,\cdots,m) \tag{11.60}$$

从而可得：

$$\mu_{x+t}^{(\tau)} = \mu_x^{(\tau)} \tag{11.61}$$

因此

$$q_x^{(j)} = \int_0^1 {}_tp_x^{(\tau)}\mu_{x+t}^{(j)}\mathrm{d}t = \int_0^1 {}_tp_x^{(\tau)}\mu_x^{(j)}\mathrm{d}t = \frac{\mu_x^{(j)}}{\mu_x^{(\tau)}}\int_0^1 {}_tp_x^{(\tau)}\mu_x^{(\tau)}\mathrm{d}t$$

$$= \frac{\mu_x^{(j)}}{\mu_x^{(\tau)}}\int_0^1 {}_tp_x^{(\tau)}\mu_{x+t}^{(\tau)}\mathrm{d}t = \frac{\mu_x^{(j)}}{\mu_x^{(\tau)}}q_x^{(\tau)} \tag{11.62}$$

$$p_x^{(\tau)} = \exp\left(-\int_0^1 \mu_{x+t}^{(\tau)}\mathrm{d}t\right) = \exp(-\mu_x^{(\tau)}) \tag{11.63}$$

$$\mu_x^{(\tau)} = -\ln p_x^{(\tau)} \tag{11.64}$$

同理可得：

$$\mu_x^{(j)} = -\ln p_x^{*(j)} \tag{11.65}$$

因此

$$q_x^{(j)} = \frac{\ln p_x^{*(j)}}{\ln p_x^{(\tau)}}q_x^{(\tau)} \tag{11.66}$$

$$q_x^{*(j)} = 1 - (1 - q_x^{(\tau)})^{(q_x^{(j)}/q_x^{(\tau)})} \tag{11.67}$$

2. 假设在多元风险模型中，各风险的终止概率所导致的减少人数在各年龄内服从均匀分布

在该假设下，

$$ {}_tq_x^{(j)} = tq_x^{(j)} (0 \leqslant t \leqslant 1, j = 1,2,\cdots,m) \tag{11.68} $$

$$ {}_tq_x^{(\tau)} = tq_x^{(\tau)} (0 \leqslant t \leqslant 1) \tag{11.69} $$

由于

$$ \mu_{x+t}^{(j)} = \frac{1}{{}_tp_x^{(\tau)}} \cdot \frac{\mathrm{d}}{\mathrm{d}t} {}_tq_x^{(j)} = \frac{q_x^{(j)}}{1 - tq_x^{(\tau)}} \tag{11.70} $$

因此可得:

$$ \begin{aligned} q_x^{*(j)} &= 1 - \exp(-\int_0^1 \mu_{x+t}^{(j)} \mathrm{d}t) = 1 - \exp(-\int_0^1 \frac{q_x^{(j)}}{1 - tq_x^{(\tau)}} \mathrm{d}t) \\ &= 1 - \exp\left[\frac{q_x^{(j)}}{q_x^{(\tau)}} \ln(1 - q_x^{(\tau)})\right] = 1 - (1 - q_x^{(\tau)})^{(q_x^{(j)}/q_x^{(\tau)})} \end{aligned} \tag{11.71} $$

由此可见,在终止力为常数假设与减少人数均匀分布的假设下有相等的 $q_x^{(j)}$ 或 $q_x^{*(j)}$。

3. 假设在联合单风险模型中,各风险的独立终止率导致的减少人数在各年龄内服从均匀分布

在该假设下,

$$ {}_tq_x^{*(j)} = tq_x^{*(j)} \tag{11.72} $$

从而有

$$ {}_tp_x^{*(j)} = 1 - {}_tq_x^{*(j)} = 1 - tq_x^{*(j)} (0 \leqslant t \leqslant 1, j = 1,2,\cdots,m) \tag{11.73} $$

$$ \mu_{x+t}^{(j)} = -\frac{1}{{}_tp_x^{*(j)}} \cdot \frac{\mathrm{d}}{\mathrm{d}t} {}_tp_x^{*(j)} = \frac{q_x^{*(j)}}{1 - tq_x^{*(j)}} \tag{11.74} $$

$$ {}_tp_x^{*(j)} \mu_{x+t}^{(j)} = q_x^{*(j)} $$

$$ \begin{aligned} q_x^{(j)} &= \int_0^1 {}_tp_x^{(\tau)} \mu_{x+t}^{(j)} \mathrm{d}t \\ &= \int_0^1 {}_tp_x^{*(1)} {}_tp_x^{*(2)} \cdots {}_tp_x^{*(m)} \mu_{x+t}^{(j)} \mathrm{d}t \end{aligned} \tag{11.75} $$

特别地,当 $m = 2$ 时,

$$ \begin{aligned} q_x^{(1)} &= \int_0^1 {}_tp_x^{*(1)} {}_tp_x^{*(2)} \mu_{x+t}^{(1)} \mathrm{d}t \\ &= q_x^{*(1)} \int_0^1 (1 - tq_x^{*(2)}) \mathrm{d}t \\ &= q_x^{*(1)} (1 - \frac{1}{2} q_x^{*(2)}) \end{aligned} \tag{11.76} $$

同理可得:

$$ q_x^{(2)} = q_x^{*(2)} (1 - \frac{1}{2} q_x^{*(1)}) \tag{11.77} $$

当 $m = 3$ 时,

$$ \begin{aligned} q_x^{(1)} &= \int_0^1 {}_tp_x^{*(1)} {}_tp_x^{*(2)} {}_tp_x^{*(3)} \mu_{x+t}^{(1)} \mathrm{d}t \\ &= q_x^{*(1)} \int_0^1 (1 - tq_x^{*(2)})(1 - tq_x^{*(3)}) \mathrm{d}t \end{aligned} $$

$$= q_x^{*(1)}\left[1 - \frac{1}{2}(q_x^{*(2)} + q_x^{*(3)}) + \frac{1}{3}q_x^{*(2)}q_x^{*(3)}\right] \tag{11.78}$$

同理可得：

$$q_x^{(2)} = q_x^{*(2)}\left[1 - \frac{1}{2}(q_x^{*(1)} + q_x^{*(3)}) + \frac{1}{3}q_x^{*(1)}q_x^{*(3)}\right] \tag{11.79}$$

$$q_x^{(3)} = q_x^{*(3)}\left[1 - \frac{1}{2}(q_x^{*(1)} + q_x^{*(2)}) + \frac{1}{3}q_x^{*(1)}q_x^{*(2)}\right] \tag{11.80}$$

**例 11.6** 考虑一个二元风险模型，假设各年龄段上各风险所导致的减少人数均匀分布，已知 $q_{21}^{(1)} = 0.04$，$q_{21}^{(2)} = 0.08$。求 $q_{21}^{*(2)}$。

**解**：$\because q_{21}^{(\tau)} = q_{21}^{(1)} + q_{21}^{(2)} = 0.04 + 0.08 = 0.12$

$$\therefore q_{21}^{*(2)} = 1 - (1 - q_{21}^{(\tau)})^{(q_{21}^{(2)}/q_{21}^{(\tau)})}$$

$$= 1 - 0.88^{0.08/0.12} \approx 0.081\ 692$$

**例 11.7** 在联合单风险模型中，$q_{20}^{*(1)} = 0.25$，且风险 1 的独立终止率在各年龄段上导致人数的减少均匀分布；$q_{20}^{*(2)} = 0.3$，由风险 2 导致的事件终止发生在时刻 0.6，计算 $q_{20}^{(2)}$。

**解**：$\because q_{20}^{(1)} = \int_0^1 {}_tp_{20}^{(\tau)}\mu_{20+t}^{(1)}dt = \int_0^1 {}_tp_{20}^{*(1)}\,{}_tp_{20}^{*(2)}\mu_{20+t}^{(1)}dt$

$${}_tp_{20}^{*(1)}\mu_{20+t}^{(1)} = q_{20}^{*(1)}$$

$$\therefore q_{20}^{(1)} = q_{20}^{*(1)}\int_0^1 {}_tp_{20}^{*(2)}dt$$

$$\because {}_tp_{20}^{*(2)} = \begin{cases} 1 & (0 < t < 0.6) \\ 1 - q_{20}^{*(2)} & (0.6 \leqslant t \leqslant 1) \end{cases}$$

$$\therefore q_{20}^{(1)} = q_{20}^{*(1)}\int_0^{0.6} 1dt + q_{20}^{*(1)}\int_{0.6}^1 (1 - q_{20}^{*(2)})\,dt = 0.22$$

$$\because q_{20}^{(\tau)} = 1 - p_{20}^{(\tau)} = 1 - p_{20}^{*(1)}p_{20}^{*(2)} = 0.475$$

$$\therefore q_{20}^{(2)} = q_{20}^{(\tau)} - q_{20}^{(1)} = 0.255$$

## 11.3 多元风险模型下的趸缴纯保险费

在人身保险中，当保险金的给付需要根据被保险人终止保险的原因而确定时，就要用到多元风险模型对被保险人所缴纳的保险费进行计算。比如，以残疾和死亡作为保险终止的原因时，纯保险费的计算就应以残疾和死亡构成的二元风险生命表作为基础。本节主要探讨在多元风险模型条件下，应用多元风险生命表计算人身保险的趸缴纯保险费。

### 11.3.1 立即给付保险金的趸缴纯保险费

1. 终身寿险

$x$ 岁的人参加一项终身寿险，假设在 $x + t$ 岁时因风险 $j$ 的作用而终止保险时可立即获得保险金 $B_{x+t}^{(j)}$，其中 $j = 1,2,\cdots,m$，则 $(x)$ 岁的人因风险 $J$ 所应缴纳的趸缴纯保险费为

$$\bar{A}_x^{(j)} = \int_0^{+\infty} B_{x+t}^{(j)} v^t {}_tp_x^{(\tau)} \mu_{x+t}^{(j)} \mathrm{d}t, \quad (j = 1,2,\cdots,m) \tag{11.81}$$

因全部风险作用而缴纳的趸缴纯保险费为

$$\bar{A}_x^{(\tau)} = \sum_{j=1}^{m} \bar{A}_x^{(j)} = \sum_{j=1}^{m} \int_0^{+\infty} B_{x+t}^{(j)} v^t {}_tp_x^{(\tau)} \mu_{x+t}^{(j)} \mathrm{d}t \tag{11.82}$$

2. 定期寿险

$x$ 岁的人参加一项 $n$ 年期定期寿险，若在 $x+t$ 岁时因风险 $j$ 的作用而终止保险时可立即获得保险金 $B_{x+t}^{(j)}$，其中 $j = 1,2,\cdots,m, 0 \leqslant t \leqslant n$，那么因全部风险作用而缴纳的趸缴纯保险费为

$$\bar{A}_{x:\overline{n}|}^{1(\tau)} = \sum_{j=1}^{m} \bar{A}_{x:\overline{n}|}^{1(j)} = \sum_{j=1}^{m} \int_0^{n} B_{x+t}^{(j)} v^t {}_tp_x^{(\tau)} \mu_{x+t}^{(j)} \mathrm{d}t \tag{11.83}$$

### 11.3.2 年末给付保险金的趸缴纯保险费

1. 终身寿险

$x$ 岁的人参加一项终身寿险，规定被保险人因风险 $j$ 的作用而终止保险时可在年末获得 1 单位的保险金给付，那么 $x$ 岁的人应缴纳的趸缴纯保险费为：

$$\begin{aligned} A_x^{1(j)} &= vq_x^{(j)} + v^2 {}_{1|}q_x^{(j)} + v^3 {}_{2|}q_x^{(j)} + \cdots \\ &= v\frac{d_x^{(j)}}{l_x^{(\tau)}} + v^2 \frac{d_{x+1}^{(j)}}{l_x^{(\tau)}} + v^3 \frac{d_{x+2}^{(j)}}{l_x^{(\tau)}} + \cdots \end{aligned} \tag{11.84}$$

因全部风险作用而缴纳的趸缴纯保险费为：

$$A_x^{1(\tau)} = \sum_{j=1}^{m} A_x^{1(j)} \tag{11.85}$$

2. 定期寿险

$x$ 岁的人参加一项 $n$ 年期定期寿险，若被保险人因风险 $j$ 的作用而终止保险时可在年末获得 1 单位的保险金给付，那么全部风险作用下的趸缴纯保险费为

$$\begin{aligned} A_{x:\overline{n}|}^{1(\tau)} &= \sum_{j=1}^{m} A_{x:\overline{n}|}^{1(j)} \\ &= \sum_{j=1}^{m} (vq_x^{(j)} + v^2 {}_{1|}q_x^{(j)} + v^3 {}_{2|}q_x^{(j)} + \cdots + v^n {}_{n-1|}q_x^{(j)}) \end{aligned} \tag{11.86}$$

3. 两全保险

$x$ 岁的人参加一项 $n$ 年期两全保险，若被保险人因全部风险的作用而终止保险时可在年末获得 1 单位的保险金给付，$n$ 年期满仍然"生存"则可获得 1 单位的生存金给付，那么 $(x)$ 岁的人应缴纳的趸缴纯保险费为

$$\begin{aligned} A_{x:\overline{n}|}^{(\tau)} &= A_{x:\overline{n}|}^{1(\tau)} + v^n {}_np_x^{(\tau)} \\ &= \left(\sum_{j=1}^{m} A_{x:\overline{n}|}^{1(j)}\right) + v^n {}_np_x^{(\tau)} \\ &= \left[\sum_{j=1}^{m} (vq_x^{(j)} + \cdots + v^n {}_{n-1|}q_x^{(j)})\right] + v^n {}_np_x^{(\tau)} \end{aligned} \tag{11.87}$$

**例 11.8** 某 25 年期定期寿险产品对两个风险支付保险金。风险 1 为意外伤害造成的死亡，风险 2 为其他原因造成的死亡。若被保险人因意外伤害死亡，保险人立即支付保险金

400 000元;此外,无论被保险人何因何时死亡,保险人都须立即支付额外的100 000元。风险1和风险2的终止力均为常数,分别为0.02和0.07。设利息力$\delta = 0.1$,求该保险的趸缴纯保险费。

**解**:$\because \delta = 0.1, \mu_{x+t}^{(1)} = 0.02, \mu_{x+t}^{(2)} = 0.07$

$\therefore v = e^{-0.1}, \mu_{x+t}^{(\tau)} = 0.09$

$\therefore {}_tp_x^{(\tau)} = e^{-\int_0^t \mu_{x+s}^{(\tau)} ds} = e^{-0.09t}$

那么,因意外伤害死亡而给付保险金的精算现值为:

$$\bar{A}_{x:\overline{25}|}^{1(1)} = 400\,000 \int_0^{25} v^t {}_tp_x^{(\tau)} \mu_{x+t}^{(1)} dt$$

$$= 400\,000 \int_0^{25} e^{-0.1t} e^{-0.09t} 0.02 dt \approx 41\,740.982(\text{元})$$

不论何因何时死亡给付的保险金的精算现值为:

$$\bar{A}_{x:\overline{25}|}^{1(\tau)} = 100\,000 \int_0^{25} v^t {}_tp_x^{(\tau)} \mu_{x+t}^{(\tau)} dt$$

$$= 100\,000 \int_0^{25} e^{-0.1t} e^{-0.09t} 0.09 dt \approx 46\,958.604(\text{元})$$

因此,该保险的趸缴纯保险费为:

$$41\,740.982 + 46\,958.604 \approx 88\,699.59(\text{元})$$

**例11.9** 某保险公司推出一款3年期的定期寿险产品,规定若被保险人因风险1终止保险时,则可在年末获得10 000元的保险金;若因风险2终止保险,则可在年末获得20 000元的保险金;若因风险3终止保险,则可在年末获得30 000元的保险金。现有一个30岁的人投保该产品,其面临的三元风险生命表如表11.2所示,利息率为2.5%,问其趸缴纯保险费为多少?

表11.2 **某三元风险生命表**

| $x$ | $q_x^{(1)}$ | $q_x^{(2)}$ | $q_x^{(3)}$ |
|---|---|---|---|
| 30 | 0.028 691 | 0.038 136 | 0.107 051 |
| 31 | 0.029 463 | 0.040 755 | 0.113 571 |
| 32 | 0.034 573 | 0.047 642 | 0.127 103 |

**解**:根据题意,

$$A_{30:\overline{3}|}^{1(\tau)} = 10\,000A_{30:\overline{3}|}^{1(1)} + 20\,000A_{30:\overline{3}|}^{1(2)} + 30\,000A_{30:\overline{3}|}^{1(3)}$$

$$= 10\,000(vq_{30}^{(1)} + v^2{}_{1|}q_{30}^{(1)} + v^3{}_{2|}q_{30}^{(1)}) + 20\,000(vq_{30}^{(2)} + v^2{}_{1|}q_{30}^{(2)} + v^3{}_{2|}q_{30}^{(2)})$$

$$+ 30\,000(vq_{30}^{(3)} + v^2{}_{1|}q_{30}^{(3)} + v^3{}_{2|}q_{30}^{(3)})$$

根据表11.2给出的数据可以得到

$$p_{30}^{(\tau)} = 1 - (q_{30}^{(1)} + q_{30}^{(2)} + q_{30}^{(3)}) = 0.826\,122$$

$$p_{31}^{(\tau)} = 1 - (q_{31}^{(1)} + q_{31}^{(2)} + q_{31}^{(3)}) = 0.816\,211$$

$${}_2p_{30}^{(\tau)} = p_{30}^{(\tau)}p_{31}^{(\tau)} = 0.674\,290$$

因此

$$A^{1(\tau)}_{30:\overline{3}|} = 10\,000(vq^{(1)}_{30} + v^2 p^{(\tau)}_{30} q^{(1)}_{31} + v^3\,{}_2p^{(\tau)}_{30} q^{(1)}_{32}) + 20\,000(vq^{(2)}_{30} + v^2 p^{(\tau)}_{30} q^{(2)}_{31} + v^3\,{}_2p^{(\tau)}_{30} q^{(2)}_{32})$$
$$+ 30\,000(vq^{(3)}_{30} + v^2 p^{(\tau)}_{30} q^{(3)}_{31} + v^3\,{}_2p^{(\tau)}_{30} q^{(3)}_{32})$$
$$\approx 10\,909.54(\text{元})$$

## 习题 11

11－1 对于某三元风险生命表，$\mu^{(1)}_{x+t} = 0.1$，$\mu^{(2)}_{x+t} = 0.2$，$\mu^{(3)}_{x+t} = 0.4$，其中 $t > 0$，求 $q^{(1)}_x$、$q^{(2)}_x$、$q^{(3)}_x$、$q^{(\tau)}_x$。

11－2 对于某三元风险生命表，$\mu^{(1)}_{x+t} = 0.1$，$\mu^{(2)}_{x+t} = 0.2$，$\mu^{(3)}_{x+t} = 0.4$，其中 $t > 0$，求 $q^{*(1)}_x$、$q^{*(2)}_x$、$q^{*(3)}_x$。

11－3 某二元风险模型，假设各年龄段上各终止力导致的终止人数均匀分布，$m^{(\tau)}_x = 0.2$，$q^{*(1)}_x = 0.1$。求 $q^{*(2)}_x$。

11－4 某三元风险模型，假设各年龄段上各终止力为常数，$q^{(1)}_x = q^{(3)}_x$，$q^{(2)}_x = 2q^{(1)}_x$，$\mu^{(1)}_{x+t} = \ln 2$，其中 $0 < t < 1$。求 $10\,000q^{*(2)}_x$。

11－5 在一个二元风险模型中，假设每个风险在各年龄段内的终止力为常数，$q^{*(1)}_x = 0.15$，$q^{*(2)}_{x+1} = 0.2$，$\mu^{(2)}_x = 0.15$，$\mu^{(1)}_{x+1} = 0.2$。求 ${}_{1|1}q^{(2)}_x$。

11－6 某二元风险模型，假设在联合单风险模型中各年龄段上各独立终止率导致的减少人数均匀分布，$l^{(\tau)}_{30} = 100\,000$，$q^{*(1)}_{30} = 0.2$，$q^{*(2)}_{30} = 0.25$，${}_{1|}q^{(1)}_{30} = 0.075$，$l^{(\tau)}_{32} = 47\,895$，求 $q^{(2)}_{31}$。

11－7 已知 $q^{*(1)}_x = 0.025$，$q^{*(2)}_x = 0.04$。在联合单风险模型中，风险 1 的独立终止率导致的减少人数服从均匀分布假设，风险 2 只在年中发生作用。试求 $p^{(\tau)}_x$ 和 $q^{(2)}_x$。

11－8 某 $x$ 岁的人签订了一份终身寿险保单，规定在第一年死亡时立即给付 50 000 元，以后死亡为 100 000 元。保单还规定，如果被保险人死于意外事故则增加 20 000 元的保险金给付。已知：① 意外事故死亡的终止力为 $\mu^{(1)}_{x+t} = 0.005$，$t \geqslant 0$；② 全部风险的终止力为 $\mu^{(\tau)}_{x+t} = 0.04$，$t \geqslant 0$；③ $\delta = 0.06$，求该保险的趸缴纯保险费。

11－9 某二元风险模型，一个是意外死亡，另一个是其他原因死亡。已知：
(1) 考虑对 $(x)$ 因意外死亡支付 2，其他原因死亡支付 1 的完全连续型终身寿险；
(2) 意外死亡的终止力为 $\mu^{(1)}_{x+t} = \delta$，其他原因死亡的终止力为 $\mu^{(2)}_{x+t} = 3\delta$。
求该保险的趸缴纯保险费。

11－10 有 $A$、$B$ 两份终身寿险，都规定在 $x$ 岁的人死亡时立即支付 10。此外，$A$ 保险还规定若 $x$ 岁的人死于意外事故，则增加 10 单位给付，其趸缴纯保险费为 $S$；$B$ 保险则规定在 $x$ 岁的人死于意外事故时增加 20 单位给付，其趸缴纯保险费为 $T$。若意外事故死亡的终止力为 $\mu$，其他原因死亡的终止力为 $4\mu$，求 $T - S$。结果用含有 $S$ 的式子表示。

# 12 简单多生命函数

在前面业已讨论过的寿险保单中,保险事故限于生存或死亡两种状态,保险事故发生的主体即被保险人,也只规定为单个人或个别人,与此相应的保单称为单生命寿险保单。关于单生命寿险保单,我们已经建立和发展了保险费和责任准备金等项目的计算原理和方法。本章将以已经建立的原理和方法为基础,讨论涉及多个被保险人,于常见生死组配下,提供约定保险金额的寿险保单的保险费及其他有关项目的计算原理和方法。

寿险保单中,被保险人的人数除常见的限于一个人外,它可以有多个被保险人。当按被保险人的人数对寿险保单进行划分时,一般可分为单生寿险保单和连生寿险保单两类。本书前面几章已讨论的寿险保单,都属于单生寿险保单。至于连生寿险保单,还可细分为连生年金保单和连生保险保单。连生年金保单通常是以两个或两个以上被保险人的生死为考察对象,只要被保险人中的某人生存,便提供给付;相反,只要被保险人中的某人发生死亡,便停止给付。有时也以所有被保险人共同生存作为给付条件,只要有一个被保险人死亡,则年金即行停止给付。连生保险保单是以两个或两个以上被保险人的生命为一个保险标的,约定在某种死亡组配之下给付保险金的保单。不难看出,无论连生年金保单,还是连生保险保单,生死的组配都纷繁多样,视具体情形有相应的连生保单。特别地,在连生保险保单中,以被保险人当中发生第一件死亡时即予赔付的保单称为连生死亡保险;被保险人中的最后生存者死亡时才赔付的保单称为最后生存者连生死亡保单,常简称为最后生存者保单。



## 12.1 连生状态的年金和保险函数

为以下分析和讨论连生年金保单和连生保险保单的保险费及其他项目的计算的需要,我们有必要先弄清连生状态的概念以及相应的连生概率的表达式。

### 12.1.1 连生状态及对应的连生概率

所谓连生状态,确切地说,是指生命群体或多个生命的一种连续生存状态。这种状态存在或生存,当且仅当群体中所有成员或每个生命均生存;反之,这种状态不存在或消失,当且仅当群体或多生命中发生第一个生命死亡。连生状态一般用 $(x_1x_2\cdots x_m)$ 表示,其中 $m$ 表示群体中的成员数，$x_i$ 代表群体中的成员 $i$ 的年龄（其中 $i=1,2,\cdots,m$）。

在实际的保险和年金应用中，结合在保险和年金问题中的多个生命或生命群体，通常以一些共同的约定来维持，如他们之间具有血缘关系或姻缘关系，而且所有成员的活动，可能同时遭遇相同的风险。但是，在连生理论中，一般假定多个生命之间多成员的生存概率是相互独立的。

下面在连生状态概念及生存概率的相互独立性的基础上，就相应的连生概率进行讨论。

（1）连生状态 $(x_1x_2\cdots x_m)$ 在 $t$ 年内生存的概率。精算中，通常用符号 ${}_tp_{x_1x_2\cdots x_m}$ 表示这一概率，则

$$\begin{aligned}{}_tp_{x_1x_2\cdots x_m} &= 1-\mathrm{P}(T\leqslant t)\ (T\text{ 为连生状态消失的时间})\\ &= 1-\mathrm{P}(\min(T(x_1),T(x_2),\cdots,T(x_m))\leqslant t)\\ &= 1-[1-\mathrm{P}(T(x_1)>t\text{ 且 }T(x_2)>t,\text{且}\cdots,T(x_m)>t)]\\ &= \mathrm{P}(T(x_1)>t)\mathrm{P}(T(x_2)>t)\cdots\mathrm{P}(T(x_m)>t)\\ &= {}_tp_{x_1}\,{}_tp_{x_2}\cdots{}_tp_{x_m} \qquad (12.1)\end{aligned}$$

（2）连生状态 $(x_1x_2\cdots x_m)$ 在 $t$ 年内消失的概率。当我们用 ${}_tq_{x_1x_2\cdots x_m}$ 表示它时，有如下表达式：

$$\begin{aligned}{}_tq_{x_1x_2\cdots x_m} &= 1-{}_tp_{x_1x_2\cdots x_m} \qquad (12.2)\\ &= 1-{}_tp_{x_1}\,{}_tp_{x_2}\cdots{}_tp_{x_m} \qquad (12.3)\end{aligned}$$

（3）连生状态 $(x_1x_2\cdots x_m)$ 在第 $t+1$ 年内消失的概率，记作 ${}_{t|}q_{x_1x_2\cdots x_m}$。结合上述概率关系，不难得到：

$$\begin{aligned}{}_{t|}q_{x_1x_2\cdots x_m} &= \mathrm{P}(t<T\leqslant t+1)=\mathrm{P}(T\leqslant t+1)-\mathrm{P}(T\leqslant t)\\ &= {}_{t+1}q_{x_1x_2\cdots x_m}-{}_tq_{x_1x_2\cdots x_m} \qquad (12.4)\\ &= {}_tp_{x_1x_2\cdots x_m}-{}_{t+1}p_{x_1x_2\cdots x_m} \qquad (12.5)\\ &= {}_tp_{x_1x_2\cdots x_m}\,q_{x_1+t:x_2+t:\cdots:x_m+t} \qquad (12.6)\end{aligned}$$

这里，$q_{x_1+t:x_2+t:\cdots:x_m+t}$ 表示连生状态 $(x_1+t,x_2+t,\cdots,x_m+t)$ 在次年内消失的概率，其值等于：

$$\begin{aligned}&1-p_{x_1+t}p_{x_2+t}\cdots p_{x_m+t}=1-(1-q_{x_1+t})(1-q_{x_2+t})\cdots(1-q_{x_m+t})\\ &=\sum_{s=1}^{m}q_{x_s+t}-\sum_{1\leqslant i<j\leqslant m}q_{x_i+t}q_{x_j+t}+\cdots+(-1)^{m+1}q_{x_1+t}q_{x_2+t}\cdots q_{x_m+t} \qquad (12.7)\end{aligned}$$

（4）连生状态 $(x_1x_2\cdots x_m)$ 在时刻 $t$ 的死力或瞬时死亡率，记作 $\mu_{x_1+t:x_2+t:\cdots:x_m+t}$，且

$$\begin{aligned}\mu_{x_1+t:x_2+t:\cdots:x_m+t} &= \mathrm{P}(t<T\leqslant \triangle t\mid T>t)=\frac{\mathrm{P}(t<T\leqslant t+\triangle t)}{\mathrm{P}(T>t)}\\ &= \frac{\dfrac{d}{\mathrm{d}t}(1-{}_tp_{x_1}\,{}_tp_{x_2}\cdots{}_tp_{x_m})}{{}_tp_{x_1}\,{}_tp_{x_2}\cdots{}_tp_{x_m}}\quad(\triangle t\to 0) \qquad (12.8)\\ &= \mu_{x_1+t}+\mu_{x_2+t}+\cdots+\mu_{x_m+t} \qquad (12.9)\end{aligned}$$

**例 12.1** 试用单生命概率 ${}_tp_x$ 和 ${}_tp_y$ 表达如下状态的概率：

（1）生命 $(x)$ 和生命 $(y)$ 仅一人将在 $t$ 年内存活的概率；

（2）生命 $(x)$ 和生命 $(y)$ 至少有一人将在 $t$ 年内死亡的概率。

**解**：结合连生状态的含义及独立性假定，有如下概率表达式：

(1) ${}_tp_x(1 - {}_tp_y) + {}_tp_y(1 - {}_tp_x) = {}_tp_x + {}_tp_y - 2\,{}_tp_x\,{}_tp_y$

(2) ${}_tp_x\,{}_tq_y + {}_tp_y\,{}_tq_x + {}_tq_x\,{}_tq_y = 1 - {}_tp_x\,{}_tp_y$

**例 12.2** 试分析 Makeham 死亡法则下连生状态$(x_1x_2\cdots x_m)$的连生概率${}_tp_{x_1x_2\cdots x_m}$。

**解**：根据 Makeham 死亡法则，

$$ {}_tp_x = \frac{s(x+t)}{s(x)} = \frac{e^{-A(x+t)-m(C^{x+t}-1)}}{e^{-Ax-m(C^x-1)}} = e^{-At} \cdot e^{-mC^x(C^t-1)} $$

令 $e^{-A} = S \qquad e^{-m} = g$

$$ {}_tp_x = S^t \cdot g^{C^x(C^t-1)} $$

所以，在独立假设下，连生状态生存概率

$$ \begin{aligned} {}_tp_{x_1x_2\cdots x_m} &= {}_tp_{x_1}\,{}_tp_{x_2}\cdots\,{}_tp_{x_m} \\ &= S^{mt}g^{(C^{x_1}+C^{x_2}+\cdots+C^{x_m})(C^t-1)} \end{aligned} $$

进一步，令 $C^{x_1} + C^{x_2} + \cdots + C^{x_m} = mC^w$，从而有

$$ {}_tp_{x_1x_2\cdots x_m} = S^{mt}g^{mC^w(C^t-1)} = {}_tp_{ww\cdots w} $$

所以，涉及 $m$ 个不等年龄的连生状态$(x_1x_2\cdots x_m)$的生存概率${}_tp_{x_1x_2\cdots x_m}$可以用 $m$ 个相等年龄的连生状态$(ww\cdots w)$的生存概率${}_tp_{ww\cdots w}$取代，其中 $w$ 由 $C^{x_1} + \cdots + C^{x_m} = mC^w$ 决定。

### 12.1.2 连生年金和连生保险函数

按照连生状态生存与消失的含义，计算与年金和保险相结合的连生函数的一般方法是：在相应的单生命函数中，用恰当的连生概率取代单生概率。

1. 连生年金函数

考虑连生状态$(x_1x_2\cdots x_m)$的期末生存年金，亦即关于状态$(x_1x_2\cdots x_m)$签发的年金保单。如果状态$(x_1x_2\cdots x_m)$在每年年底生存，那么保单提供年给付金额 1。像这样的保单在签单时的精算现值或趸缴纯保险费记作 $a_{x_1x_2\cdots x_m}$，且

$$ a_{x_1x_2\cdots x_m} = \sum_{t=1}^{\infty} v^t\,{}_tp_{x_1x_2\cdots x_m} \tag{12.10} $$

又如连生状态$(x\,y\,z)$的连续生存年金，年给付额为 1，只要状态$(x\,y\,z)$存在，便连续地提供给付。该年金在签单之日的精算现值记作 $\bar{a}_{xyz}$，且

$$ \bar{a}_{xyz} = \int_0^{\infty} v^t\,{}_tp_{xyz}\,dt \tag{12.11} $$

**例 12.3** 某一连生状态$(xy)$的连续生存年金，年给付额为 1 万元，且假设两人的生存时间相互独立，已知 $\delta = 0.05$，$\mu_x = 0.05$，$\mu_y = 0.1$，则趸缴纯保险费是多少？

**解**：$P = 10\,000\bar{a}_{xy} = 10\,000\int_0^{\infty} v^t\,{}_tp_{xy}\,dt$

$$ = 10\,000\int_0^{\infty} e^{-0.05t}e^{-0.05t}e^{-0.1t}\,dt = 50\,000\text{(元)} $$

2. 连生保险函数

如连生状态$(x_1x_2\cdots x_m)$的某种保险约定：在状态$(x_1x_2\cdots x_m)$消失的年末，提供保险金额1。该保险在签发时一次性应缴纯保险费为$A_{x_1x_2\cdots x_m}$，且

$$A_{x_1x_2\cdots x_m} = \sum_{t=0}^{\infty} v^{t+1}{}_{t|}q_{x_1x_2\cdots x_m}$$

又如连生状态$(wxyz)$的递增保险，若状态在第一年消失，则在该年末提供给付额1；若状态在第二年消失，则在该年末提供给付额2…… 每年给付额递增1。这样的递增保险的趸缴纯保险费记作$(IA)_{wxyz}$，且

$$(IA)_{wxyz} = \sum_{t=0}^{\infty}(t+1)v^{t+1}{}_{t|}q_{wxyz}$$

3. Makeham 死亡法则下的年金和保险函数

结合前述分析，Makeham 死亡法则下的任何连生函数，不论其涉及怎样的年龄，均可由相等年龄的连生函数来评价或计算。这样，

$$a_{x_1x_2\cdots x_m} = a_{ww\cdots w}$$

$$A_{x_1x_2\cdots x_m} = A_{ww\cdots w}$$

上式中：$w$ 取决于 $mC^w = C^{x1} + C^{x2} + \cdots + C^{xm}$

进一步，有

$$a_{ww\cdots w} = \sum_{t=1}^{\infty} v^t{}_tp_{ww\cdots w}$$

$$A_{ww\cdots w} = \sum_{t=1}^{\infty} v^t{}_{t|}q_{ww\cdots w}$$

${}_tp_{ww\cdots w}$ 及 ${}_tq_{ww\cdots w}$ 均可转化为整数年龄生命函数或在整数年龄生命函数中进行插值而得到。

**例 12.4**　在 Makeham 假设下有 $C = 2^{0.2}$，且 $\ddot{a}_{56:56} = 10.22$，$\ddot{a}_{57:57} = 9.97$，在线性插值方法下求 $\ddot{a}_{50:60}$。

**解**：先根据 Makeham 假设求 $w$。

由 $C^{50} + C^{60} = 2C^w$ 可解得 $w \approx 56.61$，

从而解得

$$\begin{aligned}\ddot{a}_{50:60} &= \ddot{a}_{56.61:56.61} = (1-0.61)\ddot{a}_{56:56} + 0.61\ddot{a}_{57:57} \\ &= 0.39 \times 10.22 + 0.61 \times 9.97 \approx 10.07\end{aligned}$$

## 12.2　最后生存者状态的年金和保险函数

### 12.2.1　最后生存者状态及其有关概率

作为一般多生命状态的另一种情形，就是最后生存者状态。最后生存者状态，系指这样的一种状态：只要状态中至少有一个成员生存，该状态就生存；而只有状态中的最后一个生存者发生死亡，该状态才消失。通常情况下，最后生存者状态表示为$\overline{(x_1x_2\cdots x_m)}$，其中，$m$代表

状态的成员数,$x_i$ 表示状态中成员 $i$ 的年龄。据此,最后生存者状态可另外描述为$(x_1)$,$(x_2)$,…,$(x_m)$ 中至少有一个成员生存,状态$\overline{(x_1x_2\cdots x_m)}$ 便生存;反之,$(x_1)$,$(x_2)$,…,$(x_m)$ 中的最后生存者死亡,状态$\overline{(x_1x_2\cdots x_m)}$ 就消失。

下面是最后生存者状态的有关概率的表达式:

(1) 最后生存者状态$\overline{(x_1x_2\cdots x_m)}$ 在 $t$ 年内生存的概率,记作${}_tp_{\overline{(x_1x_2\cdots x_m)}}$,且

$$
\begin{aligned}
{}_tp_{\overline{(x_1x_2\cdots x_m)}} &= 1-\mathrm{P}(T\leqslant t)(T\text{ 为最后生存者状态消失的时间})\\
&= 1-\mathrm{P}[\max(T(x_1),T(x_2)\cdots,T(x_m))\leqslant t]\\
&= 1-\mathrm{P}[T(x_1)\leqslant t\text{ 且 }T(x_2)\leqslant t\text{ 且 }\cdots T(x_m)\leqslant t]\\
&= 1-\mathrm{P}(T(x_1)\leqslant t)\mathrm{P}(T(x_2)\leqslant t)\cdots\mathrm{P}(T(x_m)\leqslant t)\\
&= 1-(1-{}_tp_{x_1})(1-{}_tp_{x_2})\cdots(1-{}_tp_{x_m})\\
&= \sum_{i=1}^{m}{}_tp_{x_i}-\sum_{1\leqslant i<j\leqslant m}{}_tp_{x_ix_j}+\cdots+(-1)^{m+1}{}_tp_{x_1x_2\cdots x_m}
\end{aligned}
\tag{12.12}
$$

这个式子表明:最后生存者状态的生存概率,可转化为单生命状态概率和连生状态生存概率的混合运算。

(2) 最后生存者状态$\overline{(x_1x_2\cdots x_m)}$ 在 $t$ 年内消失的概率,记作${}_tq_{\overline{x_1x_2\cdots x_m}}$,显然,

$$
{}_tq_{\overline{x_1x_2\cdots x_m}} = 1-{}_tp_{\overline{x_1x_2\cdots x_m}}
$$

(3) 最后生存者状态$\overline{(x_1x_2\cdots x_m)}$ 在第 $t+1$ 年消失的概率,记作${}_{t|}q_{\overline{x_1x_2\cdots x_m}}$,且

$$
\begin{aligned}
{}_{t|}q_{\overline{x_1x_2\cdots x_m}} &= \mathrm{P}(t<T\leqslant t+1)\\
&= {}_tp_{\overline{x_1x_2\cdots x_m}}-{}_{t+1}p_{\overline{x_1x_2\cdots x_m}}\\
&= {}_{t+1}q_{\overline{x_1x_2\cdots x_m}}-{}_tq_{\overline{x_1x_2\cdots x_m}}\\
&= {}_tp_{\overline{x_1x_2\cdots x_m}}\,q_{\overline{x_1+t:x_2+t:\cdots:x_m+t}}
\end{aligned}
$$

**例 12.5** 写出${}_np_{\overline{xy}}$、${}_np_{\overline{xyz}}$、${}_nq_{\overline{xy}}$ 及${}_{n}q_{\overline{xyz}}$ 的具体表达式。

**解:**

$$
{}_np_{\overline{xy}} = {}_np_x+{}_np_y-{}_np_{xy}
$$

$$
\begin{aligned}
{}_np_{\overline{xyx}} &= \sum_{t=1}^{\infty}{}_np_{x_t}-\sum{}_np_{x_ix_j}+(-1)^{3+1}{}_np_{xyz}\\
&= {}_np_x+{}_np_y+{}_np_z-{}_np_{xz}-{}_np_{yz}-{}_np_{xy}+{}_np_{xyz}
\end{aligned}
$$

$$
\begin{aligned}
{}_nq_{\overline{xy}} &= 1-{}_np_{\overline{xy}}\\
&= 1-({}_np_x+{}_np_y-{}_np_{xy})\\
&= {}_nq_x+{}_nq_y-{}_nq_{xy}
\end{aligned}
$$

$$
\begin{aligned}
{}_{n|}q_{\overline{xyz}} &= {}_np_{\overline{xyz}}-{}_{n+1}p_{\overline{xyz}}\\
&= ({}_np_x+{}_np_y+{}_np_z-{}_np_{xy}-{}_np_{xz}-{}_np_{yz}+{}_np_{xyz})\\
&\quad -({}_{n+1}p_x+{}_{n+1}p_y+{}_{n+1}p_z-{}_{n+1}p_{xy}-{}_{n+1}p_{xz}-{}_{n+1}p_{yz}+{}_{n+1}p_{xyz})\\
&= {}_{n|}q_x+{}_{n|}q_y+{}_{n|}q_z-{}_{n|}q_{xy}-{}_{n|}q_{yz}-{}_{n|}q_{xz}+{}_{n|}q_{xyz}
\end{aligned}
$$

### 12.2.2 最后生存者状态的年金和保险函数

类似于连生状态下的年金和保险函数的一般方法,最后生存者状态下的年金和保险函

数的计算，只需将相应的单生命年金和保险函数中的概率函数变为最后生存者状态下的概率函数即可。

1. 最后生存者年金函数

如最后生存者状态($\overline{xyz}$)的期末生存年金，是指关于状态($\overline{xyz}$)签发的年金保单，若($\overline{xyz}$)中有一个人在每年年底生存，则保单提供保险金额1，直至最后生存者死亡停止支付为止。这种年金保单在签单时的精算现值，记作 $a_{\overline{xyz}}$，且

$$\begin{aligned} a_{\overline{xyz}} &= \sum_{t=1}^{\infty} v^t {}_tp_{\overline{xyz}} \\ &= \sum_{t=1}^{\infty} v^t ({}_tp_x + {}_tp_y + {}_tp_z - {}_tp_{xy} - {}_tp_{xz} - {}_tp_{yz} + {}_tp_{xyz}) \\ &= a_x + a_y + a_z - a_{xy} - a_{xz} - a_{yz} + a_{xyz} \end{aligned} \tag{12.13}$$

又如最后生存者状态($\overline{xyz}$)连续生存年金，年给付额为1，只要($\overline{xyz}$)存在，便连续地提供给付额，这样的年金函数记作 $\bar{A}_{\overline{xyz}}$，且

$$\begin{aligned} \bar{a}_{\overline{xyz}} &= \int_0^{\infty} v^t {}_tp_{\overline{xyz}} \mathrm{d}t \\ &= \bar{a}_x + \bar{a}_y + \bar{a}_z - \bar{a}_{xy} - \bar{a}_{xz} - \bar{a}_{yz} + \bar{a}_{xyz} \end{aligned} \tag{12.14}$$

其余的年金函数可按相同原理获得。

2. 最后生存者状态的保险函数

关于最后生存者状态($\overline{xy}$)签发的某种保险，在状态($\overline{xy}$)消失的年末提供保险金额1。这种保险的趸缴纯保险费，一般记作 $A_{\overline{xy}}$，且

$$\begin{aligned} A_{\overline{xy}} &= \sum_{t=0}^{\infty} v^{t+1} {}_{t|}q_{\overline{xy}} \\ &= \sum_{t=0}^{\infty} v^{t+1} ({}_tp_x q_{x+t} + {}_tp_y q_{y+t} - {}_tp_{xy} q_{x+t:y+t}) \\ &= A_x + A_y - A_{xy} \end{aligned} \tag{12.15}$$

可见，$A_{\overline{xy}}$ 可以转化为单生命保险函数和连生保险函数来计算，而且单生命保险函数与连生保险函数及最后生存者保险函数的关系是：

$$A_{\overline{xy}} + A_{xy} = A_x + A_y \tag{12.16}$$

再看关于($\overline{xyz}$)的递增保险：若状态($\overline{xyz}$)在第一年消失，则在该年末提供保险金额1；状态($\overline{xyz}$)在第二年消失，在该年末提供保险金额2…… 以后每增加一年保险金额增加1。其趸缴纯保险费为$(IA)_{\overline{xyz}}$，且

$$\begin{aligned} (IA)_{\overline{xyz}} &= \sum_{t=0}^{\infty} (t+1) v^{t+1} {}_{t|}q_{\overline{xyz}} \\ &= \sum_{t=0}^{\infty} (t+1) v^{t+1} ({}_tp_x q_{x+t} + {}_tp_y q_{y+t} + {}_tp_z q_{z+t} - {}_tp_{xy} q_{x+t:y+t} - {}_tp_{xz} q_{x+t:z+t} \\ &\quad - {}_tp_{yz} q_{y+t:z+t} + {}_tp_{xyz} q_{x+t:y+t:z+t}) \\ &= (IA)_x + (IA)_y + (IA)_z - (IA)_{xy} - (IA)_{xz} - (IA)_{yz} + (IA)_{xyz} \end{aligned} \tag{12.17}$$

**例 12.6** 年龄25岁和30岁的两人共同作为被保险人，购买如下连生十年定期死亡保

险:在十年内,25 岁和 30 岁的被保险人的最后一个生存者发生死亡的年末,保单提供 50 000 元给付;在第十年末,只要有一个人存活,保单不进行任何给付。试计算保单签单时趸缴纯保险费(只要求写出计算表达式)。

**解:** 设所求趸缴纯保险费为 $NSP$,结合例 12.5 的结论,得:

$$
\begin{aligned}
NSP &= 50\,000A^{\ \ 1}_{\overline{(25)(30)}:\overline{n}|} \\
&= 50\,000\sum_{t=0}^{9} v^{t}\ {}_{t|}q_{\overline{(25)(30)}} \\
&= 50\,000\sum_{t=0}^{9} v^{t}(\ {}_{t|}q_{25} + {}_{t|}q_{30} - {}_{t|}q_{(25)(30)}) \\
&= 50\,000(A^{1}_{25:\overline{10}|} + A^{1}_{30:\overline{10}|} - A^{\ \ 1}_{(25)(30):\overline{n}|})
\end{aligned}
$$

上式中:$A^{\ \ 1}_{(25)(30):\overline{n}|}$ 为连生状态下的趸缴纯保险费。

## 12.3 复合状态的年金和保险函数

前面针对单个生命组成的团体,定义了连生状态和最后生存者状态。现在,进一步考察由个别状态组成的团体的生存和消失的概念及其有关计算。这里的个别状态不仅指单生状态,而且可以是多生命组成的状态。像这种以单生命或多生命状态为个别成员所组成的新的状态,通常称为复合状态。

### 12.3.1 复合状态的生存和消失



复合状态的生存和消失,取决于该复合状态的具体构成。

例如:复合状态$(\overline{wx}:\overline{yz})$ 是一种其个别成员为最后生存者状态组成的连生状态。因此,$(\overline{wx}:\overline{yz})$ 生存,当且仅当最后生存者状态$(\overline{wx})$ 和最后生存者状态$(\overline{yz})$ 均生存;$(\overline{wx}:\overline{yz})$ 消失,只要最后生存者状态$(\overline{wx})$ 和最后生存者状态$(\overline{yz})$ 发生第一状态消失。

又如复合状态$(\overline{wx:\overline{yz}})$ 是一种其个别成员为连生状态$(wx)$ 和最后生存者状态$(\overline{yz})$ 组成的最后生存者状态。复合状态$(\overline{wx:\overline{yz}})$ 生存,当且仅当连生状态$(wx)$ 和最后生存者状态$(\overline{yz})$ 中有一个状态生存;状态$(\overline{wx:\overline{yz}})$ 消失,当且仅当连生状态$(wx)$ 和最后生存者状态$(\overline{yz})$ 中最后生存的状态发生消失。

### 12.3.2 复合状态的年金和保险函数

1. 复合状态的年金函数

关于复合状态的年金函数的计算,一般有两种方法:

方法一:从复合状态的定义出发,将结果转化为单生年金函数和简单连生年金函数。

**例 12.7** 求在最后生存者$(w)$和$(x)$与最后生存者$(y)$和$(z)$共同生存的期间，提供年给付额为 1 的期末年金的精算现值。

**解：** 这种年金的精算现值可表示为 $a_{\overline{wx}:\overline{yz}}$，有

$$
\begin{aligned}
a_{\overline{wx}:\overline{yz}} &= \sum_{t=1}^{\infty} v^t {}_tp_{\overline{wx}:\overline{yz}} = \sum_{t=1}^{\infty} v^t {}_tp_{\overline{wx}}\,{}_tp_{\overline{yz}} \\
&= \sum_{t=1}^{\infty} v^t ({}_tp_w + {}_tp_x - {}_tp_{wx})({}_tp_y + {}_tp_z - {}_tp_{yz}) \\
&= \sum_{t=1}^{\infty} v^t ({}_tp_{wy} + {}_tp_{wz} + {}_tp_{xy} + {}_tp_{xz} - {}_tp_{wyz} - {}_tp_{xyz} - {}_tp_{wxy} - {}_tp_{wxz} + {}_tp_{wxyz}) \\
&= a_{wy} + a_{wz} + a_{xy} + a_{xz} - a_{wyz} - a_{xyz} - a_{wxy} - a_{wxz} + a_{wxyz}
\end{aligned}
$$

方法二：运用最后生存者状态的年金函数与连生状态的年金函数之间的确定关系式，简化复合状态。

常用的两组确定关系式是：

$$a_{\overline{uv}} = a_u + a_v - a_{uv} \tag{12.18}$$

$$a_{u:\overline{vw}} = a_{uv} + a_{uw} - a_{uvw} \tag{12.19}$$

上式中：$u$、$v$和$w$可以代表任一类型的状态：单生状态、连生状态、最后生存者状态以及由这些状态形成的复合状态等。

关于上述两组关系式的解释：

（1）关于 $a_{\overline{uv}} + a_{uv} = a_u + a_v$。一方面，$a_{\overline{uv}}$ 代表在生存较长状态所决定的时期，提供年给付额1的期末年金的值；另一方面，$a_{uv}$ 表示在生存较短状态所存在的时期，提供年给付额1的期末年金的值。因此，$a_{\overline{uv}}$ 提供的年金给付，取决于状态$(u)$和$(v)$有一个存在；而 $a_{uv}$ 提供的年金给付，依赖于状态$(u)$和$(v)$有一个消失。这表明：$a_{\overline{uv}} + a_{uv} = a_u + a_v$。

（2）关于 $a_{u:\overline{vw}} + a_{u:vw} = a_{uv} + a_{uw}$。一方面，$a_{u:\overline{vw}}$ 提供的年金给付，取决于$(u)$生存，同时$(v)$和$(w)$生存较长者仍生存；另一方面，$a_{uvw}$ 提供的年金给付，取决于$(u)$生存，同时$(v)$和$(w)$生存较短者仍生存。据此，$a_{u:\overline{vw}}$ 代表在$(uv)$和$(uw)$之一的生存期间，提供给付额 1 的期末年金值；$a_{uvw}$ 代表在$(uv)$和$(uw)$之一的消失期间，提供给付额 1 的期末年金值，从而 $a_{u:\overline{vw}} + a_{u:vw} = a_{uv} + a_{uw}$

**例 12.8** 运用基本关系式，化简年金函数 $a_{\overline{wx}:\overline{yz}}$。

**解：** $a_{\overline{wx}:\overline{yz}} = a_{\overline{wx}:y} + a_{\overline{wx}:z} - a_{\overline{wx}:yz}$

$$= (a_{wy} + a_{xy} - a_{wxy}) + (a_{wz} + a_{xz} - a_{wxz}) - (a_{wyz} + a_{xyz} - a_{wxyz})$$

在上述两组关系式中，当其中的个别状态涉及确定期限时，关系式仍成立。

**例 12.9** 求在直至 $x$ 岁的人死亡为止，或者 $y$ 岁的人活到 $y+n$ 岁为止的较长期间，提供年给付额为 1 的期末年金的表达式。

**解：** 所求年金值为 $a_{\overline{(x)(y:\overline{n}|)}}$，其表达式为：

$$a_{\overline{(x)(y:\overline{n}|)}} = a_x + a_{y:\overline{n}|} - a_{xy:\overline{n}|}$$

**例 12.10** 求在 $x$ 岁的人到达 $x+n$ 岁为止，或者确定的 $m$ 年的较长期限内，提供年给付额为 1 的期末年金的值（仅写出表达式）。

**解：** 所求年金值为 $a_{\overline{(x:\overline{n}|)(\overline{m}|)}}$，且，

$a_{\overline{(x:\overline{n}|)(\overline{m}|)}} = a_{x:\overline{n}|} + a_{\overline{m}|} - a_{x:\overline{n}|:\overline{m}|}$，当 $m < n$ 时，状态 $(\overline{m}|)$ 在状态 $(\overline{n}|)$ 之前已消失，从而状态 $(x:\overline{n}|:\overline{m}|)$ 与状态 $(x:\overline{m}|)$ 相同，所以

$$a_{\overline{(x:\overline{n}|)(\overline{m}|)}} = a_{x:\overline{n}|} + a_{\overline{m}|} - a_{x:\overline{m}|} \quad (m < n)$$

2. 复合状态的保险函数

类似于复合状态的年金函数，复合状态的保险函数的表达可以有两种方法：

方法一：从复合状态的定义出发，将结果转化为单生保险函数和简单连生保险函数。

**例 12.11** 求在连生状态 $(wx)$ 和最后生存者状态 $(\overline{yz})$ 中发生第二件消失的年末，提供保险金额为 1 的连生保险的趸缴纯保险费。

**解：** 所求趸缴纯保险费是 $A_{\overline{wx:\overline{yz}}}$，且

$$\begin{aligned}
A_{\overline{wx:\overline{yz}}} &= \sum_{t=0}^{\infty} v^{t+1}\, {}_{t|}q_{\overline{wx:\overline{yz}}} \\
&= \sum_{t=0}^{\infty} v^{t+1}\left({}_{t}p_{\overline{wx:\overline{yz}}} - {}_{t+1}p_{\overline{wx:\overline{yz}}}\right) \\
&= \sum_{t=0}^{\infty} v^{t+1}\left({}_{t|}q_{y} + {}_{t|}q_{x} - {}_{t|}q_{yz} + {}_{t|}q_{wz} - {}_{t|}q_{wxy} - {}_{t|}q_{wxz} + {}_{t|}q_{wxyz}\right) \\
&= A_{y} + A_{z} - A_{yz} + A_{wz} - A_{wxy} - A_{wxz} + A_{wxyz}
\end{aligned}$$

方法二：运用最后生存者状态的保险函数与连生状态的保险函数之间的确定关系式，简化复合状态。

两组常用关系式是：

$$A_{\overline{uv}} = A_{u} + A_{v} - A_{uv} \tag{12.20}$$

$$A_{u:\overline{vw}} = A_{uv} + A_{uw} - A_{uvw} \tag{12.21}$$

上式中：状态 $u$、$v$、$w$ 可以是任一类型的状态。

**例 12.12** 运用基本关系式，简化保险函数 $A_{\overline{wx:\overline{yx}}}$。

**解：**
$$\begin{aligned}
A_{\overline{wx:\overline{yz}}} &= A_{wx} + A_{\overline{yz}} - A_{wx:\overline{yz}} \\
&= A_{wx} + (A_{y} + A_{z} - A_{yz}) - (A_{wxy} + A_{wxz} - A_{wxyz}) \\
&= A_{y} + A_{z} - A_{yz} + A_{wx} - A_{wxy} - A_{wxz} + A_{wxyz}
\end{aligned}$$

**例 12.13** 求在 $x$ 岁签发的，在 $x$ 岁的人死亡年末，或者活到 $x+n$ 岁为止，两者中发生第二件状态消失，提供保险金额为 1 的保险的趸缴纯保险费。

**解：** 依题意，所求趸缴纯保险费为：

$$\begin{aligned}
A_{\overline{x:\overline{n}|}} &= A_{x} + A_{\overline{n}|} - A_{x:\overline{n}|} \\
&= A_{x} - A_{x:\overline{n}|} + v^{n}
\end{aligned}$$

## 12.4 简单条件保险函数

在本章前几个部分，虽然对常见多生命状态及有关计算做了讨论，但是在所有的讨论过程中，并没有严格区分组成状态的生命发生死亡的先后次序。例如，状态 $(xyz)$ 消失，只要发

生第一个生命的死亡，却未指明究竟是$(x)$、$(y)$还是$(z)$谁先死亡。又如最后生存者状态中，其消失也未特别指明某个个别成员是最后生存者。可是，在很多情况下，不仅需要考虑死亡次序，而且还要决定相应的有关函数。显然地，这类函数与前述函数存在着差异。这类依赖于某种具体的死亡次序的函数，称为条件函数。

### 12.4.1 多生命条件概率及其计算

以下分情况进行讨论：

1. 年龄均相同，服从相同死亡表的一群生命的条件概率

对于满足这些条件的每个生命，发生死亡的机会是相同的，从而$m$个生命中的某个具体的生命在$n$年内将先死亡的概率记作${}_nq^{\ 1}_{xx\cdots x}$，且

$$ {}_nq^{\ 1}_{xx\cdots x} = \frac{1}{m}\,{}_nq_{xx\cdots x} \tag{12.22} $$

上式中：${}_nq_{xx\cdots x}$表示连生状态在$n$年内消失的机会；$\frac{1}{m}$表示这个具体生命的死亡而导致连生状态消失的机会。

2. 年龄互不相同，服从相同死亡表的一群生命的条件概率

首先，考虑两生命$(x)$和$(y)$组成的群体的条件概率。特别地，$(x)$将在一年内先于$(y)$发生死亡的概率，记作$q^{\ 1}_{xy}$。由于$q^{\ 1}_{xy}$本质上是指$(x)$先死亡从而导致连生状态在一年内消失的机会，所以

$$ q^{\ 1}_{xy} = \int_0^1 {}_tp_{xy}\,\mu_{x+t}\,\mathrm{d}t \tag{12.23} $$

上式中：微分${}_tp_{xy}\,\mu_{x+t}\,\mathrm{d}t$表示$x$岁的人活到年龄$x+t$岁的瞬时发生死亡，而$y$岁的人此时仍生存的概率。

类似推导，可以定义${}_nq^{\ 1}_{xy}$、${}_\infty q^{\ 1}_{xy}$和${}_{n|}q^{\ 1}_{xy}$，其值分别是：

$$ {}_nq^{\ 1}_{xy} = \int_0^n {}_tp_{xy}\,\mu_{x+t}\,\mathrm{d}t \tag{12.24} $$

$$ {}_\infty q^{\ 1}_{xy} = \int_0^\infty {}_tp_{xy}\,\mu_{x+t}\,\mathrm{d}t \tag{12.25} $$

$$ {}_{n|}q^{\ 1}_{xy} = \int_n^{n+1} {}_tp_{xy}\,\mu_{x+t}\,\mathrm{d}t \tag{12.26} $$

关于两生命的条件概率，进一步还可定义$(x)$将迟于$(y)$发生死亡的概率。

例如：$(x)$在$n$年内迟于$(y)$发生死亡的概率，记作${}_nq^{\ 2}_{xy}$。因为${}_nq^{\ 2}_{xy}$不仅表明$(y)$在$n$年内将死亡，而且$(x)$也得死亡，还必须是第二个发生死亡，所以

$$ {}_nq^{\ 2}_{xy} = \int_0^n {}_tp_x(1-{}_tp_y)\,\mu_{x+t}\,\mathrm{d}t \tag{12.27} $$

从这个等式出发，还可以获得一个有趣的结论：

$$ \begin{aligned} {}_nq^{\ 2}_{xy} &= \int_0^n {}_tp_x(1-{}_tp_y)\,\mu_{x+t}\,\mathrm{d}t \\ &= \int_0^n {}_tp_x\,\mu_{x+t}\,\mathrm{d}t - \int_0^n {}_tp_{xy}\,\mu_{x+t}\,\mathrm{d}t \end{aligned} $$

$$= {}_nq_x - {}_nq_{xy}^{\ 1} \tag{12.28}$$

即

$${}_nq_x = {}_nq_{xy}^{\ 1} + {}_nq_{xy}^{\ 2} \tag{12.29}$$

其次,考虑三生命$(x)$、$(y)$和$(z)$组成的群体的条件概率。类似于两生命的情形,关于$(xyz)$的条件概率的几个关系是:

$${}_nq_{xyz}^{\ 1} = \int_0^n {}_tp_{xyz}\,\mu_{x+t}\mathrm{d}t \tag{12.30}$$

$${}_nq_{xyz}^{\ 2} = \int_0^n {}_tp_{x\ t}p_{\overset{[1]}{yz}}\,\mu_{x+t}\mathrm{d}t \tag{12.31}$$

上式中:${}_tp_{\overset{[1]}{yz}}$表示有确定的一个生命在$t$年内生存的概率,且

$$\begin{aligned}{}_nq_{xyz}^{\ 3} &= \int_0^n (1 - {}_tp_y)(1 - {}_tp_z)\ {}_tp_x\,\mu_{x+t}\mathrm{d}t \\ &= {}_nq_x - {}_nq_{xy}^{\ 1} - {}_nq_{xz}^{\ 1} + {}_nq_{xyz}^{\ 1}\end{aligned} \tag{12.32}$$

再次,关于单生命组成的状态的条件概率,可以推广到多生命组成的状态的条件概率。例如:${}_nq_{\overset{1}{xy}:z}$代表状态$(xy)$在$n$年内先于$z$消失的概率,且

$$\begin{aligned}{}_nq_{\overset{1}{xy}:z} &= \int_0^n {}_tp_{xy\ t}p_z\,\mu_{x+t}\mathrm{d}t + \int_0^n {}_tp_{xy\ t}p_z\,\mu_{y+t}\mathrm{d}t \\ &= {}_nq_{xyz}^{\ 1} + {}_nq_{x\overset{1}{y}z}\end{aligned} \tag{12.33}$$

又如:${}_nq_{x,\overline{yz}}^{\ 1}$表示$x$岁的人在$n$年内将比$y$岁和$z$岁两人的残存者先死亡的概率,且

$$\begin{aligned}{}_nq_{x:\overline{yz}}^{\ 1} &= \int_0^n {}_tp_{x:\overline{yz}}\,\mu_{x+t}\mathrm{d}t \\ &= \int_0^n {}_tp_x({}_tp_y + {}_tp_z - {}_tp_{yz})\,\mu_{x+t}\mathrm{d}t \\ &= {}_nq_{xy}^{\ 1} + {}_nq_{xz}^{\ 1} - {}_nq_{xyz}^{\ 1}\end{aligned} \tag{12.34}$$

再如:${}_nq_{\overset{2}{xy}:z}$表示$x$岁与$y$岁的两个残存者在$n$年内将迟于$z$岁的人发生死亡的概率,且

$${}_nq_{\overset{2}{xy}:z} = \int_0^n [{}_tp_x(1 - {}_tp_y)\,\mu_{x+t} + {}_tp_y(1 - {}_tp_x)\,\mu_{y+t}](1 - {}_tp_z)\mathrm{d}t \tag{12.35}$$

**例 12.14** 假定(60)和(65)都服从$\omega = 100$的 de Moivre 分布,且相互独立,求${}_\infty q_{60:65}^{\ 2}$。

**解:** 
$$\begin{aligned}{}_\infty q_{60:65}^{\ 1} &= \int_0^{35} {}_tp_{60:65}\,\mu_{60+t}\mathrm{d}t \\ &= \int_0^{35}\left(\frac{40-t}{40}\cdot\frac{35-t}{35}\cdot\frac{1}{40-t}\right)\mathrm{d}t = 0.437\ 5\end{aligned}$$

$$\therefore\ {}_\infty q_{60:65}^{\ 2} = 1 - {}_\infty q_{60:65}^{\ 1} = 0.562\ 5$$

### 12.4.2 条件保险函数

1. 关于两生命的条件保险函数

(1) 条件终身保险。关于$(x)$和$(y)$签发的保单,只要$(x)$先于$(y)$死亡,便在$(x)$死亡发生年度的年末,提供保险金额1;反之,如$(y)$先于$(x)$死亡,则分文不给。其趸缴纯保险费记作$A_{xy}^{\ 1}$,且它由下式决定:

$$A_{\overset{1}{x}y} = \sum_{t=0}^{\infty} v^{t+1} {}_{t|}q_{\overset{1}{x}y} \tag{12.36}$$

（2）条件定期保险。关于$(x)$和$(y)$签发的保单，在确定的$n$年内，若$(x)$先于$(y)$死亡，则在死亡发生的年末提供保险金额1；反之，$n$年后如$(x)$先于$(y)$或$(y)$先于$(x)$死亡，均不进行任何给付。这种保险的趸缴纯保险费用$A_{\overset{1}{x}y:\overline{n|}}$表示，它取决于：

$$A_{\overset{1}{x}y:\overline{n|}} = \sum_{t=0}^{n-1} v^{t+1} {}_{t|}q_{\overset{1}{x}y} \tag{12.37}$$

在上述的条件终身保险和定期保险中，用在死亡即刻给付取代在死亡年末给付，其余条件全然不变，其相应的趸缴纯保险费是：

$$\bar{A}_{\overset{1}{x}y} = \int_0^{\infty} v^t {}_tp_{xy} \mu_{x+t} \mathrm{d}t \tag{12.38}$$

$$\bar{A}_{\overset{1}{x}y:\overline{n|}} = \int_0^{n} v^t {}_tp_{xy} \mu_{x+t} \mathrm{d}t \tag{12.39}$$

当条件保险的给付依赖于某种具体状态的后死亡时，也可用类似前述的方法进行分析和计算。

例如，关于$(x)$和$(y)$签发的保单约定：只要$(x)$发生死亡，且$(y)$先于$(x)$死亡，便在$(x)$死亡发生的年末提供保险金额1。这种保险的趸缴纯保险费记作$A_{\overset{2}{x}y}$，它取决于：

$$\begin{aligned} A_{\overset{2}{x}y} &= \sum_{t=0}^{\infty} v^{t+1} {}_{t|}q_{\overset{2}{x}y} \\ &= \sum_{t=0}^{\infty} v^{t+1} ({}_{t|}q_x - {}_{t|}q_{\overset{1}{x}y}) \\ &= A_x - A_{\overset{1}{x}y} \end{aligned} \tag{12.40}$$

2. 关于三生命的条件保险函数

类似于两生命的条件保险函数，可以用定积分形式写出三生命的条件保险函数表达式。例如：

$$\bar{A}_{\overset{1}{x}yz} = \int_0^{\infty} v^t {}_tp_{xyz} \mu_{x+t} \mathrm{d}t \tag{12.41}$$

$$\begin{aligned} \bar{A}_{\overset{1}{\overline{xy}}:z} &= \int_0^{\infty} v^t {}_tp_{xyz} \mu_{x+t:y+t} \mathrm{d}t \\ &= \int_0^{\infty} v^t {}_tp_{xyz} (\mu_{x+t} + \mu_{y+t}) \mathrm{d}t \\ &= \bar{A}_{\overset{1}{x}yz} + \bar{A}_{x\overset{1}{y}z} \end{aligned} \tag{12.42}$$

$$\begin{aligned} \bar{A}_{\overset{3}{x}yz} &= \int_0^{\infty} v^t (1 - {}_tp_z)(1 - {}_tp_y)\ {}_tp_x \mu_{x+t} \mathrm{d}t \\ &= \bar{A}_x - \bar{A}_{\overset{1}{x}y} - \bar{A}_{\overset{1}{x}z} + \bar{A}_{\overset{1}{x}yz} \end{aligned} \tag{12.43}$$

$$\begin{aligned} \bar{A}_{\overset{2}{\overline{xy}}:z} &= \int_0^{\infty} v^t (1 - {}_tp_z)\ {}_tp_{xy} \mu_{x+t:y+t} \mathrm{d}t \\ &= \bar{A}_{xy} - \bar{A}_{\overset{1}{x}yz} - \bar{A}_{x\overset{1}{y}z} \end{aligned} \tag{12.44}$$

## 12.5　复合条件保险函数

除前述介绍的简单条件概率以及条件保险函数外，实际中有时还要求这样的条件函数，函数中不仅要考虑一定的死亡条件，而且这种死亡条件还不只涉及单个生命或某一个状态。当条件函数中的死亡次序涉及多种生命或状态时，这样的条件函数就称为复合条件函数。

很显然，两生命状态的条件函数，不存在复合条件函数，因为限制其中一个生命的次序，另一个生命的次序便自动决定。因此，谈及复合条件函数时，状态涉及两个以上的生命，且死亡次序关系到两个或两个以上的条件。

### 12.5.1　复合条件概率

以下仅列举几例，以说明复合条件概率的意义及表达。

例如：${}_{\infty}q_{\underset{1}{x}\overset{2}{y}z}$ 表示关于状态$(xyz)$消失的概率，其中概率值的决定，取决于$(y)$第二个发生死亡，但$(x)$比$(z)$先死亡。一般来说，在后缀上方的数字，说明函数的决定依赖于它，而在后缀下方的数字，表明其他生命发生死亡的次序。这种有关符号标示的约定以下相同。

${}_{\infty}q_{\underset{1}{x}\overset{2}{y}z}$ 有以下多种表达方式：

$$ {}_{\infty}q_{\underset{1}{x}\overset{2}{y}z} = \int_{0}^{\infty} {}_{t}p_{xyz}\,\mu_{x+t}\,{}_{\infty}q_{\overset{1}{y+t}:z+t}\,\mathrm{d}t \tag{12.45} $$

或者

$$ {}_{\infty}q_{\underset{1}{x}\overset{2}{y}z} = \int_{0}^{\infty} {}_{t}q_{x}\,{}_{t}p_{yz}\,\mu_{y+t}\,\mathrm{d}t \tag{12.46} $$

或者

$$ {}_{\infty}q_{\underset{1}{x}\overset{2}{y}z} = \int_{0}^{\infty} {}_{t}q_{x\overset{2}{y}}\,{}_{t}p_{z}\,\mu_{z+t}\,\mathrm{d}t \tag{12.47} $$

又如：${}_{\infty}q_{\underset{1}{w}\underset{2}{x}\overset{3}{y}z}$ 表示状态由于$(y)$第三个发生死亡而导致消失的概率。$(y)$死亡之前，$(w)$先于$(x)$，且$(w)$、$(x)$均死亡。同样，这个概率可以有如下几种表达方式：

$$ {}_{\infty}q_{\underset{1}{w}\underset{2}{x}\overset{3}{y}z} = \int_{0}^{\infty} {}_{t}q_{w}\,{}_{t}p_{xyz}\,\mu_{x+t}\,{}_{\infty}q_{\frac{1}{y+t}:z+t}\,\mathrm{d}t \tag{12.48} $$

或者

$$ {}_{\infty}q_{\underset{1}{w}\underset{2}{x}\overset{3}{y}z} = \int_{0}^{\infty} {}_{t}q_{w\overset{2}{x}}\,{}_{t}p_{yz}\,\mu_{y+t}\,\mathrm{d}t \tag{12.49} $$

### 12.5.2　复合条件保险函数

由于在一群生命之间死亡次序不同，有不同的保险函数，所以同样的生命群体，难以就不同排列一一列举保险函数。下面仅举例来说明复合条件保险函数的原理。

**例 12.15**　关于状态$(xyz)$签发的保单，有如下规定：若$(y)$第二个发生死亡，且$(y)$死亡之前，$(x)$已经死亡，但$(z)$仍生存，则在$(y)$死亡以后立刻提供保险金额 1。求这种保单的趸缴纯保险费的表达式。

**解：** 所求趸缴纯保险费记作 $\bar{A}_{\underset{1}{x}y\overset{2}{z}}$，且

$$\bar{A}_{\underset{1}{x}y\overset{2}{z}} = \int_0^{\infty} v^t \, {}_tq_x \, {}_tp_{yz} \, \mu_{y+t} \mathrm{d}t$$

**例 12.16** 关于($xyz$)的某种保单，如果($z$)第三个发生死亡，而且($z$)死亡时，($x$)与($y$)均已死亡，($x$)还比($y$)先死亡，那么在($z$)死亡后立刻提供保险金额1。求这种保单趸缴纯保险费的表达式。

**解：** 趸缴纯保险费为 $\bar{A}_{\underset{1}{x}y\overset{3}{z}}$，且

$$\bar{A}_{\underset{1}{x}y\overset{3}{z}} = \int_0^{\infty} v^t \, {}_tq_x \, {}_tp_{yz} \, \mu_{y+t} \bar{A}_{z+t} \mathrm{d}t$$

## 习题 12

12－1 写出如下连生状态的概率表达式：

(1) ${}_{10|}q_{(20)(30)(40)}$；

(2) 状态($xy$)在 $t$ 年内失效的概率；

(3) ${}_{t|}q_{\overline{xy}}$；

(4) ${}_tp_{\overline{wx}:\overline{yz}}$。

12－2 试用单生命或多生命状态年金函数，表达最后生存者(20)和(25)与最后生存者(30)和(35)共同生存的期间，提供年给付额为1 000元的期末对年金的精算现值。

12－3 求($x$)与($y$)中至少有一个在第 $n+1$ 年死亡的概率。这个概率是否就是 ${}_{n|}q_{\overline{xy}}$？请解释。

12－4 设 $\mu_x = \dfrac{1}{100-x}$，$0 < x < 100$，计算：① ${}_5p_{30:40}$；② ${}_{10}p_{\overline{40:50}}$；③ $\overset{\circ}{e}_{40:50}$。

12－5 在($s$)存活时，($t$)死亡年末一单位保险金额的现值是否可以表达为 $vp_s\ddot{a}_{t:s+1} - a_{st}$？

12－6 设(20)和(60)相互独立，且死亡力均恒定。已知 $\mu_{20+t} = 0.02$，$\mu_{60+t} = 0.05$，$t > 0$，$\delta = 0.03$，求 $\bar{A}^{2}_{20:60}$。

12－7 给定两个独立群体的期望生存人数：

群体1：$l_x^A = 100 - x$，$0 \leqslant x \leqslant 100$

群体2：$l_x^B = 10\,000 - x^2$，$0 \leqslant x \leqslant 100$

已知个体(40)来自群体1，个体(50)来自群体2，求 ${}_{30}q^{2}_{40:50}$。

12－8 设 $\mu_x = \dfrac{1}{100-x}$，$0 \leqslant x < 100$，求 ${}_{10}q^{2}_{40:20}$。

12－9 假定(70)和(75)都服从 $\omega = 110$ 的 de Moivre 分布，且相互独立，求 $\overset{\circ}{e}_{70:75}$。

12－10 假定(60)和(65)都服从 $\omega = 100$ 的 de Moivre 分布，且相互独立，且 $\delta = 0.05$，分别求 $\bar{A}_{60:65}$、$\bar{A}_{\overline{60:65}}$。

# 13 资产份额与利源分析

不论是均衡纯保险费的计算，还是均衡纯保险费责任准备金的评估，或者毛保险费的厘定，无不以一定的预定率为基础，以实现收与支的平衡，或符合法定或其他某些规定的要求。但是，以死亡表或过去资料为依据的预定死亡率、预定利息率以及预定费用率等，与实际死亡率、实际利息率或收益率以及实际费用率等总会存在程度不同的偏差。这些预定率与实际率之间产生的差额，形成了寿险公司盈余或亏损的主要源泉。本章正是围绕这个问题，研究下面四个问题：①评估不同计算基础下所产生的盈余或亏损的大小，并分析盈亏的原因；②当法定计算基础与寿险公司选择的计算基础不同时，考察寿险公司的资产是否符合法定准备金要求；③揭示一种寿险公司立足于现在便能洞察或判定寿险公司某笔业务预期是盈还是亏的分析工具；④通过利源分析讨论寿险公司对待利源问题的常用措施或对策。



## 13.1 资产份额

资产份额是利源分析的重要工具，在此，对资产份额及其有关范畴做一介绍。

### 13.1.1 资产份额及其说明

资产份额系指同一种类大量相同保单，根据预定死亡率、预定利息率、预定费用率以及预定失效率等计算所累积的基金净额，按照每千元或每单位保险金额的比例基础加以分配时，每一个别有效保单预估所能配置或均摊的数额。

关于资产份额的概念，有几点需要进一步说明：

(1)资产份额是同类大量相同保单中每一有效保单事先预估均摊的数额。其中同类大量相同保单，一般要求保险类型、承保或签单年龄以及保险金额等均相同。

(2)寿险合同通常系长期性合同。保险人的收入主要来源于保险费和投资所得，支出主要是死亡保险金额给付，解约现金价值的给付以及业务经营活动中所花的费用。毛保险费收入要受竞争的影响。解约现金价值不仅受竞争的影响，而且要符合法律对最低现金价值的规定。资产份额正是为保险人评估各种收支的精算现值的结余状况而安排和设计的一种分析工具。

(3)资产份额与责任准备金既有联系也有区别。联系表现在:资产份额离不开责任准备金,并以此为基础。责任准备金作为一种对全体投保人的负债,迟早将返还给被保险人。这一点在法律上体现为保险人应按特定死亡表和利息率计算最低责任准备金,并将其予以提留。但是,保险人往往按照自身需要,选择适当的死亡表和利息率,计算毛保险费和责任准备金等项目。因此,保险人既要履行保单责任,又要取得效益,最基本的目标就是使其按自身选择的计算基础所得资产份额和责任准备金大于或等于法定最低责任准备金。两者的区别在于:资产份额与责任准备金毕竟是两个不同的概念。前者是一种特定资产,后者是一种负债。此外,它们各自的计算所考虑的因素及其他方面也有一定的不同。

### 13.1.2 资产份额的评估

对于不同的保险类型的资产份额的计算,只是在表述上有形式上的差异,其计算的原理和方法并没有什么两样。因此,以下不妨以某种约定条件下的保单的资产份额的计算为例。

假定:所考察保单在 $x$ 岁签单,毛保险费为 $G$,保单持有人共计 $l_x$ 人,死亡保险金额1于死亡发生的年末兑现,现金价值 $CV$ 于解约发生的年末支付。

${}_kAS$:保单签发后的第 $k$ 年末的每一有效保单的预期资产份额;

$c_k$:保单签发后的第 $k$ 年末的费用占毛保险费的比例;

$e_k$:保单签发后的第 $k$ 年末的每保单的费用;

$q_{x+k}^{(d)}$:现年 $x+k$ 岁的被保险人在到达 $x+k+1$ 岁之前死亡的概率,从而现年 $x+k$ 岁的被保险人在未来一年内的死亡人数 $d_{x+k}^{(d)} = l_{x+k}q_{x+k}^{(d)}$;

$q_{x+k}^{(w)}$:现年 $x+k$ 岁的被保险人在到达 $x+k+1$ 岁之前解约或退保的概率,从而现年 $x+k$ 岁的被保险人在未来一年内的退保人数 $d_{x+k}^{(w)} = l_{x+k}q_{x+k}^{(w)}$;

$i$:预定利息率;

$n$:考察的年数,其可能取值为 $0,1,2,\cdots,\omega - x$。其中 $\omega$ 为终极年龄。

在上述假定下,

第一个保险年度末的预期资产份额为:

$$ {}_1AS = \frac{l_x[{}_0AS + G(1-c_0) - e_0](1+i) - 1\cdot d_x^{(d)} - d_x^{(w)}\cdot {}_1CV}{l_{x+1}} $$

上式中:${}_0AS = 0$

第二个保险年度末的预期资产份额为:

$$ {}_2AS = \frac{l_{x+1}[{}_1AS + G(1-c_1) - e_1](1+i) - 1d_{x+1}^{(d)} - d_{x+1}^{(w)}\cdot {}_2CV}{l_{x+2}} \tag{13.1} $$

……

第 $k+1$ 个保险年度末的预期资产份额为:

$$ {}_{k+1}AS = \frac{l_{x+k}[{}_kAS + G(1-c_k) - e_k](1+i) - 1\cdot d_{x+k}^{(d)} - d_{x+k}^{(w)}\cdot {}_{k+1}CV}{l_{x+k+1}} $$

……

在上面所有式子的两端分别乘以 $v^{t+1}l_{x+t}, t=0,1,2,\cdots,k$，再作差分变换可得第 $n$ 个保险年度末的预期资产份额为：

$$ {}_{n}AS = \sum_{k=0}^{n-1} \frac{[G(1-c_k)-e_k]l_{x+k}(1+i)^{n-k} - [d_{x+k}^{(d)} + d_{x+k}^{(w)} \cdot {}_{k+1}CV](1+i)^{n-k-1}}{l_{x+n}} \tag{13.2} $$

该式表明：在选定死亡表和利息率，而且应收毛保险费、未来将支出的费用以及解约价值等项目均固定的条件下，同类大量保单中的每一个有效保单的预估的资产份额。

**例 13.1** 已知 3 年期两全保险，保险金额为 10 000 元，毛保险费 $G=3\ 878$ 元，$i=5\%$，另外有表 13.1 的条件：

**表 13.1**

| $k$ | $q_{x+k}$ | $q_{x+k}^{(d)}$ | $q_{x+k}^{(w)}$ | $c_k$ | $e_k$ | ${}_{k+1}(CV)$ |
|---|---|---|---|---|---|---|
| 0 | 0.5 | 0.1 | 0.4 | 0.2 | 80 | 2 300 |
| 1 | 0.4 | 0.15 | 0.25 | 0.06 | 20 | 5 600 |
| 2 | 0.5 | 0.5 | 0 | 0.06 | 20 | 10 000 |

计算各年末的资产份额。

**解**：由上面的公式得：

$$ {}_{k+1}AS = \frac{l_{x+k}[{}_{k}AS + G(1-c_k) - e_k](1+i) - 1 \cdot d_{x+k}^{(d)} - d_{x+k}^{(w)} \cdot {}_{k+1}CV}{l_{x+k+1}} $$

分子分母同时除以 $l_{x+k}$ 得：

$$ {}_{k+1}AS = \frac{[{}_{k}AS + G(1-c_k) - e_k](1+i) - q_{x+k}^{(d)} - q_{x+k}^{(w)} \cdot {}_{k+1}CV}{p_{x+k}} $$

代入题目中所给数据得：

$$ {}_{1}AS = \frac{[0+3\ 878(1-0.2)-80](1+5\%) - 10\ 000 \times 0.1 - 0.4 \times 2\ 300}{0.5} $$

$$ \approx 2\ 507.04(\text{元}) $$

$$ {}_{2}AS = \frac{[2\ 507.04+3\ 878(1-0.06)-20](1+5\%) - 10\ 000 \times 0.15 - 0.25 \times 5\ 600}{0.6} $$

$$ \approx 5\ 898.30(\text{元}) $$

$$ {}_{3}AS = \frac{[5\ 898.3+3\ 878(1-0.06)-20](1+5\%) - 10\ 000 \times 0.5 - 0 \times 10\ 000}{0.5} $$

$$ \approx 10\ 000(\text{元}) $$

### 13.1.3 资产份额的计算实例

以下用一个假设的例题，说明资产份额计算的方法和原理。

**例 13.2** 求满足以下条件的保单在各个保险年度末的预估资产份额。

保险类型：三年期两全保险；签单年龄为 $x$ 岁；死亡给付时刻：死亡发生的年末；缴费方式：每年年初缴费一次；保险金额：1 000 元；年内死亡率：$q_x=0.1, q_{x+1}=0.111\ 1, q_{x+2}=0.5$；

实际年利息率：$i = 0.15$；费用及其大小：每年年初发生，第一年年初费用占毛保险费的比例为20%，每保单费为8元；第二年与第三年年初费用占毛保险费的比例均为6%，每保单费为2元。

**解**：第一步：费用分析及毛保险费计算。

根据题意，单位保险金额的年缴纯保险费为：

$$P_{x:\overline{3}|} = \frac{A_{x:\overline{3}|}}{\ddot{a}_{x:\overline{3}|}}$$

上式中：

$$\begin{aligned} A_{x:\overline{3}|} &= A^{1}_{x:\overline{3}|} + A_{x:\overline{3}|}^{\ \ 1} \\ &= vq_x + v^2 p_x q_{x+1} + v^3 {}_2p_x q_{x+2} + v^3 {}_3p_x \\ &= 0.688\ 58 \end{aligned}$$

$$\begin{aligned} \ddot{a}_{x:\overline{3}|} &= \frac{1 - A_{x:\overline{3}|}}{d} \\ &= 2.387\ 5 \end{aligned}$$

因此，保险金额为1 000元的年缴纯保险费为：

$$1\ 000P_{x:\overline{3}|} = 288.41(\text{元})$$

设年缴毛保险费为$G$，它满足如下等式：

$$G\ddot{a}_{x:3} = 1\ 000A_{x:\overline{3}|} + (0.2G + 8) + (0.06G + 2)a_{x:\overline{2}|}$$

$$\therefore\ G = 332.35(\text{元})$$

第二步：决定解约价值。

不妨假定：${}_kCV = 1\ 000 \cdot {}_kV_{x:\overline{3}|} - 10, k = 1,2, {}_3CV = 1\ 000$。运用责任准备金计算原理可以求得：

$$1\ 000\ {}_0V_{x:\overline{3}|} = 0.00$$

$$1\ 000\ {}_1V_{x:\overline{3}|} = 257.41$$

$$1\ 000\ {}_2V_{x:\overline{3}|} = 581.16$$

从而

$${}_1CV = 1\ 000\ {}_1V_{x:\overline{3}|} - 10 = 247.41$$

$${}_2CV = 1\ 000\ {}_2V_{x:\overline{3}|} - 10 = 571.16$$

$${}_3CV = 1\ 000$$

第三步：决定各年年末预期的资产份额。

假定：当各年度同时考虑死亡和解约两因素时，死亡概率和解约概率如表13.2所示。

**表** 13.2

| $k$ | $p_{x+k} = \frac{l_{x+k}}{l_x}$ | $q^{(d)}_{x+k} = \frac{d^{(d)}_{x+k}}{l_{x+k}}$ | $q^{(w)}_{x+k} = \frac{d^{(w)}_{x+k}}{l_{x+k}}$ |
|---|---|---|---|
| 0 | 0.54 | 0.08 | 0.38 |
| 1 | 0.62 | 0.09 | 0.29 |
| 2 | 0.50 | 0.50 | 0.00 |

那么,

第一个保险年度末的资产份额为:

$$_{1}AS = \frac{[{}_{0}AS + G(1 - c_{0}) - e_{0}](1 + i) - 1\,000q_{x+t}^{(d)} - {}_{1}CV \cdot q_{x}^{(w)}}{p_{x}}$$

$$= \frac{(0.00 + 332.35 \times 0.8 - 8)(1.15) - 80 - 247.41 \times 0.38}{0.54}$$

$$= 226.94(\text{元})$$

第二个保险年度末的资产份额为:

$$_{2}AS = \frac{[{}_{1}AS + G(1 - c_{1}) - e_{1}](1 + i) - 1\,000q_{x+1}^{(d)} - {}_{2}CV \cdot q_{x+1}^{(w)}}{p_{x+1}}$$

$$= \frac{(226.94 + 332.35 \times 0.94 - 2) \times 1.15 - 90 - 571.16 \times 0.29}{0.62}$$

$$= 584.38(\text{元})$$

第三个保险年度末的资产份额为:

$$_{3}AS = \frac{[{}_{2}AS + G(1 - c_{2}) - e_{2}](1 + i) - 1\,000q_{x+2}^{(d)} - {}_{3}CV \cdot q_{x+2}^{(w)}}{p_{x+2}}$$

$$= \frac{(584.38 + 332.35 \times 0.94 - 2) \times 1.15 - 500 - 1\,000 \times 0}{0.5}$$

$$= 1\,058.01(\text{元})$$

通过这个例题,可以归纳出资产份额计算的基本步骤如下:

(1)决定毛保险费(纯保险费和附加保险费);

(2)计算现金价值(既符合公司自身经营要求,又不违反政府规定的最低要求);

(3)选择合适或运用恰当的死亡概率和解约概率;

(4)代入资产份额计算公式,求出各年度预估资产份额。整个关于资产份额的计算,最好用计算机运算,以减少工作量。



## 13.2 利源分析

对盈余分别按各种计算基础分析其产生原因,可以作为了解寿险经营的现状与趋势的重要参考,这样的分析称为利源分析。

### 13.2.1 盈亏的判定

从人寿保险原理中知道,人寿保险合同一般是长期合同,合同期限短则几年,长则几十年。而未来变化情况难以确切把握,这就是说,某种同类大量相同寿险保单的营运结果是盈是亏,只有等到这些合同的责任全部终止才能进行准确评定。显然,这样的核算既没必要,也无现实意义。在实际中,尽管以预定死亡率、预定利息率、预定费用率以及预定解约率等为基础计算的各个项目,与实际死亡率、实际利息率、实际费用率以及实际解约率等为基础计算的各个项目有出入,但是,除非发生重大异常情况,以慎选的死亡表和利息率作为未来实际发生率的拟合值是可以的。这样,至少可以在预定率基础之上,对未来盈亏做一定的预测和判定。资产份额就是盈亏判定的一个重要分析工具。

首先,分析和计算预估资产份额。

$$_{k+1}AS = [\,_kAS + G(1 - c_k) - e_k](1 + i) - q_{x+k}^{(d)}(1 - \,_{k+1}AS) - q_{x+k}^{(w)}(\,_{k+1}CV - \,_{k+1}AS) \tag{13.3}$$

上式中,$k = 0,1,2,\cdots$

其次,对资产份额做经验调整。

假定:

$i'_{k+1}$:第 $k+1$ 年的实际利息率;

$c'_k$:第 $k$ 年费用占毛保险费的实际比例;

$e'_k$:第 $k$ 年每一保单实际费用;

$q'^{(d)}_{x+k}$:$x+k$ 岁的人在一年内实际死亡概率;

$q'^{(w)}_{x+k}$:$x+k$ 岁的人在一年内实际解约概率;

$_{k+1}AS'$:第 $k+1$ 年末的实际资产份额。

那么,资产份额的经验值为:

$$_{k+1}AS' = [\,_kAS + G(1 - c'_k) - e'_k](1 + i'_{k+1}) - q'^{(d)}_{x+k} \cdot (1 - \,_{k+1}AS') - q'^{(w)}_{x+k}(\,_{k+1}CV - \,_{k+1}AS') \tag{13.4}$$

最后,利用资产份额进行盈亏判定。

第 $k+1$ 年末实际资产份额 $_{k+1}AS'$ 与第 $k+1$ 年末预期资产份额之差为:

$$\begin{aligned}_{k+1}AS' - \,_{k+1}AS = &(\,_kAS + G)(i'_{k+1} - i) + [(Gc_k + e_k)(1 + i) - (Gc'_k + e'_k)(1 + i'_{k+1})] \\ &+ [q_{x+k}^{(d)}(1 - \,_{k+1}AS) - q'^{(d)}_{x+k}(1 - \,_{k+1}AS)] + [q_{x+k}^{(w)}(\,_{k+1}CV - \,_{k+1}AS) - q'^{(w)}_{x+k}(\,_{k+1}CV - \,_{k+1}AS)]\end{aligned} \tag{13.5}$$

显然,$_{k+1}AS' - \,_{k+1}AS$ 的结余就是保单在第 $k+1$ 个保险年度的盈亏额。具体地,

$_{k+1}AS' > \,_{k+1}AS$,其差额为盈余;

$_{k+1}AS' < \,_{k+1}AS$,其差额为亏损;

$_{k+1}AS' = \,_{k+1}AS$,其差额为0,不亏不盈。

### 13.2.2 盈亏的原因及防止亏损的基本对策

由于每一有效保单在 $k+1$ 年末的盈亏大小取决于($_{k+1}AS' - \,_{k+1}AS$),所以盈亏的原因在于决定($_{k+1}AS' - \,_{k+1}AS$)的各项因素,而这些因素主要有如下四项:

(1)$(\,_kAS + G)(i'_{k+1} - i)$ 表示资产实际运用收益率与责任准备金计算所采用的预定利息率的利差产生的利差益或利差损,因此,利差益或利差损影响业务的盈亏。

(2)$[(Gc_k + e_k)(1 + i) - (Gc'_k + e'_k)(1 + i'_{k+1})]$ 表示附加保险费中的预定费用按预定利息率在年末的数值,扣除年内实际支出的费用按实际利息率在年末的数值所产生的费差益或费差损。同样,费差益或费差损影响着整个业务的经营状况。

(3) $[q_{x+k}^{(d)}(1-{}_{k+1}AS)-q'^{(d)}_{x+k}(1-{}_{k+1}AS')]$ 表示保险费计算所用预定死亡率与实际死亡率的差距产生的利益或亏损,亦即该年度内收入的危险保险费总额与所支付的危险保险费总额之差。这个差额称作死差益或死差损。

(4) $[q_{x+k}^{(w)}({}_{k+1}CV-{}_{k+1}AS)-q'^{(w)}_{x+k}({}_{k+1}CV-{}_{k+1}AS')]$ 表示预期退保率与实际退保率之差所产生的退保或解约收益、退保或解约亏损。由于预计的退保价值为 ${}_{k+1}CV$,而保单经过一定年份也具有一定的资产份额,所以保险人的退保支付净额,将是 ${}_{k+1}CV$ 与资产份额之差额。

综上所述,利差益(损)、费差益(损)、死差益(损)、解约收益(亏损)等均是寿险经营形成利润(亏损)的主要源泉。同时,导致盈亏的直接原因,也就是这四个因素为主要因素并相互影响、相互制约的结果。

但是,之所以会产生利差益(损)、费差益(损)、死差益(损)、解约收益(亏损)等,更根本的原因在于费率计算基础与现实计算基础存在一定的差距,也就是预定率与实际率之间总会有偏差,从而费率制订基础准确与否,将最终关系到业务经营的盈或亏。

鉴于对盈亏原因的分析,为使某项业务产生必要的盈余,就得从费率计算基础的可靠性和稳定性方面下功夫。具体的措施是:① 确定较为保守的预定利息率;或者增加有效投资,提高实际投资收益率。② 增大保险金额、减少费用成本或降低每保单费用。③ 降低死亡概率。如加强验体、选择强体入保;或者选择较安全的死亡概率。④ 加强保险宣传及采取其他措施,维持有效保单的数额,减少保单解约概率。此外,考虑到死差、利差、费差以及解约差之间的相互制约关系,应从总体盈余的角度考虑,而并不一定要求死差、利差、费差以及解约差等每项均有盈余。从综合平衡出发,评估总体效益,也是经营中的重要策略之一。



## 13.3 资产份额的应用

利源分析是资产份额的一个应用。考虑到利源分析的重要性,特在本书 13.2 节中单独进行了介绍。然而资产份额的应用远非只有利源分析,它在寿险经营中有着广泛的用途,这些用途主要是:① 检验费率的合理性;② 验证退保率是否合理;③ 决定分红额度及其合理性;④ 评估投资收益率的高低等。

以下讨论资产份额在检验和确定合理的保险费以及决定红利分配额度中的应用。

### 13.3.1 检验和确定合理的保险费

以一定的生命表为基础,按照收支平衡原则决定的毛保险费 $G$ 由下列关系式决定:

$$G\ddot{a}=A(\text{或}\bar{A})+\sum_{k=0}^{\infty}(Gc_k+e_k)\,{}_kE_x$$

上式中:等式左端表示保险人的收入总额;右端表示保险人的支出总额。

不难发现,上述关于 $G$ 的计算,忽略了保单解约的发生或者假定保单中途无解约。

但是,保单解约系投保人的一项权利,在实务中,保险人不能避免或阻止保单的退保,这就是说,保单无解约的假定是不现实的。现在取消这一假设,而考虑保单解约在内时,毛保险

费 $G$ 的完整的计算。此时,决定 $G$ 的更一般的等式为:

$$G\ddot{a} = A(\text{或}\bar{A}) + \sum_{k=0}^{\infty}(Gc_k + e_k)_kE_x + \sum_{k=0}^{\infty} {}_kp_xq_{x+k}^{(w)}{}_{k+1}CV$$

在费用和解约价值等确定的条件下,上式决定的毛保险费就随之确定。

但是,由上式确定的毛保险费 $G$ 是否合理?怎样判定 $G$ 合理与否,判断标准又是什么?一般说来,毛保险费是合理的,就是毛保险费本身以及投资收益能够支付保险金额、费用开支以及解约价值等项目。换言之,毛保险费对应的预期资产份额应确保法定最低准备金以及最低解约价值的给付,并在同业竞争中获取适度利润。

如果毛保险费 $G$ 对应的第 $k+1$ 年末的资产份额为 ${}_{k+1}AS_G(k=0,1,2\cdots)$,法定准备金为 ${}_{k+1}V_T$,最低解约价值为 ${}_{k+1}CV_T$,那么合理的毛保险费 $G$ 的基本判断标准是:

$$ {}_{k+1}AS_G \geqslant {}_{k+1}V_T \geqslant {}_{k+1}CV_T \tag{13.6}$$

据此可得到检验和确定合理毛保险费的方法和步骤:若 ${}_{k+1}AS_G \geqslant {}_{k+1}V_T$,则 $G$ 基本符合要求;否则,$G$ 不尽合理,应做一定的调整。给予毛保险费一个试验值 $H_1$,它对应的资产份额是 ${}_{k+1}AS_{H_1}$。若 ${}_{k+1}AS_{H_1} \geqslant {}_{k+1}V_T$,则 $H_1$ 是合理的毛保险费,否则,$H_1$ 不合理。此时再给毛保险费一个试验值 $H_2$,它对应的资产份额是 ${}_{k+1}AS_{H_2}$,若 ${}_{k+1}AS_{H_2} \geqslant {}_{k+1}V_T$,则 $H_2$ 是合理的,否则 $H_2$ 不合理。再给毛保险费一个试验值 $H_3$,重复上述步骤,直至找到一个毛保险费 $H$,它对应的资产份额 ${}_{k+1}AS_H$ 满足 ${}_{k+1}AS_H \geqslant {}_{k+1}V_T$ 为止。此时决定的毛保险费 $H$,才是实际应收取的合理毛保险费。

当然,确定合理毛保险费的标准并不是绝对的、唯一的,视具体情况可以有不同的形式。如一方面为简化试验法的繁琐,另一方面考虑到资产份额对应的毛保险费易决定,常可确定资产目标为:资产份额不低于 $n$ 年末的责任准备金。若满足这一目标的毛保险费为 $G$,其对应的资产份额为 ${}_nAS_G$,任给一个毛保险费试验值 $H$,其对应的资产份额为 ${}_nAS$,则毛保险费 $G$ 由下式决定:

$$G = H + \frac{({}_nAS_G - {}_nAS)v^n{}_np_x}{\sum_{k=0}^{n-1}(1-c_k)v^k{}_kp_x} \tag{13.7}$$

上式中 ${}_np_x$、$v^n$、$c_k$ 等的含义与前面约定的含义相同。

此外,无论是采用一般标准,还是运用具体的办法,满足资产目标的毛保险费可能不止一个。遇到这种情形,毛保险费的确定和选择应当综合考虑经营状况、被保险人的承受能力以及宏观政策目标等因素而定。

为清楚起见,我们引用 Walter O. Menge 的一个例题,看看运用资产份额对毛保险费的合理性判断的应用。

**例** 13.3　试计算如下保险的毛保险费,并判断该保单的毛保险费是否合理,进而决定合理的毛保险费:假定保单在 35 岁签发,保险金额 10 万元,30 年期且 30 年均衡缴费的两全保险。其保单费用估计如下:第一年年初发生代理人佣金占毛保险费的 55%;第二年为 10%,第三年年初到第十年年初为 5%,以后每年年初还需毛保险费的 2% 作为服务费。每年年初发生保险费税为毛保险费的3%。第一年年初发生管理费1 200元,第二年乃至以后每年年初均为500元。在死亡立即提供给付或满期理赔成本是500元。进一步假定,该保单期末准备金用保险监察官修正法(CRVM) 并以 CL1(2010—2013)2.5% 为计算基础。最低不丧失价值以 CL1(2010—2013)2.5% 为计算基础。毛保险费以安达逊选择表(Anderson's $X_{18}3\frac{3}{4}\%$) 为基础(见附表)。

**解**:首先根据上述已知条件,所示保单在35岁起的均衡毛保险费 $G$ 决定如下:

$$G=\frac{100\ 500\bar{A}^{1}_{[35]:\overline{30}|}+100\ 500A_{[35]:\overset{1}{\overline{30}|}}+1\ 200+300a_{[35]:\overline{29}|}}{0.95\ddot{a}_{[35]:\overline{30}|}-0.03\ddot{a}_{[35]:\overline{10}|}-0.05\ddot{a}_{[35]:\overline{2}|}+0.10\ddot{a}_{[35]:\overline{1}|}-0.55}$$

$$\doteq\frac{100\ 500\ (1.037\ 5)^{0.5}A^{1}_{[35]:\overline{30}|}+100\ 500A_{[35]:\overline{30}|}+120+50a_{[35]:\overline{29}|}}{0.95\ddot{a}_{[35]:\overline{30}|}-0.03\ddot{a}_{[35]:\overline{10}|}-0.05\ddot{a}_{[35]:\overline{2}|}+0.10\ddot{a}_{[35]:\overline{1}|}-0.55}$$

$$=3\ 057.77(\text{元})$$

其次,确定资产份额并以此检验毛保险费的合理性。

由于寿险公司保持法定准备金基于 CRVM 法和 CL1(2010—2013)2.5%,这些生命表与计算毛保险费所用死亡表不同,所以要验证所求毛保险费是否合理,就是要判断毛保险费对应的资产份额能否应付法定准备金和最低解约价值。为使问题论述方便,又不失一般原理,本例的资产份额的计算中不考虑解约价值。最低不丧失价值以 CL1(2010—2013)2.5% 为基础,采用调整保险费法计算。

毛保险费 $G=3\ 057.77$ 元对应的预期资产份额分别为:

第一年末:

$$(3\ 057.77-58\%\times3\ 057.77-1\ 200)\cdot\ddot{s}_{[35]:\overline{1}|}-100000\cdot\frac{\bar{A}^{1}_{[35]:\overline{1}|}}{{}_{1}E_{[35]}}$$

$$\doteq84.26\times\frac{\ddot{a}_{[35]:\overline{1}|}}{{}_{1}E_{[35]}}-100\ 000\times(1.037\ 5)^{0.5}\cdot\frac{A^{1}_{[35]:\overline{1}|}}{{}_{1}E_{[35]}}$$

$$=1\ 013.12\times1.026\ 32-(1.037\ 5)^{0.5}\times129.17=-45.09(\text{元})$$

第二年末:

$$(-45.09+3\ 057.77-300-13\%\times3\ 057.77)\cdot\ddot{s}_{[36]:\overline{1}|}-100000\cdot\frac{\bar{A}^{1}_{[36]:\overline{1}|}}{{}_{1}E_{[36]}}$$

$$\doteq(-45.09+2\ 360.26)\times1.026\ 43-(1.037\ 5)^{0.5}\times139.694\ 3=2\ 234.08(\text{元})$$

第三年末以及保险期间的其他年末的资产份额可以类似地获得。表13.3列举了从第一年末到第十年末的资产份额,CRVM 及 CL1(2010—2013)2.5% 为基础的准备金以及以 CL1(2010—2013)2.5% 为基础的调整保险费法最低解约价值。

表 13.3　**资产份额、准备金和最低解约价值的比较**

（30 年期两全保单、毛保险费 3 057.77 元，签单年龄 35 岁）　单位：元

| 保单年末 | 资产份额 Anderson's $X_{18}3\frac{3}{4}\%$ 选择表 | 期末准备金 CRVM CL1 (2010—2013) 2.5% | 差额 | 最低解约价值 CL1 (2010—2013) 2.5% | 差额 |
|---|---|---|---|---|---|
| 1 | -45.09 | 0.00 | -45.09 | -125.17 | 80.08 |
| 2 | 2 234.08 | 2 525.83 | -291.76 | 2 329.98 | -95.91 |
| 3 | 4 561.81 | 5 109.21 | -547.40 | 4 840.58 | -278.77 |
| 4 | 6 938.41 | 7 751.15 | -812.74 | 7 407.54 | -469.13 |
| 5 | 9 364.28 | 10 452.45 | -1 088.17 | 10 031.55 | -667.27 |
| 6 | 11 839.60 | 13 213.97 | -1 374.37 | 12 713.33 | -873.73 |
| 7 | 14 364.75 | 16 036.70 | -1 671.95 | 15 453.75 | -1 089.00 |
| 8 | 16 939.94 | 18 921.51 | -1 981.57 | 18 253.51 | -1 313.58 |
| 9 | 19 565.54 | 21 869.47 | -2 303.93 | 21 113.52 | -1 547.98 |
| 10 | 22 242.04 | 24 881.68 | -2 639.64 | 24 034.69 | -1 792.65 |

从表 13.3 可知，每年期末准备金均超过该年年末的资产份额，且差额呈递增变化。进一步，在后五年的最低解约价值超过资产份额，其差额也呈递增变化。显然，仅比较前十年资产份额、期末准备金以及最低解约价值，不能说明问题并判断毛保险费是否合理。所以，需重复上述步骤，求出整个保险期限的资产份额、期末准备金和最低解约价值，再进行比较。这些工作可以说明毛保险费 3 057.77 元并不是令人满意的毛保险费。

再次，对毛保险费进行调整，以确定合理的毛保险费。

现对毛保险费做适度调整，在毛保险费 3 057.77 元基础上，增加毛保险费 200 元，使调整后的毛保险费为 3 257.77 元。调整后的前十年毛保险费对应的资产份额以及在约定准备金方法和调整保险费法下期末准备金和最低解约价值的数据，类似于上述方法，可列表如表 13.4 所示。

表 13.4　**资产份额、期末准备金及最低解约价值的比较**

（30 年期两全保单、毛保险费 3 257.77 元，签单年龄 35 岁）　单位：元

| 保单年末 | 资产份额 Anderson's $X_{18}3\frac{3}{4}\%$ 选择表 | 期末准备金 CRVM CL1 (2010—2013) 2.5% | 差额 | 最低解约价值 CL1 (2010—2013) 2.5% | 差额 |
|---|---|---|---|---|---|
| 1 | 41.12 | 0.00 | 41.12 | -125.17 | 166.29 |
| 2 | 2 501.16 | 2 525.83 | -24.67 | 2 329.98 | 171.18 |
| 3 | 5 014.60 | 5 109.21 | -94.61 | 4 840.58 | 174.02 |

表 13.4(续)

| 保单年末 | 资产份额 Anderson's $X_{18}3\frac{3}{4}\%$ 选择表 | 期末准备金 CRVM CL1 (2010—2013)2.5% | 差额 | 最低解约价值 CL1 (2010—2013)2.5% | 差额 |
|---|---|---|---|---|---|
| 4 | 7 581.93 | 7 751.15 | -169.22 | 7 407.54 | 174.40 |
| 5 | 10 203.75 | 10 452.45 | -248.70 | 10 031.55 | 172.21 |
| 6 | 12 880.47 | 13 213.97 | -333.50 | 12 713.33 | 167.14 |
| 7 | 15 612.70 | 16 036.70 | -424.00 | 15 453.75 | 158.95 |
| 8 | 18 400.92 | 18 921.51 | -520.58 | 18 253.51 | 147.41 |
| 9 | 21 245.83 | 21 869.47 | -623.63 | 21 113.52 | 132.31 |
| 10 | 24 148.24 | 24 881.68 | -733.44 | 24 034.69 | 113.55 |

在表 13.4 基础上，继续比较 30 年期的后 20 年每年的资产份额、期末准备金以及最低解约价值。通过比较可以发现，毛保险费3 257.77 元对应的资产份额，非常接近期末准备金和最低解约价值。因此，可以认为毛保险费 3 257.77 元是合理的。

### 13.3.2 决定红利分配的额度

红利来源于盈余。视保险公司为相互公司和股份公司的结合体，红利一般也有保单红利和股东红利之分。在寿险保单中，通常标明保险基金份额或保单现值。保险基金份额是在考虑同类大量保单的基础上事前建立的一个量。一方面，该量同保单未来保险费和投资收入、应付保单给付和费用有较大的关联。保险基金份额一般局限于考虑死亡差、利息率差、费用差和解约差，它较资产份额范围窄一些。另一方面，保险基金份额又是资产份额的重要的等价部分，它的最大限额不会超过资产份额。这些表明了保险基金份额可以用类似于资产份额的公式给予评估。



假设：${}_kF$ 表示第 $k$ 年末的基金份额。$G$、$c_k$、$e_k$、$q_{x+k}^{(d)}$、$q_{x+k}^{(w)}$ 以及 ${}_{k+1}CV$ 均已知，且它们的含义与讨论资产份额时的含义相同。

那么，保险金额为 1 的保单在第 $k+1$ 年末的基金份额为：

$$ {}_{k+1}F = [{}_kF + G(1-c_k) - e_k](1+i) - q_{x+k}^{(d)}(1 - {}_{k+1}F) - q_{x+k}^{(w)}({}_{k+1}CV - {}_{k+1}F) \tag{13.8} $$

进一步，假定 ${}_{k+1}D$ 表示第 $k+1$ 年末的红利，且对死亡者和解约者不分红利，那么保单在第 $k+1$ 年末的经验基金份额为：

$$ \begin{aligned} {}_{k+1}F' = {} & [{}_kF + G(1-c'_k) - e'_k](1+i'_{k+1}) - q'^{(d)}_{x+k}(1 - {}_{k+1}F - {}_{k+1}D) \\ & - q'^{(w)}_{x+k}({}_{k+1}CV - {}_{k+1}F - {}_{k+1}D) \end{aligned} \tag{13.9} $$

从而

$$ {}_{k+1}D = {}_{k+1}F' - {}_{k+1}F $$

$$= ({}_kF + G)(i'_{k+1} - i) + [E_k(1+i) - E'_k(1+i'_{k+1})] + (1 - {}_{k+1}F)(q_{x+k}^{(d)} - q'^{(d)}_{x+k}) + ({}_{k+1}CV - {}_{k+1}F)(q_{x+k}^{(w)} - q'^{(w)}_{x+k}) + {}_{k+1}D(q'^{(d)}_{x+k} + q'^{(w)}_{x+k}) \quad (13.10)$$

上式中：$E_k = Gc_k + e_k$；$E'_k = Gc'_k + e'_k$；${}_{k+1}D(q'^{(d)}_{x+k} + q'^{(w)}_{x+k})$ 表示死亡者、解约者丧失的红利额，它仅分配给生存者，即有效保单持有人。

如果对死亡者、解约者分配红利额，那么保单第 $k+1$ 年末的经验基金份额为：

$$ {}_{k+1}F' = [{}_kF + G(1 - c'_k) - e'_k](1 + i'_{k+1}) - q'^{(d)}_{x+k}(1 - {}_{k+1}F + {}_{k+1}D) - q'^{(w)}_{x+k}({}_{k+1}CV - {}_{k+1}F + {}_{k+1}D) \quad (13.11)$$

从而

$$ {}_{k+1}F' - {}_{k+1}F = {}_{k+1}D = ({}_kF + G)(i'_{k+1} - i) + [E_k(1+i) - E'_k(1+i'_{k+1})] + (1 - {}_{k+1}F)(q^{(d)}_{x+k} - q'^{(d)}_{x+k}) + ({}_{k+1}CV - {}_{k+1}F)(q^{(w)}_{x+k} - q'^{(w)}_{x+k}) + {}_{k+1}D(q^{(d)}_{x+k} - q'^{(d)}_{x+k}) + {}_{k+1}D(q^{(w)}_{x+k} - q'^{(w)}_{x+k}) \quad (13.12)$$

可见，保单红利的分析与资产份额的分析极为相似。当保单红利对保单有效者实行分配以后，总的盈余扣除保单红利，就是可用于股东的红利分配额以及其他用途的额度。

**例 13.4** 在例 13.1 的基础上，如果红利也分配给死亡和退保的被保险人，计算各年红利及来源。假设 ${}_0F = {}_0AS = 0$，${}_1F = {}_1AS = 2\ 507.04$，${}_2F = {}_2AS = 5\ 898.30$，${}_3F = {}_3AS = 10\ 000$；$i'_1 = 5\%$，$i'_2 = 6\%$，$i'_3 = 4\%$；$q'^{(d)}_x = 0.09$，$q'^{(d)}_{x+1} = 0.1$，$q'^{(d)}_{x+2} = 0.4$；$q'^{(w)}_x = 0.5$，$q'^{(w)}_{x+1} = 0.2$，$q'^{(w)}_{x+2} = 0.1$；$c'_k = c_k(k = 0,1,2)$，$e'_0 = 100$，$e'_1 = 10$，$e'_2 = 10$。

**解**：各年利源及来源如表 13.5 所示。

**表 13.5** 单位：元

| 利润来源 | 第 1 年 | 第 2 年 | 第 3 年 |
|---|---|---|---|
| 利差损益<br>$({}_kF + G)(i'_{k+1} - i)$ | $(0 + 3\ 878) \times$<br>$(0.05 - 0.05)$<br>$= 0$ | $(2\ 507.04 + 3\ 878)$<br>$\times (0.06 - 0.05)$<br>$= 63.85$ | $(5\ 898.3 + 3\ 878)$<br>$\times (0.04 - 0.05)$<br>$= -97.76$ |
| 费差损益<br>$E_k(1+i) - E'_k(1+i'_{k+1})$ | $(3\ 878 \times 0.2 + 80) \times 1.05$<br>$-(3\ 878 \times 0.2 + 100) \times 1.05$<br>$= -21$ | $(3\ 878 \times 0.06 + 20) \times 1.05$<br>$-(3\ 878 \times 0.06 + 10) \times 1.06$<br>$= -8.07$ | $(3\ 878 \times 0.06 + 20) \times 1.05$<br>$-(3\ 878 \times 0.06 + 10) \times 1.04$<br>$= -12.93$ |
| 死差损益<br>$(10\ 000 - {}_{k+1}F)(q^{(d)}_{x+k} - q^{(d)}_{x+k})$ | $(10\ 000 - 2\ 507.04)$<br>$\times (0.1 - 0.09)$<br>$= 74.93$ | $(10\ 000 - 5\ 898.3)$<br>$\times (0.15 - 0.1)$<br>$= 205.09$ | $(10\ 000 - 10\ 000)$<br>$\times (0.5 - 0.4)$<br>$= 0$ |
| 退保损益<br>$({}_{k+1}CV - {}_{k+1}F)(q^{(w)}_{x+k} - q^{(w)}_{x+k})$ | $(2\ 300 - 2\ 507.04)$<br>$\times (0.4 - 0.5)$<br>$= -20.70$ | $(5\ 600 - 5\ 898.3)$<br>$\times (0.25 - 0.2)$<br>$= -14.92$ | $(10\ 000 - 10\ 000)$<br>$\times (0 - 0.1)$<br>$= 0$ |
| 合计 | 33.23 | 245.95 | −110.69 |

红利分配是一个较为复杂的问题，如分配多少给保单持有人、分配多少给股东、用什么方法分配等。在国外，主要由精算师和其他专业人员承担分配中涉及的技术性处理，最终由

公司高层决策者或董事会共同决定。

总之，在运用资产份额作为分析工具解决实际问题时，有几项工作必须要做：① 合理地对保单进行分类整理，以满足资产份额要求的同类大量性；② 对于资产份额的计算，应编制软件，采用电脑运算，以节约人力、物力和时间，更重要的是提高运算准确度，增强决策的科学性；③ 在资产份额的具体分析和计算中，应视情况，酌情灵活运用，切忌机械照搬公式，尤其应收集、整理和保存经验资料，使经验率更接近预期率。计算时，最好按年龄大小分布分数组计算；按保险金额大小分布分数组计算；按险别、年期别分开计算，这样，可以使分析和计算更富有说服力。

### 13.3.3 我国个人分红保险的盈余分配规定

红利的分配应当满足公平性原则和可持续性原则。

保险公司每一会计年度向保单持有人实际分配盈余的比例不低于当年可分配盈余的70%。

可分配盈余的确定应当有一个客观的标准，遵循一贯性的原则。

保险公司应对分红保险账户提取分红保险特别储备。

分红保险特别储备是分红保险账户逐年累积的，用于平滑未来的分红水平。保险公司计提的分红保险特别储备不得为负，分红保险账户的任何准备金科目也不得为负。

1. 红利分配方式

(1) 现金红利

分配现金红利指直接以现金的形式将盈余分配给保单持有人。

保险公司可以提供多种红利领取方式，比如现金、抵缴保险费、累积生息以及购买缴清保险金额等。

采用累积生息的红利领取方式的，保险公司应当确定红利计息期间，并不得低于6个月。在红利计息期间，保险公司改变红利累积利息率的，对于该保单仍适用改变前的红利累积利息率。

(2) 增额红利

分配增额红利指在整个保险期限内每年以增加保险金额的方式分配红利，增加的保险金额一旦作为红利公布，则不得取消。

采用增额红利方式的保险公司可在合同终止时以现金方式给付终了红利。

2. 红利计算方法

保险公司可以选择现金红利方式或增额红利方式分配盈余。

(1) 采用现金红利分配方式的保险公司应根据贡献法计算红利。

① 贡献法是指在各个保单之间根据每张保单对所产生盈余的贡献比例分配盈余的方法，按照利差、死差、费差三种利源项目表示，其计算公式为：

$$C = (V_0 + P)(i' - i) + (q - q')(S - V_1) + (GP - P - e')(1 + i') \tag{13.13}$$

上式中：$C$ 指该张保单对盈余的贡献；$V_0$ 指按评估基础计算的上一保单期末准备金，其中不包括上一保单期末的生存给付金金额；$V_1$ 指按评估基础计算的保单期末准备金；$P$ 指按评估基础计算的净保险费；$i'$ 指实际投资收益率；$i$ 指评估利息率；$q'$ 指实际经验死亡率；$q$ 指评估死亡率；$S$ 指死亡保险金；$GP$ 指保险费；$e'$ 指实际经验费用支出。

保险公司采用贡献法分配盈余时，可以减少或增加上述公式所包括的利源项目，但对于特定产品选用的利源项目在保险期间不得改变。

② 保险公司应按照下列公式计算每张保单实际分配的红利：

$$\frac{C}{\sum_{\Omega} C} \times \text{可分配盈余} \times R$$

上式中：$\Omega$ 表示所有分红保单；$R$ 为保险公司确定的不低于 70% 的比例。

（2）采用增额红利分配方式的保险公司应当根据下列要求计算增额红利和终了红利。

① 增额红利成本应当按照评估基础计算，每张保单增额红利成本的计算公式为：

$$RB_t \times A$$

上式中：$RB_t$ 为该保单在 $t$ 时刻分配到的增额红利；$A$ 为按照评估基础计算的在 $t$ 时刻购买原保单责任的趸缴净保险费。

② 终了红利的计算应当按照每张保单对分红保险特别储备的贡献确定。

保险公司根据产品类型、缴费方式、缴费期限、保险期限等保单信息对所有分红保单分组，计算各组的资产份额，并利用各组的资产份额和责任准备金，划分各组对应的分红保险特别储备，即：

每组对应的分红保险特别储备份额 = 每组的资产份额 - 每组的责任准备金

每张保单享有的终了红利应当与该保单对应的分红保险特别储备份额中将分配给保单持有人的比例大体相当。

## 习题 13

13 - 1　简述个人分红保险的红利分配方式和计算方法。

13 - 2　简述影响资产份额的主要因子。

13 - 3　计算资产份额的主要用途有哪些？

13 - 4　哪些措施有利于保险业务产生盈余？

13 - 5　试述寿险保单盈余的主要来源以及它们的决定因素。

13 - 6　解释该公式各组成部分所表示的含义：

$$\begin{aligned}{}_{k+1}AS' - {}_{k+1}AS = &({}_kAS + G)(i'_{k+1} - i) + [(Gc_k + e_k)(1+i) - (Gc'_k + e'_k)(1 + i'_{k+1})] \\ &+ [q^{(d)}_{x+k}(1 - {}_{k+1}AS) - q'^{(d)}_{x+k}(1 - {}_{k+1}AS)] + [q^{(w)}_{x+k}({}_{k+1}CV - {}_{k+1}AS) \\ &- q'^{(w)}_{x+k}({}_{k+1}CV - {}_{k+1}AS)]\end{aligned}$$

13 - 7　证明如下有关资产份额关系式的等价性：

（1）${}_{k+1}AS \cdot p^{(\tau)}_{x+k} = [{}_kAS + G(1 - c_k) - e_k](1 + i) - q^{(d)}_{x+k} - q^{(w)}_{x+k} \cdot {}_{k+1}CV$，且 $k = 0,1,2,\cdots$

(2) $_{k+1}AS = [{}_{k}AS + G(1-c_k) - e_k](1+i) - q_{x+k}^{(d)}(1 - {}_{k+1}AS)$
$- q_{x+k}^{(w)}({}_{k+1}CV - {}_{k+1}AS)$

(3) $_{k+1}AS \cdot l_{x+k+1} = l_{x+k}[{}_{k}AS + G(1-c_k) - e_k](1+i) - d_{x+k}^{(d)} - d_{x+k}^{(w)} \cdot {}_{k+1}CV$

式中 $p_{x+k}^{(\tau)} = 1 - q_{x+k}^{(d)} - q_{x+k}^{(w)}$

13－8　某人30岁购买保险金额为 $y$，于死亡年末提供给付的终身死亡保险。已知：

(1) $_{10}AS = 1\,000 = {}_{11}CV + 100$；

(2) $_{11}AS = 986.45$；

(3) $q_{x+k}^{(w)} = 9q_{x+k}^{(d)} = 0.18$；

(4) $i = 0.06$；

(5) $C_{10} = 0.1$；

(6) 每单位保险金额的固定费用 $e_{10} = 0.000\,4$；

(7) $G$ 等于保险金额的1%。

求该保险的保险金额 $y$。

13－9　现一份60岁的两年期两全保险，保险金额为1万元，毛保险费 $G = 5\,581.16$ 元，$i = 5\%$，$q_{60}^{(d)} = 0.1$，$q_{60}^{(w)} = 0.2$，初年度费用占毛保险费的10%，保单费用为100元，第一年末的解约价值为6 000元，求第一年末的资产份额 $_{1}AS$。

13－10　在上题的基础上，如果红利也分配给死亡和退保的被保险人，计算第一年的红利及来源。假设有 $_{0}F = {}_{0}AS = 0$，$_{1}F = {}_{1}AS$，$i'_1 = 5\%$，$q'^{(d)}_{60} = 0.09$，$q'^{(w)}_{60} = 0.15$，$c'_0 = 0.12$，$e'_0 = 80$。

# 14　寿险保单的精算分析



通过前面几章的论述,学习者对于常见的几种年金保险和死亡保险,如终身年金保险和终身死亡保险、定期年金保险和定期死亡保险、延付年金保险和延期死亡保险以及两全保险等的保险费和责任准备金的计算,已经不会有太大的技术上的困难。但是,任何一个试图在保险市场上立于不败之地,长期发展的保险公司,就不应当仅满足于现状,只出售单一的保险种类。相反,为适应保户的不同层次的需求,应以市场信息为准绳,积极开发新险种,签发形式多样的保单。对于由常见保险形式结合在一起的保单或者一些特殊形式的保单,原有计算公式往往不能直接地运用,这就有必要研究特殊保单有关项目的计算公式。而研究特殊保单的计算问题,离不开前面已述的常见保险的计算原理和基本结论。或者更确切地说,特殊保单的有关计算,是以前述有关计算原理和方法为基础的综合运用。

本章侧重分析寿险精算的进一步应用及一些操作技巧。

## 14.1　确定期间年金

确定期间年金,是指在约定的一定期间,不论年金受领人生存还是死亡,均按事先约定给付方式和给付金额提供年金受领人或指定受益人。如果年金受领人在这段时间结束时仍生存,那么在以后生存期间也将提供约定的年金给付,直至死亡发生停止给付为止。确定期间年金的实质乃返还年金的一种类型。定义中的约定期间既可以是具体的年数,如5年、10年或20年,也可以规定到达特定的年龄。

### 14.1.1　连续给付的 $n$ 年确定期间年金

假定:年给付额为1,于每年连续地支付。签单年龄为 $x$ 岁,趸缴毛保险费为 $G$,费用占毛保险费的比例为 $r$。$n$ 与 $G$ 无关。按照确定期间年金的定义,不难得到:

$$(1-r)G = \bar{a}_{\overline{n}|} + {}_{n|}\bar{a}_x$$

$$G = \frac{\bar{a}_{\overline{n}|} + {}_{n|}\bar{a}_x}{1-r} \qquad (14.1)$$

### 14.1.2 每年分期 m 次给付的确定期间年金

（1）考虑年金期间与 $G$ 无关的保单。假定：签单年龄为 $x$ 岁，年给付额为 1，分期于每 $\frac{1}{m}$ 年末给付。趸缴毛保险费为 $G$，费用占毛保险费的比例为 $r$。$n$ 与 $G$ 无关。那么，$G$ 由下式决定：

$$(1-r)G = a_{\overline{n}|}^{(m)} + {}_{n|}a_x^{(m)}$$

$$G = \frac{a_{\overline{n}|}^{(m)} + {}_{n|}a_x^{(m)}}{1-r} \tag{14.2}$$

（2）考虑年金期间与 $G$ 有关的保单。基本假设完全类似于前述的确定期间年金，只是现在将讨论的年金，其期间与 $G$ 有关，依赖于 $G$ 的大小。即要求年金给付期内的各项给付额之总和必须足以返还趸缴毛保险费。

① 当 $G$ 为整数时，毛保险费 $G$ 取决于：

$$(1-r)G = a_{\overline{G}|}^{(m)} + {}_{G|}a_x^{(m)}$$

② 当 $G$ 为非整数时，毛保险费 $G$ 取决于：

$$(1-r)G = a_{\overline{G}|}^{(m)} + {}_{G|}a_x^{(m)}$$

此时 $G$ 的计算如下：

令 $f(G) = a_{\overline{G}|}^{(m)} + {}_{G|}a_x^{(m)} - G(1-r)$

通过一系列试验，确定一个整数 $n$，使 $f(n)>0$，且 $f(n+1)<0$，再运用插值法，$G$ 具体由下式决定：

$$G \doteq n + \frac{f(n)}{f(n)-f(n+1)} \tag{14.3}$$

特别地，像这样的保证继续给付年金给受领人或指定受益人，直到给付总额等于所缴纳的年金保险费总额为止的一种年金，称为分期返还年金。

**例 14.1** 在 65 岁签单的某种分期返还年金，每月提供金额为 10 元，附加保险费为毛保险费的 6%，求这种年金的趸缴毛保险费。

**解**：因为在 $x$ 岁签单、年给付额为 1，分期于每月给付 $\frac{1}{12}$ 的分期返还年金的趸缴毛保险费：

$$G \doteq n + \frac{f(n)}{f(n)-f(n+1)}$$

所以当每月给付 10 元时，所求趸缴毛保险费为：

$$120G = 120\left(\frac{f(n)}{f(n)-f(n+1)} + n\right)$$

对 $f(n) = a_{\overline{n}|}^{(12)} + {}_{n|}a_{65}^{(12)} - 0.94n$ 试验得：

$$f(15) = 0.4739, f(16) = -0.1094$$

从而

$$G \doteq 15 + \frac{0.4739}{0.4739-(-0.1094)} = 15.8124$$

所以趸缴毛保险费为

$$120 \cdot G = 120 \times 15.8124 = 1\,897.49(\text{元})$$

**例**14.2　关于$x$岁的人签发的、年给付额为1,且可提供有$n$年保证期的期末付终身生存年金保险,在$x$岁的精算现值为$a_{\overline{n|}} + {}_{n|}a_x$。试证这一精算现值可以表示为如下形式:

$$a_x + \frac{\ddot{a}_{\overline{n|}} M_x - v^n N_{x+1} + N_{x+n+1}}{D_x}$$

**证明:**

$$\begin{aligned}
a_{\overline{n|}} + {}_{n|}a_x &= a_{\overline{n|}} + a_x - a_{x:\overline{n|}} \\
&= a_x + \ddot{a}_{\overline{n|}} + v^n - 1 - a_{x:\overline{n|}} \\
&= a_x + \frac{(\ddot{a}_{\overline{n|}} + v^n - 1)D_x - N_{x+1} + N_{x+n+1}}{D_x} \\
&= a_x + \frac{\ddot{a}_{\overline{n|}} D_x + v^n D_x - N_{x+1} + N_{x+n+1} - D_x}{D_x} \\
&= a_x + \frac{\ddot{a}_{\overline{n|}} D_x + v^n D_x - N_x + N_{x+n+1}}{D_x} \\
&= a_x + \frac{\ddot{a}_{\overline{n|}} D_x + v^n N_x - N_x - v^n N_{x+1} + N_{x+n+1}}{D_x} \\
&= a_x + \frac{\ddot{a}_{\overline{n|}} D_x - d\ddot{a}_{\overline{n|}} N_x - v^n N_{x+1} + N_{x+n+1}}{D_x} \\
&= a_x + \frac{\ddot{a}_{\overline{n|}} M_x - v^n N_{x+1} + N_{x+n+1}}{D_x}
\end{aligned}$$

## 14.2　退休年金型寿险

退休年金型寿险,既不完全相同于寿险,又不完全等价于年金,它是保险与年金的一种结合。保险成分体现在从签单年龄到指定的特定退休年金第一次支付对应的年龄的那段期间,如果被保险人死亡,将提供保障。年金成分体现在提供老年生活保障的给付,通常从特定退休年龄开始,确保生存时每月定期给付。退休年金型寿险的给付期限可以是确定的年数,也可以是退休者退休后的余命。保险费的缴纳一般限于从签单年龄到退休年龄这段时期。退休年金型寿险的年金给付一般是死亡保险金额的一定百分比。

在正常情况下,退休年金型寿险的退休年金收入在退休年龄的精算现值,将超过它的寿险保险金额。这意味着,退休年金型寿险是退休年龄满期量大于寿险保险金额的一种两全保险。进一步,准备金和现金价值在退休年龄必须逼近满期量,从而在退休前的一段时期,准备金和现金价值也将超过寿险保险金额。又因为寿险保险金额小于现金价值是不现实的,所以被保险人在现金价值超过寿险保险金额的时期内发生死亡,则死亡给付额等于这一现金价值。

### 14.2.1　退休年金型寿险纯保险费的计算

假定:退休年金型寿险在$x$岁签单,保险金额为1,在$x+n$岁的满期量为$(1+K)$。其中$K$

为年金收入现值超过保险金额的差额。年缴纯保险费为 $P$。

因此,这样的退休年金型寿险可视为两种保单的结合:一种是以保险金额为$(1+K)$,在退休年龄满期的纯生存保险;另一种是从签单年龄到退休年龄的那段时期为保险期间,在死亡发生的年末以 1 或现金价值的较大者为给付额的定期保险。若记第 $t$ 年末的现金价值为${}_tCV$,第一个超过保险金额 1 的那年年末的现金价值为${}_{a+1}CV$。结合上述分析,$P$ 的决定如下所示:

$$P\ddot{a}_{x:\overline{n}|} = A^{\ 1}_{x:\overline{a}|} + \sum_{t=a+1}^{n} {}_tCV \cdot v^t {}_{t-1}p_x q_{x+t-1} + (1+K)\ {}_nE_x$$

$$P = \frac{M_x - M_{x+a} + \sum_{t=a+1}^{n} ({}_tCV \cdot C_{x+t+1}) + (1+K)D_{x+n}}{N_x - N_{x+n}} \tag{14.4}$$

通常情况下,现金价值与 $P$ 有关,从而由上式决定的 $P$,仅是一个 $P$ 的隐函式。要获得 $P$ 的显函式,需进一步假定。

### 14.2.2 退休年金型寿险的年缴纯保险费显函式

在上述退休年金型寿险的年缴纯保险费中,假定在大于 $a$ 的时期里,现金价值等于均衡纯保险费准备金,而期末均衡纯保险费准备金${}_tV$ 从${}_0V=0$ 增加到${}_nV=1+K$。这样,${}_aV\leqslant 1$ 且${}_{a+1}V>1$。

在最初的 $a$ 年期内,死亡给付额等于保险金额,于是

$$({}_tV+P)(1+i) = 1\cdot q_{x+t} + p_{x+t}\cdot {}_{t+1}V$$

在 $a$ 年以后的$(n-a)$年内,死亡给付额等于准备金,从而

$$({}_tV+P)(1+i) = {}_{t+1}V\cdot q_{x+t} + p_{x+t}\cdot {}_{t+1}V$$

即

$$({}_tV+P)(1+i) = {}_{t+1}V \tag{14.5}$$

该式说明,$a$ 年之后准备金的积累与死亡率无关,不存在风险净量,也就没有保险成分。第 $a$ 年末的预期法准备金为:

$${}_aV = (1+K)v^{n-a} - P\ddot{a}_{\overline{n-a}|} \tag{14.6}$$

又因追溯法准备金为:

$${}_aV = P\ddot{s}_{x:\overline{a}|} - {}_ak_x \tag{14.7}$$

所以

$$(1+K)v^{n-a} - P\ddot{a}_{\overline{n-a}|} = P\ddot{s}_{x:\overline{a}|} - {}_ak_x$$

解出 $P$:

$$P = \frac{{}_ak_x + (1+K)v^{n-a}}{\ddot{s}_{x:\overline{a}|} + \ddot{a}_{\overline{n-a}|}} \tag{14.8}$$

$$= \frac{M_x - M_{x+a} + (1+K)v^{n-a}D_{x+a}}{N_x - N_{x+a} + \ddot{a}_{\overline{n-a}|}D_{x+a}} \tag{14.9}$$

这里,$a$ 依赖于 $P$。一般情况下,可以通过试验误差过程决定。当然不排除用独立的决定 $a$ 的尺度。

当采用连续年缴保险费购买于死亡后立即提供给付额的退休年金型寿险时，纯保险费的分析和计算与前述情形类似。特别地，在大于 $a$ 的时期，当现金价值等于均衡纯保险费准备金时，连续年缴纯保险费为：

$$\bar{P} = \frac{{}_a\bar{k}_x + (1+K)v^{n-a}}{\bar{s}_{x:\overline{a|}} + \bar{a}_{\overline{n-a|}}} \tag{14.10}$$

$$= \frac{(\bar{M}_x - \bar{M}_{x+a}) + (1+K)v^{n-a}D_{x+a}}{\bar{N}_x - \bar{N}_{x+a} + \bar{a}_{\overline{n-a|}} \cdot D_{x+a}} \tag{14.11}$$

## 14.3 家庭(族)收入保险

家庭收入保险是人寿保险的一种变形保险形式，它本质上由普通终身寿险与递减定期保险搭配而成。被保险人死亡时，除给付保单保险金额外，倘若被保险人死亡发生于保户所选定的期间以内时，保险公司还另外按一定方式和金额给付受益人，直至选定期间届满为止。被保险人在选定期间以外死亡，保险公司只给付保单保险金额。特别地，称家庭收入保险中的选定期间为家庭收入期。

家庭收入保险的年金给付期间的长短视被保险人死亡时期的早晚而定。就保险公司所负担的危险而言，选定期间的初期最大，到期末趋于零。搭配的递减定期保险的保险金额等于其后的年金给付额的现值。这样，家庭收入保单的趸缴纯保险费，也就是普通终身寿险趸缴纯保险费与递减定期保险的趸缴纯保险费之和。考虑到计算普通终身寿险趸缴纯保险费是前面已经解决了的问题，所以计算家庭收入保单纯保险费的关键在于计算其中的递减定期保险的纯保险费。

### 14.3.1 每期相等区间给付一次的家庭收入保单

假设所要讨论的家庭收入保单，在 $x$ 岁签单，家庭收入期为 $n$ 年，在被保险人死亡时，除给付保险金额 1 以外，当被保险人的死亡发生在 $n$ 年家庭收入期内时，保单还将提供年收入 1，分期于每$\frac{1}{m}$年提供给付额，直至家庭收入期届满为止。

(1) 在死亡发生的$\frac{1}{m}$年末开始第一次给付的家庭收入保险。

令 ${}_nF_x$ 为所考察的家庭收入保单的递减定期保险部分在 $x$ 岁的趸缴纯保险费，则

$${}_nF_x = a_{\overline{n|}}^{(m)} - a_{x:\overline{n|}}^{(m)} \tag{14.12}$$

(2) 在死亡后立即开始第一次给付，以后每隔$\frac{1}{m}$年继续提供给付，直至家庭收入期届满。

由于从死亡之日到家庭收入期届满的这段时期，并不一定是$\frac{1}{m}$的倍数，所以连同零数期间的给付的家庭收入保单的递减定期保险，在 $x$ 岁的现值为：

$$\int_0^n v^t \ddot{a}_{\overline{n-t}|}^{(m)} {}_tp_x \mu_{x+t} \mathrm{d}t = \frac{\delta}{d^{(m)}} \int_0^n v^t \bar{a}_{x:\overline{n-t}|} {}_tp_x \mu_{x+t} \mathrm{d}t$$

$$= \frac{\delta}{d^{(m)}} (\bar{a}_{\overline{n}|} - \bar{a}_{x:\overline{n}|})$$

(3) 死亡后连续提供年金给付的家庭收入保单。

如果被保险人在家庭收入期内发生死亡，年给付 1 将连续地提供给受益人，直至家庭收入期届满。于是，家庭收入保单中的递减定期保险部分在 $x$ 岁的趸缴纯保险费为：

$$\int_0^n v^t \bar{a}_{\overline{n-t}|} {}_tp_x \mu_{x+t} \mathrm{d}t \text{ 或 } \bar{a}_{\overline{n}|} - \bar{a}_{x:\overline{n}|}$$

当家庭收入保单的终身寿险部分在 $x$ 岁的趸缴纯保险费为 $A_x$ 时，对应于上述(1)、(2)和(3) 的家庭收入保单在 $x$ 岁的趸缴纯保险费分别为：

$$A_x + \begin{cases} a_{\overline{n}|}^{(m)} - a_{x:\overline{n}|}^{(m)} & (1) \\ \dfrac{\delta}{d^{(m)}}(\bar{a}_{\overline{n}|} - \bar{a}_{x:\overline{n}|}) & (2) \\ \bar{a}_{\overline{n}|} - \bar{a}_{x:\overline{n}|} & (3) \end{cases}$$

### 14.3.2 一般的家庭收入保单

在前述家庭收入保单纯保险费的计算中，蕴含着终身寿险纯保险费计算所需利息率，与递减定期保险纯保险费计算所需利息率相同的假设。或者说，保险期限内的利息率与年金支付期内的利息率相同。然而，更一般的家庭收入保单，保险期限内的利息率与年金支付期内的利息率可能不同。这时，关于家庭收入保单的趸缴纯保险费的计算，也得做出相应的调整。

考察这样的保单：在 $x$ 岁签单，死亡保险金额为 1，年金给付额也为 1，死亡后立即进行第一次给付，以后每隔 $\frac{1}{m}$ 年提供一次给付，$n$ 年家庭收入期的家庭收入保单。进一步假定，这种家庭收入保单的保险期限内的利息率为 $i$，死亡后立即提供给付的年金期限内的利息率为 $i'$。递减定期保险部分的趸缴纯保险费为 ${}_nF_x^{i\text{或}i'}$，而且

$${}_nF_x^{i\text{或}i'} = \int_0^n v_{i'}^t {}_tp_x \mu_{x+t} \cdot \ddot{a}_{\overline{n-t}|i'}^{(m)} \mathrm{d}t \tag{14.13}$$

于是，家庭收入保单在 $x$ 岁的趸缴纯保险费为：

$$A_x + {}_nF_x^{i\text{或}i'}$$

**例 14.3** (1) 对保险金额 100 000 元的 $m$ 年两全保单进行修正，使其在最初的 $n$ 年内发生死亡，死亡保险金额维持到 $n$ 年末才给付；在 $n$ 年后发生死亡，死亡后立即提供保险金额。试证经修正后的两全保单在 $x$ 岁的趸缴纯保险费为：

$$100\,000(v^n {}_nq_x + \bar{A}_{x:\overline{m}|} - \bar{A}^1_{x:\overline{n}|}) \qquad (n < m)$$

(2) 现有一种结合(1) 的 $m$ 年两全保单的每月给付 1 000 元的 $n$ 年家庭收入保单。试证：对于这样的家庭收入保单，总的趸缴纯保险费超过未经修正的 $m$ 年两全保单趸缴纯保险费 $100\,000\bar{A}_{x:\overline{m}|}$ 的余额为：

$$\left(\frac{12\ 000}{d^{(12)}}-100\ 000\right)\bar{A}^{1}_{x:\overline{n}|}-\left(\frac{12\ 000}{d^{(12)}}-100\ 000\right)v^{n}{}_{n}q_{x}$$

**证明：**

(1) 修正后的 $m$ 年两全保险在 $x$ 岁的趸缴纯保险费为($n<m$)：

$$\int_{0}^{n}100\ 000v^{n}{}_{t}p_{x}\mu_{x+t}\mathrm{d}t+{}_{n}E_{x}\bar{A}_{x+n:\overline{m-n}|}100\ 000$$

$$=1\ 000v^{n}\int_{0}^{n}{}_{t}p_{x}\mu_{x+t}\mathrm{d}t+100\ 000(\bar{A}_{x:\overline{m}|}-\bar{A}^{1}_{x:\overline{n}|})$$

$$=100\ 000(v^{n}{}_{n}q_{x}+\bar{A}_{x:\overline{m}|}-\bar{A}^{1}_{x:\overline{n}|})$$

(2) 原 $n$ 年家庭收入保单在 $x$ 岁的趸缴纯保险费为：

$$\int_{0}^{n}12\ 000\ddot{a}^{(12)}_{\overline{n-t}|}v^{t}{}_{t}p_{x}\mu_{x+t}\mathrm{d}t+100\ 000(v^{n}{}_{n}q_{x}+\bar{A}_{x:\overline{m}|}-\bar{A}^{1}_{x:\overline{n}|})$$

$$=12\ 000\int_{0}^{n}\frac{1-v^{n-t}}{d^{(12)}}\cdot v^{t}{}_{t}p_{x}\mu_{x+t}\mathrm{d}t+100\ 000(v^{n}{}_{n}q_{x}+\bar{A}_{x:\overline{m}|}-\bar{A}^{1}_{x:\overline{n}|})$$

$$=\left(\frac{12\ 000}{d^{(12)}}\bar{A}^{1}_{x:\overline{n}|}-\frac{v^{n}}{d^{(12)}}\cdot{}_{n}q_{x}\right)+100\ 000(v^{n}{}_{n}q_{x}+\bar{A}_{x:\overline{m}|}-\bar{A}^{1}_{x:\overline{n}|})$$

扣除未修正的 $m$ 年两全保单在 $x$ 岁的趸缴纯保险费 $100\ 000\bar{A}_{x:\overline{m}|}$，即为

$$\left(\frac{12\ 000}{d^{(12)}}-100\ 000\right)\bar{A}^{1}_{x:\overline{n}|}-\left(\frac{12\ 000}{d^{(12)}}-100\ 000\right)v^{n}{}_{n}q_{x}$$

**例 14.4** 在 35 岁签单的某种保单规定：如果被保险人在第 20 年末生存，那么保单将提供 100 000 元给付额；若被保险人在签单后的 20 年内死亡，保单在死亡发生月末开始提供第一次给付 1 000 元，直至 20 年届满。签单 20 年后保单不再提供任何给付。试求出购买这种保单的限期 20 年缴费的均匀纯保险费，以 CL1(2010—2013)2.5% 为计算基础。

**解：** 设限期 20 年缴费的纯保险费为 $P$ 元，那么 $P$ 取决于：

$$P\ddot{a}_{35:\overline{20}|}=100\ 000\ {}_{20}E_{35}+12\ 000(a^{(12)}_{\overline{20}|}-a^{(12)}_{35:\overline{20}|})$$

由
$$N^{(m)}_{x+\frac{1}{m}}=\alpha(m)N_{x}-\beta(m)D_{x}-\frac{1}{m}D_{x}$$

$$a^{(m)}_{x:\overline{n}|}=\frac{N_{x+\frac{1}{m}}-N_{x+n+\frac{1}{m}}}{D_{x}}$$

$$\ddot{a}_{x:\overline{n}|}=\frac{N_{x}-N_{x+n}}{D_{x}}$$

可得

$$P=\frac{10\ 000\ {}_{20}E_{35}+1\ 200(\ddot{a}^{(12)}_{\overline{20}|}-\ddot{a}^{(12)}_{35:\overline{20}|})}{\ddot{a}^{(12)}_{35:\overline{20}|}}\approx 389(\text{元})$$

## 14.4 集合寿险保单的精算处理

本书大部分内容仅处理一种保单的精算问题。实践中，在同一年龄上可能签发大量的相同或不同的保险形式的保单，对这些保单做出分析，不仅有重要的意义，而且更接近现实。

### 14.2.1 相同年龄相同寿险保单的精算分析

具体例题分析如下：假设活到35岁的每一个人，购买限期10年缴费、于死亡年底提供保险金额1元的15年期两全保险。试以CL1（2010—2013）2.5%为基础，追踪这些保单的预期现金流动状况，并获取均衡纯保险费准备金。

根据CL1（2010—2013）2.5%，$l_{35}=98\ 188$，从而在35岁签发的98 188份保单，每一份保单的均衡纯保险费为：

$$ {}_{10}P_{35:\overline{15}|}=\frac{A_{35:\overline{15}|}}{\ddot{a}_{35:\overline{15}|}}=\frac{M_{35}-M_{50}+D_{50}}{N_{35}-N_{50}}=0.077\ 796 $$

于是，在第一年年初纯保险费总额为7 639元。它形成了一笔初始基金。这笔基金在往后年份的变化，主要表现为：利息收入使基金增长，索赔赔款使基金减少、应缴纯保险费使基金增长等，到第15年末，所有剩余保单满期。所有保单的上述变化详见表14.1。

表14.1　　15年期两全保单的现金流动状况

$[CL1(2010—2013)2.5\%,P={}_{10}P_{35:\overline{15}|}=0.077\ 796]$

| (1)<br>年份 | (2)<br>$l_{35+t-1}P$ | (3)<br>年初基金总额 | (4)<br>(1.025)×(3) | (5)<br>$d_{35+t-1}$ | (6)<br>(4)－(5) | (7)<br>$l_{35+t}$ | (8)<br>${}^{10}_{t}V_{35:\overline{15}|}=\frac{(6)}{(7)}$ |
|---|---|---|---|---|---|---|---|
| 1 | 7 639 | 7 639 | 7 830 | 109 | 7 721 | 98 079 | 0.078 72 |
| 2 | 7 630 | 15 351 | 15 734 | 117 | 15 617 | 97 962 | 0.159 42 |
| 3 | 7 621 | 23 238 | 23 819 | 126 | 23 693 | 97 835 | 0.242 17 |
| 4 | 7 611 | 31 304 | 32 086 | 136 | 31 950 | 97 699 | 0.327 03 |
| 5 | 7 601 | 39 551 | 40 539 | 148 | 40 391 | 97 551 | 0.414 05 |
| 6 | 7 589 | 47 980 | 49 180 | 161 | 49 019 | 97 390 | 0.503 33 |
| 7 | 7 577 | 56 595 | 58 010 | 176 | 57 835 | 97 214 | 0.594 92 |
| 8 | 7 563 | 65 397 | 67 032 | 192 | 66 840 | 97 022 | 0.688 92 |
| 9 | 7 548 | 74 388 | 76 248 | 211 | 76 037 | 96 811 | 0.785 41 |
| 10 | 7 531 | 83 568 | 85 658 | 232 | 85 426 | 96 579 | 0.884 51 |
| 11 | | 85 426 | 87 561 | 255 | 87 307 | 96 324 | 0.906 38 |
| 12 | | 87 307 | 89 489 | 281 | 89 209 | 96 044 | 0.928 83 |
| 13 | | 89 209 | 91 439 | 309 | 91 130 | 95 735 | 0.951 90 |
| 14 | | 91 130 | 93 409 | 339 | 93 070 | 95 397 | 0.975 61 |
| 15 | | 93 070 | 95 397 | 371 | 95 026 | 95 026 | 1.000 00 |

表14.1中：(1) 年份$t$；(2) 保险费总收入$l_{35+t-1}P$；(3) 每年年初基金总额；(4) 基金额及其所产生的利息(1.025)×(3)；(5) 死亡给付总额$d_{35+t-1}$；(6) 第$t$年末的基金额(4)－(5)；(7) 存活人数$l_{35+t}$；(8) 每一个存活者的基金份额$\frac{(6)}{(7)}={}^{10}_{t}V_{35:\overline{15}|}$。

进一步对上述表14.1所揭示的栏目和内容加以分析：一方面，因为年利息率为2.5%，所以在第一年年末的基金额为7 830元；另一方面，从CL1表中已知，35岁的98 188人，在第一年内有109人死亡，扣除每个死亡者1元的保险金额之后，所剩基金额为7 721元。活到36岁的有98 079人，他们在第二年初缴纳的纯保险费总额是7 630元，从而在第二年年初的基金总额为7 721 + 7 630 = 15 351元。以后年份的变化情况，可以完全类似地进行分析。但是，整个现金流动变动中，有两点值得注意：一是从签单起的10年以后，不再有欠缴的纯保险费，以至于整个基金的累积，只靠利息的增长；二是在第15年末累积的基金总额，能够提供活到50岁的每一个人事先约定的保险金额。

由于已收取的纯保险费能够充分应付到期的索赔给付额，且保险费的累积值超过索赔给付额的余额，使得基金总额逐渐增长。按追溯法的含义，纯保险费累积总额超过赔付总额的差额，就是所有这些保单的累积准备金。而每一份保单在这种累积准备金中的份额，便是准备金函数${}_{t}^{10}V_{35:\overline{15|}}$。

**例14.5** 现有年龄均为25岁的、相互独立的1 000人，购买在死亡后立即提供给付100万元的终身保险。被保险人的死力$\mu = 0.04$，纯保险费形成的基金的利息力$\delta = 0.06$，如果保险公司在签单时，希望有95%的把握使未来死亡给付的现值不超过初始基金，那么初始基金中应含多少安全加成？用CL1(2010—2013)2.5%/5%生命表计算。

**解：** $S = X_1 + X_2 + \cdots + X_{1\,000}$

对于$X_i \quad (i = 1,2,\cdots,1\,000)$

$$E(X_i) = 100\bar{A}_{25} = 100\int_0^{\infty} e^{-\delta t}e^{-\mu t}\mu dt = \frac{100\mu}{\mu + \delta} = 40$$

$$E(X_i^2) = 10\,000\int_0^{\infty} e^{-2\delta t}e^{-\mu t}\mu dt = 10\,000\frac{\mu}{\mu + 2\delta} = 2\,500$$

$$\text{var}(X_i) = E(X_i^2) - E^2(X_i) = 900$$

从而

$$E(S) = 1\,000E(X_i) = 40\,000$$

$$\text{var}(S) = 1\,000\text{var}(X_i) = 900\,000$$

令初始基金为

$$E(S) + QE(S) = (1 + Q)E(S)$$

$$P(S \leqslant (1 + Q)E(S)) = 95\%$$

$$P\left(\frac{S - E(S)}{\sqrt{\text{var}(S)}} \leqslant \frac{QE(S)}{\sqrt{\text{var}(S)}}\right) = 0.95$$

$$\frac{40\,000Q}{948.68} = 1.645$$

$$\therefore \quad Q = 0.039$$

$$E(S) + QE(S) = 41\,560.58(\text{万元})$$

因此，总的安全加成是1 560.58万元，占趸缴纯保险费的3.90%，每人每单位给付附加0.015 606，每人附加约1.560万元。如果根据CL1(2010—2013)2.5%，那么

$E(X_i) = 28.793$；$E(X_i^2) = 971.17$；$var(X_i) = 142.1265$

$E(S) = 28\,793.07$；$var(S) = 142\,126.50$

则

$Q = 0.0215$

在这种情况下，总的安全加成是620.16万元，占趸缴纯保险费的2.15%，每人每单位给付附加0.0062，每人附加约0.62万元。

### 14.2.2 相同年龄不同保险金额寿险保单的精算分析

在保险实务中，对于成千上万的寿险保单的保险费和责任准备金等项目的计算，并不是逐笔计算然后相加。因为这样不仅耗时耗力，而且不符合保险公司运行机理。实际上，在寿险精算中，通常采取对同类保单进行集合处理，亦即运用集团分类法，将寿险保单分成集团，每一集团合并计算。在同一集团中，使用它的平均值作为计算标准。例如，同一保险种类中，签单年度、投保年龄相同的保单列入同一集团处理时，签单的日期假定均在营业年度的中间，当时的年龄可假定刚好足岁。

以下以保险金额为1、签单年龄和评估之日均相同的大量保单的责任准备金为例加以说明。

根据追溯法公式，

$$ {}_tV = \frac{P(N_x - N_{x+t}) - (M_x - M_{x+t})}{D_{x+t}} $$

从而整个集团的准备金为

$$ \sum {}_tV = \sum P \cdot \frac{N_x - N_{x+t}}{D_{x+t}} - \sum \frac{M_x - M_{x+t}}{D_{x+t}} $$

现对这个追溯法公式加以改进，以使用评估之日到达年龄的集团，代替同时考虑签单年龄和评估之日的双因素集团。

$$ {}_tV = \frac{P(N_x - N_{x+t}) - (M_x - M_{x+t})}{D_{x+t}} $$

$$ = \frac{M_{x+t} - PN_{x+t} + (P - P_x)N_x}{D_{x+t}} $$

$$ = A_{x+t} - P\ddot{a}_{x+t} + \frac{(P - P_x)N_x}{D_{x+t}} $$

上式中，$P$为最初签发的保险的纯保险费；$P_x$是在最初签单年龄的普通保险的纯保险费。

显然，在整个保险期间，$(P - P_x)N_x$是一个常数，故用$Q_x$表示它。但是保单不同，$P$就不同，$Q_x$也就有差异。

这样，对到达年龄的集团，当已知集团总的纯保险费($\sum P$)和总的保险金额($\sum S$)以及总的$Q$因子($\sum Q$)时，集团总的准备金为：

$$ \sum {}_tV = \sum SA_{x+t} - \sum P\ddot{a}_{x+t} + \frac{\sum Q_x}{D_{x+t}} \tag{14.14} $$

## 习题 14

14 - 1　试证如下两式的等价性：

(1) $a_{\overline{n}|} + {}_{n}E_{x}a_{x+n}$；

(2) $a_{x} + \ddot{a}_{\overline{n}|}A_{x} - v^{n}a_{x} + {}_{n|}a_{x}$。

14 - 2　在 35 岁签单的某种保单，如果被保险人在第 20 年末生存，那么保单将提供 2 000 000 元的给付额；若被保险人在签单后的20年内死亡，保单在死亡发生季末开始提供第一次给付10 000元，直到20年届满。签单20年后保单不再提供任何给付。试写出购买该保单的限期 20 年缴费的均衡纯保险费公式。进一步，如果该保单首年佣金为毛保险费的 15%，续年为 5%；每年税金为毛保险费的 3%；每保单每年固定费用 2 000 元，试求限期 20 年缴费的均衡毛保险费，以 CL1(2010—2013)2.5% 为计算基础。

14 - 3　某40岁的被保险人投保了每年给付1万元的延期25年且有10年保证期的连续型终身年金保险。但是，若被保险人在 65 岁之前死亡，则为其家庭提供受益至 65 岁且至少给付 10 年的确定年金。求该被保险人应该缴纳的趸缴纯保险费表达式。若以 CL1(2010—2013)2.5% 为计算基础，求出具体的值。

14 - 4　某基金建立对100 名年龄为 $x$ 岁的独立生命支付年金，每名成员将以连续方式获得每年 10 000 元的年金，直至其死亡。已知：$\delta = 0.06, \bar{A}_{x} = 0.40, {}^{2}\bar{A}_{x} = 0.25$。采用正态近似方法，要使得该基金以 90% 的可能性满足支付，则该基金需要的数额为多少万元？

# 参考答案

## 习题 2

2－1　(1) 对;(2) 错;(3) 错

2－3　①1 092.727;②1 196.680 525;③1 126.825 03

2－4　0.058 216

2－5　1 038.830 164

2－6　$i > i^{(m)} > \delta$

2－7　20.4%

2－8　0.114 074;0.102 393

2－9　0.060 9;0.059 557;0.058 252;0.059 118

2－11　1 385.564 4

2－12　71.94 元

2－13　12

2－14　0.709 411

2－15　0.037 558

## 习题 3

3－1　5.70

3－2　4 354.92

3－3　(1)917 276.11 (2)915 023.62(3)944 623.03

3－4　4 323.95

3－5　(1)0.4(2)0.343 354(3)0.44

3－6　94 654.64

3－7　11 466.13

3－8　(1) 正确(2) 错误,正确的式子为:$\ddot{s}_{\overline{n}|}^{(m)} = s_{\overline{n+\frac{1}{m}}|}^{(m)} - \frac{1}{m}$(3) 正确(4) 正确

3－9　269 319.58

3－10　38 849.81

3－11　163 862.06

3－12　179 259.89

3－13　261 854.41;19 827.26

3－14　15 716.87

## 习题 4

4－1　0.125

4－2　0.707 107;0.014 713;0.978 337;0.007 813

4－3　(2)、(3)、(5)

4－4　0.59

4－5　0.1

4－7　(1)90 (2)90 (3)0.8 (4)0.29

4－8　(1)0.008 409;(2)0.008 427;(3)0.008 445

4－11　0.002 990

4－12　20

4－13　36.35

4－14　0.059

4－15　$\frac{a}{\omega - x}$;$\frac{\omega - x}{a+1}$

## 习题 5

5－1　(1) 错误;(2) 正确;(3) 错误;(4) 正确

5－3　0.04

5－4　0.982 2

5－5　147 010.64

5－6　(1)88 370.81 (2)10 059.24

5－7　(1)175 700.70 (2)171 509.65

5－8　$500 \cdot \frac{S_x - 3S_{x+10} + 2S_{x+14}}{D_x} - 500$

5 - 9　10

5 - 10　0.54

5 - 11　7.159 252;7.334 686;7.633 041;7.393 761

5 - 12　85 230.53

5 - 13　11 986

5 - 14　8.706 688;8.790 057;8.934 083

5 - 15　1 082.25

5 - 16　39 879.98

5 - 17　5 692.31

## 习题 6

6 - 1　(1) 错误,$A_{x:\overline{n}|} = v\ddot{a}_{x:\overline{n}|} - a_{x:n-1}$;(2) 错误,$A_x = v + (v-1)a_x$;

(3) 错误,$A_{x:\overline{n}|} = 1 - d\ddot{a}_{x:\overline{n}|}$;(4) 错误,$(IA)_x = v(I\ddot{a})_x - (Ia)_x$;(5) 正确。

6 - 2　4.76%

6 - 3　3 073.31

6 - 4　1 053 663.76

6 - 5　27 224.59

6 - 6　0.830 7

6 - 7　0.05

6 - 8　15 358.98

6 - 9　$\dfrac{R_{50} + 2R_{51} - 7R_{56} + 4R_{59}}{D_{50}}$ 万元

6 - 10　$A^{1}_{30:\overline{20}|} = 0.05$;$A_{30:\overset{1}{\overline{20}|}} = 0.5$

6 - 12　$\bar{A}_x > A_x^{(m)} > A_x$

6 - 13　0.206 619,0.069 444

## 习题 7

7 - 3　${}_{20}P_{30}$

7 - 4　0.016 35

7 - 5　5.39 万元

7 - 6　56.84

7 - 7　489.08

7 - 8　7 909.49

7 - 9　(1)6.91;(2)7.12

7 - 10　258.04

7 - 11　0.026 455

7 - 12　0.014

7 - 13　1 887.63;1 909.62

7 - 14　8 416.90

7 - 15　12.77

## 习题 8

8 - 1　73 599.9、177 075.09、200 000

8 - 2　2 490.958、4 800.092、4 800.584、4 800.629

8 - 3　$P_x = (v_{k+1}V_x - {}_kV_x) + (1 - {}_{k+1}V_x)vq_{x+k}$

8 - 4　$_{10\frac{1}{3}}V^{\{2\}} = \frac{2}{3}\,{}_{10}V^{\{2\}} + \frac{1}{3}\,{}_{11}V^{\{2\}} + \frac{1}{6}P^{\{2\}}$

8 - 5　0.347 3

8 - 7　0.2、0.25

8 - 8　0.25

8 - 9　17 199.325

8 - 10　0.02

8 - 11　1 027.42

8 - 12　0.929

8 - 13　$\frac{1}{3}$

8 - 14　0.26

8 - 15　0.027 4

## 习题 9

9 - 1　$a = 1\ 300 \quad c = 200 + 100d$

9 - 2　1 504.98

9 - 3　$e = \frac{100 + 50\ddot{a}_{30:30}}{\ddot{a}_{30:30} - 5\%\ddot{a}_{30:\overline{20|}} - 25\%}$

9 - 4　$G = 1.05\frac{5\ 000M_{40} + 3(N_{40} - N_{50})}{(N_{40} - N_{50}) - 1.05(R_{40} - R_{50})}$

9 - 5　2 856.040 元

9 - 6　1 464.46 元

9 - 7　6 115.644 元

9 - 8　$a = 1 + e_0 + e_2 + e_3 \quad c = e_1 + e_0 d$

9 - 9　$G = 332.35$ 元；责任准备金：0 元，218.41 元，559.16 元。

9 - 10　$R(\sqrt{200}) = \dfrac{35 + 12/\sqrt{200}}{1 - 0.25} = 47.798$

## 习题 10

10 - 2　$\beta^{com} = P_{30:\overline{20}|} + \dfrac{{}_{19}P_{31} - A^{1}_{30:\overline{1}|}}{\ddot{a}_{30:\overline{20}|}}, 10\,000\left[\dfrac{M_{35} - M_{50} + D_{50}}{D_{35}} - \beta^{com}\dfrac{N_{35} - N_{50}}{D_{35}}\right]$

10 - 4　${}_5CV = 10\,000A^{1}_{40:\overline{5}|} - P_{35:\overline{10}|}\ddot{a}_{40:\overline{5}|} - 100$

10 - 5　681.82 元

10 - 6　19 205

10 - 7　1 959.223

10 - 8　583.22

10 - 9　$(1) E = \dfrac{({}_{10}CV - L) - (1 - L)\bar{A}^{1}_{40:\overline{10}|}}{{}_{10}E_{40}}$；$(2)(1 - L)\bar{A}^{1}_{45:\overline{5}|} + E \times {}_5E_{45}$

## 习题 11

11 - 1　0.071 916、0.143 833、0.287 666、0.503 415

11 - 2　0.095 163、0.181 269、0.329 680

11 - 3　0.090 9

11 - 4　7 500

11 - 5　0.133

11 - 6　0.076 75

11 - 7　0.936、0.024 5

11 - 8　40 809.67

11 - 9　1

11 - 10　$\dfrac{S}{7}$

## 习题 12

12 − 4　0. 851 2, 0. 966 7, 18. 06

12 − 6　0. 2

12 − 7　0. 12

12 − 8　0. 010 4

12 − 9　12. 4

12 − 10　0. 586 7, 0. 317 7

## 习题 13

13 − 8　$y = 10\,000$;

13 − 9　${}_{1}AS = 4\,241.71$;

13 − 10　49. 29; 0; − 96. 2; 57. 58; 87. 91

## 习题 14

14 − 2　74 053. 77; 83 243. 11

14 − 3　$\bar{a}_{25} - \bar{a}_{40:\overline{15|}} - \delta\bar{a}_{\overline{10|}} \cdot {}_{15|}\bar{a}_{40:\overline{10|}} + {}_{35|}\bar{a}_{40}$; 7. 337 14

14 − 4　1 064

# 附录

## 附录1　常见利息率的复利函数表

$i=2\%$

| $n$ | $v^n$ | $(1+i)^n$ | $a_{\overline{n}\rceil}$ | $s_{\overline{n}\rceil}$ | $1/s_{\overline{n}\rceil}$ |
|---|---|---|---|---|---|
| 1 | 0. 980 392 | 1. 020 000 | 0. 980 392 | 1. 000 000 | 1. 000 000 |
| 2 | 0. 961 169 | 1. 040 400 | 1. 941 561 | 2. 020 000 | 0. 495 050 |
| 3 | 0. 942 322 | 1. 061 208 | 2. 883 883 | 3. 060 400 | 0. 326 755 |
| 4 | 0. 923 845 | 1. 082 432 | 3. 807 729 | 4. 121 608 | 0. 242 624 |
| 5 | 0. 905 731 | 1. 104 081 | 4. 713 460 | 5. 204 040 | 0. 192 158 |
| 6 | 0. 887 971 | 1. 126 162 | 5. 601 431 | 6. 308 121 | 0. 158 526 |
| 7 | 0. 870 560 | 1. 148 686 | 6. 471 991 | 7. 434 283 | 0. 134 512 |
| 8 | 0. 853 490 | 1. 171 659 | 7. 325 481 | 8. 582 969 | 0. 116 510 |
| 9 | 0. 836 755 | 1. 195 093 | 8. 162 237 | 9. 754 628 | 0. 102 515 |
| 10 | 0. 820 348 | 1. 218 994 | 8. 982 585 | 10. 949 721 | 0. 091 327 |
| 11 | 0. 804 263 | 1. 243 374 | 9. 786 848 | 12. 168 715 | 0. 082 178 |
| 12 | 0. 788 493 | 1. 268 242 | 10. 575 341 | 13. 412 090 | 0. 074 560 |
| 13 | 0. 773 033 | 1. 293 607 | 11. 348 374 | 14. 680 332 | 0. 068 118 |
| 14 | 0. 757 875 | 1. 319 479 | 12. 106 249 | 15. 973 938 | 0. 062 602 |
| 15 | 0. 743 015 | 1. 345 868 | 12. 849 264 | 17. 293 417 | 0. 057 825 |
| 16 | 0. 728 446 | 1. 372 786 | 13. 577 709 | 18. 639 285 | 0. 053 650 |
| 17 | 0. 714 163 | 1. 400 241 | 14. 291 872 | 20. 012 071 | 0. 049 970 |
| 18 | 0. 700 159 | 1. 428 246 | 14. 992 031 | 21. 412 312 | 0. 046 702 |
| 19 | 0. 686 431 | 1. 456 811 | 15. 678 462 | 22. 840 559 | 0. 043 782 |
| 20 | 0. 672 971 | 1. 485 947 | 16. 351 433 | 24. 297 370 | 0. 041 157 |
| 21 | 0. 659 776 | 1. 515 666 | 17. 011 209 | 25. 783 317 | 0. 038 785 |
| 22 | 0. 646 839 | 1. 545 980 | 17. 658 048 | 27. 298 984 | 0. 036 631 |
| 23 | 0. 634 156 | 1. 576 899 | 18. 292 204 | 28. 844 963 | 0. 034 668 |
| 24 | 0. 621 721 | 1. 608 437 | 18. 913 926 | 30. 421 862 | 0. 032 871 |
| 25 | 0. 609 531 | 1. 640 606 | 19. 523 456 | 32. 030 300 | 0. 031 220 |

$i=2\%$ 附录1(续1)

| $n$ | $v^n$ | $(1+i)^n$ | $a_{\overline{n}\rvert}$ | $s_{\overline{n}\rvert}$ | $1/s_{\overline{n}\rvert}$ |
|---|---|---|---|---|---|
| 26 | 0. 597 579 | 1. 673 418 | 20. 121 036 | 33. 670 906 | 0. 029 699 |
| 27 | 0. 585 862 | 1. 706 886 | 20. 706 898 | 35. 344 324 | 0. 028 293 |
| 28 | 0. 574 375 | 1. 741 024 | 21. 281 272 | 37. 051 210 | 0. 026 990 |
| 29 | 0. 563 112 | 1. 775 845 | 21. 844 385 | 38. 792 235 | 0. 025 778 |
| 30 | 0. 552 071 | 1. 811 362 | 22. 396 456 | 40. 568 079 | 0. 024 650 |
| 31 | 0. 541 246 | 1. 847 589 | 22. 937 702 | 42. 379 441 | 0. 023 596 |
| 32 | 0. 530 633 | 1. 884 541 | 23. 468 335 | 44. 227 030 | 0. 022 611 |
| 33 | 0. 520 229 | 1. 922 231 | 23. 988 564 | 46. 111 570 | 0. 021 687 |
| 34 | 0. 510 028 | 1. 960 676 | 24. 498 592 | 48. 033 802 | 0. 020 819 |
| 35 | 0. 500 028 | 1. 999 890 | 24. 998 619 | 49. 994 478 | 0. 020 002 |
| 36 | 0. 490 223 | 2. 039 887 | 25. 488 842 | 51. 994 367 | 0. 019 233 |
| 37 | 0. 480 611 | 2. 080 685 | 25. 969 453 | 54. 034 255 | 0. 018 507 |
| 38 | 0. 471 187 | 2. 122 299 | 26. 440 641 | 56. 114 940 | 0. 017 821 |
| 39 | 0. 461 948 | 2. 164 745 | 26. 902 589 | 58. 237 238 | 0. 017 171 |
| 40 | 0. 452 890 | 2. 208 040 | 27. 355 479 | 60. 401 983 | 0. 016 556 |
| 41 | 0. 444 010 | 2. 252 200 | 27. 799 489 | 62. 610 023 | 0. 015 972 |
| 42 | 0. 435 304 | 2. 297 244 | 28. 234 794 | 64. 862 223 | 0. 015 417 |
| 43 | 0. 426 769 | 2. 343 189 | 28. 661 562 | 67. 159 468 | 0. 014 890 |
| 44 | 0. 418 401 | 2. 390 053 | 29. 079 963 | 69. 502 657 | 0. 014 388 |
| 45 | 0. 410 197 | 2. 437 854 | 29. 490 160 | 71. 892 710 | 0. 013 910 |
| 46 | 0. 402 154 | 2. 486 611 | 29. 892 314 | 74. 330 564 | 0. 013 453 |
| 47 | 0. 394 268 | 2. 536 344 | 30. 286 582 | 76. 817 176 | 0. 013 018 |
| 48 | 0. 386 538 | 2. 587 070 | 30. 673 120 | 79. 353 519 | 0. 012 602 |
| 49 | 0. 378 958 | 2. 638 812 | 31. 052 078 | 81. 940 590 | 0. 012 204 |
| 50 | 0. 371 528 | 2. 691 588 | 31. 423 606 | 84. 579 401 | 0. 011 823 |

$i=3\%$

附录1(续2)

| $n$ | $v^n$ | $(1+i)^n$ | $a_{\overline{n}\rceil}$ | $s_{\overline{n}\rceil}$ | $1/s_{\overline{n}\rceil}$ |
|---|---|---|---|---|---|
| 1 | 0. 970 874 | 1. 030 000 | 0. 970 874 | 1. 000 000 | 1. 000 000 |
| 2 | 0. 942 596 | 1. 060 900 | 1. 913 470 | 2. 030 000 | 0. 492 611 |
| 3 | 0. 915 142 | 1. 092 727 | 2. 828 611 | 3. 090 900 | 0. 323 530 |
| 4 | 0. 888 487 | 1. 125 509 | 3. 717 098 | 4. 183 627 | 0. 239 027 |
| 5 | 0. 862 609 | 1. 159 274 | 4. 579 707 | 5. 309 136 | 0. 188 355 |
| 6 | 0. 837 484 | 1. 194 052 | 5. 417 191 | 6. 468 410 | 0. 154 598 |
| 7 | 0. 813 092 | 1. 229 874 | 6. 230 283 | 7. 662 462 | 0. 130 506 |
| 8 | 0. 789 409 | 1. 266 770 | 7. 019 692 | 8. 892 336 | 0. 112 456 |
| 9 | 0. 766 417 | 1. 304 773 | 7. 786 109 | 10. 159 106 | 0. 098 434 |
| 10 | 0. 744 094 | 1. 343 916 | 8. 530 203 | 11. 463 879 | 0. 087 231 |
| 11 | 0. 722 421 | 1. 384 234 | 9. 252 624 | 12. 807 796 | 0. 078 077 |
| 12 | 0. 701 380 | 1. 425 761 | 9. 954 004 | 14. 192 030 | 0. 070 462 |
| 13 | 0. 680 951 | 1. 468 534 | 10. 634 955 | 15. 617 790 | 0. 064 030 |
| 14 | 0. 661 118 | 1. 512 590 | 11. 296 073 | 17. 086 324 | 0. 058 526 |
| 15 | 0. 641 862 | 1. 557 967 | 11. 937 935 | 18. 598 914 | 0. 053 767 |
| 16 | 0. 623 167 | 1. 604 706 | 12. 561 102 | 20. 156 881 | 0. 049 611 |
| 17 | 0. 605 016 | 1. 652 848 | 13. 166 118 | 21. 761 588 | 0. 045 953 |
| 18 | 0. 587 395 | 1. 702 433 | 13. 753 513 | 23. 414 435 | 0. 042 709 |
| 19 | 0. 570 286 | 1. 753 506 | 14. 323 799 | 25. 116 868 | 0. 039 814 |
| 20 | 0. 553 676 | 1. 806 111 | 14. 877 475 | 26. 870 374 | 0. 037 216 |
| 21 | 0. 537 549 | 1. 860 295 | 15. 415 024 | 28. 676 486 | 0. 034 872 |
| 22 | 0. 521 893 | 1. 916 103 | 15. 936 917 | 30. 536 780 | 0. 032 747 |
| 23 | 0. 506 692 | 1. 973 587 | 16. 443 608 | 32. 452 884 | 0. 030 814 |
| 24 | 0. 491 934 | 2. 032 794 | 16. 935 542 | 34. 426 470 | 0. 029 047 |
| 25 | 0. 477 606 | 2. 093 778 | 17. 413 148 | 36. 459 264 | 0. 027 428 |

| $n$ | $v^n$ | $(1+i)^n$ | $a_{\overline{n}\rceil}$ | $s_{\overline{n}\rceil}$ | $1/s_{\overline{n}\rceil}$ |
|---|---|---|---|---|---|
| 26 | 0. 463 695 | 2. 156 591 | 17. 876 842 | 38. 553 042 | 0. 025 938 |
| 27 | 0. 450 189 | 2. 221 289 | 18. 327 031 | 40. 709 634 | 0. 024 564 |
| 28 | 0. 437 077 | 2. 287 928 | 18. 764 108 | 42. 930 923 | 0. 023 293 |
| 29 | 0. 424 346 | 2. 356 566 | 19. 188 455 | 45. 218 850 | 0. 022 115 |
| 30 | 0. 411 987 | 2. 427 262 | 19. 600 441 | 47. 575 416 | 0. 021 019 |
| 31 | 0. 399 987 | 2. 500 080 | 20. 000 428 | 50. 002 678 | 0. 019 999 |
| 32 | 0. 388 337 | 2. 575 083 | 20. 388 766 | 52. 502 759 | 0. 019 047 |
| 33 | 0. 377 026 | 2. 652 335 | 20. 765 792 | 55. 077 841 | 0. 018 156 |
| 34 | 0. 366 045 | 2. 731 905 | 21. 131 837 | 57. 730 177 | 0. 017 322 |
| 35 | 0. 355 383 | 2. 813 862 | 21. 487 220 | 60. 462 082 | 0. 016 539 |
| 36 | 0. 345 032 | 2. 898 278 | 21. 832 252 | 63. 275 944 | 0. 015 804 |
| 37 | 0. 334 983 | 2. 985 227 | 22. 167 235 | 66. 174 223 | 0. 015 112 |
| 38 | 0. 325 226 | 3. 074 783 | 22. 492 462 | 69. 159 449 | 0. 014 459 |
| 39 | 0. 315 754 | 3. 167 027 | 22. 808 215 | 72. 234 233 | 0. 013 844 |
| 40 | 0. 306 557 | 3. 262 038 | 23. 114 772 | 75. 401 260 | 0. 013 262 |
| 41 | 0. 297 628 | 3. 359 899 | 23. 412 400 | 78. 663 298 | 0. 012 712 |
| 42 | 0. 288 959 | 3. 460 696 | 23. 701 359 | 82. 023 196 | 0. 012 192 |
| 43 | 0. 280 543 | 3. 564 517 | 23. 981 902 | 85. 483 892 | 0. 011 698 |
| 44 | 0. 272 372 | 3. 671 452 | 24. 254 274 | 89. 048 409 | 0. 011 230 |
| 45 | 0. 264 439 | 3. 781 596 | 24. 518 713 | 92. 719 861 | 0. 010 785 |
| 46 | 0. 256 737 | 3. 895 044 | 24. 775 449 | 96. 501 457 | 0. 010 363 |
| 47 | 0. 249 259 | 4. 011 895 | 25. 024 708 | 100. 396 501 | 0. 009 961 |
| 48 | 0. 241 999 | 4. 132 252 | 25. 266 707 | 104. 408 396 | 0. 009 578 |
| 49 | 0. 234 950 | 4. 256 219 | 25. 501 657 | 108. 540 648 | 0. 009 213 |
| 50 | 0. 228 107 | 4. 383 906 | 25. 729 764 | 112. 796 867 | 0. 008 865 |

$i=4\%$

附录 1(续 4)

| $n$ | $v^n$ | $(1+i)^n$ | $a_{\overline{n}\rceil}$ | $s_{\overline{n}\rceil}$ | $1/s_{\overline{n}\rceil}$ |
|---|---|---|---|---|---|
| 1 | 0. 961 538 | 1. 040 000 | 0. 961 538 | 1. 000 000 | 1. 000 000 |
| 2 | 0. 924 556 | 1. 081 600 | 1. 886 095 | 2. 040 000 | 0. 490 196 |
| 3 | 0. 888 996 | 1. 124 864 | 2. 775 091 | 3. 121 600 | 0. 320 349 |
| 4 | 0. 854 804 | 1. 169 859 | 3. 629 895 | 4. 246 464 | 0. 235 490 |
| 5 | 0. 821 927 | 1. 216 653 | 4. 451 822 | 5. 416 323 | 0. 184 627 |
| 6 | 0. 790 315 | 1. 265 319 | 5. 242 137 | 6. 632 975 | 0. 150 762 |
| 7 | 0. 759 918 | 1. 315 932 | 6. 002 055 | 7. 898 294 | 0. 126 610 |
| 8 | 0. 730 690 | 1. 368 569 | 6. 732 745 | 9. 214 226 | 0. 108 528 |
| 9 | 0. 702 587 | 1. 423 312 | 7. 435 332 | 10. 582 795 | 0. 094 493 |
| 10 | 0. 675 564 | 1. 480 244 | 8. 110 896 | 12. 006 107 | 0. 083 291 |
| 11 | 0. 649 581 | 1. 539 454 | 8. 760 477 | 13. 486 351 | 0. 074 149 |
| 12 | 0. 624 597 | 1. 601 032 | 9. 385 074 | 15. 025 805 | 0. 066 552 |
| 13 | 0. 600 574 | 1. 665 074 | 9. 985 648 | 16. 626 838 | 0. 060 144 |
| 14 | 0. 577 475 | 1. 731 676 | 10. 563 123 | 18. 291 911 | 0. 054 669 |
| 15 | 0. 555 265 | 1. 800 944 | 11. 118 387 | 20. 023 588 | 0. 049 941 |
| 16 | 0. 533 908 | 1. 872 981 | 11. 652 296 | 21. 824 531 | 0. 045 820 |
| 17 | 0. 513 373 | 1. 947 900 | 12. 165 669 | 23. 697 512 | 0. 042 199 |
| 18 | 0. 493 628 | 2. 025 817 | 12. 659 297 | 25. 645 413 | 0. 038 993 |
| 19 | 0. 474 642 | 2. 106 849 | 13. 133 939 | 27. 671 229 | 0. 036 139 |
| 20 | 0. 456 387 | 2. 191 123 | 13. 590 326 | 29. 778 079 | 0. 033 582 |
| 21 | 0. 438 834 | 2. 278 768 | 14. 029 160 | 31. 969 202 | 0. 031 280 |
| 22 | 0. 421 955 | 2. 369 919 | 14. 451 115 | 34. 247 970 | 0. 029 199 |
| 23 | 0. 405 726 | 2. 464 716 | 14. 856 842 | 36. 617 889 | 0. 027 309 |
| 24 | 0. 390 121 | 2. 563 304 | 15. 246 963 | 39. 082 604 | 0. 025 587 |
| 25 | 0. 375 117 | 2. 665 836 | 15. 622 080 | 41. 645 908 | 0. 024 012 |

| $n$ | $v^n$ | $(1+i)^n$ | $a_{\overline{n}\rceil}$ | $s_{\overline{n}\rceil}$ | $1/s_{\overline{n}\rceil}$ |
|---|---|---|---|---|---|
| 26 | 0.360 689 | 2.772 470 | 15.982 769 | 44.311 745 | 0.022 567 |
| 27 | 0.346 817 | 2.883 369 | 16.329 586 | 47.084 214 | 0.021 239 |
| 28 | 0.333 477 | 2.998 703 | 16.663 063 | 49.967 583 | 0.020 013 |
| 29 | 0.320 651 | 3.118 651 | 16.983 715 | 52.966 286 | 0.018 880 |
| 30 | 0.308 319 | 3.243 398 | 17.292 033 | 56.084 938 | 0.017 830 |
| 31 | 0.296 460 | 3.373 133 | 17.588 494 | 59.328 335 | 0.016 855 |
| 32 | 0.285 058 | 3.508 059 | 17.873 551 | 62.701 469 | 0.015 949 |
| 33 | 0.274 094 | 3.648 381 | 18.147 646 | 66.209 527 | 0.015 104 |
| 34 | 0.263 552 | 3.794 316 | 18.411 198 | 69.857 909 | 0.014 315 |
| 35 | 0.253 415 | 3.946 089 | 18.664 613 | 73.652 225 | 0.013 577 |
| 36 | 0.243 669 | 4.103 933 | 18.908 282 | 77.598 314 | 0.012 887 |
| 37 | 0.234 297 | 4.268 090 | 19.142 579 | 81.702 246 | 0.012 240 |
| 38 | 0.225 285 | 4.438 813 | 19.367 864 | 85.970 336 | 0.011 632 |
| 39 | 0.216 621 | 4.616 366 | 19.584 485 | 90.409 150 | 0.011 061 |
| 40 | 0.208 289 | 4.801 021 | 19.792 774 | 95.025 516 | 0.010 523 |
| 41 | 0.200 278 | 4.993 061 | 19.993 052 | 99.826 536 | 0.010 017 |
| 42 | 0.192 575 | 5.192 784 | 20.185 627 | 104.819 598 | 0.009 540 |
| 43 | 0.185 168 | 5.400 495 | 20.370 795 | 110.012 382 | 0.009 090 |
| 44 | 0.178 046 | 5.616 515 | 20.548 841 | 115.412 877 | 0.008 665 |
| 45 | 0.171 198 | 5.841 176 | 20.720 040 | 121.029 392 | 0.008 262 |
| 46 | 0.164 614 | 6.074 823 | 20.884 654 | 126.870 568 | 0.007 882 |
| 47 | 0.158 283 | 6.317 816 | 21.042 936 | 132.945 390 | 0.007 522 |
| 48 | 0.152 195 | 6.570 528 | 21.195 131 | 139.263 206 | 0.007 181 |
| 49 | 0.146 341 | 6.833 349 | 21.341 472 | 145.833 734 | 0.006 857 |
| 50 | 0.140 713 | 7.106 683 | 21.482 185 | 152.667 084 | 0.006 550 |

$i=5\%$ 附录1(续6)

| $n$ | $v^n$ | $(1+i)^n$ | $a_{\overline{n}\rceil}$ | $s_{\overline{n}\rceil}$ | $1/s_{\overline{n}\rceil}$ |
|---|---|---|---|---|---|
| 1 | 0.952 381 | 1.050 000 | 0.952 381 | 1.000 000 | 1.000 000 |
| 2 | 0.907 029 | 1.102 500 | 1.859 410 | 2.050 000 | 0.487 805 |
| 3 | 0.863 838 | 1.157 625 | 2.723 248 | 3.152 500 | 0.317 209 |
| 4 | 0.822 702 | 1.215 506 | 3.545 951 | 4.310 125 | 0.232 012 |
| 5 | 0.783 526 | 1.276 282 | 4.329 477 | 5.525 631 | 0.180 975 |
| 6 | 0.746 215 | 1.340 096 | 5.075 692 | 6.801 913 | 0.147 017 |
| 7 | 0.710 681 | 1.407 100 | 5.786 373 | 8.142 008 | 0.122 820 |
| 8 | 0.676 839 | 1.477 455 | 6.463 213 | 9.549 109 | 0.104 722 |
| 9 | 0.644 609 | 1.551 328 | 7.107 822 | 11.026 564 | 0.090 690 |
| 10 | 0.613 913 | 1.628 895 | 7.721 735 | 12.577 893 | 0.079 505 |
| 11 | 0.584 679 | 1.710 339 | 8.306 414 | 14.206 787 | 0.070 389 |
| 12 | 0.556 837 | 1.795 856 | 8.863 252 | 15.917 127 | 0.062 825 |
| 13 | 0.530 321 | 1.885 649 | 9.393 573 | 17.712 983 | 0.056 456 |
| 14 | 0.505 068 | 1.979 932 | 9.898 641 | 19.598 632 | 0.051 024 |
| 15 | 0.481 017 | 2.078 928 | 10.379 658 | 21.578 564 | 0.046 342 |
| 16 | 0.458 112 | 2.182 875 | 10.837 770 | 23.657 492 | 0.042 270 |
| 17 | 0.436 297 | 2.292 018 | 11.274 066 | 25.840 366 | 0.038 699 |
| 18 | 0.415 521 | 2.406 619 | 11.689 587 | 28.132 385 | 0.035 546 |
| 19 | 0.395 734 | 2.526 950 | 12.085 321 | 30.539 004 | 0.032 745 |
| 20 | 0.376 889 | 2.653 298 | 12.462 210 | 33.065 954 | 0.030 243 |
| 21 | 0.358 942 | 2.785 963 | 12.821 153 | 35.719 252 | 0.027 996 |
| 22 | 0.341 850 | 2.925 261 | 13.163 003 | 38.505 214 | 0.025 971 |
| 23 | 0.325 571 | 3.071 524 | 13.488 574 | 41.430 475 | 0.024 137 |
| 24 | 0.310 068 | 3.225 100 | 13.798 642 | 44.501 999 | 0.022 471 |
| 25 | 0.295 303 | 3.386 355 | 14.093 945 | 47.727 099 | 0.020 952 |

| $n$ | $v^n$ | $(1+i)^n$ | $a_{\overline{n}\rceil}$ | $s_{\overline{n}\rceil}$ | $1/s_{\overline{n}\rceil}$ |
|---|---|---|---|---|---|
| 26 | 0. 281 241 | 3. 555 673 | 14. 375 185 | 51. 113 454 | 0. 019 564 |
| 27 | 0. 267 848 | 3. 733 456 | 14. 643 034 | 54. 669 126 | 0. 018 292 |
| 28 | 0. 255 094 | 3. 920 129 | 14. 898 127 | 58. 402 583 | 0. 017 123 |
| 29 | 0. 242 946 | 4. 116 136 | 15. 141 074 | 62. 322 712 | 0. 016 046 |
| 30 | 0. 231 377 | 4. 321 942 | 15. 372 451 | 66. 438 848 | 0. 015 051 |
| 31 | 0. 220 359 | 4. 538 039 | 15. 592 811 | 70. 760 790 | 0. 014 132 |
| 32 | 0. 209 866 | 4. 764 941 | 15. 802 677 | 75. 298 829 | 0. 013 280 |
| 33 | 0. 199 873 | 5. 003 189 | 16. 002 549 | 80. 063 771 | 0. 012 490 |
| 34 | 0. 190 355 | 5. 253 348 | 16. 192 904 | 85. 066 959 | 0. 011 755 |
| 35 | 0. 181 290 | 5. 516 015 | 16. 374 194 | 90. 320 307 | 0. 011 072 |
| 36 | 0. 172 657 | 5. 791 816 | 16. 546 852 | 95. 836 323 | 0. 010 434 |
| 37 | 0. 164 436 | 6. 081 407 | 16. 711 287 | 101. 628 139 | 0. 009 840 |
| 38 | 0. 156 605 | 6. 385 477 | 16. 867 893 | 107. 709 546 | 0. 009 284 |
| 39 | 0. 149 148 | 6. 704 751 | 17. 017 041 | 114. 095 023 | 0. 008 765 |
| 40 | 0. 142 046 | 7. 039 989 | 17. 159 086 | 120. 799 774 | 0. 008 278 |
| 41 | 0. 135 282 | 7. 391 988 | 17. 294 368 | 127. 839 763 | 0. 007 822 |
| 42 | 0. 128 840 | 7. 761 588 | 17. 423 208 | 135. 231 751 | 0. 007 395 |
| 43 | 0. 122 704 | 8. 149 667 | 17. 545 912 | 142. 993 339 | 0. 006 993 |
| 44 | 0. 116 861 | 8. 557 150 | 17. 662 773 | 151. 143 006 | 0. 006 616 |
| 45 | 0. 111 297 | 8. 985 008 | 17. 774 070 | 159. 700 156 | 0. 006 262 |
| 46 | 0. 105 997 | 9. 434 258 | 17. 880 066 | 168. 685 164 | 0. 005 928 |
| 47 | 0. 100 949 | 9. 905 971 | 17. 981 016 | 178. 119 422 | 0. 005 614 |
| 48 | 0. 096 142 | 10. 401 270 | 18. 077 158 | 188. 025 393 | 0. 005 318 |
| 49 | 0. 091 564 | 10. 921 333 | 18. 168 722 | 198. 426 663 | 0. 005 040 |
| 50 | 0. 087 204 | 11. 467 400 | 18. 255 925 | 209. 347 996 | 0. 004 777 |

**附录2　Anderson's $X_{18}$选择表 $3\frac{3}{4}\%$（片断表）**

| 签单年龄 | 保险年度 | | | | | | 到达年龄 |
|---|---|---|---|---|---|---|---|
| | 1 | 2 | 3 | 4 | 5 | 6～ | |
| 30 | 0.78 | 0.88 | 0.19 | 1.10 | 1.25 | 1.41 | 35 |
| 31 | 0.80 | 0.91 | 1.02 | 1.17 | 1.33 | 1.53 | 36 |
| 32 | 0.82 | 094 | 1.08 | 1.24 | 1.44 | 1.68 | 37 |
| 33 | 0.84 | 0.98 | 1.14 | 1.33 | 1.57 | 1.87 | 38 |
| 34 | 0.88 | 1.03 | 1.22 | 1.45 | 1.74 | 2.10 | 39 |
| 35 | 0.92 | 1.10 | 1.33 | 1.61 | 1.95 | 2.36 | 40 |
| 36 | 0.97 | 1.19 | 1.46 | 1.79 | 2.19 | 2.64 | 41 |
| 37 | 1.04 | 1.30 | 1.62 | 2.00 | 2.44 | 2.95 | 42 |
| 38 | 1.13 | 1.40 | 1.80 | 2.22 | 2.72 | 3.28 | 43 |
| 39 | 1.24 | 1.59 | 1.99 | 2.47 | 3.01 | 3.63 | 44 |
| 40 | 1.36 | 1.74 | 2.20 | 2.72 | 3.32 | 4.02 | 45 |
| 41 | 1.48 | 1.91 | 2.41 | 2.99 | 3.67 | 4.45 | 46 |
| 42 | 1.61 | 2.09 | 2.64 | 3.29 | 4.05 | 4.92 | 47 |
| 43 | 1.74 | 2.27 | 2.89 | 3.61 | 4.46 | 5.46 | 48 |
| 44 | 1.87 | 2.46 | 3.16 | 3.97 | 4.93 | 6.06 | 49 |

## 附录3　中国人身保险业经验生命表(2010—2013)

| 年龄 | 非养老类业务一表 | | 非养老类业务二表 | | 养老类业务表 | |
|---|---|---|---|---|---|---|
| | 男(CL1) | 女(CL2) | 男(CL3) | 女(CL4) | 男(CL5) | 女(CL6) |
| 0 | 0. 000 867 | 0. 000 620 | 0. 000 620 | 0. 000 455 | 0. 000 566 | 0. 000 453 |
| 1 | 0. 000 615 | 0. 000 456 | 0. 000 465 | 0. 000 324 | 0. 000 386 | 0. 000 289 |
| 2 | 0. 000 445 | 0. 000 337 | 0. 000 353 | 0. 000 236 | 0. 000 268 | 0. 000 184 |
| 3 | 0. 000 339 | 0. 000 256 | 0. 000 278 | 0. 000 180 | 0. 000 196 | 0. 000 124 |
| 4 | 0. 000 280 | 0. 000 203 | 0. 000 229 | 0. 000 149 | 0. 000 158 | 0. 000 095 |
| 5 | 0. 000 251 | 0. 000 170 | 0. 000 200 | 0. 000 131 | 0. 000 141 | 0. 000 084 |
| 6 | 0. 000 237 | 0. 000 149 | 0. 000 182 | 0. 000 119 | 0. 000 132 | 0. 000 078 |
| 7 | 0. 000 233 | 0. 000 137 | 0. 000 172 | 0. 000 110 | 0. 000 129 | 0. 000 074 |
| 8 | 0. 000 238 | 0. 000 133 | 0. 000 171 | 0. 000 105 | 0. 000 131 | 0. 000 072 |
| 9 | 0. 000 250 | 0. 000 136 | 0. 000 177 | 0. 000 103 | 0. 000 137 | 0. 000 072 |
| 10 | 0. 000 269 | 0. 000 145 | 0. 000 187 | 0. 000 103 | 0. 000 146 | 0. 000 074 |
| 11 | 0. 000 293 | 0. 000 157 | 0. 000 202 | 0. 000 105 | 0. 000 157 | 0. 000 077 |
| 12 | 0. 000 319 | 0. 000 172 | 0. 000 220 | 0. 000 109 | 0. 000 170 | 0. 000 080 |
| 13 | 0. 000 347 | 0. 000 189 | 0. 000 240 | 0. 000 115 | 0. 000 184 | 0. 000 085 |
| 14 | 0. 000 375 | 0. 000 206 | 0. 000 261 | 0. 000 121 | 0. 000 197 | 0. 000 090 |
| 15 | 0. 000 402 | 0. 000 221 | 0. 000 280 | 0. 000 128 | 0. 000 208 | 0. 000 095 |
| 16 | 0. 000 427 | 0. 000 234 | 0. 000 298 | 0. 000 135 | 0. 000 219 | 0. 000 100 |
| 17 | 0. 000 449 | 0. 000 245 | 0. 000 315 | 0. 000 141 | 0. 000 227 | 0. 000 105 |
| 18 | 0. 000 469 | 0. 000 255 | 0. 000 331 | 0. 000 149 | 0. 000 235 | 0. 000 110 |
| 19 | 0. 000 489 | 0. 000 262 | 0. 000 346 | 0. 000 156 | 0. 000 241 | 0. 000 115 |
| 20 | 0. 000 508 | 0. 000 269 | 0. 000 361 | 0. 000 163 | 0. 000 248 | 0. 000 120 |
| 21 | 0. 000 527 | 0. 000 274 | 0. 000 376 | 0. 000 170 | 0. 000 256 | 0. 000 125 |
| 22 | 0. 000 547 | 0. 000 279 | 0. 000 392 | 0. 000 178 | 0. 000 264 | 0. 000 129 |
| 23 | 0. 000 568 | 0. 000 284 | 0. 000 409 | 0. 000 185 | 0. 000 273 | 0. 000 134 |
| 24 | 0. 000 591 | 0. 000 289 | 0. 000 428 | 0. 000 192 | 0. 000 284 | 0. 000 139 |
| 25 | 0. 000 615 | 0. 000 294 | 0. 000 448 | 0. 000 200 | 0. 000 297 | 0. 000 144 |
| 26 | 0. 000 644 | 0. 000 300 | 0. 000 471 | 0. 000 208 | 0. 000 314 | 0. 000 149 |
| 27 | 0. 000 675 | 0. 000 307 | 0. 000 497 | 0. 000 216 | 0. 000 333 | 0. 000 154 |
| 28 | 0. 000 711 | 0. 000 316 | 0. 000 526 | 0. 000 225 | 0. 000 354 | 0. 000 160 |
| 29 | 0. 000 751 | 0. 000 327 | 0. 000 558 | 0. 000 235 | 0. 000 379 | 0. 000 167 |
| 30 | 0. 000 797 | 0. 000 340 | 0. 000 595 | 0. 000 247 | 0. 000 407 | 0. 000 175 |
| 31 | 0. 000 847 | 0. 000 356 | 0. 000 635 | 0. 000 261 | 0. 000 438 | 0. 000 186 |
| 32 | 0. 000 903 | 0. 000 374 | 0. 000 681 | 0. 000 277 | 0. 000 472 | 0. 000 198 |
| 33 | 0. 000 966 | 0. 000 397 | 0. 000 732 | 0. 000 297 | 0. 000 509 | 0. 000 213 |
| 34 | 0. 001 035 | 0. 000 423 | 0. 000 788 | 0. 000 319 | 0. 000 549 | 0. 000 231 |

附录3(续1)

| 年龄 | 非养老类业务一表 | | 非养老类业务二表 | | 养老类业务表 | |
|---|---|---|---|---|---|---|
| | 男(CL1) | 女(CL2) | 男(CL3) | 女(CL4) | 男(CL5) | 女(CL6) |
| 35 | 0.001 111 | 0.000 454 | 0.000 850 | 0.000 346 | 0.000 592 | 0.000 253 |
| 36 | 0.001 196 | 0.000 489 | 0.000 919 | 0.000 376 | 0.000 639 | 0.000 277 |
| 37 | 0.001 290 | 0.000 530 | 0.000 995 | 0.000 411 | 0.000 690 | 0.000 305 |
| 38 | 0.001 395 | 0.000 577 | 0.001 078 | 0.000 450 | 0.000 746 | 0.000 337 |
| 39 | 0.001 515 | 0.000 631 | 0.001 170 | 0.000 494 | 0.000 808 | 0.000 372 |
| 40 | 0.001 651 | 0.000 692 | 0.001 270 | 0.000 542 | 0.000 878 | 0.000 410 |
| 41 | 0.001 804 | 0.000 762 | 0.001 380 | 0.000 595 | 0.000 955 | 0.000 450 |
| 42 | 0.001 978 | 0.000 841 | 0.001 500 | 0.000 653 | 0.001 041 | 0.000 494 |
| 43 | 0.002 173 | 0.000 929 | 0.001 631 | 0.000 715 | 0.001 138 | 0.000 540 |
| 44 | 0.002 393 | 0.001 028 | 0.001 774 | 0.000 783 | 0.001 245 | 0.000 589 |
| 45 | 0.002 639 | 0.001 137 | 0.001 929 | 0.000 857 | 0.001 364 | 0.000 640 |
| 46 | 0.002 913 | 0.001 259 | 0.002 096 | 0.000 935 | 0.001 496 | 0.000 693 |
| 47 | 0.003 213 | 0.001 392 | 0.002 277 | 0.001 020 | 0.001 641 | 0.000 750 |
| 48 | 0.003 538 | 0.001 537 | 0.002 472 | 0.001 112 | 0.001 798 | 0.000 811 |
| 49 | 0.003 884 | 0.001 692 | 0.002 682 | 0.001 212 | 0.001 967 | 0.000 877 |
| 50 | 0.004 249 | 0.001 859 | 0.002 908 | 0.001 321 | 0.002 148 | 0.000 950 |
| 51 | 0.004 633 | 0.002 037 | 0.003 150 | 0.001 439 | 0.002 340 | 0.001 031 |
| 52 | 0.005 032 | 0.002 226 | 0.003 409 | 0.001 568 | 0.002 544 | 0.001 120 |
| 53 | 0.005 445 | 0.002 424 | 0.003 686 | 0.001 709 | 0.002 759 | 0.001 219 |
| 54 | 0.005 869 | 0.002 634 | 0.003 982 | 0.001 861 | 0.002 985 | 0.001 329 |
| 55 | 0.006 302 | 0.002 853 | 0.004 297 | 0.002 027 | 0.003 221 | 0.001 450 |
| 56 | 0.006 747 | 0.003 085 | 0.004 636 | 0.002 208 | 0.003 469 | 0.001 585 |
| 57 | 0.007 227 | 0.003 342 | 0.004 999 | 0.002 403 | 0.003 731 | 0.001 736 |
| 58 | 0.007 770 | 0.003 638 | 0.005 389 | 0.002 613 | 0.004 014 | 0.001 905 |
| 59 | 0.008 403 | 0.003 990 | 0.005 807 | 0.002 840 | 0.004 323 | 0.002 097 |
| 60 | 0.009 161 | 0.004 414 | 0.006 258 | 0.003 088 | 0.004 660 | 0.002 315 |
| 61 | 0.010 065 | 0.004 923 | 0.006 742 | 0.003 366 | 0.005 034 | 0.002 561 |
| 62 | 0.011 129 | 0.005 529 | 0.007 261 | 0.003 684 | 0.005 448 | 0.002 836 |
| 63 | 0.012 360 | 0.006 244 | 0.007 815 | 0.004 055 | 0.005 909 | 0.003 137 |
| 64 | 0.013 771 | 0.007 078 | 0.008 405 | 0.004 495 | 0.006 422 | 0.003 468 |
| 65 | 0.015 379 | 0.008 045 | 0.009 039 | 0.005 016 | 0.006 988 | 0.003 835 |
| 66 | 0.017 212 | 0.009 165 | 0.009 738 | 0.005 626 | 0.007 610 | 0.004 254 |
| 67 | 0.019 304 | 0.010 460 | 0.010 538 | 0.006 326 | 0.008 292 | 0.004 740 |
| 68 | 0.021 691 | 0.011 955 | 0.011 496 | 0.007 115 | 0.009 046 | 0.005 302 |
| 69 | 0.024 411 | 0.013 674 | 0.012 686 | 0.008 000 | 0.009 897 | 0.005 943 |
| 70 | 0.027 495 | 0.015 643 | 0.014 192 | 0.009 007 | 0.010 888 | 0.006 660 |
| 71 | 0.030 965 | 0.017 887 | 0.016 106 | 0.010 185 | 0.012 080 | 0.007 460 |

| 年龄 | 非养老类业务一表 | | 非养老类业务二表 | | 养老类业务表 | |
|---|---|---|---|---|---|---|
| | 男(CL1) | 女(CL2) | 男(CL3) | 女(CL4) | 男(CL5) | 女(CL6) |
| 72 | 0. 034 832 | 0. 020 432 | 0. 018 517 | 0. 011 606 | 0. 013 550 | 0. 008 369 |
| 73 | 0. 039 105 | 0. 023 303 | 0. 021 510 | 0. 013 353 | 0. 015 387 | 0. 009 436 |
| 74 | 0. 043 796 | 0. 026 528 | 0. 025 151 | 0. 015 508 | 0. 017 686 | 0. 010 730 |
| 75 | 0. 048 921 | 0. 030 137 | 0. 029 490 | 0. 018 134 | 0. 020 539 | 0. 012 332 |
| 76 | 0. 054 506 | 0. 034 165 | 0. 034 545 | 0. 021 268 | 0. 024 017 | 0. 014 315 |
| 77 | 0. 060 586 | 0. 038 653 | 0. 040 310 | 0. 024 916 | 0. 028 162 | 0. 016 734 |
| 78 | 0. 067 202 | 0. 043 648 | 0. 046 747 | 0. 029 062 | 0. 032 978 | 0. 019 619 |
| 79 | 0. 074 400 | 0. 049 205 | 0. 053 801 | 0. 033 674 | 0. 038 437 | 0. 022 971 |
| 80 | 0. 082 220 | 0. 055 385 | 0. 061 403 | 0. 038 718 | 0. 044 492 | 0. 026 770 |
| 81 | 0. 090 700 | 0. 062 254 | 0. 069 485 | 0. 044 160 | 0. 051 086 | 0. 030 989 |
| 82 | 0. 099 868 | 0. 069 880 | 0. 077 987 | 0. 049 977 | 0. 058 173 | 0. 035 598 |
| 83 | 0. 109 754 | 0. 078 320 | 0. 086 872 | 0. 056 157 | 0. 065 722 | 0. 040 576 |
| 84 | 0. 120 388 | 0. 087 611 | 0. 096 130 | 0. 062 695 | 0. 073 729 | 0. 045 915 |
| 85 | 0. 131 817 | 0. 097 754 | 0. 105 786 | 0. 069 596 | 0. 082 223 | 0. 051 616 |
| 86 | 0. 144 105 | 0. 108 704 | 0. 115 900 | 0. 076 863 | 0. 091 239 | 0. 057 646 |
| 87 | 0. 157 334 | 0. 120 371 | 0. 126 569 | 0. 084 501 | 0. 100 900 | 0. 064 084 |
| 88 | 0. 171 609 | 0. 132 638 | 0. 137 917 | 0. 092 504 | 0. 111 321 | 0. 070 942 |
| 89 | 0. 187 046 | 0. 145 395 | 0. 150 089 | 0. 100 864 | 0. 122 608 | 0. 078 241 |
| 90 | 0. 203 765 | 0. 158 572 | 0. 163 239 | 0. 109 567 | 0. 134 870 | 0. 086 003 |
| 91 | 0. 221 873 | 0. 172 172 | 0. 177 519 | 0. 118 605 | 0. 148 212 | 0. 094 249 |
| 92 | 0. 241 451 | 0. 186 294 | 0. 193 067 | 0. 127 985 | 0. 162 742 | 0. 103 002 |
| 93 | 0. 262 539 | 0. 201 129 | 0. 209 999 | 0. 137 743 | 0. 178 566 | 0. 112 281 |
| 94 | 0. 285 129 | 0. 216 940 | 0. 228 394 | 0. 147 962 | 0. 195 793 | 0. 122 109 |
| 95 | 0. 309 160 | 0. 234 026 | 0. 248 299 | 0. 158 777 | 0. 214 499 | 0. 132 540 |
| 96 | 0. 334 529 | 0. 252 673 | 0. 269 718 | 0. 170 380 | 0. 234 650 | 0. 143 757 |
| 97 | 0. 361 101 | 0. 273 112 | 0. 292 621 | 0. 183 020 | 0. 256 180 | 0. 155 979 |
| 98 | 0. 388 727 | 0. 295 478 | 0. 316 951 | 0. 196 986 | 0. 279 025 | 0. 169 421 |
| 99 | 0. 417 257 | 0. 319 794 | 0. 342 628 | 0. 212 604 | 0. 303 120 | 0. 184 301 |
| 100 | 0. 446 544 | 0. 345 975 | 0. 369 561 | 0. 230 215 | 0. 328 401 | 0. 200 836 |
| 101 | 0. 476 447 | 0. 373 856 | 0. 397 652 | 0. 250 172 | 0. 354 803 | 0. 219 242 |
| 102 | 0. 506 830 | 0. 403 221 | 0. 426 801 | 0. 272 831 | 0. 382 261 | 0. 239 737 |
| 103 | 0. 537 558 | 0. 433 833 | 0. 456 906 | 0. 298 551 | 0. 410 710 | 0. 262 537 |
| 104 | 0. 568 497 | 0. 465 447 | 0. 487 867 | 0. 327 687 | 0. 440 086 | 0. 287 859 |
| 105 | 1 | 1 | 1 | 1 | 1 | 1 |

资料来源:中国保监会关于发布《中国人身保险业经验生命表(2010—2013)》的通知。http://www.circ.gov.cn/web/site0/tab5 216/info4 054 990.htm.

附录 4　中国人身保险业经验生命表(一类非养老金业务男子表)[CL1(2010—2013)]

| $x$ | $q_x$ | $p_x$ | $l_x$ | $d_x$ | $L_x$ | $T_x$ | $e_x$ | $\mathring{e}_x$ |
|---|---|---|---|---|---|---|---|---|
| 0 | 0. 000 867 | 0. 999 133 | 100 000 | 87 | 99 956. 65 | 7 642 014. 19 | 76. 42 | 75. 92 |
| 1 | 0. 000 615 | 0. 999 385 | 99 913 | 61 | 99 882. 58 | 7 542 057. 54 | 75. 49 | 74. 99 |
| 2 | 0. 000 445 | 0. 999 555 | 99 852 | 44 | 99 829. 64 | 7 442 174. 96 | 74. 53 | 74. 03 |
| 3 | 0. 000 339 | 0. 999 661 | 99 807 | 34 | 99 790. 50 | 7 342 345. 32 | 73. 57 | 73. 07 |
| 4 | 0. 000 280 | 0. 999 720 | 99 774 | 28 | 99 759. 62 | 7 242 554. 82 | 72. 59 | 72. 09 |
| 5 | 0. 000 251 | 0. 999 749 | 99 746 | 25 | 99 733. 13 | 7 142 795. 21 | 71. 61 | 71. 11 |
| 6 | 0. 000 237 | 0. 999 763 | 99 721 | 24 | 99 708. 79 | 7 043 062. 08 | 70. 63 | 70. 13 |
| 7 | 0. 000 233 | 0. 999 767 | 99 697 | 23 | 99 685. 36 | 6 943 353. 28 | 69. 64 | 69. 14 |
| 8 | 0. 000 238 | 0. 999 762 | 99 674 | 24 | 99 661. 89 | 6 843 667. 92 | 68. 66 | 68. 16 |
| 9 | 0. 000 250 | 0. 999 750 | 99 650 | 25 | 99 637. 57 | 6 744 006. 03 | 67. 68 | 67. 18 |
| 10 | 0. 000 269 | 0. 999 731 | 99 625 | 27 | 99 611. 71 | 6 644 368. 46 | 66. 69 | 66. 19 |
| 11 | 0. 000 293 | 0. 999 707 | 99 598 | 29 | 99 583. 72 | 6 544 756. 75 | 65. 71 | 65. 21 |
| 12 | 0. 000 319 | 0. 999 681 | 99 569 | 32 | 99 553. 25 | 6 445 173. 02 | 64. 73 | 64. 23 |
| 13 | 0. 000 347 | 0. 999 653 | 99 537 | 35 | 99 520. 10 | 6 345 619. 77 | 63. 75 | 63. 25 |
| 14 | 0. 000 375 | 0. 999 625 | 99 503 | 37 | 99 484. 17 | 6 246 099. 67 | 62. 77 | 62. 27 |
| 15 | 0. 000 402 | 0. 999 598 | 99 466 | 40 | 99 445. 52 | 6 146 615. 50 | 61. 80 | 61. 30 |
| 16 | 0. 000 427 | 0. 999 573 | 99 426 | 42 | 99 404. 30 | 6 047 169. 97 | 60. 82 | 60. 32 |
| 17 | 0. 000 449 | 0. 999 551 | 99 383 | 45 | 99 360. 77 | 5 947 765. 67 | 59. 85 | 59. 35 |
| 18 | 0. 000 469 | 0. 999 531 | 99 338 | 47 | 99 315. 16 | 5 848 404. 90 | 58. 87 | 58. 37 |
| 19 | 0. 000 489 | 0. 999 511 | 99 292 | 49 | 99 267. 59 | 5 749 089. 75 | 57. 90 | 57. 40 |
| 20 | 0. 000 508 | 0. 999 492 | 99 243 | 50 | 99 218. 10 | 5 649 822. 16 | 56. 93 | 56. 43 |
| 21 | 0. 000 527 | 0. 999 473 | 99 193 | 52 | 99 166. 76 | 5 550 604. 06 | 55. 96 | 55. 46 |
| 22 | 0. 000 547 | 0. 999 453 | 99 141 | 54 | 99 113. 51 | 5 451 437. 30 | 54. 99 | 54. 49 |
| 23 | 0. 000 568 | 0. 999 432 | 99 086 | 56 | 99 058. 25 | 5 352 323. 79 | 54. 02 | 53. 52 |
| 24 | 0. 000 591 | 0. 999 409 | 99 030 | 59 | 99 000. 85 | 5 253 265. 54 | 53. 05 | 52. 55 |
| 25 | 0. 000 615 | 0. 999 385 | 98 972 | 61 | 98 941. 15 | 5 154 264. 70 | 52. 08 | 51. 58 |
| 26 | 0. 000 644 | 0. 999 356 | 98 911 | 64 | 98 878. 87 | 5 055 323. 55 | 51. 11 | 50. 61 |
| 27 | 0. 000 675 | 0. 999 325 | 98 847 | 67 | 98 813. 66 | 4 956 444. 68 | 50. 14 | 49. 64 |
| 28 | 0. 000 711 | 0. 999 289 | 98 780 | 70 | 98 745. 18 | 4 857 631. 03 | 49. 18 | 48. 68 |
| 29 | 0. 000 751 | 0. 999 249 | 98 710 | 74 | 98 673. 00 | 4 758 885. 85 | 48. 21 | 47. 71 |
| 30 | 0. 000 797 | 0. 999 203 | 98 636 | 79 | 98 596. 62 | 4 660 212. 85 | 47. 25 | 46. 75 |
| 31 | 0. 000 847 | 0. 999 153 | 98 557 | 83 | 98 515. 58 | 4 561 616. 23 | 46. 28 | 45. 78 |
| 32 | 0. 000 903 | 0. 999 097 | 98 474 | 89 | 98 429. 38 | 4 463 100. 65 | 45. 32 | 44. 82 |
| 33 | 0. 000 966 | 0. 999 034 | 98 385 | 95 | 98 337. 40 | 4 364 671. 27 | 44. 36 | 43. 86 |

| $x$ | $q_x$ | $p_x$ | $l_x$ | $d_x$ | $L_x$ | $T_x$ | $e_x$ | $\mathring{e}_x$ |
|---|---|---|---|---|---|---|---|---|
| 34 | 0.001 035 | 0.998 965 | 98 290 | 102 | 98 239.01 | 4 266 333.87 | 43.41 | 42.91 |
| 35 | 0.001 111 | 0.998 889 | 98 188 | 109 | 98 133.60 | 4 168 094.86 | 42.45 | 41.95 |
| 36 | 0.001 196 | 0.998 804 | 98 079 | 117 | 98 020.41 | 4 069 961.26 | 41.50 | 41.00 |
| 37 | 0.001 290 | 0.998 710 | 97 962 | 126 | 97 898.57 | 3 971 940.85 | 40.55 | 40.05 |
| 38 | 0.001 395 | 0.998 605 | 97 835 | 136 | 97 767.15 | 3 874 042.27 | 39.60 | 39.10 |
| 39 | 0.001 515 | 0.998 485 | 97 699 | 148 | 97 624.90 | 3 776 275.13 | 38.65 | 38.15 |
| 40 | 0.001 651 | 0.998 349 | 97 551 | 161 | 97 470.37 | 3 678 650.23 | 37.71 | 37.21 |
| 41 | 0.001 804 | 0.998 196 | 97 390 | 176 | 97 301.99 | 3 581 179.86 | 36.77 | 36.27 |
| 42 | 0.001 978 | 0.998 022 | 97 214 | 192 | 97 118.00 | 3 483 877.87 | 35.84 | 35.34 |
| 43 | 0.002 173 | 0.997 827 | 97 022 | 211 | 96 916.44 | 3 386 759.87 | 34.91 | 34.41 |
| 44 | 0.002 393 | 0.997 607 | 96 811 | 232 | 96 695.19 | 3 289 843.43 | 33.98 | 33.48 |
| 45 | 0.002 639 | 0.997 361 | 96 579 | 255 | 96 451.92 | 3 193 148.23 | 33.06 | 32.56 |
| 46 | 0.002 913 | 0.997 087 | 96 324 | 281 | 96 184.19 | 3 096 696.31 | 32.15 | 31.65 |
| 47 | 0.003 213 | 0.996 787 | 96 044 | 309 | 95 889.60 | 3 000 512.12 | 31.24 | 30.74 |
| 48 | 0.003 538 | 0.996 462 | 95 735 | 339 | 95 565.95 | 2 904 622.52 | 30.34 | 29.84 |
| 49 | 0.003 884 | 0.996 116 | 95 397 | 371 | 95 211.33 | 2 809 056.58 | 29.45 | 28.95 |
| 50 | 0.004 249 | 0.995 751 | 95 026 | 404 | 94 824.19 | 2 713 845.24 | 28.56 | 28.06 |
| 51 | 0.004 633 | 0.995 367 | 94 622 | 438 | 94 403.11 | 2 619 021.06 | 27.68 | 27.18 |
| 52 | 0.005 032 | 0.994 968 | 94 184 | 474 | 93 946.95 | 2 524 617.94 | 26.81 | 26.31 |
| 53 | 0.005 445 | 0.994 555 | 93 710 | 510 | 93 454.86 | 2 430 670.99 | 25.94 | 25.44 |
| 54 | 0.005 869 | 0.994 131 | 93 200 | 547 | 92 926.24 | 2 337 216.13 | 25.08 | 24.58 |
| 55 | 0.006 302 | 0.993 698 | 92 653 | 584 | 92 360.80 | 2 244 289.88 | 24.22 | 23.72 |
| 56 | 0.006 747 | 0.993 253 | 92 069 | 621 | 91 758.26 | 2 151 929.09 | 23.37 | 22.87 |
| 57 | 0.007 227 | 0.992 773 | 91 448 | 661 | 91 117.21 | 2 060 170.83 | 22.53 | 22.03 |
| 58 | 0.007 770 | 0.992 230 | 90 787 | 705 | 90 434.06 | 1 969 053.62 | 21.69 | 21.19 |
| 59 | 0.008 403 | 0.991 597 | 90 081 | 757 | 89 702.88 | 1 878 619.55 | 20.85 | 20.35 |
| 60 | 0.009 161 | 0.990 839 | 89 324 | 818 | 88 915.25 | 1 788 916.67 | 20.03 | 19.53 |
| 61 | 0.010 065 | 0.989 935 | 88 506 | 891 | 88 060.69 | 1 700 001.42 | 19.21 | 18.71 |
| 62 | 0.011 129 | 0.988 871 | 87 615 | 975 | 87 127.75 | 1 611 940.73 | 18.40 | 17.90 |
| 63 | 0.012 360 | 0.987 640 | 86 640 | 1 071 | 86 104.78 | 1 524 812.98 | 17.60 | 17.10 |
| 64 | 0.013 771 | 0.986 229 | 85 569 | 1 178 | 84 980.16 | 1 438 708.20 | 16.81 | 16.31 |
| 65 | 0.015 379 | 0.984 621 | 84 391 | 1 298 | 83 742.04 | 1 353 728.04 | 16.04 | 15.54 |
| 66 | 0.017 212 | 0.982 788 | 83 093 | 1 430 | 82 378.02 | 1 269 986.00 | 15.28 | 14.78 |
| 67 | 0.019 304 | 0.980 696 | 81 663 | 1 576 | 80 874.71 | 1 187 607.98 | 14.54 | 14.04 |
| 68 | 0.021 691 | 0.978 309 | 80 086 | 1 737 | 79 217.92 | 1 106 733.27 | 13.82 | 13.32 |

附录4(续2)

| $x$ | $q_x$ | $p_x$ | $l_x$ | $d_x$ | $L_x$ | $T_x$ | $e_x$ | $\mathring{e}_x$ |
|---|---|---|---|---|---|---|---|---|
| 69 | 0. 024 411 | 0. 975 589 | 78 349 | 1 913 | 77 393. 05 | 1 027 515. 35 | 13. 11 | 12. 61 |
| 70 | 0. 027 495 | 0. 972 505 | 76 437 | 2 102 | 75 385. 94 | 950 122. 29 | 12. 43 | 11. 93 |
| 71 | 0. 030 965 | 0. 969 035 | 74 335 | 2 302 | 73 184. 24 | 874 736. 35 | 11. 77 | 11. 27 |
| 72 | 0. 034 832 | 0. 965 168 | 72 033 | 2 509 | 70 778. 81 | 801 552. 12 | 11. 13 | 10. 63 |
| 73 | 0. 039 105 | 0. 960 895 | 69 524 | 2 719 | 68 164. 90 | 730 773. 31 | 10. 51 | 10. 01 |
| 74 | 0. 043 796 | 0. 956 204 | 66 806 | 2 926 | 65 342. 62 | 662 608. 40 | 9. 92 | 9. 42 |
| 75 | 0. 048 921 | 0. 951 079 | 63 880 | 3 125 | 62 317. 18 | 597 265. 78 | 9. 35 | 8. 85 |
| 76 | 0. 054 506 | 0. 945 494 | 60 755 | 3 311 | 59 098. 91 | 534 948. 60 | 8. 81 | 8. 31 |
| 77 | 0. 060 586 | 0. 939 414 | 57 443 | 3 480 | 55 703. 04 | 475 849. 69 | 8. 28 | 7. 78 |
| 78 | 0. 067 202 | 0. 932 798 | 53 963 | 3 626 | 52 149. 70 | 420 146. 65 | 7. 79 | 7. 29 |
| 79 | 0. 074 400 | 0. 925 600 | 50 336 | 3 745 | 48 463. 98 | 367 996. 95 | 7. 31 | 6. 81 |
| 80 | 0. 082 220 | 0. 917 780 | 46 591 | 3 831 | 44 676. 08 | 319 532. 97 | 6. 86 | 6. 36 |
| 81 | 0. 090 700 | 0. 909 300 | 42 761 | 3 878 | 40 821. 51 | 274 856. 89 | 6. 43 | 5. 93 |
| 82 | 0. 099 868 | 0. 900 132 | 38 882 | 3 883 | 36 940. 76 | 234 035. 38 | 6. 02 | 5. 52 |
| 83 | 0. 109 754 | 0. 890 246 | 34 999 | 3 841 | 33 078. 56 | 197 094. 61 | 5. 63 | 5. 13 |
| 84 | 0. 120 388 | 0. 879 612 | 31 158 | 3 751 | 29 282. 39 | 164 016. 05 | 5. 26 | 4. 76 |
| 85 | 0. 131 817 | 0. 868 183 | 27 407 | 3 613 | 25 600. 53 | 134 733. 66 | 4. 92 | 4. 42 |
| 86 | 0. 144 105 | 0. 855 895 | 23 794 | 3 429 | 22 079. 75 | 109 133. 13 | 4. 59 | 4. 09 |
| 87 | 0. 157 334 | 0. 842 666 | 20 365 | 3 204 | 18 763. 24 | 87 053. 38 | 4. 27 | 3. 77 |
| 88 | 0. 171 609 | 0. 828 391 | 17 161 | 2 945 | 15 688. 66 | 68 290. 14 | 3. 98 | 3. 48 |
| 89 | 0. 187 046 | 0. 812 954 | 14 216 | 2 659 | 12 886. 62 | 52 601. 48 | 3. 70 | 3. 20 |
| 90 | 0. 203 765 | 0. 796 235 | 11 557 | 2 355 | 10 379. 61 | 39 714. 87 | 3. 44 | 2. 94 |
| 91 | 0. 221 873 | 0. 778 127 | 9 202 | 2 042 | 8 181. 30 | 29 335. 25 | 3. 19 | 2. 69 |
| 92 | 0. 241 451 | 0. 758 549 | 7 160 | 1 729 | 6 295. 99 | 21 153. 96 | 2. 95 | 2. 45 |
| 93 | 0. 262 539 | 0. 737 461 | 5 432 | 1 426 | 4 718. 55 | 14 857. 96 | 2. 74 | 2. 24 |
| 94 | 0. 285 129 | 0. 714 871 | 4 006 | 1 142 | 3 434. 50 | 10 139. 41 | 2. 53 | 2. 03 |
| 95 | 0. 309 160 | 0. 690 840 | 2 863 | 885 | 2 420. 82 | 6 704. 91 | 2. 34 | 1. 84 |
| 96 | 0. 334 529 | 0. 665 471 | 1 978 | 662 | 1 647. 31 | 4 284. 09 | 2. 17 | 1. 67 |
| 97 | 0. 361 101 | 0. 638 899 | 1 316 | 475 | 1 078. 75 | 2 636. 78 | 2. 00 | 1. 50 |
| 98 | 0. 388 727 | 0. 611 273 | 841 | 327 | 677. 59 | 1 558. 04 | 1. 85 | 1. 35 |
| 99 | 0. 417 257 | 0. 582 743 | 514 | 215 | 406. 86 | 880. 44 | 1. 71 | 1. 21 |
| 100 | 0. 446 544 | 0. 553 456 | 300 | 134 | 232. 71 | 473. 58 | 1. 58 | 1. 08 |
| 101 | 0. 476 447 | 0. 523 553 | 166 | 79 | 126. 31 | 240. 88 | 1. 45 | 0. 95 |
| 102 | 0. 506 830 | 0. 493 170 | 87 | 44 | 64. 81 | 114. 56 | 1. 32 | 0. 82 |
| 103 | 0. 537 558 | 0. 462 442 | 43 | 23 | 31. 31 | 49. 75 | 1. 16 | 0. 66 |
| 104 | 0. 568 497 | 0. 431 503 | 20 | 11 | 14. 17 | 18. 44 | 0. 93 | 0. 43 |
| 105 | 1 | 0 | 9 | 9 | 4. 27 | 4. 27 | 0. 50 | 0. 00 |

## 附录5 中国人身保险业经验生命表的替换函数表[CL1(2010—2013)2.5%]

| $x$ | $D_x$ | $N_x$ | $S_x$ | $C_x$ | $M_x$ | $R_x$ |
|---|---|---|---|---|---|---|
| 0 | 100 000.00 | 3 439 036.85 | 94 620 963.32 | 84.59 | 16 121.05 | 1 131 208.48 |
| 1 | 97 476.39 | 3 339 036.85 | 91 181 926.47 | 58.49 | 16 036.47 | 1 115 087.42 |
| 2 | 95 040.43 | 3 241 560.46 | 87 842 889.62 | 41.26 | 15 977.98 | 1 099 050.96 |
| 3 | 92 681.11 | 3 146 520.03 | 84 601 329.16 | 30.65 | 15 936.72 | 1 083 072.97 |
| 4 | 90 389.94 | 3 053 838.92 | 81 454 809.13 | 24.69 | 15 906.07 | 1 067 136.26 |
| 5 | 88 160.62 | 2 963 448.97 | 78 400 970.22 | 21.59 | 15 881.38 | 1 051 230.19 |
| 6 | 85 988.77 | 2 875 288.36 | 75 437 521.24 | 19.88 | 15 859.79 | 1 035 348.81 |
| 7 | 83 871.60 | 2 789 299.58 | 72 562 232.89 | 19.07 | 15 839.90 | 1 019 489.03 |
| 8 | 81 806.89 | 2 705 427.98 | 69 772 933.30 | 19.00 | 15 820.84 | 1 003 649.12 |
| 9 | 79 792.60 | 2 623 621.10 | 67 067 505.32 | 19.46 | 15 801.84 | 987 828.28 |
| 10 | 77 826.98 | 2 543 828.49 | 64 443 884.23 | 20.42 | 15 782.38 | 972 026.44 |
| 11 | 75 908.34 | 2 466 001.51 | 61 900 055.73 | 21.70 | 15 761.96 | 956 244.06 |
| 12 | 74 035.21 | 2 390 093.18 | 59 434 054.22 | 23.04 | 15 740.26 | 940 482.10 |
| 13 | 72 206.44 | 2 316 057.96 | 57 043 961.04 | 24.44 | 15 717.22 | 924 741.84 |
| 14 | 70 420.86 | 2 243 851.53 | 54 727 903.08 | 25.76 | 15 692.77 | 909 024.62 |
| 15 | 68 677.51 | 2 173 430.67 | 52 484 051.55 | 26.93 | 15 667.01 | 893 331.85 |
| 16 | 66 975.52 | 2 104 753.15 | 50 310 620.89 | 27.90 | 15 640.07 | 877 664.84 |
| 17 | 65 314.07 | 2 037 777.64 | 48 205 867.73 | 28.61 | 15 612.17 | 862 024.77 |
| 18 | 63 692.43 | 1 972 463.57 | 46 168 090.09 | 29.14 | 15 583.56 | 846 412.59 |
| 19 | 62 109.81 | 1 908 771.14 | 44 195 626.52 | 29.63 | 15 554.42 | 830 829.03 |
| 20 | 60 565.31 | 1 846 661.33 | 42 286 855.38 | 30.02 | 15 524.79 | 815 274.61 |
| 21 | 59 058.09 | 1 786 096.02 | 40 440 194.05 | 30.36 | 15 494.77 | 799 749.82 |
| 22 | 57 587.28 | 1 727 037.93 | 38 654 098.03 | 30.73 | 15 464.41 | 784 255.05 |
| 23 | 56 151.98 | 1 669 450.65 | 36 927 060.10 | 31.12 | 15 433.68 | 768 790.64 |
| 24 | 54 751.31 | 1 613 298.66 | 35 257 609.46 | 31.57 | 15 402.56 | 753 356.97 |
| 25 | 53 384.34 | 1 558 547.36 | 33 644 310.80 | 32.03 | 15 370.99 | 737 954.41 |
| 26 | 52 050.25 | 1 505 163.02 | 32 085 763.44 | 32.70 | 15 338.96 | 722 583.42 |
| 27 | 50 748.03 | 1 453 112.76 | 30 580 600.42 | 33.42 | 15 306.26 | 707 244.46 |
| 28 | 49 476.86 | 1 402 364.73 | 29 127 487.66 | 34.32 | 15 272.84 | 691 938.20 |
| 29 | 48 235.78 | 1 352 887.88 | 27 725 122.93 | 35.34 | 15 238.52 | 676 665.37 |
| 30 | 47 023.96 | 1 304 652.09 | 26 372 235.05 | 36.56 | 15 203.18 | 661 426.85 |
| 31 | 45 840.47 | 1 257 628.14 | 25 067 582.96 | 37.88 | 15 166.61 | 646 223.67 |
| 32 | 44 684.53 | 1 211 787.67 | 23 809 954.82 | 39.37 | 15 128.73 | 631 057.06 |
| 33 | 43 555.30 | 1 167 103.14 | 22 598 167.15 | 41.05 | 15 089.37 | 615 928.33 |

附录5(续1)

| $x$ | $D_x$ | $N_x$ | $S_x$ | $C_x$ | $M_x$ | $R_x$ |
|---|---|---|---|---|---|---|
| 34 | 42 451.92 | 1 123 547.84 | 21 431 064.01 | 42.87 | 15 048.32 | 600 838.96 |
| 35 | 41 373.64 | 1 081 095.92 | 20 307 516.17 | 44.84 | 15 005.45 | 585 790.65 |
| 36 | 40 319.69 | 1 039 722.28 | 19 226 420.25 | 47.05 | 14 960.61 | 570 785.20 |
| 37 | 39 289.23 | 999 402.59 | 18 186 697.97 | 49.45 | 14 913.56 | 555 824.59 |
| 38 | 38 281.51 | 960 113.36 | 17 187 295.38 | 52.10 | 14 864.11 | 540 911.03 |
| 39 | 37 295.72 | 921 831.84 | 16 227 182.03 | 55.12 | 14 812.01 | 526 046.92 |
| 40 | 36 330.94 | 884 536.13 | 15 305 350.19 | 58.52 | 14 756.89 | 511 234.90 |
| 41 | 35 386.30 | 848 205.19 | 14 420 814.06 | 62.28 | 14 698.37 | 496 478.01 |
| 42 | 34 460.94 | 812 818.89 | 13 572 608.87 | 66.50 | 14 636.09 | 481 779.65 |
| 43 | 33 553.93 | 778 357.95 | 12 759 789.98 | 71.13 | 14 569.59 | 467 143.56 |
| 44 | 32 664.41 | 744 804.02 | 11 981 432.04 | 76.26 | 14 498.45 | 452 573.97 |
| 45 | 31 791.45 | 712 139.61 | 11 236 628.02 | 81.85 | 14 422.19 | 438 075.52 |
| 46 | 30 934.20 | 680 348.16 | 10 524 488.41 | 87.91 | 14 340.34 | 423 653.32 |
| 47 | 30 091.79 | 649 413.96 | 9 844 140.24 | 94.33 | 14 252.43 | 409 312.98 |
| 48 | 29 263.52 | 619 322.17 | 9 194 726.28 | 101.01 | 14 158.10 | 395 060.55 |
| 49 | 28 448.77 | 590 058.65 | 8 575 404.12 | 107.80 | 14 057.09 | 380 902.45 |
| 50 | 27 647.10 | 561 609.88 | 7 985 345.47 | 114.61 | 13 949.29 | 366 845.35 |
| 51 | 26 858.17 | 533 962.78 | 7 423 735.59 | 121.40 | 13 834.69 | 352 896.06 |
| 52 | 26 081.69 | 507 104.61 | 6 889 772.81 | 128.04 | 13 713.29 | 339 061.38 |
| 53 | 25 317.51 | 481 022.92 | 6 382 668.19 | 134.49 | 13 585.24 | 325 348.09 |
| 54 | 24 565.52 | 455 705.41 | 5 901 645.27 | 140.66 | 13 450.75 | 311 762.84 |
| 55 | 23 825.70 | 431 139.89 | 5 445 939.86 | 146.49 | 13 310.09 | 298 312.09 |
| 56 | 23 098.10 | 407 314.19 | 5 014 799.97 | 152.04 | 13 163.61 | 285 002.00 |
| 57 | 22 382.69 | 384 216.09 | 4 607 485.78 | 157.81 | 13 011.57 | 271 838.39 |
| 58 | 21 678.96 | 361 833.40 | 4 223 269.69 | 164.34 | 12 853.75 | 258 826.82 |
| 59 | 20 985.86 | 340 154.44 | 3 861 436.29 | 172.04 | 12 689.41 | 245 973.07 |
| 60 | 20 301.97 | 319 168.58 | 3 521 281.85 | 181.45 | 12 517.37 | 233 283.66 |
| 61 | 19 625.35 | 298 866.61 | 3 202 113.27 | 192.71 | 12 335.92 | 220 766.29 |
| 62 | 18 953.97 | 279 241.26 | 2 903 246.66 | 205.79 | 12 143.21 | 208 430.36 |
| 63 | 18 285.89 | 260 287.29 | 2 624 005.40 | 220.50 | 11 937.42 | 196 287.16 |
| 64 | 17 619.39 | 242 001.40 | 2 363 718.11 | 236.72 | 11 716.91 | 184 349.74 |
| 65 | 16 952.93 | 224 382.01 | 2 121 716.71 | 254.36 | 11 480.20 | 172 632.82 |
| 66 | 16 285.08 | 207 429.08 | 1 897 334.70 | 273.46 | 11 225.84 | 161 152.63 |
| 67 | 15 614.42 | 191 144.00 | 1 689 905.61 | 294.07 | 10 952.37 | 149 926.79 |
| 68 | 14 939.51 | 175 529.58 | 1 498 761.61 | 316.15 | 10 658.30 | 138 974.42 |

| $x$ | $D_x$ | $N_x$ | $S_x$ | $C_x$ | $M_x$ | $R_x$ |
|---|---|---|---|---|---|---|
| 69 | 14 258.99 | 160 590.07 | 1 323 232.03 | 339.59 | 10 342.16 | 128 316.11 |
| 70 | 13 571.62 | 146 331.08 | 1 162 641.96 | 364.05 | 10 002.57 | 117 973.96 |
| 71 | 12 876.55 | 132 759.46 | 1 016 310.88 | 389.00 | 9 638.52 | 107 971.39 |
| 72 | 12 173.49 | 119 882.91 | 883 551.42 | 413.69 | 9 249.52 | 98 332.87 |
| 73 | 11 462.89 | 107 709.41 | 763 668.51 | 437.32 | 8 835.84 | 89 083.35 |
| 74 | 10 745.99 | 96 246.52 | 655 959.10 | 459.15 | 8 398.51 | 80 247.52 |
| 75 | 10 024.74 | 85 500.53 | 559 712.58 | 478.46 | 7 939.36 | 71 849.00 |
| 76 | 9 301.77 | 75 475.79 | 474 212.06 | 494.64 | 7 460.90 | 63 909.64 |
| 77 | 8 580.27 | 66 174.02 | 398 736.26 | 507.16 | 6 966.26 | 56 448.74 |
| 78 | 7 863.83 | 57 593.75 | 332 562.25 | 515.58 | 6 459.10 | 49 482.48 |
| 79 | 7 156.45 | 49 729.93 | 274 968.50 | 519.45 | 5 943.52 | 43 023.38 |
| 80 | 6 462.45 | 42 573.48 | 225 238.57 | 518.38 | 5 424.07 | 37 079.85 |
| 81 | 5 786.44 | 36 111.03 | 182 665.10 | 512.03 | 4 905.69 | 31 655.78 |
| 82 | 5 133.28 | 30 324.58 | 146 554.07 | 500.15 | 4 393.66 | 26 750.09 |
| 83 | 4 507.93 | 25 191.30 | 116 229.48 | 482.70 | 3 893.51 | 22 356.44 |
| 84 | 3 915.29 | 20 683.37 | 91 038.18 | 459.86 | 3 410.81 | 18 462.92 |
| 85 | 3 359.94 | 16 768.08 | 70 354.81 | 432.09 | 2 950.96 | 15 052.11 |
| 86 | 2 845.89 | 13 408.15 | 53 586.73 | 400.10 | 2 518.86 | 12 101.15 |
| 87 | 2 376.37 | 10 562.25 | 40 178.59 | 364.77 | 2 118.76 | 9 582.29 |
| 88 | 1 953.65 | 8 185.88 | 29 616.33 | 327.09 | 1 753.99 | 7 463.53 |
| 89 | 1 578.91 | 6 232.23 | 21 430.46 | 288.13 | 1 426.91 | 5 709.54 |
| 90 | 1 252.28 | 4 653.32 | 15 198.23 | 248.95 | 1 138.78 | 4 282.63 |
| 91 | 972.79 | 3 401.04 | 10 544.91 | 210.57 | 889.83 | 3 143.85 |
| 92 | 738.49 | 2 428.25 | 7 143.87 | 173.96 | 679.26 | 2 254.01 |
| 93 | 546.52 | 1 689.77 | 4 715.61 | 139.98 | 505.30 | 1 574.75 |
| 94 | 393.21 | 1 143.25 | 3 025.85 | 109.38 | 365.32 | 1 069.45 |
| 95 | 274.24 | 750.04 | 1 882.60 | 82.71 | 255.94 | 704.13 |
| 96 | 184.83 | 475.81 | 1 132.56 | 60.32 | 173.23 | 448.18 |
| 97 | 120.00 | 290.98 | 656.75 | 42.28 | 112.90 | 274.96 |
| 98 | 74.80 | 170.98 | 365.77 | 28.37 | 70.63 | 162.05 |
| 99 | 44.61 | 96.18 | 194.80 | 18.16 | 42.26 | 91.43 |
| 100 | 25.36 | 51.57 | 98.62 | 11.05 | 24.10 | 49.17 |
| 101 | 13.69 | 26.21 | 47.05 | 6.37 | 13.05 | 25.06 |
| 102 | 6.99 | 12.52 | 20.84 | 3.46 | 6.69 | 12.01 |
| 103 | 3.37 | 5.52 | 8.32 | 1.76 | 3.23 | 5.32 |
| 104 | 1.52 | 2.16 | 2.80 | 0.84 | 1.47 | 2.09 |
| 105 | 0.64 | 0.64 | 0.64 | 0.62 | 0.62 | 0.62 |

# 参考文献

[1] C WALLACE JORDAN. Life Contingencies[M]. Schaumburg: The Sociefy of Actuaries, 1967.

[2] N L BOWERS, et al. Actuarial Mathematics[M]. Schaumburg: The Socify of Actuaries, 1986.

[3] WALTER O MENGE, CARL H FISCHER. Mathematics of Life Insurance[M]. 2nd Edition. Macmillan Company, 1965.

[4] J J MC CCUTCHEON, W F SCOTT. An Introduction to the Mathematics of Finance[M]. Butterworth Heinemann, 1988.

[5] STEPHEN G KELLISON. The Theory of Interest[M]. Homewood: Richard D. Irwin. Inc, 1970.

[6] DIACON S R. A Guide to Insurance Management[M]. London: Macmillan Publishers, 1987.

[7] J DAVID CUMMICUS, RICHARD A DERRIY. Solvency—Surveys of Actuarial Studies [R]. 1993.

[8] KENNETH BLACK, HAROLD D SKIPPER. Life Insurance[M]. 12 Edition. Prentice Hall, Englewood Cliffs, 1994.

[9] 卓志. 寿险精算的理论与操作[M]. 成都:西南财经大学出版社,1993.

[10] 王晓军,等. 保险精算学[M]. 北京:中国人民大学出版社,1995.

[11] 雷宇. 寿险精算学[M]. 北京:北京大学出版社,1998.

[12] 陶声汉. 人寿保险数学浅释讲稿[R]. 北京:中国人民保险公司,1988.

[13] 万峰. 寿险数理基础[M]. 长春:吉林科技出版社,1991.

[14] 王祝平,等. 日本寿险数理与实务[M]. 北京:中国金融出版社,1987.

[15] 章琪,等. 寿险精算原理[M]. 上海:上海财经大学出版社,1997.

[16] 李晓林. 精算数学[M]. 北京:中国财政经济出版社,1999.

[17] 谢志刚,等. 英汉精算学词汇[M]. 上海:上海科学技术出版社,2000.

[18] 唐松章. 人身保险辞典[R]. 上海:国泰人寿保险公司,1980.

[19] 张运刚．利息理论与运用[M]．3 版．成都:西南财经大学出版社,2016.
[20] 张运刚．寿险精算理论与实验[M]．2 版．成都:西南财经大学出版社,2016.
[21] 国际精算师协会．http://www.actuaries.org.
[22] 北美精算师协会．http://www.soa.org.
[23] 英国精算师协会．http://www.actuaries.org.uk.
[24] 日本精算学会．http://www.actuaries.jp.
[25] 中国精算师协会．http://www.e-caa.org.cn.
[26] 北美产险精算师协会．http://www.casact.org.
[27] 中国保险监督委员会．http://www.circ.gov.cn.
[28] 生命表网站．http://www.mortality.org.